变动时代的华北

经济结构、民众生活与社会转型

南开大学历史学院
华北历史研究协作中心 编

南开大学中外文明交叉科学中心集刊
华北历史研究书系

主　编　王先明　江　沛
副主编　贺江枫　张　岩

江苏人民出版社

图书在版编目(CIP)数据

变动时代的华北 : 经济结构、民众生活与社会转型 / 南开大学历史学院华北历史研究协作中心编. -- 南京 : 江苏人民出版社, 2023.6

ISBN 978-7-214-27708-4

Ⅰ. ①变… Ⅱ. ①南… Ⅲ. ①区域经济发展—研究—华北地区 Ⅳ. ①F127.2

中国版本图书馆 CIP 数据核字(2022)第 224096 号

书　　名　变动时代的华北:经济结构、民众生活与社会转型
编　　者　王先明　江　沛
责任编辑　于　辉　郑晓宾
装帧设计　许文菲
责任监制　王　娟
出版发行　江苏人民出版社
地　　址　南京市湖南路1号A楼,邮编:210009
照　　排　江苏凤凰制版有限公司
印　　刷　江苏凤凰通达印刷有限公司
开　　本　652毫米×960毫米　1/16
印　　张　25　插页1
字　　数　333千字
版　　次　2023年6月第1版
印　　次　2023年6月第1次印刷
标准书号　ISBN 978-7-214-27708-4
定　　价　78.00元

序

新时期以来的中国史研究，在社会史、文化史、生态—环境史、医疗史以及区域史等等新方向和新路径的导引下，获得了重新建构。尤其是基于特定时空维度(某种意义上其实也是基于历史地理维度)的区域史研究，近年来展现出强劲的发展态势，“几乎成为新时期的一门显学”。[①] 而且，这一研究的路向依然保持着持续长久的影响力。为了规范性地深入拓展区域史研究，尤其是整合力量形成区域史研究学术共同体，我们成立了“华北历史研究协作中心”，并开展了系列的持续的学术活动。这部论集只是其中之一项内容。

大约 2015 年后，我们几位同人(江沛、李金铮、王先明、贺江枫等)就有过动议，想组织一个华北区域史研究的学术共同体。其间，虽讨论多次，却一直未能具体落实(主要是我个人比较懒散)。直到 2018 年 11 月 29 日，我们约请京津冀豫鲁等地的 20 家高校和社科院所等学术单位在南开大学召开会议，共同发起筹备华北历史研究协作中心活动，才算是付诸实施，进入实操阶段。

在这次会议上，我们形成了学术共识，并发表了《倡议书》。《倡议书》提出：当代中国史学研究已经进入了一个全新时代，史学研究处于一

① 林艺、刘涛:《区域文化导论》，清华大学出版社 2015 年，第 65 页。

个超越与重构的历史关键期。如何顺应国家发展战略，如何服务区域经济发展和社会文化建设，是时代对史学工作者提出的一个深刻命题。在此背景下建立独具一格的学术共同体，开创历史学研究的新路向，与时代进步同频共振，是时代赋予我们的共同责任。为此，我们倡议联合相关高校、研究院所联系共组“华北历史研究协作中心”（Cooperation Center of History Study in North China——英文缩写为CCSNC）；并决定在中心协调推动下，从事相关区域史研究活动：拟订阶段性研究主题，协同单位和学者分担研究主题下的分课题；定期组织学术论坛（由协同单位实行轮值）；定期出版学术研究集刊或丛书；通报相关重要的学术研究信息动态等。中心的方针：协同研究，分头推进；错位发展，优势互补；交流思想，共享成果。中心的宗旨：立足华北区域，探研中华历史，追求学术卓越，服务国家战略。

华北历史研究协作中心的目标在于建设学术共同体，同心协进，踏实前行，久久为功。为此，我们拟订了五年学术活动重心和学术研讨规划，顺次举行系列性学术研讨主题会议。第一期研究主题为：变动时代的华北。其分年论题依次为：(1)变动时代的华北：经济结构、民众生活与社会转型；(2)变动时代的华北：政治、制度与社会治理；(3)变动时代的华北：文化、习俗与社会变迁；(4)变动时代的华北：环境、技术、资源与社会发展；(5)变动时代的华北：全球化视野下的华北区域研究。这部论集就是华北历史研究协作中心(CCSNC)组织的第一届会议论文选编。

感谢江苏人民出版社，他们的慷慨支持、倾情投入和严谨精慎的工作，才使得这部会议成果得以面世。我们相信：这是一个新的起点，它是我们中心组织的学术论集的首次亮相，也将是我们进入新时代后华北区域史学研究张帆航进的良好开端。

华北历史研究协作中心主任　王先明

2022年7月末于南开大学历史学院

目　录

华北产业的近代变迁

制度运作的现代要素

社会群体的时代境遇

现代城市的发展路径

Tung tschi mönn
Grab d. Prinz. Jui
(Jui wang fönn)
Tsi hwa mönn
Temp.d.östl.Berge
(Tung yo miao)
東嶽廟
Friedens-
Korn-
häuser
Temp.d.
Sonne
(Schë tan)
日壇
Nothstands
Kornhaus
(Tschu tsi tsang)
至通州

华北产业的近代变迁

华北铁路沿线县城工商业的“差异化发展”[①]（1905—1937）

熊亚平　张利民

县城[②]既是中国一级重要的行政中心，又被认为具有“乡头城尾”的重要地位[③]。在华北[④]，县城不仅是县域内的政治中心，而且往往又是县域内的经济中心和文化中心，进而在区域社会经济发展和城镇化进程中占有重要的一席之地。但时至今日，关于华北县城，尤其是近代华北县城的研究尚未充分展开。

仅就铁路与区域城镇发展的研究而言，虽然学者们已经注意到铁路开通后华北部分县城成为铁路沿线县城[⑤]，其工商业、人口乃至于街市发生了不同程度的兴衰变动，但多数研究成果仍仅聚焦于郑州、新乡、德州、榆次、潍县等少数县城，对为数更多的铁路沿线县城则较少涉及。由

[作者简介] 熊亚平，天津社会科学院历史研究所研究员；张利民，天津社会科学院历史研究所研究员。

① “差异化发展”是《华北铁路沿线集镇的“差异化发展”（1881—1937）》（熊亚平著，社会科学文献出版社，2018 年）中使用的一个概念。

② 本文所谓县城包括清末以前为府城和州城，民国以后成为县城的洛阳、安阳、郑州、德州、滦州等，但不包括济南、天津、保定（清苑县城）等省城、特别市以及清化镇（博爱县城）、卢沟桥（宛平县城）等在 20 世纪 20 年代以后升格的新县城。

③ 郭焕成主编：《黄淮海乡村地理》，石家庄：河北科学技术出版社，1991 年，第 164 页。郭氏所谓的“城关镇”，与本文所谓的“县城”，具有一致性。

④ 本文所谓华北，在空间范围上包括 1937 年前的晋、冀（含京津）、鲁、豫、察、绥六省。

⑤ 本文所谓铁路沿线县城，特指有铁路通过且设有车站的县城。

于所选个案数量有限,且多为受铁路影响较大的县城,因此虽然能够展现铁路对单体县城兴衰变动的巨大影响,却未能揭示出"铁路沿线县城"这一组对象的整体发展态势,反而留下了研究结论趋同化的印象。有鉴于此,本文试图引入"差异化发展"概念,通过对 1905—1937 年间华北铁路沿线县城工商业规模变动、布局变化及整体发展态势等三方面内容的考察,展现铁路对沿线县城工商业发展的影响,揭示铁路沿线县城工商业的整体发展态势及其成因,并就如何消除相关研究结论中的趋同化印象略陈管见。

一、差异化中的趋同:铁路沿线县城工商业的规模变动

在 1937 年前的华北六省中,河北省辖县 130 个,山东省辖县 108 个,河南省辖县 111 个,山西省辖县 105 个(1933 年,含太原),察哈尔省辖县 16 个,绥远省辖县 17 个(含包头和安北设置局),六省合计辖县 487 个。在这 487 个县中,除去天津、清苑、历城、大兴、博爱、宛平、太原、包头等比较特殊的县城外,共有 84 个县城因设有铁路车站而成为铁路沿线县城①,约占总数的 17%。限于史料及篇幅,下文将从工商行号②数量、转运业、近代企业等方面对华北铁路沿线县城工商业的规模变动进行考察。

在缺乏工业生产总值、商业交易总额等统计资料的情况下,工商行号数量成为考察县城工商业规模的一个重要指标。有记载表明,1850 年前,直隶省定州(定县)城内及三关中共有铺户 196 户③。1901 年时,昌黎县城有商号数百家。1902 年时,静海县城有店铺 100 家,平原县城有店铺 80 家④。1905 年前后,直隶望都城关共有铺户约 60 家⑤。正太铁

① 由于同蒲铁路建成较晚,本文未将其沿线县城列入考察范围。

② 由于当时关于商号数量的统计中,往往包括近代工业企业和手工业行号在内,故本文称其为"工商行号"。其中比较有代表性者有《调查报告第四编・工商》《中国通邮地方物产志》等。

③ 道光《定州志》,(台北)成文出版社,1969 年影印本,第 548—550 页。

④ 仇润喜主编:《天津邮政史料》第 2 辑(上册),北京:北京航空航天学院出版社,1989 年,第 50—53 页。

⑤《望都乡土图说》,载民国《望都县志》,(台北)成文出版社,1968 年影印本,第 716—734 页。此时,京汉铁路已通至望都,东关商业开始受到铁路影响。

路开通前,榆次在"商业仅有钱业、典当、花、布、油、酒、米、面等数十家"①。临榆县城(山海关)城内外商铺"大小总计不下六百余家"②。

进入民国以后,关于县城工商行号数量的统计虽日见增多,但仍极为分散,故下文拟将其分为四类进行讨论。

第一类是有不同时段工商行号数量统计,能形成比较的县城。

表 1　华北铁路沿线部分县城工商行号总数变化表

县城名称	统计年份			
	1912 年以前	1916—1920 年	1923—1928 年	1932—1937 年
昌黎	数百			162
良乡			64	100 余
通县			103	449
静海	100		60	
平原	80			150
榆次	数十		近 400	150 余
沧州		100 *		17 *
潍县		100 余 *		112 *
临榆	600 余			185③
昌平			72	85④
定县	196			654⑤
德县			200 余	200 余

① 实业部国际贸易局:《中国实业志》(山西省),(丙),1934 年,第 85 页。

② 天津市档案馆等编:《天津商会档案汇编》(1903—1911),天津:天津人民出版社,1989 年,第 206 页。

③ 据《北宁铁路沿线经济调查报告》记载,此为全县商号数,但同书又载秦皇岛有商号 390 家左右,海阳镇有商号 56 家,故此 185 家商号或为县城商号数。

④ [日]伊藤武雄『冀東地區十六個縣現勢概況調查報告書』昭和十一年、第 18 頁,该书同页载昌平县城有商户 302 户,但综合相关史料推断,商号 85 家应更符合实际。

⑤ 李景汉编著:《定县社会概况调查》,中华平民教育促进会,1933 年,第 709—718 页。此为 1930 年调查所得县城及三关商店数。另,该书所记城内商店数有 476 家和 467 家之别,经复核,467 家正确。

续 表

县城名称	统计年份			
	1912 年以前	1916—1920 年	1923—1928 年	1932—1937 年
大同			1 600 余	1 000 余
邢台		80 余 *		88 *
新乡		70—80 *		102 *
高密		53 *		39 *

资料来源：根据相关的各种调查报告及实业志、地方志整理。加 * 者为重要工商行号数。

表 1 共列有县城 16 个，约占华北铁路沿线县城总数(84 个)的 19%。从中可以看到，通县、良乡、定县、新乡、平原 5 个县城商号数有明显增加。昌平、德县、邢台、潍县 4 个县城商号数量变化不大。昌黎、临榆、大同、静海、沧州、高密 6 个县城商号数有明显减少。榆次县城商号数先有较大增长，后又显著减少。

第二类是能够从相关文字记载中看出工商行号数量有明显增加的县城。例如，郑县县城(即郑州)与车站之间地区原是一片田园风光①，京汉、陇海两路通车后，车站附近工商业日益兴盛。1932 年时，郑州西关外车站附近已有大小商号 1 000 家，城内铺户约有 200 余家，合计达到 1 200 余家②。安阳县城原本“非水陆要埠，商务向不繁盛。自清光绪三十四年后，平汉路告成，遂成为豫省要冲，商业亦渐发达”③。1933 年前“商业繁盛，为豫北各县之冠”④。此类县城还有丰镇、邯郸、陕县、青州、许昌、洛阳、信阳等，合计 9 个，约占华北铁路沿线县城的 10.7%。

第三类是从相关文字记载中能够看出工商行号数量有明显减少的县城。例如，滦县县城 1937 年前县城商号有 80 家，“全城商号倒闭者，

① 《郑州的社会》，《大公报》，1931 年 7 月 2 日，第 5 版。
② 《日趋繁荣之郑县》，《河南政治月刊》第 5 期，1932 年，第 8 页。
③ 民国《安阳县志》，(台北)成文出版社，1968 年影印本，第 1320 页。
④ 《豫北道上》(安阳)，《河南政治月刊》第 10 期，1933 年，第 7 页。

确已有十分之二三”[①]。获鹿县城“因地当通山陕甘要冲,清中叶商业异常繁盛,清末以来,正太、京汉两路筑成后,商业重心移于石门,县城商业遂渐次衰落”[②]。昌乐商业在1923年前后最盛,“厥后年趋衰微。十七八两年,县城为匪所据,殷实商民,抢掠一空。目下略有起色,远不如前”[③]。此类县城还有汤阴、淇县、泰安、胶县、昌乐、淄川、博山等,合计10个,约占华北铁路沿线县城的11.9%。

第四类是商号由城内向车站转移,但总数无明显变化的县城。例如,1932年前汜水“城内商市较荥阳略胜,然亦无甚繁盛区域”,车站后有“杂货铺、饮食铺、小客店等十余家,转运公司五家”[④]。巩县“现在城市商业更呈萧条状态。……车站有煤厂、石灰厂、粮栈等廿余家”[⑤]。灵宝“车站位于县城西北一里,北关附站一带略有市面,旅店十余,棉市昌盛时增至二十余家”,“商业城北较城南略盛”。[⑥] 此类县城还有高邑、易县、汲县、确山、寿阳、天镇、井陉、青县、东光、滕县、兰封等,合计20个,约占华北铁路沿线县城的23.8%。

以上四类县城合计为55个,约占铁路沿线县城的65.5%,因此能够大体反映出1937年前华北铁路沿线县城工商行号数量变化的总体趋向,即仅少数县城工商行号有明显的增加,多数县城工商行号数量变化不大,甚至有所减少。

转运业[⑦]是随着铁路运输的发展而兴起的一种商业,在华北铁路沿线县城商业中占有重要地位。有研究表明,1904年在天津东站诞生的合兴货

---

① 北宁铁路经济调查队编辑:《北宁铁路沿线经济调查报告书》,1937年,第1445页。

② 陈佩编辑:《河北省获鹿县及石门市事情》(城关地理志略),新民会中央总会,1940年。

③ 胶济铁路管理局车务处编:《胶济铁路沿线经济调查报告》(分编三 昌乐县),1934年,第6页。

④ 《陇海全线调查》(1932年份),载殷梦霞、李强选编:《民国铁路沿线经济调查报告汇编》第7册,北京:国家图书馆出版社,2009年影印本,第218—219页。

⑤ 《陇海全线调查》(1932年份),第227—228页。

⑥ 《陇海全线调查》(1932年份),第314页。

⑦ 转运业是指专门承揽客商货物,以公司名义向铁路报运并负完全责任的一种商业。其主要业务有三项:代客商办理委托铁路运送手续,代报捐税,装卸货物,收取一定的费用;提供场所给客商堆放货物;在资金上协助客商。

栈是华北，也是中国第一家铁路转运公司。合兴货栈的成功招致其他商家纷纷效仿，大昌兴、同合兴、悦来、利兴、元成、捷运、安利泰、通运公司等转运公司和货栈纷纷成立，从而使华北铁路转运业在1912—1925年间达到全盛时期①。1925年以后，华北铁路转运业日渐衰落。如1929年时，京绥沿线的50余家转运公司，倒闭者竟达40余家，其他各路转运公司倒闭者亦各达数十家之多②。在华北铁路沿线转运业由初兴到全盛，再由全盛到衰落的过程中，铁路沿线县城转运业也形成了“差异化发展”态势。

据统计，在有不同时段转运业商号数量统计，能形成比较的8个铁路沿线县城中，仅郑州转运业商号数量增加较多，滦县、大同、德县、中牟、汜水、洛阳等6个县城转运业商号数量变化不大，泰安的转运业商号数量则有明显的减少。

表2　1937年前滦县、大同等8个铁路沿线县城转运业商家数量变化表

县城名称	统计时间	转运业家数	统计时间	转运业家数
滦县	1927年前	7	1934年前后	9
大同	1927年前	11	1934年前后	14
德县	1927年前	10	1933年前后	10余
泰安(含大汶口)	1925年前	40余	1933年前后	16
郑州	1910年前后	10	1933年前后	36
中牟	1910年前后	4	1932年前后	3
汜水	1910年前后	无	1932年前后	5
洛阳	1910年前后	10	1932年前后	13以上

资料来源:《交通官报》《中外经济周刊》《北宁铁路沿线经济调查报告》《胶济铁路沿线经济调查》《陇海全县调查》(1932年份)等。

① 刘金泉:《中国铁路转运公司》，载国立交通大学研究所北平分所编辑:《铁道问题研究集》第1册，1936年，第16页。

② 刘金泉:《中国铁路转运公司》，第16页。

表2还表明，到1937年前，除郑州等少数县城外，华北大多数铁路沿线县城转运业商号仅有数家至十数家。这一事实，能够得到另外两组调查数据的印证。

据铁路部门调查，1932—1934年间，北宁、胶济、陇海三条铁路沿线的16个县城中，转运业商号超过10家者有7个，约占43.8%；5—10家者有7个，约占43.8%；5家以下者2个，约占12.5%。

表3 1932—1934年间，京奉、胶济、陇海三条铁路沿线16个县转运业数量表

县城名称	转运业家数	县城名称	转运业家数	县城名称	转运业家数
临榆	11	高密	7	潍县	8
益都(青州)	6	博山	14	泰安	13
德县	10	商邱①	7—8	中牟	3
郑州	36	汜水	5	偃师	5—6 *
洛阳	10余	陕县	10余	灵宝	5
阌乡	1				

资料来源:《交通官报》《中外经济周刊》《北宁铁路沿线经济调查报告》《胶济铁路沿线经济调查》《陇海全县调查》(1932年份)。

* 车站西南杜路镇2—3家，车站后(槐庙)3家。

另据交通部邮政总局调查，1937年前，华北铁路沿线38个县城中，仅郑州的重要转运商号数超过20家，定县、许昌、商邱、安阳等4个县城有重要转运商号5—10家，约占10.5%。其余33个县城重要转运商号数不足5家，约占86.8%。

① 商邱车站设于朱集镇，距县城较远，本文将其视为县城的一部分。

表4　1937年前华北铁路沿线38个县城重要转运商号数统计表

县城名称	转运业家数	县城名称	转运业家数	县城名称	转运业家数
昌黎	1	滦县	3	涿县	1
望都	2	易县	1	获鹿	1
元氏	2	高邑	1	定县	5
邢台	2	邯郸	1	磁县	2
中牟	1	兰封	1	新郑	3
郑州	21	许昌	9	商邱	6
安阳	5	洛阳	2	偃师	1
灵宝	3	西平	2	确山	2
德县	1	平原	1	泰安	2
邹县	4	滕县	3	济宁	3
博山	2	高密	2	榆次	2
寿阳	2	大同	2	阳高	2
丰镇	2	萨拉齐	2		

近代企业的兴起和发展是县城工商业由传统向近代转型的重要标志之一。华北铁路沿线县城的近代工业兴起于20世纪初年。早在宣统元年(1909年),彰德(安阳)就创立了广益纺纱厂。1913年、1914年和1916年,新乡先后创办了6家制蛋厂。1920年前,济宁近代工业已有机器磨房1家,制蛋厂1家,织布厂4家,德州建有北洋机器局,益都(青州)建有东益火柴股份有限公司。1922年,邯郸创立了怡丰机器面粉公司。1924年,榆次创办了晋华纺织公司。1926年前,大同建有华北第一毛织厂、大同机器面粉公司(原称大同公司,1914年创办,1923年改组,使用80马力蒸汽发动机)、大同电灯公司、永兴织袜厂、云善织布工厂、魁记裁毯工厂等规模不等的近代企业。1928年前,沧州也办有万利豆油坊等近代企业。

到1933年前后,在华北铁路沿线的84个县城中,有26个县城的近代工业①有据可查。虽然原表中并未明示各县近代工业是否位于县城，但该表同时列有唐山、石家庄、南口等重要市镇(集镇)工业发展情况，且各县工业除少数分布于大镇外，多分布于县城，因此本文认为此项调查能够从一定程度上反映出这一时期铁路沿线县城近代工业的发展状况。据此可知，一方面，仅有少数县城近代企业数量、资本总额和工人数量较多，部分县城近代工业有一定发展，多数县城近代工业较少甚至没有近代工业，因此其发展态势具有明显的"差异化"特征。另一方面，多数县城近代工业较少甚至没有近代工业，因此其发展态势又有一定的趋同化。

表5　1933年前后华北铁路沿线县城近代工业状况表

县城名称	工厂数量	资本总数(元)	工人总数	县城名称	工厂数量	资本总数(元)	工人总数
邢台	38	53 300	388	邯郸	2	180 000	143
正定	2	9 400	54	沧县	4	17 000	23
滦县	1	40 000	68	潍县	21	369 200	1 044
济宁	3	405 000	643	益都	9	168 647	1 243
泰安	3	56 000	437	博山	5	85 000	206
高密	4	3 700	43	德县	2	13 000	40
胶县	3	102 400	236	榆次	5	4 122 860	2 204
大同	3	146 400	166	洛阳	2	1 030	44
新乡	42	659 200	816	郑县	17	4 670 028	4 888
安阳	8	277 528	1 727	信阳	61	53 000	457
许昌	3	44 809	357	陕县	2	402 200	87
确山	5	38 000	148	汲县	7	2 018 000	1 881
丰镇	4	180 600	211				

资料来源：刘大钧：《中国工业调查报告》(下册)，1937年，相关省份。

① 据书中"查填详表之工厂虽以合于工厂法者为限，但有时亦稍加变通"，"故九月间修订计划，将手工业除外"等语可知，表中所列以近代工业为主。参见刘大钧：《中国工业调查报告》(上册)，1937年，第5页。

综上所述可知,1937 年前华北铁路沿线县城工商业在规模变动上具有"差异化中的趋同"的显著特征:仅有少数华北铁路沿线县城的商号数量和近代企业有明显的增长,多数县城商号数量和近代企业并无明显增加,另有少数县城工商业行号数有所减少;前者与后两者在工商业规模上的差距日益拉大;后两者的工商业规模反而有拉近的趋势。

二、趋同化中的差异:铁路沿线县城工商业的布局变化

铁路开通以前,华北县城工商业多分布于城内及四关。如 1850 年前,直隶省定州(定县)的 196 家铺户中,有 71 户在东大街,45 户在南大街,38 户在北大街,42 户在西关。[①] 1905 年前后,望都城关的 60 余家铺户中,有 40 余家在城内,9 家在北关,4—5 家在南关,4—6 家在东关。[②] 随着铁路的开通,沿线县城工商业的布局上也发生了变化。下文主要从个案和整体两个层面进行讨论。

到 1937 年前,华北铁路沿线县城大致可以依据所处位置和交通状况,分为位于铁路与铁路交会处的县城、铁路与内河航运交会处的县城和铁路沿线的县城三类。其中,位于铁路与铁路交会处的县城为郑州和新乡。

郑州在清末时只是一个商业凋敝的县城,西大街、大什字一带有几家小店铺。[③] 京汉、陇海两条铁路相继兴建后,郑州成为铁路交会之地,车站附近商业迅速兴起。1924 年前后,临近车站的商埠地区商号以豫丰纱厂、利济布厂、中华蛋厂、志大蛋厂等较大。此外还有面粉厂 1 家,绸缎庄 10 余家,花行 20 余家,以及旅店、饭庄、银楼、杂货、洋货等商店。[④] 1932 前后,车站附近的 1000 家商店中,绸缎店、匹头庄、百货商店集中在大同路、德化街、福寿街等地;客栈、旅馆、中西饭馆多在一马路、二马路;

① 道光《定州志》,(台北)成文出版社,1969 年影印本,第 548—550 页。
② 《望都乡土图说》,载民国《望都县志》,(台北)成文出版社,1968 年影印本,第 716—734 页。
③ 郑州市地方史志编纂委员会编:《郑州市志》第 5 分册,河南:中州古籍出版社,1998 年,第 3 页。
④ 白眉初:《中华民国省区全志》(河南省),北京师范大学史地系,1925 年,第 30—31 页。

钱塘里、南川街三马路“除一般资本略小之营业外”,还设有普乐戏园、聚明舞台和真明电影院;振兴街、兴隆街有花行数十家,转运业也多分布在这里;粮商及皮行多在顺河街及西关大街;河北沿为娼妓云集之所。城内的200余家铺户“在营业上不及车站多矣。惟有最近之南大街。新由禹州迁药行一二十家来,在形势上大有日盛一日之势”。① 到1937年前,郑州的240家重要工商行号②中,有相当一部分的农产类商号、水陆畜产类商号和林矿类商号分布在城内西大街、东大街、南大街,以及南关大街。制造品类商号和金融类及其他商号多集中于西关外至车站附近地区。尤其是银行、银号和转运公司等商号,更集中分布于车站附近的大同路、敦睦里、二马路等路段。同一时期,郑州较大的近代企业如豫丰纱厂、豫中打包厂、协和打包厂、大中打包厂等位于车站附近。③

新乡在京汉、道清两铁路建成通车后成为铁路交会的县城。其商业在明清时期主要分布在北关和城里大北街。1916年前,新乡商业逐渐向车站附近转移,主要商业中,布行主要分布在城内和车站附近,京广杂货铺主要分布在城内、北关及车站附近。④ 1923年前,新乡比较重要的近代企业中,通丰面粉公司在西站河北岸⑤;新华火柴有限公司位于京汉、道清两条铁路间的饮马口;豫兴蛋厂在北关外;宏豫冶铁公司在西车站卫河北岸、京汉铁路西⑥。1937年前,新乡共有重要工商行号102家,其中确知分布于车站及车站中山街、车站保安乡、车站新华街、车站石榴园等地的商号有50余家,而确知分布于城关附近的商号则有30余家。⑦

---

① 《日趋繁荣之郑县》,《河南政治月刊》第5期,1932年,第8页。

② 其中有极个别位于县城以外的村镇。

③ 《日趋繁荣之郑县》,第8页。马子敏:《郑州一日游记》,《实业季刊》第1期,1935年,第10—12页。交通部邮政总局编:《中国通邮地方物产志》(河南编),1937年,第31—33页。

④ [日]青島守備軍民政部鐵道部,調查資料第十六輯山西省調查報告,大正五年調查,第292—293頁。

⑤ 韩邦孚监修、田芸生总编:《新乡县续志》,(台北)成文出版社,1976年影印本,第232页。

⑥ 韩邦孚监修、田芸生总编:《新乡县续志》,第231—232页。

⑦ 交通部邮政总局编:《中国通邮地方物产志》(河南编),1937年,第46—47页。

1937年前，位于铁路与内河航运交会处的县城有德州、济宁等。德州在1937年前仅有津浦铁路通过设站且濒临运河，因此应为铁路与内河航运交会处的县城。1920年前，德大、德合、天成等杂货铺主要分布在南关和城内，同泰公、同茂公、悦来公司、元成、利通、汇通等运输商号主要分布在南关。① 1927年前，在约200家商号中，货栈及转运业“有悦来栈、捷运公司、汇通公司（以上皆转运业）及同泰公、公盛祥、裕新栈等十余家，近因运道不通，悉已停顿”②。1934年前，德州商号主要分布在南关及车站附近，“商店林立，约有二百家，全年交易总额六百万元，不特为本县商业之中心，亦为邻近各县采销货物之枢纽。各业以粮食业为最盛，每届粮食上市，市面尤形活跃”③。1937年前，德州的38家重要工商行号中，面粉、盐酱油醋、茶、药材、水果干果等农产类商号有11家，主要分布在南关太平街和南关大街；腌腊火腿、鲜肉、鱼及其他水产等水陆畜产类商号有7家，分布在南关大街、中山市场大街、南门内大街、车站大街等处；煤和煤油等林矿类商号有2家，分布在西关桥口街和车站；精盐、丝绸、银楼等制造品类商号有15家，主要分布在南门大街、南关大街、中山门内大街、中山市场内等处。④

济宁在津浦铁路兖（州）济（宁）支线开通后成为铁路与内河航运交会处的县城。1920年前后，济宁车站附近仅有10多家商店、仓库，但“市区最为繁华，堪称中心的是南关大街”⑤。在主要商号中，洋杂货店主要分布在南门里大街，毛皮商店主要集中在南关月河崖，钱铺集中在南关和南门里，银行和当铺集中在城内，机器磨房、蛋厂、纱厂等企业分布于东关和南关。宝升旅馆、万义旅馆、万福来栈、连陞栈、鸿昇等旅馆在车

---

① 冯天瑜、刘柏林、李少军选编：《东亚同文书院中国调查资料选译》下册，李少军等译，北京：社会科学文献出版社，2012年，第1434—1435页。

② 《德县之经济概况》，《中外经济周刊》第221期，1927年，第4页。

③ 胶济铁路管理局车务处编：《胶济铁路经济调查报告》（分编六 德县），1934年，第8页。

④ 交通部邮政总局编：《中国通邮地方物产志》（山东编），1937年，第46—47页。

⑤ 冯天瑜、刘柏林、李少军选编：《东亚同文书院中国调查资料选译》下册，第1408页。

站附近，聚宝栈、三裕栈在城内，德丰栈在南关。① 1925年前，济宁商业仍以南门内外最为繁华，"南门外临运河为其舟船椗地，故城之繁荣街市，以南门内外为第一，大概南门外多杂货，东南多面行，就中孙玉堂酱园实为附近罕有之商业"②。1930年前，车站附近有大东旅馆、新旅社、交通旅馆、泰东栈、高陞栈、万福来栈等旅馆。③ 1937年前，济宁共有重要工商行号130余家，其中仅有2家位于车站附近，其余多分布于坝口、南门大街、税务街、吉市口、布市口、大闸河南、大闸河北、小闸河东、小闸河南、西门大街、竹竿巷等处。④

1937年前，位于铁路沿线的县城数量较多。除前文所及的滦县、获鹿、安阳、汜水、巩县等外，比较有代表性的县城还有京奉沿线的临榆(山海关)、京汉沿线的邯郸等。临榆(山海关)在清光绪年间的商业分布可以从集市分布窥得一斑。当时，临榆县署前每旬一、六日集市，南街每旬二、七日集市，西街副都统署前每旬三、八日集市，北街每旬四、九日集市，西罗城每旬五、十日集市。⑤ 1910年前，临榆车站附近有客货栈25家，裕中饭店1家(俗名铁路饭店)，城内有小饭店2家。⑥ 1924年前，临榆县城"南关最为繁盛，车站在南关外里许，有旅馆饭馆剧馆等"。1929年前，南关商业日渐繁荣，"南关在城南门外，僻处一隅，人烟稀少。自清光绪十九年设立车站，居民铺户渐次繁兴，以后日积月增，遂立集市，刻下造桥厂电报局均移于此，铺户数百家，居民数千家"。⑦ 1937年前，临榆县城内有转运公司5家，南关外有转运公司6家。29家重要工商行号中，有9家在南关大街，9

① 冯天瑜、刘柏林、李少军选编:《东亚同文书院中国调查资料选译》下册，李少军等译，第1408—1411页。《各站概略》(济宁州)，津浦铁路管理局总务处编查课编辑:《津浦铁路旅行指南》，1921年，第127页。

② 白眉初:《中华民国省区全志》(山东省)，北京师范大学史地系，1925年，第163页。

③ 《各站概要》(济宁州)，津浦铁路管理局总务处编查课编辑:《津浦铁路旅行指南》，1930年，第143页。

④ 交通部邮政总局编《中国通邮地方物产志》(山东编)，1937年，第57—59页。

⑤ 光绪《临榆县志》卷7《舆地编 · 里市》，第26页。

⑥ 《各站风土记》(山海关车站)，张展云:《京奉铁路旅行指南》，1910年，第170页。

⑦ 民国《临榆县志》，(台北)成文出版社，1968年影印本，第532页。

家在西关大街，6 家在城内西大街，3 家在城内南街，2 家在南海。①

邯郸县城是邯郸县境内的政治、经济中心，工商业在铁路开通前已有一定发展。京汉铁路开通后，车站附近工商业开始兴起。1913 年前，车站附近已有 5 家旅馆。② 1926 年前，车站附近商业又有较大发展，“客货栈煤栈洋油栈棉花栈均有”③，同时在京汉铁路邯郸车站东南建有 1 家机器工厂——怡丰机器面粉公司④。1933 年前后，邯郸工商业又有进一步发展。粮业“以城东南门里为最盛”，纸烟业“城南门里宝记为英美烟之分销处”，绸布棉纱业“售卖洋布，设肆营业者，城里、车站及苏曹等处共十五家”，洋广杂货业“城乡村镇共四十余家……门面形式以车站为最，余则远逊矣”，货栈业“车站、苏曹镇两处计共十七家”，铁器业“车站营是业者计四家”。⑤ 时至 1937 年前，邯郸有重要工商行号 62 家⑥。在 15 家农产类商号中，有 5 家在城内，2 家在南关，8 家在车站；5 家水陆畜产类商号均在车站；5 家林矿类商号中，3 家在城内，2 家在车站；33 家制造类商号中，17 家在城内，2 家在南关，14 家在车站；4 家金融及其他商号中，城内和车站各 2 家：合计城内共有商号 27 家，南关 4 家，车站 31 家。

鉴于以上属于个案研究，下文再从整体层面稍作分析。据 1937 年出版的《中国通邮地方物产志》中的记载可知，华北铁路沿线 84 个县城中，荥泽县城商号未见记载，宣化县城重要工商行号分布情况不详，郑州和陕州重要工商行号主要分布于铁路车站附近。其余 80 个县城中，大部分县城的重要工商行号出现了向车站附近移动的趋势。其中，滦县、新乐、邯郸、新乡、商邱、巩县 6 县的重要工商业行号在分布上的移动趋势最为明显；昌黎、望都、定县、高邑、邢台、沙河、磁州、安阳、许昌、临颍、西平、泰安、平原、

① 交通部邮政总局编：《中国通邮地方物产志》（河北编），第 56 页。

② 洪亮辑：《京汉旅行指南》（卷下），1913 年，第 127 页。

③ 《邯郸县之经济状况》，《中外经济周刊》第 190 期，1926 年，第 1 页。

④ 《邯郸县之经济状况》，《中外经济周刊》第 190 期，1926 年，第 15 页。

⑤ 民国《邯郸县志》，《中国地方志集成·河北府县志辑》第 60 册，上海：上海书店出版社，2006 年影印本，第 585—587 页。

⑥ 交通部邮政总局编：《中国通邮地方物产志》（河北编），第 104—105 页。

昌乐、益都(青州)、灵宝16个县城的重要工商行号在分布上也有比较明显的移动;涿县、易县、徐水、元氏、信阳、怀来、确山等30个县城的重要工商行号在分布上有移动趋势;其余28个县城的重要工商行号仍然主要集中分布于城关地区。① 尽管这一统计未必十分准确,但也能够从一定程度上反映出1937年前华北铁路沿线县城工商业的分布格局。

表6 1937年前华北84个铁路沿线县城重要工商行号分布表

县城名称	重要工商业行号分布			县城名称	重要工商业行号分布		
	城内	四关	车站		城内	四关	车站
临榆	9	18	0	滦县	5	0	21
昌黎	52	25	12	通县	38	5	0
良乡	28	3	0	涿县	82	5	2
涞水	1	11	0	易县	27	28	1
定兴	38	0	0	徐水	6	12	3
望都	29	1	6	定县	22	1	9
新乐	4	24	7	正定	13	0	0
元氏	29	3	2	高邑	16	3	8
临城	4	7	0	内邱②	20	4	0
邢台	28	52	8	沙河	38	1	6
邯郸	27	4	31	磁县③	47	0	6
安阳	75	10	9	汤阴	28	0	1
浚县	23	2	0	淇县	7	1	1
汲县	56	2	5	新乡	近30	3	50余
荥泽	—	—	—	郑州	—	—	—
新郑	22	0	4	许昌	73	1	13
临颍	7	0	3	西平	30	0	6

① 但部分县城城关商业也受到铁路的一定影响。如1930年前,青县东关外距车站2里,有客栈2家。1934年前,高密县“城厢商号,凡二百余家,以东关一带较为繁盛,因距高密站,仅二里许,交通便利”。

② 另有2家分布在城关和车站以外地区。

③ 另有2家在彭城镇等处。

续 表

县城名称	重要工商业行号分布			县城名称	重要工商业行号分布		
	城内	四关	车站		城内	四关	车站
遂平	36	1	0	确山	4	12	1
信阳	63	1	1	昌平	50	0	0
怀来	26	0	1	宣化	—	—	—
天镇	36	0	0	阳高	19	0	2
大同	81	6	3	丰镇	59	0	2
萨拉齐	32	0	2	滕县	41	5	7
邹县	32	4	0	兖州	31	2	0
济宁	130 左右	0	2	曲阜	46	0	0
泰安	43	9	9	禹城	15	0	2
平原	19	4	7	德县	19	17	2
东光	8	1	0	沧县	10	7	0
青县	15	0	0	静海	29	0	0
胶县	32	1	0	高密	28	5	6
潍县	85	26	1	昌乐	15	5	7
益都(青州)	56	27	13	淄川	20	19	0
博山	70 左右	2	4	获鹿	19	21	2
井陉	2	14	0	寿阳	11	12	3
榆次	37	0	0	获嘉	18	15	1
修武	8	3	0	兰封	7	1	0
中牟	17	0	1	荥阳	7	0	2
汜水	0	1	0	巩县	0	0	8
偃师	20	2	1	洛阳	20	2	4
新安	11	0	1	渑池	4	2	0
陕县	1	0	41①	灵宝	17	12	6
阌乡②	10	1	0	商邱	109	8	65

资料来源:交通部邮政总局编《中国通邮地方物产志》(相关各编),1937 年。

① 陕县车站在南关,这些商号多分布在车站附近。

② 分布于阌底镇等地者未计入。

综合以上个案和整体两个层面的分析可知，到 1937 年前，华北铁路沿线工商行号在布局上呈现出“趋同化中的差异”这一特征，即一方面，县城工商业分布的重心在总体上向车站附近移动(或有移动的趋势)；另一方面，郑州、新乡、邯郸、信阳、寿阳、陕州等少数县城的工商业分布重心已经移至车站附近，多数县城的工商业虽然有不同程度的转移，但分布重心仍在城内和城关附近。

三、“差异化发展”：铁路沿线县城工商业发展的整体态势及成因分析

随着铁路运输业的发展，铁路沿线 84 个县城工商业在整体上呈现出“差异化发展”态势。具体言之，可以概括为以下三个方面。

首先，车站附近转运、饭馆旅栈、棉花、粮食、煤炭等商业和近代工业的发展速度比城内快。在个案层面，除临榆、郑州、新乡外，滦县 1927 年前城内工商业“不甚发达”，“城外京奉车站(在偏凉汀)为迁安、卢龙及滦县附近一带客货出入之所，有货栈七家，木栈三家”①。1937 年前，车站附近已有重要工商行号 21 家，其中杂粮业 2 家，面粉业 2 家，运输业 3 家，已多于城内重要工商行号数(5 家)。② 大同县城 1925 年前，“北门外京绥路附近，初多旅馆商号，因为丰镇所夺，商业衰落”③。1926 年前，车站附近有商户百余家，虽然总数少于城内，但转运公司、粮栈、木栈、煤栈等比城内发达。④ 1933 年前后，车站附近有转运公司粮栈 14 家，粮店 13 家。⑤ 1937 年前，大同重要工商行号中，2 家转运公司均位于车站附近。丰镇 1925 年前“最繁盛之街，为距车站最近之东西平安街(盛记街)，其次则为老爷庙街、城隍庙街，排摊售物者最多”，“转运公司十一家，其中

---

① 《滦县之经济状况》，《中外经济周刊》第 216 期，1927 年，第 20 页。

② 交通部邮政总局编：《中国通邮地方物产志》(河北编)，第 52 页、54 页。

③ 白眉初：《中华民国省区全志》(河南省)，北京师范大学史地系，1925 年，第 70 页。

④ 《大同之经济状况》，《中外经济周刊》第 150 期，1926 年，第 8 页。

⑤ 《大站分述》(大同站)，《平绥铁路货运调查报告》，中国第二历史档案馆藏，档号：28/13874。

积成、合顺、庆成、乾元、鲁麟公、晋丰、钰成等七家转运粮石，庆隆公、天新裕两家转运杂货，平和公、新泰公两家专运羊毛”。①

在整体层面，1910 年前，京奉沿线的 4 个县城中，通州车站附近有煤栈 12 家，煤油栈 3 家，货栈 1 家；滦州车站附近有货栈 8 家，煤栈 3 家，客栈 2 家；昌黎车站附近有货栈 10 家，煤栈 6 家，小客栈 6 家，临榆（山海关）车站附近有客栈和货栈 25 家，另有铁路饭店 1 家。② 汴洛铁路沿线县城中，巩县车站附近没有客栈和货栈；郑州车站附近有货栈 10 家，客栈 10 余家；偃师车站附近无客栈和货栈；中牟车站共有货栈 4 家；洛阳车站有客栈 8 家，货栈 10 家；汜水车站附近没有客货栈，仅县城东关有小客店 8 家。③ 道清铁路沿线县城中，除新乡外，汲县车站没有客货栈，仅有煤行 10 余家；获嘉车站有煤栈 15 家，粮食行 2 家。④ 到 1937 年前，在表 6 所列的 84 个县城中，有 56 个县城的车站附近有商业分布，其中又多以转运、煤炭、棉花等商业为主。

随着车站附近转运、饭馆、旅栈、棉花、粮食、煤炭等商业和近代工业的较快发展，县城工商业分布重心逐渐由城内向车站及附近转移。典型者如郑州，“豫省之精华在郑州，而郑州之精华，则又集聚于车站一带。以故车站附近，有规模较伟之马路，及四五层高楼之商店，城里则不然，两相比较，其相差之年岁，似在二十年上下也。换言之，名城里为乡下，谓车站为城镇，亦无不可”⑤。

其次，车站附近工商业的兴起往往以城内工商业的衰落（或相对衰落）为代价。例如，陕县县城 1925 年前城内“商业萧条如乡村……南至南关，约二里许，有陇海铁路车站在焉。商务之盛，逾于城内”⑥。1932

① 《丰镇之经济状况》，《中外经济周刊》第 162 期，1926 年，第 26 页、30 页。

② 《各站风土记》，张展云：《京奉铁路旅行指南》，1910 年，第 111—170 页。

③ 《汴洛铁路呈报本部各站商务情形一览表》，《交通官报》第 22—24 期，载沈云龙主编：《近代中国史料丛刊》第 3 编（0266—0267），（台北）文海出版社影印本。

④ 《道清铁路各站商务情形一览表》，《交通官报》第 26—27 期。

⑤ 孙肖泉：《郑州旬日》，《旅行杂志》第 10 期，1931 年，第 61 页。

⑥ 白眉初：《中华民国省区全志》（河南省），北京师范大学史地系，1925 年，第 81 页。

年前,“街市之热闹者,即在车站附近一带……城内则甚寥寂,并无市面”①。青县县城位于运河西岸,车站在运河东约1里半,1928年前后,“城内萧条,除县署及少数居民外,铺户极少,东门外沿运河有街市,居民之繁,过于城内”②。“城内县政府附近,只有饭铺二三家,荒野情形一如乡辟……惟城外东关,有南北大街一条,商店五十余家耳。”③1925年前,平原县“城内多农家,土壁茅檐,景象萧条,惟东关街长半里,百货杂陈,廛舍栉比,贸易较为兴盛云……津浦车站在东关外,南北交通颇称便利”④。这表明,车站附近工商业的兴起往往以城内工商业的衰落为代价的现象并非个别。

最后,部分县城工商业在分布上具有明显的延续性。比较有代表性的县城,除上文已述及的德州外,还有定县、潍县等。定县城关商号在清道光末年主要分布在东大街、南大街、北大街和西关。直到铁路开通前,仍为“附近农产集散一大中心”⑤,京汉铁路开通后,“铁路通,旅店减色矣”⑥。1913年前,车站附近有旅馆3家,1923年前有客栈6家,货栈10家。1930年时,定县城内共有大小商店467处,“北门外只有几家住户,并无铺户,西关因有平汉铁路车站故商店最多,南关与东关各有少数小铺店而已”⑦。1937年前,定县城关共有重要工商行号32家,其中有9家在车站,其余23家主要分布在城内、南街、北街、东街、十字街、西关等地。潍县商业在清末以前的分布,可以从市、集分布中窥得一斑。清乾隆年间,潍县城关有两个市,一个在城内大街十字口,另一个在东关大街十字口;有7个集,“东关四”,“南关、西关、北关各一”。光绪年间,潍县

① 《陇海全线调查》(1932年份),载殷梦霞、李强选编:《民国铁路沿线经济调查报告汇编》第7册,北京:国家图书馆出版社,2009年影印本,第262—263页。

② 《直隶青县之经济状况》,《中外经济周刊》第220期,1927年,第17页。

③ 河北省政府建设厅编:《调查报告第四编 工商》,1928年,第51页。

④ 白眉初:《中华民国省区全志》(山东省),北京师范大学史地系,1925年,第182页。

⑤ 白眉初:《中华民国省区全志》(直隶省),第50页。

⑥ 林传甲:《大中华直隶省地理志》,武学书馆,1920年,第214页。

⑦ 李景汉编著:《定县社会概况调查》,中华平民教育促进会,1933年,第712页。

城关有两个集市，一个在城内南门，一个在东关沙滩。这从一个方面表明，铁路开通前潍县商业主要分布在城关地区。到1925年前，潍县城关街市分为本城、东关、商埠区，其中城内有商家700户；东关"内有七八千户，商肆栉比。又由本城东门外向北沿白狼河西岸而走。其地名坝崖，市俗称买卖大街，路虽狭而清洁，商况极盛，是为潍县商务之中心"①。1937年前，潍县城关共有重要工商行号约110家，主要集中分布在东门大街、东关大街、坝崖街、东门内等处，仅有1家设在车站。

这一时期华北铁路沿线县城工商业呈现出的"差异化发展"态势，与铁路运输的发展密不可分。下文将着重从铁路所具有的交通工具属性、流通枢纽属性（就车站而言）和近代企业属性（铁路工厂等）三个方面进行分析。

铁路开通前，华北的陆上交通运输以驿路和内河航运为主。铁路开通后，大多数铁路的走向与驿路和内河航线一致，因此铁路运输的发展，并未带来商品流通格局的根本性改变。但由于铁路具有运量巨大、运速快捷、运费低廉、安全可靠、适合中长途运输等优点，商品的具体流通路径逐渐由驿路和内河航运向铁路转移。以天津与内地各省市间贸易为例②，京汉铁路竣工前，铁路运输仅占天津与内地贸易的20%。京汉铁路通车后，上升到44%③。民国成立后，路运所占比例逐年上升，1912—1925年间均超过50%④。1926年后，华北地区战乱频仍、政局动荡，路运由此受到沉重打击，在中长途运输中的主导地位发生动摇。1931年以后，随着华北政局的逐渐稳定，铁路在中长途运输中的主导地位最终得以巩固。商品具体流通路径的转移，从多方面影响了铁路沿线县城工商

---

① 白眉初：《中华民国省区全志》（山东省），北京师范大学史地系，1925年，第131—132页。

② 铁路修建前，天津已是华北地区最大的港口，铁路开通后，又成为"扼六路（京汉京奉京绥正太津浦青济）之中心"，"为满、蒙、直、豫、山、陕、甘、新物产之总出纳地，世界货殖之一大灌输场"，贸易范围以华北各省市为主，因此铁路在天津与内地各省市贸易中的作用，大体能够反映出其在华北交通体系中的地位。

③ 日本中国驻屯军司令部编：《二十世纪初的天津概况》，侯振彤译，天津市地方史志编修委员会总编辑室，1986年，第283页。

④ *Decennial Reports* 1912—1921，pp. 160；1922—1931，pp. 377.

业的“差异化发展”:一是地处铁路与铁路交会处的郑州和新乡等县城的工商业均有显著发展。二是随着郑州、石家庄等新的工商业中心的兴起,部分县城工商业明显衰退。例如,定县县城“自京汉通车后,商务夺于石家庄,不见昔日盛况”①。荥阳县城“通东西门之大街,为商廛所萃,夺于郑州”②。三是随着铁路运输的兴起和内河航运的衰落,德州、济宁等运河沿线县城商业深受影响。前者“自津浦、胶济等路通行,商业遂为所夺”③。后者在津浦铁路通车后“四方商贩,均改由铁路运输,贸易重心,渐移向济南、徐州一带,该县市况,顿见停滞”④。四是随着铁路的延伸,部分县城的商业也受到影响。例如,陇海铁路通至陕县后,陕县“棉业益盛,所以有华北棉业公司,应时而起,凡津、沪、汉购运棉花者,皆可承办,今后自当益盛”⑤。但该路延伸至潼关后,“本站陕甘来货,当然大减,故最近陕州商业状况已大非昔比矣”⑥。

铁路开通前,内河航运码头和重要驿站往往成为多种交通的交会地和衔接地。铁路开通后,铁路车站逐渐取代了重要驿站和码头的地位。1930年前,东光站“泊船处离站二里,由站陆路至王家集二十五里,建桥镇三十五里,秦村镇二十五里,灯明寺三十五里”。泰安车站“距各山及堪游览之处皆不甚远”。西至天明店、肥城,西南至夏张,南至马儿庄,东至水北、莱芜,“均由陆路可通”。曲阜车站“至汶上、宁阳、汜水、东平等县,均由陆路相通”。济宁车站“由站至金乡、嘉祥、鱼台、宁阳、汶上、单县等处,陆路可通”⑦。1933年时,胶济铁路高密站附近除了铁路外,还有通往县城和夏庄等地的汽车路。潍县车站有马路直达城东门和南门。昌乐车站有道路可达县城、寿光、羊角沟、安邱等处。淄川车站有县城通

① 白眉初:《中华民国省区全志》(直隶省),北京师范大学史地系,1924年,第50页。

② 白眉初:《中华民国省区全志》(河南省),北京师范大学史地系,1925年,第47页。

③ 白眉初:《中华民国省区全志》(山东省),北京师范大学史地系,1925年,第181页。

④ 实业部国际贸易局:《中国实业志》(山东省),(丁),1934年,第226页。

⑤ 白眉初:《中华民国省区全志》(河南省),第81页。

⑥《陇海全线调查》(1932年份),载殷梦霞、李强选编:《民国铁路沿线经济调查报告汇编》第7册,第296页。

⑦ 参见津浦铁路管理局总务处编查课编辑:《津浦铁路旅行指南》(相关各站概要),1930年。

益都(青州)的大道经过。博山车站有通往附近村庄的道路。[①] 1937年前,京奉路滦县站至周边各县城、村镇交通工具有汽车、大车、轿车等。其中汽车路有滦乐路、滦傣路、滦迁路3条。昌黎车站“西北距昌黎县城一里许,北距抚宁县城三十里,西南距乐亭县城八十里,各地至车站有大车及长途汽车通行”[②]。各种交通在车站附近的交会和衔接,无疑会大大便利客流和货流向车站附近的聚集,从而促进转运、旅馆、饭店等商业的兴起,进而加速商业分布重心向车站附近的移动。

与驿路和传统内河民船航运不同,铁路具有鲜明的近代企业属性。铁路车站、修车厂、机车厂等均为其组成部分。由于车站和各工厂的等级、规模不同和驻有的铁路工人数量不同,以其为中心的交通社区的规模也各不相同。生活在这些交通社区内的铁路工人及其家属,形成了不同规模的消费群体,从而对车站附近地区工商业的发展产生了不同程度的影响。

表7 1913年京汉路车务处站上员司分配表(华北县城车站部分)

站名	站等	员司总数	站名	站等	员司总数
正定府	大站	20	顺德(邢台)	大站	16
彰德(安阳)	大站	20	新乡县	大站	8
郑州	大站	29	许州(许昌)	大站	12
信阳州	大站	19	良乡县	中站	1
涿州	中站	1	定兴县	中站	1
安肃(徐水)	中站	1	望都	中站	1
新乐县	中站	1	定州	中站	2
高邑县	中站	6	元氏县	中站	1

① 参见《铁路月刊》(胶济线)(第5卷第3期至第6卷第8期)中的《胶济铁路二十二年份各站年报》所附各站《以车站为中心之交通状况略图》。

② 参见北宁铁路经济调查队编辑:《北宁铁路沿线经济调查报告书》相关各县,1937年。

续　表

站名	站等	员司总数	站名	站等	员司总数
内邱县	中站	1	临城县	中站	1
邯郸县	中站	1	磁州	中站	1
卫辉(汲县)	中站	1	淇县	中站	1
西平县	中站	1	临颍县	中站	1
确山县	中站	1	遂平县	中站	1

资料来源:交通部交通史编纂委员会、铁道部交通史编纂委员会编纂《交通史路政编》第8册,1935年,第736—739页。附注:表中仅为车务处站上员司人数,不含各种员司和铁路工人在内。

表8　1933年胶济铁路沿线县城车站工人数统计表

站名	工人数	站名	工人数	站名	工人数	站名	工人数	站名	工人数
胶东	13	胶州	28	高密	46	潍县	41	昌乐	21
青州	38	淄川	48	博山	53				

资料来源:《胶济路二十二年份各站年报》,《铁路月刊》(胶济线)第5卷第3期—第6卷第8期(1935—1936年)。附注:表中工人数包括员司和工人两项。

由此可见,铁路所具有的交通工具属性、流通枢纽属性(就车站而言)和近代企业属性(铁路工厂等)确实对铁路沿线县城工商业的“差异化发展”具有重要影响。但铁路作用的发挥,又会受到自然地理环境、交通状况、县域经济与区域经济发展水平等因素的制约。其中县域经济及区域经济发展水平尤显重要。

这一时期华北的县域经济发展水平,可以滦县、顺德(邢台)两县为例进行考察。滦县是河北省内的重要县份之一。近代以来,随着开滦煤矿的创办和其他近代工业的兴起,滦县的经济发展水平一度有明显提高。到1927年前,滦县“人多经营商业,尤以往东三省者为最多,境内多著名集镇”,“境内商工业,概散在四乡各集镇,……加以年来受战事影响，尤形疲敝”①。1937年前，滦县农业“本地农产物除棉花，花生及小麦，每年可外销若干外，余均不敷应用”②。商业在1931年以前“关内外交通未绝时，县城及各大镇商业之盛，邻近各县无与伦比者。厥后迭经变乱……遂致昔日繁华之商市，近已凋敝不堪矣”③。到1937年前，“昔年繁荣之滦县，渐于趋凋敝不堪之途矣”④。顺德(邢台)1926年前“商工业以皮毛业为最盛，出入口货，悉赖此为转移。其盛况虽不敌张家口归化包头等处，而在直隶各县中要占第一位……皮毛店多在南关羊市街、牛市街一带，建筑宏敞，为各业冠”⑤。然而，仅仅数年之后，邢台的皮毛业就呈现出了另一种发展状态，“自民国以来，营业渐趋发达，影响所及，各种商业日趋繁荣，十六十七年之间，为极盛时期。惟进(近)年来，受世界经济恐慌，国内经济凋敝影响，贸易衰落，商店倒闭，以二十一年为最”。“皮毛业为顺德各业的基础，皮毛业的盛衰可以决定其他各业的荣枯”，因此随着皮毛业的衰落，顺德各业“亦随之凋敝”。“由于皮贩购买布匹携往西北，所以皮毛业发达，布业亦为发达，其他洋广杂货亦复如是。近年皮毛业，一蹶不振，而布业杂货业亦一落千丈，其次当皮毛业发达之时，津沪汉各地富商阔客，萃集顺德甚多，饭馆旅舍，颇为繁荣，……近年皮毛业衰落，津沪买客减少，饭馆旅舍顿呈冷落。”⑥

这一时期华北区域经济发展的整体水平可从近代工业和乡村经济两个方面进行考察。在近代工业方面，前文表5的统计表明，在铁路沿线84个县城中，仅有26个近代工业发展水平较高，不足31%。华北的近代工业除了数十家大中型煤矿，多集中于天津、北京、青岛、济南等大中城市和唐山、石家庄等新兴城镇。大多数县城近代工业发展水平较低甚至少有近代工业。在乡村经济方面，目前争论较多，李金铮教授曾归

① 《滦县之经济状况》，《中外经济周刊》第216期，1927年，第19—20页。
② 北宁铁路经济调查队编辑：《北宁铁路沿线经济调查报告书》，1937年，第1427页。
③ 北宁铁路经济调查队编辑：《北宁铁路沿线经济调查报告书》，第1443—1444页。
④ 北宁铁路经济调查队编辑：《北宁铁路沿线经济调查报告书》，第1419页。
⑤ 《邢台县之经济状况》，《中外经济周刊》第191期，1926年，第12—13页。
⑥ 《顺德皮毛业概况》，《国货年刊》，1934年，第135页、236页。

纳出中国近代乡村经济史研究的十大论争，乡村经济总体发展水平即为其中之一。他指出，在20世纪二三十年代，主流意见是中国近代乡村经济呈衰落和崩溃之势，农民生活日趋贫困；新中国成立后则主要有四种意见，即“中国乡村经济和农民生活均呈衰败与恶化之势”，“中国近代乡村经济和农民生产主要呈衰落之势，但其间也有波动起伏，不同地区也不完全一样”，“中国近代乡村经济和农民生活处于发展与不发展的状态”，“中国近代乡村经济和农民生活处于发展和改善的趋势”；“西方学者多认为中国乡村经济总体上是增长的”。① “这些意见大致概括为衰退论、增长论、过密型增长论和发展与不发展论”②。在此基础上，他也提出了自己的看法：“就我多年的研究实践而言，我的基本倾向是，中国近代乡村经济是相对发展，绝对落后，低于古代高峰水平，频繁的天灾人祸是最大根源。”③

综合以上两方面的考察可以看到，1937年前华北县域经济发展水平不高，甚至有衰退迹象。乡村经济的整体发展水平也比较低。这就部分地消解了铁路对县城工商业发展特别是规模扩张的促进作用，从而使其呈现为“差异化发展”态势：仅有郑州、新乡、邯郸、陕县等少数县城工商业规模有显著扩张且分布重心转移到车站附近；部分县城工商业有所发展，分布重心明显向车站附近移动；大多数县城工商业少有发展，分布重心仍在城内和城关地区，仅有向车站附近移动的趋势。就此而言，1937年前华北铁路沿线县城工商业的“差异化发展”，应更多地体现为分布重心由城内向车站附近的移动，而非工商行号数量的提升和规模的扩张。

---

① 李金铮：《中国近代乡村经济史研究的十大论争》，《历史研究》2012年第1期，第185—187页。

② 李金铮：《延续与渐变：近代冀中定县农业生产及其动力》，《历史研究》2015年第3期，第95页。

③ 李金铮：《发展还是衰落：中国近代乡村经济的演变趋势》，《史学月刊》2013年第11期，第11页。

结　论

近年来，随着经济史、社会史、区域史、城市史研究的深入开展，铁路与区域社会变迁的关系日益受到关注。但选取具有某种共性的一组对象并进行深入研究的成果尚不多见。因此，本文选取“华北铁路沿线县城”作为研究对象，通过考察其工商业规模和布局变动，得出了其在整体上形成了“差异化发展”的结论。本文的研究思路及结论，对于深入探讨铁路与区域社会变迁之间的关系，具有一定的启发意义。

检视已有相关研究成果可以看到，尽管学者们在研究视角和研究对象选取、研究方法更新以及史料挖掘等方面作出种种努力，也取得了诸多新进展，但就总体而言，已有研究的结论给人颇为深刻的趋同化印象，即铁路是影响华北区域社会变迁的最重要因素。于是，如何消除这种趋同化印象，便成为一个重要课题。

对此，首先应找到原因。本文的研究表明，其原因似可归为两个方面。一方面，研究对象自身的发展态势存在的趋同化现象，应是形成这种印象的客观原因。例如，铁路开通后县城工商业分布重心由城内向车站附近转移（或有转移的趋势），显然是一个客观存在的趋同化现象。另一方面，研究者们在研究对象选取和研究方法运用上的局限性，应是形成这种印象的主观原因。就管见所及，目前已有的相关研究及其结论多建立于单体研究对象或有限的个案研究的基础之上，而关于具有某种共性的一组对象的深入研究，尚不多见。

因此，似应从以下四个方面来着手消除这种趋同化印象：一是选取具有某种共性，适于作量化分析的一组对象进行深入研究；二是引入或借鉴其他学科概念，并赋予其新的内涵，同时重视借鉴多学科研究方法；三是将铁路的影响置于诸影响因素形成的系统中进行考察，尤其应重视铁路与经济之间的双向互动，而非仅着眼于铁路的单向度影响；四是应重视长时段研究，不应只满足于短时段的分析。

民国地方官办金融机构与区域工业化的关系研究
——基于山西“十年省政建设计划”时期“四银行号”资本支撑的定性和定量分析*

米　嘉

引　言

长期以来，中国近代金融问题和工业化问题都是中国近代经济史研究中最为活跃的领域。民国时期正值近代中国社会的复杂转型期，发生发展于半封建半殖民地历史条件下的中国近代工业化在这一时期经历了复杂而又曲折的过程。本研究以资本来源这个工业化的基本问题为切入点，将区域性银行组织和其所在区域的工业化进程联系起来进行专门深入的分析，探究其作用关系的形态和细节。

研究选取民国山西“四银行号”与山西“省政建设计划”时期工业化浪潮作为具有代表性的典型内容进行剖析，主要是基于以下原因：其一，近代中国工业化过程中的区域差异问题。由于外界的干预以及国内市场分割的因素，到民国时期，特别是20世纪30年代，中国基本形成了工业化基础和水平不同的各种区域，所以针对特殊区域对象的探究就有了

[作者简介] 米嘉，山西财经大学马克思主义学院讲师。

* 本文为国家社会科学基金一般项目“民国晋绥地区‘四银行号’研究(1912—1937)”(批准号：ZZBZS117)阶段性成果。

其价值。20 世纪 30 年代初的山西是典型的传统农业社会，具有封闭、落后的特征，工业化进程和程度远远滞后于开埠较早的东南部沿海地区与交通要冲地带，也与深处内陆的南方其他省份有着明显差异。其二，地方官办银行的重要性和发展程度差异问题。近代中国地方官办银行是中国银行业中的一个特殊群体，它是地方政府创设的，与区域经济相适应，反映着商品经济发展和地方经济发展的内在要求，是旧中国金融业发展和地方政府力量迅速上升相结合的产物，在金融体系中占有重要地位。从国家层面看，中国实际上被长期分割为不同势力影响范围的地带，地方官办银行制度因此得以存在、发展并实际产生作用。全国各地具有区域中心金融枢纽性质的银行次第出现，但是各自发展历程和水平却大相径庭，横向比较下发展是不平衡的。在山西，地方官办银行的发展演化程度是非常高的。山西省银行、绥西垦业银号、晋绥地方铁路银号和晋北盐业银号合称为民国时期山西的“四银行号”，它们于 1919 年到 1935 年相继成立，是具有金融托拉斯性质的区域银行组织体系，服务于当时地方经济建设，同时也服从于以阎锡山为核心的地方政权体系，对民国时期山西社会的发展具有非常重要的影响力。在当时中国各地存在的地方官办金融机构中，山西“四银行号”资本规模之大，运行时间之长，对社会经济影响之深刻，都可谓相当突出。同时它们又与当时的山西“省政建设计划”这一地方政府主导的工业化建设进程成龙配套、高度契合，深刻影响了所在区域的工业化进程，直接促成了近代山西第三次区域性工业化高潮，山西区域经济由此开始了由农业社会向工业社会的过渡，完成了工业化的开端，经济实绩在全国处于领先地位，应该予以特别关注和研究。

一、山西区域银行资本与产业资本的融合生长

（一）资本主义金融资本产生的一般过程

19 世纪下半叶，西方社会出现了第一次企业兼并浪潮，资本主义国

家就出现了工业资本和银行资本互相融合的趋势。在《资本论》中，产业资本包括了投入在工业、农业、运输业和建筑业等物质资料生产部门的资本，生产剩余价值是其最本质的特征。产业资本的存在和运动决定了资本主义的性质。资本的价值从货币资本形态开始，依次经过购买、生产和售卖三个相互联接的阶段，相应采取货币资本、生产资本和商品资本三种职能形态，从而实现增殖，其后又回到初始形态。产业资本只有在这种不断循环的运动中才能实现自身的扩张。

而银行资本是银行资本所有者为经营银行获取利润所投入的自有资本和通过各种途径集中到银行的货币资本①，其性质是一种部门资本，是在借贷资本的基础上产生的，同时又以货币经营业务的运行为条件，以现金和各种有价证券为形式。

从经济史的发展逻辑来看，在资本主义向帝国主义过渡时期，随着工业资本不断集中并走向垄断，银行也不断地进行着资本集中，这使银行的性质开始发生变化，银行作为支付中介，实际上成为企业的会计和出纳，并涉足产业资本的经营活动，在业务上实现渗透，银行资本和产业资本的相互渗透并逐渐融合为一体，最终形成了金融资本这一最高形态的垄断资本。

（二）“四银行号”与地方实业的结合

20 世纪 30 年代的山西，地方银行资本和产业资本也呈现出一种相互结合、共同演化的状态。这种结合不但体现在管理和体制安排上的一体性上，同时也表现在业务的相互支持上，所以这种结合，不但是“四银行号”的一种历史性的发展，也是其资本支撑实业的重要条件之一。

1. 管理的结合

据有关资料记载：“在‘山西省政十年建设计划案’编订接近完成时，阎锡山采取各种方式，举办各种事项，有的是根据计划规定，有的是另成

① 逄锦聚等：《政治经济学》，北京：高等教育出版社，2003 年，第 91 页。

系统。综合其内容,可概括为三大类:甲、山西人民公营事业类。'公营事业'的业务范围至为广泛,大至钢铁、煤炭等重工业,小至火柴、纸烟等日用品,无不包罗在内,山西人民经济生活实无法逃出其范围之外……;西北实业公司——公司资本为二千万元……;同蒲铁路——同蒲铁路全线长约八百五十余公里,建筑费全线为一千六百五十万元……;四行号及实物准备库——截至1937年太原弃守之前夕扩张已相当庞大。"①

通过分析可判断的是,所谓的管理上的结合,应是指在制度层面,山西"四银行号"作为银行资本的载体与制造业等其他实业作为同一层次的实体,实现统一化的管理,其实质上是一种以山西省公营事业董事会为核心,以"省政建设计划"为基础的模块化整合。下图1比较清晰地展示了这种管理上的结合:

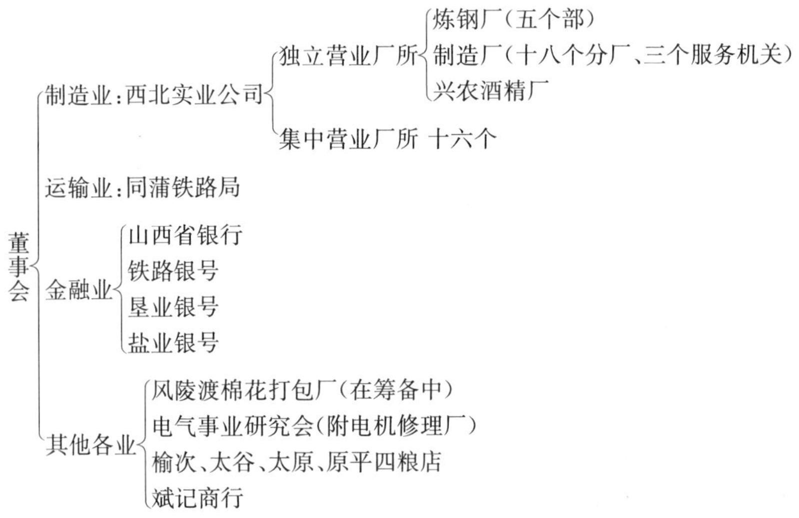

图1　山西省人民公营事业董事会管理事业一览(民国二十六年7月1日制)

资料来源:《山西省人民公营事业董事会至民国二十五年所属单位营业状况》,1937年1月,山西省档案馆藏,山西省人民公营事业董事会档案B30-01-04。

---

① 山西省政协文史资料研究组:《阎锡山统治山西罪恶史》(上册),太原:山西省政协文史资料研究组编印,1960年,第259—273页。

2. 业务的关联渗透

工业资本和银行资本的相互渗透、融合更重要的是业务上的相互关联和渗透。在世界近代经济史上，资本主义世界的银行通过购买工商企业的股票或直接开办新企业，从而进入产业资本的经营活动，而工业资本则通过购买银行的股票或开办新银行，跻身于金融领域。

在 20 世纪 30 年代的山西，“四银行号”与工业实现管理的统一和结合之后，它们业务的结合另具有其自身的特点，在银行的支持下，产业资本的垄断力也在不断加强。正如历史资料所述：“伪山西省银行及铁路、垦业、盐业三个银号，截至 1936 年 12 月底，共发行纸币 81 181 719 元。这些纸币的发行大部分是通过阎匪的土货商行、斌记商行、四个粮店、实物准备库等官僚企业，以大量收购农副产品和其他物资的方式进行的。各种官僚企业以绝对的优势力量对市场实行了垄断。如土货商行和实物准备库垄断了整个皮毛、棉花、烟叶及其他主要土特产品市场和出口贸易；斌记商行垄断了五金、交通器材；太原、太谷、原平、榆次四粮店结合各地设立之县、区、村粮仓垄断了粮食市场；官盐店垄断了食盐市场……”①

所以“四银行号”金融资本以各种形式进入实业，为其提供支持，进而促进实业的膨胀，就是当时山西官办金融机构和企业以及工业化进程的基本状态。

二、“四银行号”对“省政建设计划”的资本支撑

（一）省政十年建设计划的经济建设经费问题

山西省政府于 1932 年出台了旨在统领山西未来经济社会发展的《山西省政十年建设计划案》，在这内容庞杂的《计划案》中，经济建设无疑是最重要的内容之一。然而经济建设如果没有资金支撑，那么无论计

① 中共山西省委调查研究室：《山西省经济资料》第四分册，太原：山西人民出版社，1963 年，第 18—19 页。

划如何完美，都将是空中楼阁。在《计划案》中，经济建设经费有着专门的规定计划，具体内容见表1。

表1 《山西省政十年建设计划案》关于经济建设经费的内容节录

<table>
<tr><td>篇目</td><td>第一篇总则之六　建设之先决事项</td></tr>
<tr><td>内容</td><td>乙 经济建设经费
（子）经济建设行政经费：
（1）原属于该项行政经费者；
（2）各项行政事业之收入；
（3）整理土地山林矿产水利收入之一部；
（4）军费之撙节费。
（丑）保护生产经费：
（1）省生产保护经费
省生产保护费，以三千九百万元为期成数，其必成数至低不得少于期成数十分之六，此项款项之筹集，由太原绥靖公署负责，其用途专以保护省公营事业，兹将分年筹集数目列表于左：
<table>
<tr><td colspan="2">省保护生产费分年按月筹集表</td></tr>
<tr><td>年别</td><td>按月筹集数目(元)</td></tr>
<tr><td>第一年</td><td>一〇〇〇〇〇</td></tr>
<tr><td>第二年</td><td>一五〇〇〇〇</td></tr>
<tr><td>第三年</td><td>二〇〇〇〇〇</td></tr>
<tr><td>第四年</td><td>二五〇〇〇〇</td></tr>
<tr><td>第五年</td><td>三〇〇〇〇〇</td></tr>
<tr><td>第六年</td><td>三五〇〇〇〇</td></tr>
<tr><td>第七年</td><td>四〇〇〇〇〇</td></tr>
<tr><td>第八年</td><td>四五〇〇〇〇</td></tr>
<tr><td>第九年</td><td>五〇〇〇〇〇</td></tr>
<tr><td>第十年</td><td>五五〇〇〇〇</td></tr>
<tr><td colspan="2">以上十年总计为三九〇〇〇〇〇〇元，由太原绥靖公署负责，筹到后交太原经济建设委员会</td></tr>
</table>
（附记）表列款项数目若按每年每月平均筹集，应为三十二万五千元</td></tr>
</table>

续 表

内容	(2) 县生产保护经费 县生产保护经费由县拟定,省政府批准行之; (3) 村生产保护经费 村生产保护经费由村拟定,县政府批准行之; (寅)公营事业经费: (1) 省公营事业经费 省公营事业之经费,以一万万元为期成数,以六千万元为必成数,其筹集之方法如左:1. 由财政整理处、省政府财政厅担任百分之四十二;2. 由经济建设委员会担任百分之二十八;3. 由实业借款、实业公债筹百分之三十; (2) 县公营事业经费 县公营事业经费由下列各款充之:1. 县原有公款公产及其滋息;2. 县公营事业之纯利;3. 整理土地山林矿产水利收入之一部;4. 其他酌筹之款; (3) 村公营事业经费 村公营事业经费由下列各款充之:1. 村原有公款公产及其滋息;2. 村公营事业之纯利;3. 整理土地山林矿产水利收入之一部;4. 其他酌筹之款。

资料来源:《山西省省政十年建设计划》,1933 年 12 月,山西省档案馆藏,山西省人民公营事业董事会档案 B30 - 01 - 01。

这些内容将十年建设计划中经济建设经费分为与经济建设相关的行政费用、保护性生产经费和公营事业经费三个部分。其中最重要的内容应为省级经济建设保护性经费和公营事业建设经费。省级经济建设保护性经费明确计划为每月平均筹集 32.5 万元,十年总共计划数为 3 900 万元。而公营事业经费计划至少为 6 000 万元,这部分经费财政厅和财政整理处承担最多为 42%,太原经济建设委员会承担 28%,其余 30%应来自发放的借款券和建设公债。在这里,并未出现各个公营事业单位应承担的数额以及各个关键金融机构的负担内容和方式。

(二) 途径之一:"四银行号"承担"省政建设计划"中的固定建设基金

从史料反映的情况来看,在历史上,真正能够做到将建设经费制度化地按月进行筹集、集中,还是在省政十年建设计划开始后的第四年,即

1936年9月。以此时间为界限可以将固定建设基金的筹措分为前后两个阶段，即分散地按年缴纳时期和统一地按月缴纳时期。

1. “四银行号”分散地按年缴纳建设经费

此阶段的情况在下表2中一些公函中有所反映：

表2 “四银行号”关于缴纳1935年、1936年底固定建设基金的有关公函

公函属性	事由或核心内容
铁路银号向公营事业董事会报送1935年全年应交固定建设基金的公函，廿五年十一月十二日，公字第一〇二号。	“应担之二十四年经费壹拾贰万元如数解缴。”
盐业银号向公营事业董事会报送1935年全年应交固定建设基金的公函，日期被撕毁，总字第二九号。	“应担之二十四年度建设经费壹万元已如数拨缴。”
山西省银行向公营事业董事会报送1936年9月前应交固定建设基金的公函，廿六年十一月十七日，总字第八二九号。	查本行截至本年六月底、九月底两期决算纯益，照章共应拨建设经费三十五万八千四百二十五元一角一分，曾经分别列表函报在案。兹奉董事会嘱，将此款收入往来项下等因，除已如数注收董事会往来项下外，用特函报，即请察核。此上。
晋绥财政整理处统计1935年固定建设基金的公函，廿六年一月五日，任字第三六号。	“二十四年交建设经费，铁路银号一十二万元，垦业银号四万元，盐业银号一万元。”

资料来源：《山西省银行、晋北盐业银号、晋绥地方铁路银号等关于解交民国二十四年、二十五年建设基金的来往公函》，1936年11月、1937年1月，山西省档案馆藏，山西省人民公营事业董事会档案B30-04-09。

上表内容在一定程度上反映了1936年9月之前“四银行号”对省政建设的资本投入情况：1935年，三个官营银号共提供建设基金17万元，山西省银行到1936年9月则缴纳建设基金超过35万元。

2. “四银行号”统一地逐月定量提供省政建设资本

从1936年9月之后，即从1936年10月开始，山西省人民公营事业董事会正式向各个应提供建设基金的单位统一发函，要求各单位按月缴纳应承担的经济建设基金，以下表3即为相关函件：

表3　山西省人民公营事业董事会发给“四银行号”关于应按月拨缴应担建设基金暨按期缴纳当年10月建设基金的公函

文号、时间及事由	董事会会字第四八号，民国廿五年十月廿日，本年十月份应担建设基金希依期如数拨。
内容	迳启者：督理委员会督字第二二三号训令，以各担任建设基金机关自本年九月份起按月担任，并于每月二十五日以前解交，由董事会按期催收等因。兹查省银行、垦业银号、铁路银号、盐业银号应担本年十月份建设基金一十六万元、一万六千元、八万元、八千元，届计将届拨款之期，相应函知，希将前项基金依期如数拨交，以资开付各项借券本息为盼。

资料来源：《山西省人民公营事业董事会关于应提建设基金的拨交及送收据的公函》，1936年12月，山西省档案馆藏，山西省人民公营事业董事会档案B30-04-07。

以上公函明确了“四银行号”自1936年10月开始，应在每月25日之前将自己应该承担缴纳的固定建设基金如数按期完成，具体数额分别为：山西省银行16万元、晋绥地方铁路银号8万元、绥西垦业银号1.6万元、晋北盐业银号0.8万元。

“四银行号”接到此函令之后，立即将各自款额上缴山西省人民公营事业董事会，并回函如下表4至表7的内容：

表4　山西省银行发给山西省人民公营事业董事会关于已缴当年10月建设基金的报告函

文号、时间及事由	山西省银行总字第七零三号，民国廿五年十月廿四日，函解本行十月应担建设经费省币一十六万元请核收由。
内容	敬复者：接奉董事会会字第四八号公函。以奉督理委员会训令，各担任建设基金机关自本年九月份起，按月担任者于每月二十五日以前解交，由董事会按期催收等因。嘱将本行应担本年十月份建设金一十六万元，依期如数拨交等因。除九月底以前应交之建设经费另案呈缴外，所有十月份应担之建设基金省币一十六万元，谨开具交款收据一纸，随函解缴，即请核收。此上。

资料来源：《山西省银行关于解缴本年十月建设基金的公函》，1936年12月，山西省档案馆藏，山西省人民公营事业董事会档案B30-04-07。

表 5　晋绥地方铁路银号发给山西省人民公营事业董事会关于已缴当年 10 月建设基金的报告函

文号、时间及事由	晋绥地方铁路银号公字第八六号，民国廿五年十月廿四日，函解十一月应担建设基金省币八万元请核收由。
内容	敬复者：案准董事会会字第四八号公函，内开“迳启者：前奉督理委员会督字第二二三号训令，以各担任建设基金机关自本年九月份起，按月担任者于每月二十五日以前解交，由董事会按期催收等因。兹查铁路银号应担本年十月份建设基金八万元，届计届拨款之期。相应函知，希将前项基金依期如数拨交，以资开付各项借券本息为盼”等因。准此，遵将本号应担十月份建设基金省币八万元，于十月二十四日如数解交就便。与董事会收注往来，相应函陈鉴核。此上。

资料来源：《晋绥地方铁路银号关于解缴本年十月建设基金的公函》，1936 年 12 月，山西省档案馆藏，山西省人民公营事业董事会档案 B30－04－07。

表 6　绥西垦业银号发给山西省人民公营事业董事会关于已缴当年 10 月建设基金的报告函

文号、时间及事由	绥西垦业银号特字第九六号，民国廿五年十月廿四日，函送本号应担本年十月份建设基金省币一万六千元交款收据，请查收给据由。
内容	敬启者：前奉会字第四八号公函，尾开“查垦业银号应担本年十月份建设基金一万六千元，届计将届拨款之期，相应函知，希将前项基金依期如数拨交”等因。遵将本号应担本年十月份建设基金一万六千元，业于即日如数拨交山西省银行代收，制回交款收据一纸，相应检据送请查收给据为荷。此上。

资料来源：《绥西垦业银号银号关于解缴本年十月建设基金的公函》，1936 年 12 月，山西省档案馆藏，山西省人民公营事业董事会档案 B30－04－07。

表 7　晋北盐业银号发给山西省人民公营事业董事会关于已缴当年 10 月建设基金的报告函

文号、时间及事由	晋北盐业银号总字第二五号，民国廿五年十月廿三日，为函复十月份担任建设基金八千元如数缴讫山西省银行由。
内容	敬复者：十月二十日奉到董事会会字第四八号公函，内开"迳启者：前奉督理委员会督字第二二三号训令，以各担任建设基金机关自本年九月份起按月担任者，于每年二十五日以前解缴，由董事会按期催收"等因。兹查盐业银号应担任本年十月份建设基金八千元，届计将届拨款之期。相应函知，希将前项基金依期如数拨缴，以资开付各项借款券本息为盼等因。奉此，所担任建设基金，遵函于每月二十五日以前解缴不误外，兹将十月份应担任建设基金八千元今日如数缴讫山西省银行，讨有缴款收据一纸，随函奉上，希将查照掷赐正式收据见复为荷。此上。

资料来源：《晋北盐业银号关于解缴本年十月建设基金的公函》，1936 年 12 月，山西省档案馆藏，山西省人民公营事业董事会档案 B30-04-07。

以上四份公函明确回复山西省人民公营事业董事会，各银行号将各自应该承担的固定建设基金如数拨缴，具体缴解方为山西省银行，此后，山西省人民公营事业董事会向各个银行号发函送交了相应的回执，下面表 8 仅以铁路银号的为例，其他三个行号的公函内容基本相同：

表 8　山西省人民公营事业董事会发给晋绥地方铁路银号关于已经确认收到当年 10 月建设基金并送交回执的公函

文号、时间及事由	董事会会字第六八号，民国二十五年十月卅一日，函送拨到本年十月份应担建设基金收据。
内容	敬启者：准公字第八六号公函，以本年十月份应担建设基金八万元已如数解交就便，与董事会收该往来请鉴核因，并附本号收据一纸到会，除将送到之收据函送基金保管委员会提取外，相应开具收据函送查收。此致。

资料来源：《晋绥地方铁路银号关于解缴本年十月建设基金的公函》，1936 年 12 月，山西省档案馆藏，山西省人民公营事业董事会档案 B30-04-07。

通过对大量史料的逐一阅读和整理，可以对“四银行号”在1936年9月之后固定投入的建设基金业务流程进行以下的逻辑归纳：每月25日为“四银行号”送缴各自应该负担的建设基金的最后时限，在当月20日前后，山西省人民公营事业董事会会向“四银行号”发函提醒催缴，一般在24日，“四银行号”会将款项交解至山西省银行的特定账户中，并分别回函董事会，同时将已缴款的收据随回函送交董事会，并要求其查询和给予回执，董事会会在月底或者下月初将回执送交各个行号。这样的流程从1936年10月起循环执行，每笔款项均能够按时如数缴纳，到1937年7月，所有的各个环节函件和收据均有原件可查，下表9即为这10个月期间往复函件的具体情况：

表9　1936年10月至1937年7月“四银行号”每月上缴固定建设基金的往复函件

时间	往复函件信息
1936年10月	1. 董事会催收公函：1936年10月19日，会字第四八号； 2. 四银行号报告已拨缴并送收据的公函：山西省银行，1936年10月24日，总字第七零三号；晋绥地方铁路银号，1936年10月24日，公字第八六号；绥西垦业银号，1936年10月24日，特字第九六号；晋北盐业银号，1936年10月23日，总字第二五号； 3. 董事会送回执的公函：对晋绥地方铁路银号，1936年10月31日，会字第六八号；对绥西垦业银号、晋北盐业银号，1936年10月29日，会字第六一号。
1936年11月	1. 董事会催收公函：1936年11月20日，会字第九九号； 2. 四银行号报告已拨缴并送收据的公函：山西省银行，1936年11月26日，总字第七六九号；晋绥地方铁路银号，1936年11月25日，公字第一零九号；绥西垦业银号，1936年11月24日，特字第一一七号；晋北盐业银号，1936年11月25日，总字第三四号； 3. 董事会送回执的公函：对山西省银行、晋绥地方铁路银号，1936年12月2日，会字第一二八号；对绥西垦业银号、晋北盐业银号，1936年12月2日，会字第一二九号。

续 表

时间	往复函件信息
1936年12月	1. 董事会催收公函:1936年12月20日,会字第一六八号; 2. 四银行号报告已拨缴并送收据的公函:山西省银行,1936年12月24日,总字第八四七号;晋绥地方铁路银号,1936年12月25日,公字第一三三号;绥西垦业银号,1936年12月24日,特字第一三九号;晋北盐业银号,1936年12月25日,总字第四四号; 3. 董事会送回执的公函:对山西省银行、晋绥地方铁路银号,1937年1月6日,会字第五号;对绥西垦业银号、晋北盐业银号,1937年1月6日,会字第六号。
1937年1月	1. 董事会催收公函:1937年1月20日,会字第二九号; 2. 四银行号报告已拨缴并送收据的公函:山西省银行,1937年1月25日,总字第五四号;晋绥地方铁路银号,1937年1月25日,公字第二五号;绥西垦业银号,1937年1月23日,业字第六号;晋北盐业银号,1937年1月25日,总字第四号; 3. 董事会送回执的公函:对山西省银行、晋绥地方铁路银号,1937年1月29日,会字第四五号;对绥西垦业银号、晋北盐业银号,1937年1月29日,会字第四六号。
1937年2月	1. 董事会催收公函:1937年2月18日,会字第七八号; 2. 四银行号报告已拨缴并送收据的公函:山西省银行,1937年2月24日,总字第二三号;晋绥地方铁路银号,1937年2月24日,公字第四八号;绥西垦业银号,1937年2月24日,业字第二十号;晋北盐业银号,1937年2月24日,总字第九号; 3. 董事会送回执的公函:对山西省银行、晋绥地方铁路银号,1937年3月2日,会字第九八号;对绥西垦业银号、晋北盐业银号,1937年3月2日,会字第九六号。
1937年3月	1. 董事会催收公函:1937年3月20日,会字第一三三号; 2. 四银行号报告已拨缴并送收据的公函:山西省银行,1937年3月24日,总字第一六七号;晋绥地方铁路银号,1937年3月24日,公字第六五号;绥西垦业银号,1937年3月24日,业字第二六号;晋北盐业银号,1937年3月25日,总字第十二号; 3. 董事会送回执的公函:对山西省银行、晋绥地方铁路银号,1937年4月1日,会字第一五九号;对绥西垦业银号、晋北盐业银号,1937年4月1日,会字第一六〇号。

续 表

时间	往复函件信息
1937 年 4 月	1. 董事会催收公函:1937 年 4 月 20 日,会字第二〇二号; 2. 四银行号报告已拨缴并送收据的公函:山西省银行,1937 年 4 月 24 日,总字第二三二号;晋绥地方铁路银号,1937 年 4 月 24 日,公字第八六号;绥西垦业银号,1937 年 4 月 24 日,业字第三二号;晋北盐业银号,1937 年 4 月 24 日,总字第二十号; 3. 董事会送回执的公函:对山西省银行、晋绥地方铁路银号,1937 年 5 月 1 日,会字第二二二号;对绥西垦业银号、晋北盐业银号,1937 年 5 月 1 日,会字第二二三号。
1937 年 5 月	1. 董事会催收公函:1937 年 5 月 20 日,会字第二五四号; 2. 四银行号报告已拨缴并送收据的公函:山西省银行,1937 年 5 月 24 日,总字第二七二号;晋绥地方铁路银号,1937 年 5 月 25 日,公字第九四号;绥西垦业银号,1937 年 5 月 24 日,业字第四二号;晋北盐业银号,1937 年 5 月 25 日,总字第二九号; 3. 董事会送回执的公函:对山西省银行、晋绥地方铁路银号,1937 年 6 月 1 日,会字第二七〇号;对绥西垦业银号、晋北盐业银号,1937 年 6 月 1 日,会字第二七一号。
1937 年 6 月	1. 董事会催收公函:1937 年 6 月 19 日,会字第三〇四号; 2. 四银行号报告已拨缴并送收据的公函:山西省银行,1937 年 6 月 24 日,总字第三三四号;晋绥地方铁路银号,1937 年 6 月 25 日,公字第七八号;绥西垦业银号,1937 年 6 月 24 日,业字第五五号;晋北盐业银号,1937 年 6 月 25 日,总字第三三号; 3. 董事会送回执的公函:对山西省银行、晋绥地方铁路银号,1937 年 7 月 5 日,会字第三三一号;对绥西垦业银号、晋北盐业银号,1937 年 7 月 5 日,会字第三三二号。
1937 年 7 月	1. 董事会催收公函:1937 年 7 月 20 日,会字第三六九号; 2. 四银行号报告已拨缴并送收据的公函:山西省银行,1937 年 7 月 23 日,总字第三八二号;晋绥地方铁路银号,1937 年 7 月 24 日,公字第九六号;绥西垦业银号,1937 年 7 月 24 日,业字第六一号;晋北盐业银号,1937 年 7 月 24 日,总字第三六号; 3. 董事会送回执的公函:对山西省银行、晋绥地方铁路银号,1937 年 8 月 6 日,会字第三九三号;对绥西垦业银号、晋北盐业银号,1937 年 8 月 6 日,会字第三九四号。

资料来源:据山西省档案馆藏山西省人民公营事业董事会档案 B30 - 04 - 07、B30 - 04 - 62 至 B30 - 04 - 65、B30 - 04 - 67 至 B30 - 04 - 71、B30 - 04 - 73 - 74 有关内容整理。

各公营单位按月上缴固定建设基金，是山西在省政建设期间对基本经济建设经费的一项重要资本筹集途径，除了“四银行号”，财政整理处、盐务督销处以及大型企业等重点机构也都按照自身资本数额按月上缴固定数额的建设基金。而在上述这 10 个月期间，“四银行号”单月资本投入合计为 26.4 万元，总数达到 264 万元，这些资金最终成为省政十年经济建设资本的组成部分，这应为“四银行号”在“省政建设计划”中，在政府行政指令下的资本供给内容。

（三）途径之二：“省政建设计划”中“四银行号”承购发行经济建设性债券

此处所谓“经济建设性债券”主要是印有“山西省政府”或“太原经济建设委员会”字样的各种“借款券”和“库券”，其集中的大规模发行主要是在 1935 年之后，其中的种类包括“统一建设借款券”“公营事业借款券”“山西人民公营事业借款券”“公路建设库券”“经济建设库券”和“实业库券”等。

由于“四银行号”具有区域性信用货币的发行职能，故经过阎锡山的首肯之后，这些借款券和库券在发行之后，其中的绝大部分一般又由其发行者“四银行号”承购，承购所使用的又为其发行的晋钞纸币，这样在经过专门机构——山西省金库借款券基金保管委员会备案之后，一定数额的借款券和库券就变成了有着资本功能的纸钞，而在银行号的统计报表中，这些债券往往被计入“有价证券”项下或者“核准贷款”项下。

1. 山西省银行承购发行的借款券和库券

山西省银行作为“四银行号”的核心机构，其各项业务总量在四个行号中都为最多，其发行的经济建设债券亦是如此。

其营业报告书资料记载：“本行购进有价证券，历年颇有增加，二十四年余额为一百六十五万七千二百八十七元一角八分，二十五年余额为二千四百六十五万六千八百五十二元五角九分，计增加二千二百九十九万九千五百六十五元四角一分。良以资本既增，市利低微，而本省发行之各种库券及借款券基金巩固，利率较优，为资金之运用分散，并力图确实起见，购买库券，实为投资之安全途径。”①

从此段记载可判断的是，1935 年全省各种借款券发行额是相对较低的，只有 100 多万元，而从 1936 年开始，借券的发行呈现激增的态势，这应是经济建设的需求导致的变化，在这一年，款券的发行额突然膨胀至超过 2 000 万元。在银行方面看来，这种借券无疑是属于投资范畴的，这种政府性的债券无疑是良好的投资品，因为相比于其他投资途径，更安全、回报更高，而这些资金作为阎锡山政权筹措建设资本的重要方式，实际上进入到了全省各个领域的经济建设中。下面表 10 中的内容即是对应上述数额，但是剔除“省防借款券”等非经济建设性债券的 1936 年山西省银行发行和承购借款券、库券的具体种类及数额：

表 10　山西省银行截至 1936 年 12 月 5 日各种存欠款项暨借券册摘录

经济建设类借款券或库券类别、名称	数额(元)
核准放款总行及各分行处署	
其中:第五次建设借款券	447 500.00
第四次经济建设库券	370 000.00
统一建设退后一个月借款券	376 998.00
第二次人民公营事业退后三个月借款券	992 100.00
库券及借款券	
其中:第二次经济建设库券	50 000.00
第二次经济建设借款券	180 000.00
第二次实业库券	180 000.00
第三次实业借款券	40 000.00
第三次经济建设库券	44 000.00
第三次建设借款券	173 000.00
第四次建设借款券	440 000.00

① 《山西省银行民国二十五年报告书》，1937 年 1 月，山西省档案馆藏，山西省人民公营事业董事会档案 B30 - 01 - 02。

续　表

经济建设类借款券或库券类别、名称	数额(元)
人民公营事业退后一个月借款券	1 835 400.00
统一建设退后一个月借款券	1 011 942.00
人民公营事业退后七个月借款券	14 980 710.00
统一建设退后二个月借款券	1 075 788.00
统一建设退后三个月借款券	737 000.00
合计	22 934 438.00

资料来源:《民国二十五年山西省银行等银行号关于造送资产负债表的公函、表报》,1937 年 1 月,山西省档案馆藏,山西省人民公营事业董事会档案 B30－04－08。

到 1937 年,山西省银行的这些借款券继续保持大规模发行的势头,到当年 7 月,根据其实际营业情况表中"有价证券"的统计,数目达到了 10 561 980.00 元,按平均比例计算,基本保持了与 1936 年相当的水平。所以,在 1935 年到 1937 年 7 月,山西省银行发行、承购的经济建设性款券数量应该在 3 500 万元左右。

2. 晋绥地方铁路银号承购发行的借款券和库券

晋绥地方铁路银号成立时间比垦业银号晚,但是在业务上却始终仅次于山西省银行。在发行和承购建设券上,铁路银号也起到了重要作用。下面表 11、表 12 和表 13 是铁路银号各种借款券和库券基本情况:

表 11　晋绥地方铁路银号截至 1936 年 12 月 11 日核准贷款明细表摘录

户名	数额(元)	核准时间	附注
统一建设借款券	297 630.00	1936 年 1 月 31 日	10 月 21 日董事会核准
统一建设借款券	992 100.00	1936 年 3 月 12 日	10 月 14 日董事会核准
统一建设借款券	1 289 730.00	1936 年 4 月 29 日	10 月 21 日董事会核准
统一建设借款券	515 892.00	1936 年 10 月 27 日	
第二次山西省人民公营事业借款券	496 050.00	1936 年 10 月 27 日	

续 表

户名	数额(元)	核准时间	附注
第五次建设借款券	447 500.00	1936 年 5 月 24 日	
第四次建设借款券	370 000.00	1936 年 7 月 20 日	
第二次建设借款券	100 000.00	1936 年 11 月 5 日	
第三次建设借款券	836 000.00	1936 年 11 月 5 日	
合计	5 344 902.00		

资料来源:《民国二十五年山西省银行等银行号关于造送资产负债表的公函、表报》,1937 年 1 月,山西省档案馆藏,山西省人民公营事业董事会档案 B30－04－08。

表 12　晋绥地方铁路银号截至 1936 年 12 月 11 日所存借款券及库券明细摘录

券名	数额(元)	对应机关	发行时间
第二次经济建设库券	100 000.00	经委会	1935 年 2 月 1 日
实业库券	144 000.00	经委会	1935 年 4 月 1 日
第二次实业库券	125 280.00	经委会	1935 年 5 月 1 日
第三次实业库券	720 000.00	经委会	1935 年 5 月 1 日
第二次建设借款券	108 000.00	经委会	1935 年 8 月 1 日
第三次实业借款券	180 000.00	经委会	1935 年 9 月 1 日
第三次经济建设库券	836 000.00	经委会	1935 年 10 月 5 日
第三次建设借款券	432 500.00	经委会	1936 年 3 月 1 日
第四次建设借款券	440 000.00	经委会	1936 年 4 月 1 日
第五次建设借款券	447 500.00	经委会	1936 年 5 月 1 日
第四次经济建设库券	370 000.00	经委会	1936 年 7 月 1 日
山西省人民公营事业借款券	4 960 500.00	经委会	1936 年 10 月 1 日
第二次山西省人民公营事业借款券	496 050.00	经委会	1936 年 10 月 1 日
统一建设借款券	4 841 448.00	经委会	1936 年 10 月 1 日
合计	14 201 278.00		

资料来源:《民国二十五年山西省银行等银行号关于造送资产负债表的公函、表报》,1937 年 1 月,山西省档案馆藏,山西省人民公营事业董事会档案 B30－04－08。

表 13 晋绥地方铁路银号 1937 年上届全体决算资产负债表财产目录摘录

借款券或库券类别、名称	数额(元)	借款券或库券类别、名称	数额(元)
有价证券		核准放款	
第二次建设借款券	30 000.00	第五次建设借款券	396 500.00
第三次建设借款券	377 500.00	第四次经济建设库券	332 400.00
第四次建设借款券	387 000.00	统一建设借款券	3 013 920.00
第三次实业借款券	67 500.00	第二次山西省人民公营事业借款券	483 000.00
山西省人民公营事业借款券	4 830 000.00	第三次经济建设借款券	380 000.00
统一建设借款券	1 700 160.00		
统一建设借款券	979 500.00		
统一建设借款券	293 850.00		
统一建设借款券	198 420.00		
两类合计:13 469 750.00			

资料来源:《晋绥地方铁路银号民国二十六年上期全体决算各表》,1937 年 7 月,山西省档案馆藏,山西省人民公营事业董事会档案 B30-04-102。

从以上三表的内容中,可将 1935 到 1937 年上半年期间晋绥地方铁路银号的各种发行和购入的借款券情况加以把握,根据这些统计数据,此期间铁路银号的经济建设性借款券和库券的发行、购入额也超过了 3300 万元,略低于山西省银行的规模,但是也可以与其等量齐观,与省银行一起成为山西省政建设中重要的建设投资来源。

3. 垦、盐两银号承购发行的借款券和库券

绥西垦业银号与盐业银号所承购发行的款券相对于省、铁两行号要少很多,但也具备了一定规模,其有关业务的性质与省、铁两行号是相同的,即与它们共同构成了"四银行号"在山西"省政建设计划"工业化进程中的资本注入。下表 14 和表 15 为垦、盐两银号在 1936 至 1937 年上半

年的经济建设性债券承购发行情况：

表 14　绥西垦业银号、晋北盐业银号截至 1936 年 12 月资产负债细数摘录

经济建设类借款券类别、名称	数额(元)
绥西垦业银号	
其中:山西省人民公营事业借款券	1 587 360.00
统一建设借款券	99 210.00
晋北盐业银号	
各种借款券总计	793 680.00
合计	2 480 250.00

资料来源:《民国二十五年山西省银行等银行号关于造送资产负债表的公函、表报》,1937 年 1 月,山西省档案馆藏,山西省人民公营事业董事会档案 B30－04－08。(垦业银号截至 12 月 21 日、盐业银号截至 12 月 10 日)

表 15　绥西垦业银号、晋北盐业银号截至 1937 年 6 月资产负债细数摘录

经济建设类借款券类别、名称	数额(元)
绥西垦业银号有价证券	
其中:山西人民公营事业借款券	1 545 600.00
统一建设借款券	234 024.00
绥西垦业银号核准放款	
其中:统一建设借款券	96 600.00
晋北盐业银号有价证券	
其中:山西省人民公营事业借款券	769 040.00
合计	2 645 264.00

资料来源:《绥西垦业银号、晋北盐业银号民国二十六年全体决算资产负债表、损益表、财产目录》,1937 年 12 月,山西省档案馆藏,山西省人民公营事业董事会档案 B30－04－84。

据以上统计,在全面抗战爆发前,垦、盐两银号的经济建设性债券的承购发行量大约为逾 500 万元的规模。

综合以上史料和分析，20 世纪 30 年代“省政建设计划”在山西如火如荼地开展之时，“四银行号”将承购发行与经济建设相关的政府债券，包括各种借款券和库券，作为其投资实业建设的重要方式。这个过程的实质，是以纸币发行职能作为基础，以发行的晋钞购买经过行政元首阎锡山核准之后的各种债券，将其或作为有价证券成为自有资产及发行准备，或作为一种特殊的贷款投入到与各种债券名称相应的经济建设的洪流之中，而这种投资的总量应该在 7 300 万元左右。

在《省政十年建设计划案》中，山西全省保护生产费计划为十年完成 3 900 万元，省公营事业经费计划数为 1 亿元，至少完成 6 000 万元。山西省从 1932 年到 1936 年五年间的财政收入，年平均数为 1 446.62 万元，其中 1932 年和 1933 年两年最低，平均只有 1 331.3 万元，这段时期，省财政支出的建设费用总共只有 607.8 万元，年平均只有 121.6 万元，最初的 1932 年只有区区 32.7 万元，最多的 1936 年也不过 298 万元，省财政支出的实业费用则更少，只有 42 万元①，如何将可用财力与巨额的建设投资相联系呢？这样的差额补足之术除了增加赋税以及加大剥削力度之外，运用经济的手段，特别是发挥官办金融机构的信用扩张功能就成为最有效的办法。通过以上数量分析，到 1937 年上半年，“四银行号”就完成了超过 7 000 万元的资本输出量，凸显了“四银行号”对于省政十年建设时期区域工业化进程的巨大推动作用。

(四) 途径之三：“四银行号”对“省政建设计划”重点企业和建设项目进行直接资金借贷

固定建设基金以及专门经济建设债券实际构成了“四银行号”对“省政建设计划”的资本支撑的主体，其作用过程是非直接的，即款项须上缴人民公营事业董事会这样的管理机构，再由其统筹发放。而“四银行号”对西北实业公司以及同蒲铁路修建等重点企业直接的资本推动作用则

① 据财政部财政年鉴编纂处《财政年鉴》(上海：商务印书馆，1935 年)、孔祥熙《财政年鉴续编(下册)》(南京：财政部财政年鉴编纂处，1937 年)有关数据整理。

主要体现在如常的借贷、专门的资金拨付和专门透支协议的订立上。这样就形成了以债券为主、以各种形式借贷为辅的建设资本筹集渠道。

贷款或者放款，是银行重要的资产业务，它是银行将其拥有的资金，按一定的利率借贷给客户，并且约定归还期限的业务。银行运用资金的方式虽然自银行出现的时候就不止贷款一种，但是贷款在资产业务中往往占到最重要的位置，因为与贴现等相比，贷款作为一种带有投资性质的资本运作途径，其风险虽然较大，但是获利相对较高。同时，对于诸如"四银行号"这样的区域性官办银行，通过资金的放放收收，既获取了投资利润，密切了与各类工商企业的关系，也可以完成其作为官僚资本体系中一分子的责任，还有利于稳定吸收存款等联系并拓展业务空间。

相对于投入建设基金和承购发行债券，贷款这种方式虽然数量要少，但是其性质应为资本投入范畴，也最能体现当时银企的直接关系以及金融机构与工业化的关系。在山西省公营事业体系中，最重要的企业当数西北实业公司与同蒲铁路筑路工程相关的晋绥兵工筑路总指挥部和同蒲铁路管理局等机构。

1. "四银行号"对西北实业公司的资本输入

对西北实业公司，历史学界已有许多的专门研究，其成立于 1933 年 8 月 1 日，是山西省在省政十年建设时期最重要的工业企业，是当时山西省公营事业的龙头核心。在地方政府全面的支持下，其逐步发展成为一个生产门类涵盖钢铁冶炼、军工生产、机器制造、毛织、皮革、煤矿、水泥、制纸、印刷、火柴、机械修理、电化和木材等的特大企业，也是阎锡山官僚资本最重要的组成部分和民国山西重要的经济支柱。西北实业公司被誉为当时山西政治建设上物质力量的骨干，是整个山西经济上最为重要的一环，同时也是近代中国民族工业的典型代表。到七七事变前，西北实业公司已经成为一个资本 3 000 万元，所辖工矿企业多达 33 个，共有职员 2 051 人、工人 18 597 人，带有工业托拉斯性质的综合性工业集团。

"省政建设计划"时期，西北实业公司的资本来源主要是来自前述的"四银行号"的信用扩张，而在日常的生产和发展中，西北实业公司与"四银行号”的关系集中体现在资本借贷方面。

(1)“四银行号”对西北实业公司的一般贷款

本研究将“四银行号”与西北实业公司在1936、1937年上半年主要借贷记录列于下表16至表21:

表16　山西省银行截至1936年12月5日各种存欠款项暨借券册摘录

项目	金额(元)	备注
资产类		
(三)核准放款总行及各分行处署		
其中:西北实业公司	443 419.68	(民国)二十五年1月9日核准
晋华卷烟厂欠省币①	438 235.54	
合计	881 655.22	

资料来源:《民国二十五年山西省银行等银行号关于造送资产负债表的公函、表报》,1937年1月,山西省档案馆藏,山西省人民公营事业董事会档案B30-04-08。

表17　晋绥地方铁路银号截至1936年12月财产目录摘录

项目	金额(元)	备注
活期抵押放款		
其中:西北实业公司铁工厂	9 320.78	
往来透支		
其中:西北实业公司	172 674.84	7月
西北实业公司	19 928.64	8月
定期存款		
其中:晋华卷烟厂	20 000.00	6月14日起息,三个月
活期放款		
其中:晋华卷烟厂	209 148.48	
合计	431 072.74	

资料来源:《晋绥地方铁路银号民国二十五年营业实际报告表、库存表、准备金表》,1937年1月,山西省档案馆藏,山西省人民公营事业董事会档案B30-04-37。

① 晋华卷烟厂于1933年成立,1935年由西北实业公司接办。

表 18　绥西垦业银号至 1936 年 12 月财产目录摘录

项目	金额(元)	备注
往来存款透支		
其中:西北实业公司	99 948.25	
西北实业公司	83 235.30	
西北实业公司制造厂	29 226.96	
晋华卷烟厂	30 000.00	
合计	242 410.51	

资料来源:《绥西垦业银号民国二十五年决算及放款数目表》,1936 年 12 月,山西省档案馆藏,山西省人民公营事业董事会档案 B30－04－43。

表 19　晋绥地方铁路银号截至 1937 年 6 月财产目录摘录

项目	金额(元)	备注
往来存款透支		
其中:西北实业公司	118 737.26	

资料来源:《晋绥地方铁路银号民国二十六年上期全体决算各表》,1937 年 12 月,山西省档案馆藏,山西省人民公营事业董事会档案 B30－04－102。

表 20　绥西垦业银号截至 1937 年 6 月财产目录摘录

项目	金额(元)	备注
定期放款		
其中:西北实业公司	30 000.00	
西北实业公司	50 000.00	
西北实业公司	30 000.00	
往来存款透支		
其中:西北实业公司	99 186.96	
西北实业公司	100 000.00	
合计	309 186.96	

资料来源:《绥西垦业银号民国二十六年全体决算资产负债表、损益表、财产目录》,1937 年 12 月,山西省档案馆藏,山西省人民公营事业董事会档案 B30－04－84。

表 21　晋北盐业银号截至 1937 年 6 月财产目录摘录

项目	金额(元)	备注
活期放款		
其中:西北实业公司	100 000.00	

资料来源:《晋北盐业银号民国二十六年决算资产负债表、损益表、营业实际报告表》,1937 年 12 月,山西省档案馆藏,山西省人民公营事业董事会档案 B30－04－85。

在以上的各表中,定期和活期放款是一般借贷项目,往来存款透支则是指西北实业公司超出存入各银行号中的款额而支取的资金,这个超出的部分就成为借贷款项的一部分。

此外,西北实业公司与山西省银行还有一种特别的借贷关系,即借贷契约不是由银行和企业所签订,而是由政府重要部门的负责人或者阎锡山亲自借出,且在借贷凭据上写明用于西北实业公司,或在担保中明确了和西北实业公司的企业有着重要联系。这种资金在银行的月度或年终报表中,往往不会记在与企业的信贷项目下,而是与其他政府借款一起合并统计,下表 22 反映了此类借款关系:

表 22　与西北实业公司相关的政府借款借据

落款人和时间	借据内容
太原绥靖公署军需处处长郭殿屏 1936 年 9 月 25 日	立借据。太原绥靖公署前因西北制造等厂购置营业材料需用价款,特呈奉总座阎核准,向山西省银行借到省币伍万元整,今将定妥借款条件开列于后:此项借款以三个月为限,期满本息如数清还;此项借款按月壹分计息;此项借款以西北制造各厂购到之制品、原料为担保。
太原绥靖公署军需处 处长郭殿屏 1936 年 10 月 9 日	立借据。太原绥靖公署前因西北制造等厂购置营业材料需用款项,特呈奉主任阎核准,向山西省银行借到省币伍万元整,今将定妥借款条件开列于后:此项借款以三个月为限,期满本息如数清还;此项借款按月壹分计息;此项借款以西北制造各厂购到之制品、原料为担保。

续 表

落款人和时间	借据内容
委员长阎、秘书处处长王 1936年5月6日	立借据。太原经济建设委员会本会前因本省建设需款甚急，曾向山西省银行息借省币肆拾万元，截至二十五年四月七日到期，除利息付清外，所有本金商妥转期六个月归还，兹将订定借款条件列左：金额，省币肆拾万元整；利率，按月壹分计算；期限，自二十五年四月七日起，同年十月七日止，本息一并还清；担保品，以西北洋灰厂所有一切财产为担保品；的款，以本省筹定之建设经费及洋灰厂逐月收入为还本付息之的款。本借据由山西省银行抄呈省政府备案。

资料来源：《太原经济建设委员等单位会与山西省银行等单位签订的借款合同》，1937年1月，山西省档案馆藏，山西省人民公营事业董事会档案B30－04－41。

从这些留存的资料来看，在1936年，西北实业公司在日常的生产经营中产生的借款超过200万元，在1937年7月前则超过了50万元。

（2）山西省银行向西北实业公司的专门拨付及所立透支合同

前文讨论过“四银行号”承购发行借款券的问题，一般情况下，四个银行号的承购款项是通过合并到山西省银行再交山西省人民公营事业董事会，最终由董事会再行交解事宜，但是也有特殊的情况，即有关款项不再履行规定的程序，而是直接由银行拨交企业。

从逐月查询各种表册和公函的结果来看，这种情况十分少见，只在1936年出现过一次，当时是西北实业公司曾经申请过需要一笔大额资金，数额为7 921 222.62元，而恰好此时山西省银行承购了792万元的债券，山西省人民公营事业董事会要求山西省银行将等额资金拨付给西北实业公司，其余款额由太原经济建设委员会负担，下面表23就是往复公函：

表 23　公营事业董事会要求山西省银行特别拨付西北实业公司大额资金的来往公函

文号、时间及事由	去函：山西省人民公营事业董事会公函会字第十九号。民国二十五年九月廿六日发。本督理委员会令发借款券七百九十二万，应悉数拨给西北实业公司，未拨资本命查照拨付由。	回函：山西省银行公函总字第五九九号。
内容	山西省人民公营事业董事会令发经济建设委员会印制之第二次山西省人民公营事业借款券，面额七百九十二万，寄存省银行，寄存物品证一纸嘱即查收具报等因。查前据西北实业公司请领未拨资本七百九十二万一千二百二十二元六角二分九厘，应即将前项借款券悉数拨给，其余尾数一千二百二十二元六角二分九厘，即由省行在太原经济建设委员会拨交本会存款拨付。除函西北实业公司经向省行提取，并呈报。	董事会会字第一九号公函，以据西北实业公司请领未拨资本七百九十二万一千二百二十二元六角二分九厘，嘱将在本行寄存之第二次山西省人民公营事业借款券七百九十二万元悉数拨给，其余尾数一千二百二十二元六角二分九厘即由存款内拨付等，业已九月二十六日将前项借款券如数检齐，并由董事会存款内提出省币一千二百二十二元六角二分九厘，一并发交西北实业公司查收，相应函覆，请即察核。此上。山西省银行总经理王骧、协理傅瑶

资料来源：《山西省人民公营事业董事会关于西北实业公司筹拨、增拨款问题的通知、批复》，1936 年 12 月，山西省档案馆藏，山西省人民公营事业董事会档案 B30-04-35。

西北实业公司得到的 792 万元的资金数额颇大，超过了其资本的 25%，既不属于银企借贷范畴，也不是省政府有关管理机关将借款券换得的纸币进行的专项下放，而是在政令下银行对企业的特殊形式拨款，反映了银行和企业之间又一种形式的关系。但其是对应第二次人民公营事业借款券才能够成行，所以这又属于银行资本进入工业化过程的一部分内容。

除了专项拨款，西北实业公司及其所属企业与“四银行号”之间还有着特殊的透支协议，如表24、表25史料所示：

表24 1935年、1936年山西省银行与西北实业公司及其所属企业订立透支合同的情况

企业名称	透支限额	利息	订立时间	备注
西北实业公司	30万元	每千元日息三角（后改八厘）	1936年1月7日	因流动资金短缺
晋华卷烟厂	50万元	月息九厘	1935年2月1日	

资料来源：中国社会科学院、中华民国史研究室、中国人民银行山西省分行、山西财经学院金融史编写组：《阎锡山和山西省银行》，北京：中国社会科学出版社，1980年，第129页。

表25 1937年山西省银行向山西省人民公营事业董事会报告与西北实业公司及其所属企业订立透支合同的公函

文号、时间及事由	内容
山西省银行总字第捌号。民国廿六年一月八日。函报山西省立晋华卷烟厂于本年一月一日与本行订定转期透支契约，以省币五十万元为最高限额，至十二月底清还，请查核由。	敬启者：查山西省立晋华卷烟厂前因缺乏流通资金，于二十四年二月一日与本行订定透支合同，以五十万元为最高额。于上年一月一日转期一年，截至本年一月一日满期，复向本行商订转期。当经双方订妥，自本年一月一日起透支额须仍以五十万元为最高限额，至本年十二月底止陆续还清利息，按月九厘计算，每月底结付一次，以烟厂出产成品暨售品为担保品，以所售烟价为还本付息之的款，并订明如有特殊情形或本行认为有停止支付之必要时，得随时通知停止支取。已将前订合同注销，换立透支契约一纸交由本行收存。用特函报，即请察核。此上。

续 表

文号、时间及事由	内容
山西省银行总字第二九号。民国廿六年一月十六日。函报西北实业公司透支三十万元,自本月七日起转期一年,请查核由。	敬启者:查本行核准贷款内,西北实业公司于二十五年一月七日向本行订定透支,以省币三十万元为最高额,每千元按日息三角计息,限期一年还清,嗣于十月二十七日起改按月息八厘计息,曾经批注原契约并函报在案。此项透支截至本月七日已届满,前准西北实业公司以尚有用款之处,拟再展期一年等由。当经双方商妥,自本月七日起仍按原订条件转期一年,并已批明原契约。用特函报,即请察核。此上。
山西省银行总字第二二零号。民国廿六年四月十九日。函报西北实业公司透支三十万元,自四月十三日起转期一年,至二十七年一月七日为止,请查核由。	敬启者:查本行核准贷款内,西北实业公司于二十五年四月十三日向本行订定透支,以省币三十万元为最高额,每千元按日息三角计息,限期一年还清,嗣于十月二十七日起改按月息八厘计息,曾经批注原契约并函报在案。此项透支截至本月十三日已届满,前准西北实业公司以尚有用款之处,拟再展期,当经双方商妥,自本月十三日起仍按原订条件转期至二十七年一月七日为止,并已批明原契约。用特函报,即请察核。此上。

资料来源:《山西省银行与公营事业机关订立透支合同及贷款问题的代电、公函》,1937年12月,山西省档案馆藏,山西省人民公营事业董事会档案B30-04-59。

透支,是银行允许其存款户在事先约定的限额内,超过存款余额支用款项的一种放款形式。以上透支合同的发生,主要是流动资金暂时缺乏或者日常建设经营需要资金引起的,合同一般会规定山西省银行给予企业资金支持的方式和细节,由于这种透支的实质是一种特殊的贷款,所以也应属于山西省银行参与区域工业化过程的组成部分。产业资本获得银行资本的特殊支持,银行资本在产业资本处获得借贷利润,这种业务的互相联系体现了统一体系下银行和实体产业的互动与融合的关系,也是两种资本相互渗透的一种反映,从上面资料看,仅以上透支合同的数额就接近 200 万元。

一般性借贷、专门拨款和给予透支额度是以山西省银行为代表的“四银行号”针对西北实业公司进行资本注入的主要方式,根据西北实业公司的资产负债表记录,在其负债类科目中,“借入款”和“透支银行号”在这两个时期的合计数分别为 1 711 103.44 元和 7 069 664.78 元①,而由于同属山西省人民公营事业董事会,“四银行号”与西北实业公司的资本渗透具有天然优势,所以“四银行号”之外的银号数据是非常少的,这与上述各表中的数字相结合,基本反映了“四银行号”和西北实业公司在省政建设时期银企关系的重要内容。

2.“四银行号”对同蒲铁路修筑工程的资本支持

民国时期的同蒲铁路,是山西当时最重要的交通动脉,它纵贯山西南北,北起大同,经省府太原,南到风陵渡,干线全场 862.7 公里,连同太白、平汾、太兰、忻窑等若干支线,总共里程约为 1 021 公里②。同蒲铁路曾经在清末和民国初年两次动议和计划修建,但最终因为辛亥革命和中原大战而两次偃旗息鼓。

和西北实业公司一样,同蒲铁路是山西第三次工业化建设高潮中颇具代表性的工业项目。按照建设计划,1932 年 10 月 20 日,太原绥靖公署兵工筑路局成立;1933 年 2 月 21 日,晋绥兵工筑路总指挥部成立,阎锡山兼任总指挥;1933 年 5 月 1 日,同蒲铁路破土动工,项目正式上马;到 1937 年 9 月大同沦陷时,同蒲铁路基本贯通竣工。这段时期成为山西近代历史上铁路交通大发展和最辉煌的时期。

在建设经费问题上,《省政十年建设计划案》的具体内容中明确了同蒲铁路的工程预算和工程进行办法:“此项工程,除石工一项,须由各县

① 《西北实业公司民国二十六年、二十七年决算资产负债表》,1937 年 12 月,山西省档案馆藏,山西省人民公营事业董事会档案 B30-05-24。

② [美]唐纳德·G. 季林:《阎锡山研究——一个美国人笔下的阎锡山》,牛长岁译,哈尔滨:黑龙江教育出版社,1990 年,第 182 页。

征集石匠领导修筑外，其余工程，完全用兵工修筑。其工资不计，所有料价，每公里约需一万二千元，全路五千余里，合三千余公里，共需三千六百余万元，由生产保护费及公营事业费项下各担任半数。此项筑路工程之进行，由绥靖公署负责监督指导，设立晋绥兵工筑路局实行其事，遣拨军队分年修筑，以五千五百里为期成量，其必成量不得少于三分之二。"①

而实际上，在修筑过程中，阎锡山以窄轨铁路作为暂时选择，西北实业公司能够生产的原材料绝不向外购买，不能生产的则通过公营事业重要的商贸机构斌记商行进行多方比较竞价式购买，采用兵工筑路的方式集结劳动力，确定"逐段通车营业"的方针以路养路。总之，利用一切可能的方式节约成本，最终的经费概算如下表26，远远低于《计划案》中的数额：

表26　同蒲铁路实际最终的经费概算

项目	北段	南段	全线合计	占总概算比例(%)
总务费	479 600	750 000	1 229 600	7.62
筹办费	45 050	31 400	76 450	0.47
购地	241 500	380 800	622 230	3.86
路基筑造	1 842 798.90	908 400	2 751 198.90	17.06
桥工	1 782 654.63	1 800 000	3 582 654.63	22.21
隧道	162 162	——	162 162	1.00
轨道	2 529 200	3 020 500	5 549 700	34.41
车辆	469 000	555 000	1 024 000	6.35
机件	42 000	57 200	99 200	0.62
电报及电话	70 000	78 000	148 000	0.92
车站及房屋	283 834.75	291 000	574 834.75	3.56

① 《山西省省政十年建设计划》，1933年12月，山西省档案馆藏，山西省人民公营事业董事会档案B30-01-01。

续 表

项目	北段	南段	全线合计	占总概算比例(%)
信号及闸轨	92 070	84 000	176 070	1.09
路线保卫	22 750	13 000	35 750	0.22
维持费	70 000	26 000	96 000	0.6
总计	8 132 620.28	7 995 300	16 127 920.28	100

资料来源:张成德:《阎锡山与同蒲铁路》,太原:山西人民出版社,2003 年,第 103 页。

从此表可见,同蒲铁路最终确定的工程概算为大约 1 600 万元,关于同蒲铁路的建设资金,绝大部分来自前述中已论及的各种经济建设借款券和库券。民间素有称同蒲铁路为"纸糊的铁路"的说法,这种说法与工程质量并没有关系,实际意指阎锡山筹措铁路建设经费的办法,即通过银行号用晋钞纸币购入各种债券来获得。与西北实业公司相类似,除了债券,"四银行号"还有与同蒲铁路直接相关的资本支持:

(1)"四银行号"对同蒲铁路的一般贷款

在同蒲铁路建设的过程中,晋绥兵工筑路总指挥部主要负责与同蒲铁路有关的资金管理和账务处理。本研究将"四银行号"与晋绥兵工筑路总指挥部在 1936、1937 年上半年主要借贷记录列表 27 至表 30 于下:

表 27 山西省银行截至 1936 年 12 月 5 日各种存欠款项暨借券册摘录

项目	金额(元)	备注
资产类(三)核准放款总行及各分行处署		
其中:晋绥兵工筑路总指挥部会计组筑路用款欠省币	1 000 000.00	
晋绥兵工筑路总指挥部会计组欠省币	300 000.00	
合计	1 300 000.00	

资料来源:《民国二十五年山西省银行等银行号关于造送资产负债表的公函、表报》,1937 年 1 月,山西省档案馆藏,山西省人民公营事业董事会档案 B30-04-08。

表 28　晋绥地方铁路银号截至 1936 年 12 月财产目录摘录

项目	金额(元)	备注
活期放款		
其中:晋绥兵工筑路总指挥部会计组	267 345.12	
核准贷款		
其中:晋绥兵工筑路总指挥部会计组	1 000 000.00	6 月 7 日起息,三个月
晋绥兵工筑路总指挥部会计组	300 000.00	7 月 28 日起息,三个月
定期放款		
其中:晋绥兵工筑路总指挥部会计组	200 000.00	7 月 27 日起息,三个月
合计	1 767 345.12	

资料来源:《晋绥地方铁路银号民国二十五年营业实际报告表、库存表、准备金表》,1937 年 1 月,山西省档案馆藏,山西省人民公营事业董事会档案 B30－04－37。

表 29　晋绥地方铁路银号截至 1937 年 6 月财产目录摘录

项目	金额(元)	备注
活期放款		
其中:晋绥兵工筑路总指挥部会计组	289 167.26	
往来存款透支		
其中:同蒲铁路管理局	109 018.85	
合计	398 186.11	

资料来源:《晋绥地方铁路银号民国二十六年上期全体决算各表》,1937 年 7 月,山西省档案馆藏,山西省人民公营事业董事会档案 B30－04－102。

表 30　绥西垦业银号截至 1937 年 6 月财产目录摘录

项目	金额(元)	备注
暂记欠款		
其中:晋绥兵工筑路总指挥部	303.87	

资料来源:《绥西垦业银号、晋北盐业银号民国二十六年全体决算资产负债表、损益表、财产目录》,1937 年 12 月,山西省档案馆藏,山西省人民公营事业董事会档案 B30－04－84。

以上借贷数目超过了340万元，和这些数据相对应的借据则更能显示其中的细节，特别是其关于利息的设定，体现出这些借款的投资回报，具体如下表31：

表31 “四银行号”与同蒲铁路筑路相关的借款借据

落款人和时间	借据内容
晋绥兵工筑路总指挥部会计组组长邱仰浚 1936年6月7日	立借据。晋绥兵工筑路总指挥部会计组兹因修筑铁路需款，特签呈总指挥阎批准向晋绥地方铁路银号借到大洋壹佰万元，订明期限三个月，按月壹分行息，每月付息一次。此据。晋绥地方铁路银号存照。
晋绥兵工筑路总指挥部会计组组长邱仰浚 1936年6月11日	立借据。晋绥兵工筑路总指挥部会计组因修筑铁路购置材料需用款项，特签呈总指挥阎批准向山西省银行借到省币壹拾万元整，今将借款条件开列于后：此项借款以六个月为限，期满本息如数清还；此项借款按月壹分计息；此项借款以同蒲铁路购到之筑路材料为担保品。
晋绥兵工筑路总指挥部经理组组长郭殿屏 1936年6月30日	立借据。晋绥兵工筑路总指挥部前因修筑同蒲铁路购料需款曾向山西省银行借到省币六十万元，截至二十五年六月三十日到期，除利息照付外，所有本金商妥再转期六个月归还。兹将订定条件列左：金额，省币陆拾万元整；利率，按月一分计算；期限，自二十五年六月三十日起至同年十二月三十日止，本利一并还清；担保品，以同蒲铁路订购之机车、车辆、路轨等物料为担保品；的款，以本省筹定之建设经费为还本付息之的款。本借据由山西省银行抄呈省政府备案。
晋绥兵工筑路总指挥部会计组代组长张景栻 1936年7月1日	立借据。晋绥兵工筑路总指挥部会计组前以修筑铁路需用款项曾签呈总指挥阎批准向山西省银行借到省币叁拾万元整，截至二十五年七月一日期满，除利息照付外，所有本金商妥转期六个月归还。今将借款条件开列于后：此项借款以六个月为限，

续　表

落款人和时间	借据内容
	期满本息如数清还。兹将订定条件列左:金额,省币叁拾万元整;利率,按月一分计算;期限,自二十五年七月一日起至二十六年一月一日一并还清;担保品,以同蒲铁路购到之筑路材料为担保品。本借据由山西省银行抄呈省政府备案。
晋绥兵工筑路总指挥部会计组代组长张景栻 1936 年 7 月 27 日	立借据。晋绥兵工筑路总指挥部会计组因修筑铁路购置材料需用款项,今借到晋绥地方铁路银号大洋贰拾万元,订明按月息壹分计算,自民国二十五年七月二十七日起,满六个月归还。此据。
晋绥兵工筑路总指挥部会计组代组长张景栻 1936 年 7 月 28 日	立借据。晋绥兵工筑路总指挥部会计组因修筑铁路购置材料需用款项,今借到晋绥地方铁路银号大洋叁拾万元,订明按月息壹分计算,自民国二十五年七月二十八日起,满三个月归还。此据。
晋绥兵工筑路总指挥部会计组组长张景栻 1936 年 9 月 7 日	立借据。晋绥兵工筑路总指挥部会计组因修筑铁路需款特签呈总指挥阎批准向晋绥地方铁路银号借到大洋壹百万元,订明期限三个月,按月息壹分行息,每月付息一次。此据。晋绥地方铁路银号存照。
同蒲铁路管理局局长张豫和 1937 年 9 月 7 日	立借据人同蒲铁路管理局,今借到山西省银行省币壹拾五万元,按月息每百元九角计算,至民国二十六年十二月一日本利一并清还。(会出字第三八三二号)
同蒲铁路管理局局长张豫和 1937 年 9 月 22 日	立借据人同蒲铁路管理局,今借到山西省银行省币拾五万元,按月息每百元九角计算,至民国二十六年十二月二十二日本利一并清还。(会出字第四一三〇号)

资料来源:《晋绥兵工筑路总指挥部与各单位关于修筑同蒲铁路的贷款合同》,1937 年 12 月,山西省档案馆藏,山西省人民公营事业董事会档案 B30－04－40。

(2) 其他机构向"四银行号"借出而用于同蒲铁路修筑的款项

与西北实业公司的情况相类似,同蒲铁路与"四银行号"也有以非筑路指挥部为名义的借款,数额为 90 万元,如下表 32 所示:

表 32 与同蒲铁路相关的政府借款借据

落款人和时间	借据内容
太原经济建设委员会 委员长阎、秘书处处长王 1936 年 2 月 28 日	太原经济建设委员会因归还筑路总指挥部会计组借款,今借到晋绥地方铁路银号省币五十万元,订明按月一分行息,期限六个月,自民国二十五年三月一日起至九月一日止归还。此据。晋绥地方铁路银号存照。
禁烟考核处处长栗廼敬 (山西省银行收文循字第 446 号附件) 1936 年 6 月 3 日	山西省禁烟考核处前因兵工筑路总指挥部需用款项曾向山西省银行借到省币肆拾万元,截至二十五年六月三十日到期,除利息照付外,所有本金再转期六个月归还。兹将借款条件列左:金额,省币肆拾万元整;利率,按月一分计算;期限,自二十五年六月三十日起至二十五年十二月底止,本利一并还清;担保品,以本处托山西省银行代收之各县各商号药价为担保品,凡各县及各商号所交之款,山西省银行得尽先提扣归还借款本息。

资料来源:《晋绥兵工筑路总指挥部与各单位关于修筑同蒲铁路的贷款合同》,1937 年 12 月,山西省档案馆藏,山西省人民公营事业董事会档案 B30-04-40。

(3) 晋绥地方铁路银号与同蒲铁路管理局所立透支合同

"四银行号"之一的晋绥地方铁路银号的诞生与同蒲铁路的修筑紧密相连,在 1934 年铁路银号最初的章程中,就明确了其发展晋绥两省地方所有铁路,扶植有关铁路建设事业的宗旨。在省政十年建设期间,铁路银号大量的借款券和借贷都流向了筑路工程,除此之外,铁路银号还赋予同蒲铁路管理局相当的透支额度以资日常的开支,下表 33 为有关申请和批准来往公函具体内容:

表 33　1936 年晋绥地方铁路银号向山西省人民公营事业董事会报告与同蒲铁路管理局订立透支合同事宜的来往公函

文号、时间及事由	去函：晋绥地方铁路银号公字第一〇八号，民国廿五年十一月廿五日，因同蒲铁路管理局拟订定透支十万元可否请核示由。	回函：董事会会字第一一一号。民国二十五年十一月廿八日。函复拟与同蒲铁路订立透支十万元，如不增加发行，应准照办，希查照由。
内容	敬启者：兹因同蒲铁路管理局拟与本号订定透支以十万元为限度可否，应请鉴核示遵，所有各项条件如蒙核准，再行订定陈核可也。此上。	迳启者：准公字第一〇八号公函，以同蒲铁路管理局拟与本号订定透支以十万元为限度可否，请鉴核示等因。查四银行号发行额前曾奉令不准增加，函知遵办在案，前项透支如不增加发行，应准照办。相应函复，希即查照办理。此致。

资料来源：《晋绥地方铁路银号与公营事业机关订立透支合同及贷款问题的代电、公函》，1937 年 12 月，山西省档案馆藏，山西省人民公营事业董事会档案 B30－04－59。

从以上回函中，公营事业董事会将“不增加发行”作为签订该透支协议的前提，这说明该透支借款的性质不属于借款券换取的省币范畴。表 34 是该透支协议的具体内容。

表 34　晋绥地方铁路银号与同蒲铁路管理局所订透支合同

原题及所属函件	同蒲铁路管理局、晋绥地方铁路银号订立存付款项合同；晋绥地方铁路银号公字第一一五号公函附件，民国廿五年十二月二日。
内容	同蒲铁路管理局（以下简称路局）与晋绥地方铁路银号（以下简称银号）为存付款项订立合同，双方所订条文如左：第一条，路局在银号存付款项悉依本合同之规定行之；第二条，路局进款、用款由银号经理，但依法律或契约别有规定者不在此限；第三条，路局存款不敷应用时得由银号透支，透支数目最高额以拾万元为限；第四条，路局营业进款各站每日解到太原站时，由路局银号会同赴站提收，按照解款清单负责点清后，即行收账并察折送路局核对；第五条，路局用款以纸票为凭，银号接到路局支票审查无讹时，即行照付，并于每日支

续 表

	付完毕后，须逐项察折路局核对；第六条，银号经理路局存款应按活期存款酌定为月息三厘，嗣后行市如变更悬殊，得由双方会同另行协定；第七条，前项存款银号应按每月结存，余额于当日起息，不论大小，月均按三十日计算，不足百元者不计息；第八条，前项存款所得利息每月终结算一次，并入存款项下；第九条，路局透支之款，银号应按月息六厘计算；第十条，本合同自双方签字之日起发生效力，所有以前晋绥地方铁路银号经管铁路款项办法同时废止；第十一条，本合同一式两份，双方各执一份，以资信守；第十二条，本合同如有未尽事宜，双方均有随时提出修正及废止之权。

资料来源：《晋绥地方铁路银号与公营事业机关订立透支合同及贷款问题的代电、公函》，1937 年 12 月，山西省档案馆藏，山西省人民公营事业董事会档案 B30－04－59。

次年，同蒲铁路管理局与铁路银号通过协商，再次延期了该透支合同，并提高了一倍的透支额度，此事件在同蒲铁路管理局 1937 年 7 月 7 日，会出字第二八四六号公函中讲出了原因："因拨付建设基金及制造厂材料垫款共三十万元，除拨尽存款外，尚不敷十六万元左右，于是又与该号商定增加透支十万元……"，下表 35 为铁路银号的申请公函：

表 35　晋绥地方铁路银号向山西省人民公营事业董事会请示提高同蒲铁路管理局透支额度的公函

文号、时间及事由	晋绥铁路银号公字第八六号，民国廿六年七月三日，函报同蒲铁路局透支额自六月三十日改定为二十万元，请鉴核由。
内容	敬启者：兹查同蒲铁路管理局于二十五年十二月一日与本号订定透支合同一十万元，曾经陈准董事会，并抄送合同在案。兹据该局声称，因原订透支数目不敷应用，请改增为二十万元，业经取得本号同意，于本年六月三十日经双方在原合同内加注下列括弧内字句（双方改定本合同第三条所载透支数目，最高额为二十万元，特此附记）并经签字盖章，共同遵守。相应具函陈报，敬请鉴核。此上。

资料来源：《晋绥地方铁路银号与公营事业机关订立透支合同及贷款问题的代电、公函》，1937 年 12 月，山西省档案馆藏，山西省人民公营事业董事会档案 B30－04－59。

除去承购发行的债券，以上所列的出自“四银行号”而归于同蒲铁路管理局和晋绥兵工筑路总指挥部的各种借款、透支累计数额约为500万元，可以说同蒲铁路是以“四银行号”为坚实的资本来源而最终得以实现工程告捷的。

依当时的国情和省情，国民党中央财政相对拮据，无余力也不愿意向地方借贷资金，阎与外国势力的关系，只有日本一方算得上比较密切，然而其关系的未来走向尚不确定，日本也不会无条件援助，在这样的背景下，阎锡山以“四银行号”为金融工具和信用中介，能在短短四年多时间使同蒲铁路建成，可以说是方法巧妙而富有成效的。同蒲铁路的出现对于山西具有特殊的战略价值，如全省铁路里程显著增加，在全国铁路中已经占有一席之地，同时在筑路速度、筑路费用等方面都创造了中国铁路建设史上的奇迹。学界目前仍没有发现过阎锡山向中央或外国举借外债的证据，而“本省自筹”经费也使得同蒲铁路的所有权、使用权和获益权不受外界的侵扰。虽然饱受争议，但是历史的事实是不容否认的：正是这条被认为是“凭空”修成的铁路，在其未通车的1936年就完成了超过600万元的营运收入①；正是有人批评的这条“纸糊的铁路”，在其刚刚通车不久、山西抗战初期战局最吃紧的时候，将国民党中央和各地部队运送到了山西的抗日战场，将八路军第一一五师、第一二〇师和第一二九师的有生力量分别迅速地送到了代县、榆次和忻口；正是因为有了这条使用“四银行号”的各种票券才诞生的铁路，在太原失守后，晋绥军能够迅速撤至临汾，西北实业公司上千部机器和大量战略材料得以逃脱日军铁蹄运至风陵渡。而这些也都应间接地成为“四银行号”的正面历史作用的组成部分。

3. “四银行号”对其他工商企业的借款和透支

除了对西北实业公司和同蒲铁路修筑的借款，可查的“四银行号”借款合同透支也有相当的数额，主要如下：

---

① 张成德：《阎锡山与同蒲铁路》，太原：山西人民出版社，2003年，第72页。

(1)"四银行号"对省内工商企业的主要借款

在"四银行号"年终或半年决算的财产目录中,对各自的放款进行了详细统计,下表36至表41为其中的主要部分:

表36　山西省银行截至1936年12月5日各种存欠款项暨借券册摘录

项目	金额(元)	备注
核准放款总行及各分行处署		
太原土货产销商行	200 000.00	(民国)二十五年8月24日
平定煤矿事务处	300 000.00	(民国)二十五年3月1日
实业贷款暂难收回省币	453 216.08	
晋恒制纸厂欠省币	70 000.00	
阳泉保晋公司欠省币	140 000.00	
晋生晋华总管理处欠省币	123 216.08	
合计	1 286 432.16	

资料来源:《民国二十五年山西省银行等银行号关于造送资产负债表的公函、表报》,1937年1月,山西省档案馆藏,山西省人民公营事业董事会档案B30-04-08。

表37　晋绥地方铁路银号截至1936年12月财产目录摘录

项目	金额(元)	备注
定期抵押放款		
其中:保晋矿务总公司	150 000.00	
定期放款		
其中:太原电灯新记公司	10 000.00	
太原电灯新记公司	5 000.00	
新华雍裕纱厂	10 000.00	
活期放款		
其中:晋华晋生总管理处	22 248.59	
晋华晋生总管理处	1 200.00	

续 表

项目	金额(元)	备注
活期抵押放款		
其中:晋华晋生总管理处	19 657.39	
合计	218 105.98	

资料来源:《晋绥地方铁路银号民国二十五年营业实际报告表、库存表、准备金表》,1937 年 1 月,山西省档案馆藏,山西省人民公营事业董事会档案 B30-04-37。

表 38　绥西垦业银号截至 1936 年 12 月财产目录摘录

项目	金额(元)	备注
定期放款		
其中:电灯新记公司	15 000.00	
晋华晋生总管理处	93 355.46	
斌记商行	10 000.00	
斌记商行	10 000.00	
斌记商行	10 000.00	
造产救国社社员消费合作社	30 000.00	
太原土货产销合作商行	30 000.00	
太原土货产销合作商行	30 000.00	
往来存款透支		
其中:斌记商行	92 519.77	
阳泉矿业公司	6 240.45	
合计	327 115.68	

资料来源:《绥西垦业银号民国二十五年决算及放款数目表》,1936 年 12 月,山西省档案馆藏,山西省人民公营事业董事会档案 B30-04-43。

表 39　晋绥地方铁路银号截至 1937 年 6 月财产目录摘录

项目	金额(元)	备注
定期抵押放款		
其中:保晋矿务总公司	150 000.00	
往来存款透支		
其中:斌记商行	173 110.59	
太原土货产销合作商行	126 992.80	
定期放款		
其中:太原电灯新记公司	10 000.00	
太原电灯新记公司	5 000.00	
平遥晋升面粉公司	1 000.00	
合计	466 103.39	

资料来源:《晋绥地方铁路银号民国二十六年上期全体决算各表》,1937 年 7 月,山西省档案馆藏,山西省人民公营事业董事会档案 B30－04－102。

表 40　绥西垦业银号截至 1937 年 6 月财产目录摘录

项目	金额(元)	备注
定期放款		
其中:电灯新记公司	10 000.00	
电灯新记公司	15 000.00	
造产救国社消费合作社	10 000.00	
斌记商行	50 000.00	
斌记商行	10 000.00	
太原土货产销合作商行	30 000.00	
太原土货产销合作商行	30 000.00	
太原土货产销合作商行	30 000.00	
往来存款透支		
其中:斌记商行	60 557.86	
合计	245 557.86	

资料来源:《绥西垦业银号民国二十六年全体决算资产负债表、损益表、财产目录》,1937 年 12 月,山西省档案馆藏,山西省人民公营事业董事会档案 B30－04－84。

表 41　晋北盐业银号截至 1937 年 6 月财产目录摘录

项目	金额(元)	备注
活期放款	140 500.00	
其中:土货产销合作商行	40 500.00	
定期存款		
其中:斌记商行	40 000.00	
保晋铁厂	15 000.00	
定期放款		
其中:消费合作社	44 000.00	
斌记商行	40 000.00	
营记公司	30 000.00	
合计	350 000.00	

资料来源:《晋北盐业银号民国二十六年决算资产负债表、损益表、营业实际报告表》,1937 年 12 月,山西省档案馆藏,山西省人民公营事业董事会档案 B30－04－85。

在以上的这些工商企业中,斌记商行、太原土货产销合作商行、造产救国社消费合作社和营记公司都是阎锡山在山西省重要的官营机构,重要工业物资和商品的采购、存储及销售均与之密切相联;而晋华晋生总管理处为晋华纺织公司和晋生纺织公司的管理机构,两公司为当时山西省重要的轻工业企业;其他出现的各类企业虽然资本额小,产值不能和公营大企业相比,但也是山西"省政建设计划"期间工业化进程中不可缺少的组成部分。以上统计表反映了 1936—1937 年"四银行号"与这些工商企业的借款关系,总额大约达到了 290 万元。

(2) 山西省银行与省内商贸组织的透支协议

"四银行号"与公营事业重点工程和企业之外的透支合同并不多,可查的对象为与工业生产有着极其密切关系的销售贸易机构,其情况如下表 42、表 43:

表 42　1936 年、1937 年山西省银行与省内其他工商企业订立透支合同的情况

企业名称	透支限额	利息	订立时间	备注
大同矿业公司	30 万元	每千元月息三角	1936 年 1 月 5 日	因流动资金短缺
斌记商行	9 万元	日息一分	1937 年 3 月 11 日	

资料来源：中国社会科学院、中华民国史研究室、中国人民银行山西省分行、山西财经学院金融史编写组：《阎锡山和山西省银行》，第 129 页。

表 43　1937 年山西省银行向山西省人民公营事业董事会报告与大同矿业公司及斌记商行订立透支合同的公函

文号、时间及事由	内容
山西省银行总字第八四一号。廿五年十二月廿四日。函报大同矿业公司前向本行订定透支三十万元，现经双方商定，自二十六年一月五日起改订以十万元为最高额，请察核由。	敬启者：查本行前遵山西省政府训令，于本年一月五日与大同矿业公司订定向本行透支款项契约，以省币三十万元为最高额，每千元按日息三角计息，每年六月及十二月结付一次，限期一年本利清还，但在期限内如有特殊情形，得通知矿业公司停止支用此项透支。截至二十六年一月五日满期，现经双方商妥，自二十六年一月五日起，继续办理，惟以省币一十万元为透支最高额，其余条件仍旧，业已成立新契约。除三十万元之旧契约俟期满后即行缴销外，用特函报，即请察核。此上。
山西省银行总字第一四二号。廿六年三月十一日。函报大同矿业公司前向本行订定透支三十万元，现经双方商定，自二十六年一月五日起改订以十万元为最高额，请察核由。	敬启者：查太原斌记商行前与本行订立透支契约，月息一分，以省币九万元为最高额，截至本月一日已届满，共计透支实额三万一千三百九十六元七角四分。该行因积货甚巨，无款归还，经双方商妥仍按原透支最高额展期三个月，利率减按月息九厘计算，并订明在期限内，如有特殊情形，本行得随时停止支付。除另立透支契约外，用特函报，即请察核为荷。此上。

资料来源：《山西省银行与公营事业机关订立透支合同及贷款问题的代电、公函》，1937 年 12 月，山西省档案馆藏，山西省人民公营事业董事会档案 B30－04－59。

大同矿业公司的前身是1932年成立的大同煤业公司，属于公私合营性质，由晋北矿务局、大同保晋矿务分公司、同宝煤矿公司、宝恒煤矿公司合资经营①，是大同地区煤炭的分产合销机构，即各个煤矿负责煤炭生产，大同矿业公司负责运输销售。大同矿业公司存在的意义主要是在面对国内煤炭市场被几个帝国主义投资所办煤矿垄断，同时铁路运输也被帝国主义把持的状况下，可以实现晋煤价值，它与斌记商行一样，都是对当时山西工业生产的最后价值实现具有重要作用的组织。透支协议的达成，体现了官办银行在工业生产领域之外的资本输出情况，上表43即为透支合同的细节。

“四银行号”在省政建设时期对公营大型企业和工程之外的资本输出形式以各种活期和短期借贷为主，存在部分透支合约，对比西北实业公司或同蒲铁路工程，其比例是相对较低的，但是数额仍旧超过了300万元，从另一个方面反映了它们强大的资本活力以及对山西工业化的全面支持。

三、“四银行号”所发行山西省钞(晋钞纸币)的实际价值问题

对山西“省政建设计划”时期“四银行号”对区域工业化资本支撑作用，特别是对其数量的探讨，是建立在该时期“四银行号”的资金支出均以山西省钞为载体这一基本史实的基础上的，那么应该将山西省钞纸币在当时的实际价值因素也纳入考察范围。

山西区域性纸币首发于1919年，一直到1929年，其与银元的比值一直为1∶1，信誉卓著，周行华北多地。由于战争因素，中原大战的1930到1931年间，晋钞纸币恶性通货膨胀。1932年开始，新晋钞纸币再次发行，阎锡山为了防止纸币贬值，加强了管理，下表44规定即为有关政策：

① 景占魁、孔繁珠:《阎锡山官僚资本研究》，太原:山西经济出版社，1993年，第141页。

表 44　关于“四银行号”发行新晋钞办法的规定

原题	山西省省铁垦盐四银行号发券办法①
内容	一、各行号于每月底将发券及所存准备金数目依照规定表式列报一次(表式另附)。 二、各行号发行券额除拨实物准备库者以实物准备核准贷款不另准备外，其余所发券额均需有八成现金，二成保证之准备，前项现金准备暂以现洋、生金银、法币为限，如有买到之外汇，按时价折为法币计算。 三、核准贷款均须呈请太原经济建设委员会核准之。 四、本行号发券及准备有与报告不符情事，该行号负责人员应受严厉之处分。

由于法币政策的实行，自 1935 年 11 月开始，“四银行号”所发行的晋钞纸币也随之停止兑现，在阎锡山的授意下，山西省财政厅、财政整理处、经济统制处、“四银行号”和钱业公会等机构联合布告山西省钞停止兑现，同时也维持了“四银行号”纸币的币值稳定，所谓“省行、铁路、垦业、盐业银号所发行的纸币，仍照常周行，不得折扣行事，一切货物市价，不准抬高，如有故意阻挠、造谣生事、希图投机者，决按法严惩。……物价仍未高涨……兑现者亦保持平稳状态，尚有各该行存放现金者”②，即是当时情况的新闻报道。

下表 45 反映了截至 1937 年 7 月山西省银行晋钞纸币发行和准备情况，各种发行准备金有了十足准备，其他统计区间以及三个银号的状况基本相同：

① 《山西省省铁垦盐四银行号发券办法》，孔祥毅：《民国山西金融史料》，北京：中国金融出版社，2013 年，第 361 页。

② 《绥署省府昨晚贴示公告晋四大银行停止兑现，纸币照常通行》，《山西日报》，1935 年 11 月 7 日。

表 45　山西省银行截至民国廿六年七月底发行兑换券暨准备金数目报告表

项目	金额(元)	项目	金额(元)
发行额		准备额	
1. 本行发行	11 943 378.70	1. 现金	
2. 核准发行	4 505 542.00	现洋	3 633 549.00
3. 准备库代发行	3 585 214.00	生金	205 324.50
合计	20 034 134.70	生银	67 148.58
		小洋	163.25
		银辅币	1 231.70
		法币	2 072 343.01
		他行券	915 848.83
		2. 保证	
		债券	5 045 069.83
		3. 核准放款	4 505 542.00
		4. 实物准备	3 585 214.00
		合计	20 034 134.70

资料来源:《山西省人民公营事业董事会关于每月报送四银行号每月发行兑换券及各准备款额给太原经济委员会统制处的公函》,1937 年 12 月,山西省档案馆藏,山西省人民公营事业董事会档案 B30－4－29。

可见晋钞再次发行期间也就是山西“省政建设计划”时期,有着相对完整和具体严格的准备制度约束以及执行,自 1935 年法币改革之后到 1937 年抗战全面爆发,晋钞一直在晋绥地区顺畅流通,各统计报表反映晋钞纸币实际价值与法币比值稳定。

小　结

在山西近代工业化最高潮的“省政建设计划”实施时期,作为地方官办金融机构的“四银行号”,深刻地介入到区域工业化进程之中,其作用方式是以其拥有的银行资本为基础，通过各种金融途径为实业建设提供资金供给和保障，主要途径包括定期投入固定建设基金，承购发行各类借款券和库券，以及直接的各种资本借贷。综合史料和量化分析，到全面抗战爆发前，固定建设基金投入达到264万元，以省钞形式购入的债券超过7 300万元，对西北实业公司、同蒲铁路以及其他工商企业的各种形式的借款约为2 000万元。各类资本对经济建设的注入接近山西省钞一亿元。

“四银行号”在这个阶段充分发挥了其区域金融核心的重要作用，极大地推动了山西区域工业化的进程。据《中国实业志》中有关统计数据，山西工农业产值比到1936年底就达到了大约6∶4，工业化程度高于全国约3∶7的平均水平，其历史实绩也使之成为近代中国区域工业化具有代表性的模式之一。

七七事变前后“满铁”对华北农业资源的调查研究*

石 嘉

近代日本侵略周边国家，大抵建立在充分的调查研究基础之上，掌握当地翔实情报后，实施全面军事进攻和经济侵略。情报机构及其调查活动在其对外扩张时扮演着重要角色，为其发动全面侵华战争提供情报和战略物资支持，“满铁”及其调查即为典型代表。为扩大侵华战争、满足战时物资需求，日本曾在华北广泛开展农业调查，尤为重视农业资源调查，留下大批调查资料。诸如“满铁”的《北支经济资料》《北支调查资料》《北支经济提要》《经调资料》《产业调查资料》《北支那贸易年报》《北支那外国贸易统计年报》《满铁调查资料》《满铁调查研究资料》《北支惯行调查》，对华北农村经济、农村实态、农村惯行、农业发展、农业机构、农业资源、农产品贸易等方面开展全面调查。① “兴亚院”的《北支蒙疆农业调查报告》《事变后的北支农村经济及其影响》《关于北支的土地改良》《北支合作社调查》《北支粮食调查》《北支棉花事情调查》《支那重要国防农产资源调查》《北支那林产资源调查》《华北畜产状况调查》《北支水产

[作者简介] 石嘉，江西师范大学历史文化与旅游学院教授。

* 本文为国家社科基金项目“抗战时期日本在长江中下游地区调查资料与研究”(19CZS069)的阶段性成果。

① 満鉄調査部編『南満洲鉄道株式会社刊行物目録』、1940 年、23—55 頁。

概况》等，主要调查了华北农村经济、土地问题、农业机构、农业资源等方面。[①] 华北产业科学研究所的《关于北支蒙疆的农作物》《北支蒙疆麻类调查》《北支主要树木生产量调查》《昌黎地区的果树栽培》《山东省德县附近畜牛事情》《北支农作物病害》《华北灌溉水质》《施肥惯行调查报告》《北支农具相关调查》等，侧重调查华北农业生产与技术状况。[②] 此外，日本驻华北各地领事馆、商工会议所、东亚同文会、华北事情案内所、华北综合调查研究所等官方、民间调查机构亦开展相关调查。比较日本各机构团体在华北的农业调查，以"满铁"调查最为丰富、最为详尽。

"满铁"起初经营重点在东北，九一八事变后开始向华北延伸。为搜集华北农矿资源情报，以便日本对其开发和掠夺，为全面侵华战争提供战略物资准备和支持，"满铁"在华北建立起较为完整的情报机构体系，深入华北农村开展实地调查。"日本国土面积狭小，煤、铁、石油、棉花、羊毛、工业盐等农矿资源严重不足，日本在满洲及北支经营状况如何，关系到战争胜败，因此帝国必须向大陆发展。"[③]国内外有关"满铁"及其调查的研究成果丰硕，然其研究内容侧重考察"满铁"在东北的侵略活动，较少关注满铁在华北、华中等地区的侵略活动，偶有涉及者更多论述日本对华北农业资源的统制与掠夺，对于"满铁"在华北的农业调查活动、内容及其扮演的角色语焉不详。[④] 鉴于此，本文主要利用"满铁"相关档

① 大東亜省総務局調查課編『興亞院調查報告總目録』、1943 年、25—56 頁。

② 相关调查可参考，華北産業科学研究所編『華北産業科学研究所調查資料』(共 30 輯)、1943 年。

③ 東邦国策研究会編『躍進日本の姿と資源問題』、1937 年、27 頁。

④ 中国学界代表性成果可参见，苏崇民：《满铁史概述》，《历史研究》1982 年第 5 期；曹幸穗：《满铁的中国农村实态调查概述》，《中国社会经济史研究》1991 年第 4 期；高乐才：《满铁调查课的性质及其侵华活动》，《近代史研究》1992 年第 4 期；居之芬、张利民主编：《日本在华北经济统制掠夺史》，天津：天津古籍出版社，1997 年；解学诗：《"七七"事变前后的满铁华北经济调查》，《社会科学战线》1998 年第 6 期；王士花：《日伪统治时期的华北农村》，北京：社会科学文献出版社，2010 年；石嘉、李小东：《抗战时期日本对华北农业资源的掠夺——以华北产业科学研究所为例》，《日本侵华南京大屠杀研究》2018 年第 2 期。日本学界代表性成果可参见，草柳大蔵『実録満鉄調查部』、朝日新聞社、1979 年；原覺天『満鉄調查部とアジア』、世界書院、1986 年；井村哲郎編『満鉄調查部：関係者の証言』、アジア経済出版会、1996 年；小林英夫『満鉄調查部』、講談社、2015 年。

案资料，论述“满铁”在华北的农业调查机构及其农业资源调查内容，并进一步分析其调查性质与目的。

一、“满铁”情报机构体系

“满铁”是日本在中国大陆最早建立的“国策会社”，其设立是日本在日俄战争中获胜的直接结果。① 1906 年 11 月，日本成立“南满洲铁道株式会社”（简称“满铁”），负责管理宽城子（今长春）以南的铁道，经营抚顺、烟台煤矿，改建及经营安奉铁路等事宜。“满铁”设总裁室、经理部、用度部、铁道总局、产业部、抚顺煤矿、地方部、中央试验所、东京分社、天津事务所、北京事务所、上海事务所、经济调查委员会、技术委员会等机构组织，初由后藤新平担任总裁、中村是公担任副总裁，二者均为当时有名政客、殖民地经营家。② 满铁主要经营铁道、农业、工商、制油、冶金、警政、市政、社会事业、医疗卫生、教育文化、事业投资等业务，成立大量公司及医疗、文化机构，截至 1939 年共创办 71 家公司、总投资达 3.1 亿元。③ “满铁”还负责其“附属地”，如奉天附属地、长春附属地、鞍山、大石桥、四平街、公主岭、辽阳、铁岭、海城、开原、瓦房店等以及支线上的抚顺、安东、本溪湖等城市市政管理。战争后期，“满铁”势力仍不断膨胀，1940 年“满铁”增资至 14 亿日元，至 1945 年持有资产 50 亿日元、职工 40 万人，其中日本职工近 14 万人、中国职工 26 万余人。④

“满铁”除了经营铁道运输业及其附带事业，更为重要的是在中国开展调查研究，刺探中国情报。日本政府认为，近代企业合理的经营建立在科学、必要的调查研究基础之上，尤其“满铁”作为“国策会社”，“事业”范围极为广泛复杂，欲完成此“事业”必须设置庞杂的调查机关。⑤ 加之，

① 张祖国：《二十世纪上半叶日本在中国大陆的国策会社》，《历史研究》1986 年第 6 期。

② ルーブル社出版部編『大日本人物名鑑（巻 4の2）』、1922 年、157 頁。

③ 满洲事情案内所編『満洲国策会社綜合要覧』、1939 年、57 頁。

④ 苏崇民：《南满洲铁道株式会社和战后的满铁史研究》，《东北亚论坛》1993 年第 4 期。

⑤ 南滿洲鉄道株式会社編『南滿洲鉄道株式会社三十年略史』、1937 年、594 頁。

满铁创始人后藤新平力主考察中国特别是东北地区的政治制度、风俗习惯、工矿农商及交通等一般经济情况，以及与之有关的亚洲和世界政治经济情况，以便为“满铁”本身“事业”服务，同时为日本政府、军部提供为制订侵略政策所必需的参考资料。① 对此，“满铁”建立起完备的情报机构体系。1907 年 4 月，“满铁”设置调查部（次年改为调查科），作为一般的经济调查机关。1908 年 9 月，东京分社设置东亚经济调查局；1923 年 4 月，设置哈尔滨经济事务所调查科；1932 年 1 月，以调查科为基础组建经济调查会；1935 年 3 月，哈尔滨铁路局内设置经济调查所，11 月改为北满经济调查所；1935 年 11 月，设置天津事务所调查科；1936 年 10 月，设置上海事务所调查室。② 至侵华战争全面爆发前，“满铁”已经在中国建立起完整的谍报机构体系，其触角由关外延伸至关内乃至内陆腹地。

“满铁”调查范围起初以“满蒙”为主，九一八事变后延伸至华北。“满铁会社创立以来作为国策代行机关，承担满洲经济建设之重要责任。在北京进一步洞察东亚之将来，在上海设置事务所，在其他要地派遣驻在员，共同搜集政治、经济相关情报即资料，……而在北支开展积极的产业相关调查是在满洲事变以后进行的”③。1933 年 12 月，“满铁”经济调查会制定《对华经济调查机关设立计划案》，计划成立“满铁”经济调查会华北经济工作调查班，下设天津、青岛及上海三个分班。④ 1934 年 9 月，“满铁”向天津、青岛等地派驻专任调查员，正式开启由农业专家参与的调查活动，此次调查得到日本天津驻屯军及其他机关的大力支持。⑤ 1935 年 3 月，“满铁”总务部设置东亚科、经济调查会增设第六部（原为五部），将其调查活动范围指向华北。⑥ 同年 11 月，因调查机构的扩大，“满

① 苏崇民：《满铁史》，北京：中华书局，1990 年，第 411 页。

② 南満洲鉄道株式会社編『南満洲鉄道株式会社三十年略史』、594 頁。

③ 満鉄北支事務局調査室編『北支ニ於ケル満鉄農業関係調査経過概要』、1938 年、1 頁。

④ 解学诗：《“七七”事变前后的满铁华北经济调查》，《社会科学战线》1998 年第 6 期。

⑤ 満鉄調査部編「支那經濟開發方策竝調査資料」、『支那・立案調査書類，第 2 編第 1 巻』、1937 年、352 頁。

⑥ 南満州鉄道株式会社編『南滿洲鐵道株式會社第三次十年史 下卷』、東京：龍溪書舎、1976 年、2390 頁。

铁"开设天津事务所，特设调查科，组织各种开发华北对策调查。天津事务所实行"在勤员制度"，通过向华北广派"驻在员""派遣员""出张员"等，建立起辐射整个华北的调查网。[①] 1936 年，天津事务所联合"满铁"产业部和经济调查会组成的调查班，在日本天津驻屯军司令部的支持下，迅速开展有关产业经济各部门的调查，其中农业调查包括农业资源调查、农家经济调查、农村实态调查等基础性调查，起初主要开展农业资源开发各种对策调查。[②]

七七事变不久，"满铁"接管华北各铁道运营工作，1937 年 8 月又在天津设置"北支事务局"以取代此前的天津事务所。"北支事务局"编制明显扩大，配有大批专业调查员，其足迹遍及内蒙古、北平、天津、河北、山东等地。[③] 七七事变后，日军强占华北大片土地，"满铁"意识到"经营""开发"华北、尽快开展各种调查的重要性，于 1937 年 11 月将"北支事务局"调查班迁至北平，成立北京事务所，作为在华北开展调查的"中枢机关"。[④] 北京事务所设置专门的农业系，以全面调查经历水灾和战乱后的华北农村实态作为最先急务，为日本当局调查研究、制定"农业开发方策"做准备。[⑤] 1937 年 12 月，"北支事务局"在日军特务部指导下，并请求农业部农林科援助，以 32 名调查员、通译组成 4 班前往北宁、京浦、京汉、京绥、正太沿线及山西太原至大同间沿线地带开展调查。此次调查以所谓"救济复兴"华北农村为名，在日军特务部第二科的支持下，开展调查研究、确立应急的农业对策，同时为"正在研究的持续、恒久对策提供策划和援助"。[⑥]

由于"满铁"在华北的调查机构及其事宜日渐庞杂，1938 年初"满铁"将"北支事务局"整体迁至北平，并设置专门的调查室，以继承、扩充此前

① 満鉄産業部編『昭和 11 年度満鉄調査機關要覽』、東京：龍溪書舍、1979 年、221 頁。
② 曹幸穗：《满铁的中国农村实态调查概述》，《中国社会经济史研究》1991 年第 4 期。
③ 斯日古楞「満鉄の華北への進出」、『現代社会文化研究』、2001 年第 21 期。
④ 苏崇民：《满铁史》，第 747 页。
⑤ 満鉄北支事務局調查室編『北支ニ於ケル満鉄農業関係調査経過概要』、3 頁。
⑥ 満鉄北支経済調查所編『農家経済調查報告　昭和 12 年度』、1942 年、1 頁。

的调查业务。[①] 该调查室机构颇为完善，设有主事，由“北支事务局”次长兼任；主事下设干事，负责联络及庶务相关事宜；另设若干名“调查役”，负责产业经济各部门调查业务；各“调查役”之下配属各系，负责农业调查的“调查役”之下配属农政和农产二系，以顺应“新形势”发展，组织有关华北农业政策的确立及农产资源的开发等各种调查。1938 年 2 月，随着调查室不断扩大，鉴于华北农业的重要性，农政、农产二系人员配置得到进一步扩充强化，各自配有 12 名职员。[②] 随后，“北支事务局”制定《北支农业相关调查业务方针纲要》，规定调查目标为“开展以促进北支开发振兴、尽快适应新形势、确立农业政策为目标的各种调查；开展以充分开发、发挥铁道之功能，致力于北支开发振兴各种方策之确立为目标的各种调查”。调查要项为“基本农政调查及制定对策；农村救济复兴调查及制定方案；农产资源开发调查及制定对策；林产资源开发调查及制定对策；畜产及水产资源开发调查及制定对策；立足于经营铁道的农业调查及制定对策；北支农业实态基础性调查”。业务实施要领为“参与北支经济建设大业策划；注意加强与军特务部联系；协助调查实施机构，援助专业技术人员；保持各班各成员间密切联系”。[③]

从上述“纲要”可知，“北支事务局”主要目的是在华北充分开展各种农业调查，以便制定农业资源“开发方策”，其调查内容围绕华北农政、农村救济复兴、农业资源开发、农业实态，并将华北铁道经营与农业调查相结合，尤为重视农业资源调查。随着日本侵华战争不断扩大，对农矿战略资源的需求与日俱增，“满铁”极力在华北开展各种农业调查，显然是为了满足日军“以战养战”之需要。[④] 业务实施要领更是规定，“北支事务局”是在所谓“国策的使命之下”开展华北农业调查和开发业务，并且特

---

① 黄福庆：《九一八事变后满铁调查机关的组织系统（1932—1943）》，《“中央研究院”近代中国研究所集刊》1995 年第 24 期。

② 満鉄北支事務局調査室編『北支ニ於ケル満鉄農業関係調査経過概要』、3 頁。

③ 満鉄北支事務局調査室編『北支ニ於ケル満鉄農業関係調査経過概要』、5—9 頁。

④ 张宪文主编：《侵占大连四十年（1905—1945）》，《日本侵华图志》第 4 卷，济南：山东画报出版社，2015 年，第 70 页。

别强调要加强与日军特务部的联系,"满铁"和军部勾结起来,使得此种调查带有浓厚的政治、军事色彩,"满铁大调查部"成立后这种趋势更为明显,大部分调查人员"均认为顺应国策、服务国家才是国策调查组织的任务,而且这种想法是根深蒂固的"①。

1939 年 4 月,"满铁"方面依照总裁松冈洋右"大调查部"的构想改革调查机关,将东亚经济调查局、"北支事务所"、上海事务所调查科、中央试验所、"满蒙"资源馆、大连图书馆整合为统一的调查部,在此种体制之下开展以中国抗战力量调查为首的一系列综合调查。② 极为重视谍报工作的松冈妄图将"大调查部"建成在中国大陆涵盖政治、经济、军事三者的参谋本部,为日本执行"大陆政策"出谋划策。③ 此次改革也使得"满铁"在华北的调查机构得到进一步扩充、强化,"北支事务局"改组为"北支经济调查所"和张家口经济调查所,成为直属部门,其主要任务是配合大连本部综合科策划的综合调查,将"战时经济调查"作为首要调查对象,并于次年开展著名的"北支惯行调查"。④ 1943 年以后,日本侵华战争已到了穷途末路,日本军方强化对"满铁"调查机关的管控,经历两次"检肃事件"后元气大伤,加之资金匮乏始终是致命的缺陷,本部以及分驻各地的调查人员及调查功能日趋萎缩,其调查研究活动陷于停顿状态,调查组织近于崩溃边缘。⑤

要之,九一八事变后"满铁"开始在华北设置调查机构,至全面侵华战争前已经建立起较为完整的情报机构体系。日本当局利用"满铁"情报机构,广泛深入华北各县、各村开展调查,其中农业调查尤其是农业资源调查为此种调查重点。"虽然满铁会社立足于原有的北支铁道经营,

---

① 黄福庆:《九一八事变后满铁调查机关的组织系统(1932—1943)》,《"中央研究院"近代中国研究所集刊》1995 年第 24 期。

② 満鉄調査部支那抗戦力調査委員会編『総篇　調査の方法論及び総結論』(极秘)、1940 年、1 頁。

③ 満鉄弘報課編『満鉄と調査』、1940 年、49 頁。

④ 満鉄北支経済調査所編『北支慣行調査(1)』、1942 年、8 頁。

⑤ 草柳大藏著,刘耀武等译:《满铁调查部内幕》,哈尔滨:黑龙江人民出版社,1982 年,第 560—562 页。

但是现在也开展北支农业开发策略相关调查研究，为北支农政、农畜林水产资源开发制定方案"①。包括"满铁"在内的日本调查机构之所以重视中国农业调查，固然是因为大多日本调查人员认为当时中国的自然生态是绝对的农业社会②，但更为重要的还是为了全面摸清华北农业资源情报，进而开发和掠夺华北农业资源，实现战略资源"现地自给"，以便顺利推进所谓"大东亚战争"。日军中国驻屯军司令官田代皖一郎曾提出《北支占领地统治计划书》，其中直言不讳说："在北支拥立新政权，以推动安宁秩序的维持，确立以我国为中心的日满支经济联盟，协助不足资源的获取及扩张日本产品的销路，为战争顺利进行扫除障碍。"③

"满铁"曾将其调查研究划分为三个阶段："第一期为建设开发的基础时代，以交通局的设备及调查研究之事业为主；第二期则以第一期所得的调查研究为基础，着手开发，乃经营的实行时代，亦即开发的完成时代；至第三期享用第二期开发所得福利，为完全的活用时期。"④"满铁"在华北的农业资源调查基本遵循了此种顺序：首先详细调查华北农业资源情况，搜集华北农业资源情报；其次依据调查情报，制定"开发方策"，为日本高层提供决策参考；再次成立"华北开发"国策会社，依据"开发方策"，推行农业增产计划，进而掠夺更多战略资源，实现"以战养战"的侵略政策。"满铁"在华北的农业资源调查，具有明确的国家战略意图，是在日本当局主导下开展的，更是为侵华战争准备的、服务的，一旦战争全面爆发，即可动员沦陷区所有战略资源，协力日军作战时获取军需资材，以实现长期的"经济战"。⑤ "满铁"是日本最早成立的"国策会社"，其调查活动是日本国家意志的体现，是附属于侵华战争形态的，是为日本政

① 満鉄北支事務局調査室編『北支ニ於ケル満鉄農業関係調査経過概要』、1938 年、4 頁。

② 原覺天『満鉄調査部とアジア』、東京：世界書院，1986 年，121 頁。

③「秘密書類調製の件」、『陸満機密大日記』、(防衛省防衛研究所)、JACAR(アジア歴史資料センター)、Ref. C01002726200。

④ 吴英华编：《二十年来的南满洲铁道株式会社》，上海：商务印书馆，1930 年，第 3 页。

⑤ 興亜院華中連絡部編『武漢地区重要国防資源畜産物調査報告書』、1941 年、72 頁。

治、经济、军事等现实利益服务的。[①] “满铁”在华北的农业资源调查主要包括农产资源调查、畜产资源调查及果蔬资源调查等方面。

二、华北农产资源调查

棉花是华北最重要的农产资源，同时也是日本最重要的原料输入品[②]，因而“满铁”相当重视当地棉花调查。华北棉花调查首先从山东开展，1935 年“北支事务所”先后调查张店和御河棉区的棉花栽培沿革、气候、土壤、种植面积、品种、产量、销量、交易、今后发展等内容。根据满铁调查，山东省每年棉花产量达到 140 至 150 万担，分为三大产区：一是张店腹地的小清河及其相连的黄河流域；二是山东省西北边界以临清、夏津、高唐等县为中心的北运河沿岸一带；三是山东省西南以曹、单、菏泽、定陶等县为中心的地区。[③] 1930—1932 年御河棉区，即高唐、夏津、临清、馆陶、邱县、清平、堂邑、恩县、武城等县三年平均植棉面积为 2 823 029 亩，植棉业成为当地农民的主要收入来源，当地每年生产棉花达 110 304 872 斤、销售 150 万担，大部分销往济南，由棉农出售给当地仲买人，然后再转卖给中国棉商和洋行的纺织工场。[④] 调查指出，御河棉区农民因植棉收入增加而忽视粮食作物生产，以至于出现粮食不能自给自足的畸形状态，过分偏重植棉面积，一旦遭遇棉价低落或自然灾害，势必严重影响农村经济。[⑤] 此次调查非常重视当地棉花种植分布、产量以及如何开发等方面，调查的指向性非常明显，并且引起日本高层的重视，侵华战争全面展开后日本非常重视华北的棉花增产，太平洋战争后为了实现战略物资的“现地自给”，日本又在华北推行粮棉增产并重的农业政策。[⑥]

---

① 张艳国、石嘉：《近代日本在华调查机构的“江西调查”研究》，《江西社会科学》2019 年第 11 期。

② 村田孜郎『北支の解剖』、東京：六人社、1937 年、123 頁。

③ 満鉄天津事務所調査課編『山東の棉作』、1936 年、2 頁。

④ 満鉄天津事務所調査課編『山東の棉作』、79 頁。

⑤ 満鉄天津事務所調査課編『山東の棉作』、154 頁。

⑥ 中央档案馆等合编：《日本帝国主义侵华档案资料选编华北经济掠夺》，北京：中华书局，2004 年，第 777 页。

1935年10月,"满铁"将河北省分为北平、天津、宝坻、丰润、卢龙、霸县、易县、保定、定县、唐县、正定、晋县、饶阳、沧县、吴桥、南官、高邑、顺德、邯郸、大名等20个区,各区派遣专家调查,重要区域配置2人、次要区域配置1人,详细调查各区域棉花种植情况,最后提交调查报告。[①] 调查报告涉及经过路线、全区概况、各县概况,由分区下到各县,再下到各县管辖各乡开展调查,并绘制大量棉产概况图、调查路线图。例如,北平区调查路线和区域是北平下辖的宛平县、昌平县、顺义县、大兴县、通县等管辖乡村及北平四郊,调查内容包括全区棉产概况、各县棉产情况、耕地面积、棉花种植面积、植棉比重、新旧棉花种植面积及比重等,"北京郊外东西南北四郊区总面积1 170 180亩,耕地面积约635 000亩,人口约1 370 614人。东南两郊区为棉产区有棉田1 534亩,南郊大红门外有私立棉场一所,每年向附近农民出售棉种。西北两郊区棉田较少、菜园较多"[②]。调查指出,1935年河北省棉田较上年减少1 767 155亩、棉产减收339 379担,主要受旱灾影响,虫灾、水灾、雹灾、风灾亦时有发生。[③] 调查提出在旱灾严重、棉产锐减的地区推广耐旱的美国大陆棉,可迅速恢复棉花产量,减少自然灾害造成的损失。[④]

"满铁"在华北的棉花调查及改良试验,不是为了推进华北农业发展、增进华北民众福祉,而是为了更好地掠夺棉花资源。全面侵华战争爆发后,日本华北方面军特务部明确提出:"要迅速、有计划改良增殖棉花,改善所产棉花的处理运销,借此促成北支农村的更生振兴,确保日本所需资源的供给,实现日支经济提携。"[⑤]对此,"满铁"对华北棉花开展调查,并向日本高层报送《北支棉花处理机构对策》《北支棉花开发要领草案》《北支那棉花开发方策》《北支棉花改良增殖九年计划》《北支棉花对日输出相关调查》等调查报告,为开发、增殖华北棉花提供决策参考。

---

① 満鉄天津事務所調査課編『河北省棉産調査報告書』、1936年、1頁。
② 満鉄天津事務所調査課編『河北省棉産調査報告書』、16頁。
③ 満鉄天津事務所調査課編『河北省棉産調査報告書』、263頁。
④ 満鉄天津事務所調査課編『河北省棉産調査報告書』、312頁。
⑤ 満鉄北支事務局調査部編『事變下の北支農業の諸問題』、1939年、41頁。

"满铁"提出华北棉花"改良增殖目标,用十年时间实现河北、山东、山西棉田面积达 35 000 000 亩、棉花产量达 1 200 万担。"①具体措施是改良现有棉田,扩大棉田面积;设置棉花原种圃,负责培育优良品种;配备棉花研究机关,负责品种改良试验,培养技术员;成立棉花增产奖励机关,负责分发棉种、指导合作社、管理研究机关、监督棉花产销;组织植棉合作社,增进棉农福利,开展棉花增产事业;开设棉花交易所,整顿棉花市场,指导棉花产销,提高棉花质量。② "满铁"还提出具体的"开发举措",提出以日本纺织联合会为中心,利用华北当地棉商成立华北纺织棉收购组织,负责收购华北棉花,满足日本纺织工场需要;天津与大阪间签订"北支棉花输入协定",成立天津棉花输出协会;青岛设立支部,负责收购华北棉花,为日本棉织品提供原料。③

为进一步控制、"开发"利用华北棉花资源,"满铁"计划成立"东亚棉花协会"与"华北棉花协会"。④ 按照"满铁"资料的说法,东亚棉花协会是在"日满棉花协会"的基础上变革、扩充而成,财团基金由 200 万元增至 500 万元,由日本拓务省、外务省、"满铁"、民间棉商出资,主要负责统一策划、协力东北及华北棉花改良增产事业。华北棉花协会,由东亚棉花协会、华北伪政权及棉农代表组成,在河北、山东、山西设置分会,负责实施棉花改良增产事业,主要任务是推广陆地棉、扩大种植面积、培育优良品种、改良栽培法等事项。⑤ "满铁"的"开发方策"不久得到实施,1938 年日本成立华北棉产改进会,旨在改良、推广优质棉种,提高华北棉花产量,满足日本对棉花资源的需求。协会在北京成立本部,在其他要地成立支部,负责"北支棉花栽培指导、奖励,采种圃的经营,新棉种的采种与分发,植棉合作社的指导,棉花的共同销售斡旋,农耕用品的共同购入斡

---

① 満鉄調査部編「北支那棉花開発方策」、『支那・立案調査書類,第 6 編第 1 巻』、1937 年、3 頁。

② 満鉄調査部編「北支那棉花開発方策」、『支那・立案調査書類,第 6 編第 1 巻』、6 頁。

③ 満鉄北支事務局調査室編『支棉花処理機構対策』、1938 年、1—2 頁。

④ 「北支綿花協会に関する件」、『陸軍省大日記』(防衛省防衛研所)、JACAR(アジア歴史資料センター)、Ref. C01004387200。

⑤ 満鉄調査部編「北支那棉花開発方策」、『支那・立案調査書類,第 6 編第 1 巻』、96 頁。

旋，棉花及棉业相关调查研究及其他事业”①。其后，日本又成立“华中棉产改进会”，设置目的、经营事业与华北棉产改进会一致，其掠夺棉花资源的范围扩大到华中地区。②

“满铁”还在华北产棉区派驻技术员，以便推进“棉花增殖计划”。1934 年 4 月，“满铁”向北宁铁路局通县棉作试验场派遣 2 名技术员，“援助”北宁铁路沿线棉花栽培的普及、奖励事业，1937 年 4 月增派 4 名技术员，1937 年底再度派遣 8 名技术员，“协力北支棉花的开发”。③ 1937 年 12 月，“满铁”向冀东植棉指导所派遣 5 名技术员，“援助”华北棉花增产试验、植棉奖励普及事业。不久，“满铁”又向军粮城农事试验场派遣 3 名技术员，负责加强北宁铁路局通县棉作试验场与军粮城农事试验场的联系，“援助”北宁沿线以北地区棉花改进事业。④ “满铁”积极向华北沦陷区棉花研究机关派遣技术员，根本目的在于推广日本的植棉技术和管理经验，继而实现“北支棉花增殖计划”，满足日本棉纺工业原料需求和战时物资需求。

三、华北畜产资源调查

畜产资源调查方面，“满铁”曾详细调查华北家畜数量、中等农户拥有数量、主要家畜数量及其比重、主要家畜及畜产品产销交易状况、察哈尔蒙古部落家畜数量、河北省饲养家畜占用耕地面积等方面。华北畜产分布情况，牛的养殖山东最多，河北次之；马、骡、驴的养殖以西北地区为主，山东、河北农耕地带分布的主要从西北引进；羊、山羊的养殖察哈尔、

① 満鉄北支事務局調查室編『華北棉産協会会則案』、1938 年、1 頁。

② 「昭和 14 年度華北棉産改進会々則、華中棉産実行予算其他」、『中国ニ於ケル綿花増産対策関係』(外務省外交史料館)、JACAR(アジア歴史資料センター)、Ref. B06050468400。

③ 按，1937 年 4 月“满铁”派遣的 4 名技术员因“通州事件”死去，七七事变以后“满铁”卷土重来再派 8 名技术员。主要参考：満鉄北支事務局調查室編『北支ニ於ケル満鉄農業関係調查経過概要』、32 頁。

④ 満鉄北支事務局調查室編『北支ニ於ケル満鉄農業関係調查経過概要』、34 頁。

绥远一带及山东、山西的山区较多;猪、鸡等小家畜多分布在河北、山东农耕地带。[①] 调查指出,华北拥有相当丰富的畜产资源,在全国占据重要位置,而且华北是同内地贸易的要冲,控制宁夏、新疆、甘肃等内陆腹地,包头、绥远、张家口是东西部贸易重要集散地。在当时,由于近年中国内地、外蒙的封锁,以及苏联在新疆扩张势力,华北畜产品贸易量有所下降,可供出口家畜数量:牛为 18.2 万头、马为 2.1 万头、羊为 45.7 万头、猪为 5.3 万头。[②] 华北主要畜产品是兽毛(羊毛、山羊绒、骆驼毛、猪毛)、皮革(牛马、羊皮)、兽毛皮及其他骨粉、牛肉等,当地畜产品大部分从天津港输出,青岛港次之,天津港输出额超过 2 700 万元,青岛港约为 945 万元。[③] 调查指出,河北、山东、山西地区畜牧业依附于农业,资金和人才投入不足;察哈尔、绥远地区汉族人口涌入,大量草地开垦成耕地,家畜资源锐减。[④]

绵羊及羊毛是华北最重要的畜产资源。华北绵羊属于脂肪尾羊种,细分为本土绵羊与寒羊两种,兴安省、外蒙古、察哈尔及绥远地区多为本土种,黄河流域多为寒羊,寒羊又名细毛羊,以优良毛质、巨大脂肪尾而闻名。[⑤] 1936 年 9 月,“满铁”对华北羊毛集散状态、交易及输出情况开展调查。华北羊毛主要产地及集散地,绥远省以丰镇、归绥、包头闻名,其中包头是转运西路羊毛最大集散市场,青海、甘肃羊毛由此转运至天津;河北省辛集镇、顺德,山东省胶济沿线的青州、周村及博山、济宁,河南省洛阳、开封、郑州、怀庆等地均为有名产地,其中新集镇、顺德、周村作为各地的集散地而远近闻名,三省羊毛质量大体良好,而寒羊毛在华北绵羊毛中属于最上品。[⑥] 据“满铁”推算,绥远、察哈尔两省羊毛总产量

---

① 満鉄北支事務局調查部編『北支農業要覽』、1938 年、125 頁。
② 満鉄北支事務局調查部編『北支農業要覽』、129 頁。
③ 満鉄北支事務局調查部編『北支農業要覽』、163 頁。
④ 満鉄天津事務所調查課編『北支畜産現况』、1937 年、35 頁。
⑤ 満鉄産業部編『北支那経済綜観』、1938 年、233 頁。
⑥ 満鉄天津事務所調查課編『北支那の羊毛』、1936 年、3 頁。

为4 776吨，河北、山东、山西三省羊毛产量为4 702吨。[①] 华北羊毛主要输往天津、张家口、绥远、包头、河北、山东、锦州等地，其中天津是中国最大羊毛输出港，约占全国羊毛输出总量的85%，主要出口美、日、英、德四国。[②] 华北羊毛存在死毛较多、柔韧性不足、毛筋细度大小不同等缺点，需要从根本上改良羊种、改善饲养管理。[③] "满铁"在华北的畜产资源调查非常重视畜产资源数量、分布调查，在此基础上提出"开发方策"，为以后开发、掠夺做准备。

为开发、掠夺华北畜产资源，"满铁"提出《冀东农畜产资源开发计划案》《北支畜牧业概况及对策》《北支五省畜产方策》《北支畜牧业振兴案》《北京市营屠宰场设立案》《寒羊增殖计划案》《北支畜产开发九年计划》等调查报告，指出"以振兴、扩充华北五省畜产事业为目标，以确保日满支国防资源的充足、北支农村经济的改善"[④]。提出华北畜牧业经营方针：游牧地区，奖励农耕和其他劳役，使畜产经营多元化、生产技术进步，以改善畜产经济、增加畜产资源；农牧兼业地区，确定地权及牧野制度，巩固农牧经营的基础，以增加资源、提高资质，改善农村经济，"融合汉蒙民族"；农耕地带，以改良家畜资源为目标，强化有畜经营，振兴畜产事业，改善农村经济；其他地带，推动并振兴赛马、畜产品加工、畜产品贸易等，探索家畜及畜产品利用之道，以振兴农牧业生产。[⑤] 具体改良举措：购入国外新品种绵羊，改良本土品种；培育优质马种，保持优良军马的生产；改良牛品种，增加牛肉资源；培育新品种猪，提高肉质，增加收入；引进新品种鸡，增加肉蛋产量；完善防疫及其他牧野设施，实现增产目标。[⑥] 畜产增殖计划由日伪政府实施，日方提供技术指导和经济援助。为加快实施"北支畜产方策"，"满铁"还提出改革畜产行政，具体如下：

① 満鉄調査部編「北支那畜産調査資料」、『支那・立案調査書類第6編第2巻』、1937年、14頁。
② 満鉄天津事務所調査課編『北支那の羊毛』、99頁。
③ 満鉄天津事務所調査課編『河北省農業調査報告(二)』、1937年、158頁。
④ 満鉄天津事務所調査課編『北支畜産方策』、1937年、1頁。
⑤ 満鉄天津事務所調査課編『北支畜産方策』、2頁。
⑥ 満鉄天津事務所調査課編『北支畜産方策』、12—16頁。

一是配备"中央"行政机关。实业部设置畜产司,畜产司下设畜政、畜产、兽疫、牧野、庶务等五科;畜产司应招聘日本技术顾问,配备日本技术员。二是配备地方行政机关。各省实业厅设置畜产科;畜产科应配置日本技术员;县旗公署各配置1名畜产技术员。三是配备民间畜产机构。省县(盟旗)设立畜产合作社,使其成为各地政府(以各公署为中心)指导统制之下的畜产执行机关;畜产合作社以种畜场为中心,各省县酌情设置并加以管理;相关经费主要由地方支付,其余由国库补助。① 四是配备试验研究机关。设置畜产试验场,负责畜产试验研究、调查及技术指导,配置日本技术员,负责联络协调中(日伪)日各机关;设置兽疫研究所,负责兽疫预防及治疗试验研究、调查及防疫药品制造,配置日本技术员,负责联络协调中(日伪)日各机关。五是配备教育机关。开设甲种畜产学校、高等畜产学校,培育中国技术员,聘请日本教师;配备畜产品进出口检查机关、家畜交易及屠宰机关、畜产品输出及交易机关。② 六是开展调查及试验研究。开展畜产资源、兽疫、牧野调查,畜产改良增殖、牧野、饲料、畜产加工试验,兽疫防疫试验及防疫药品制造。③

"满铁"提出的"畜产开发方策"相当全面,企图建立起从中央到地方、官方到民间,由日伪政府掌控的畜产管理机关,配置畜产试验研究和教育机关,注重畜产调查研究。然而,日本人始终掌握改革的主导权,操纵核心技术,各级管理机关、教育研究机构均配置大量日本技术员,并组织日本人开展农业调查。"满铁"的"畜产开发方策"与华北产业科学研究所的农业研究动机一致,即利用日本的科技与人力,控制、掠夺华北农业资源。"日本人侵占我北平之后,搞起农业科研,其目的是为了侵略战争服务。他们还是按照原来的设想,工业日本国,农业中国。十分清楚,日本侵略者想利用我国东北、华北地区地大物博,土地肥沃,是盛产粮棉

① 满鉄北支事務局調查部編『事變下の北支農業の諸問題』、39 頁。

② 満鉄天津事務所調査課編『北支那の羊毛』、113 頁。

③ 満鉄天津事務所調査課編『北支畜産方策』、5—11 頁。

的基地，是天然的后勤粮仓，为实现侵略中国目的服务”①。

四、华北果蔬资源调查

果蔬资源调查，“满铁”主要调查了华北果树和蔬菜种植业，其中果树种植业调查主要包括果树栽培气象、水果供给关系、果树种植情况等方面。调查指出，河北、山东是中国有名的水果产地，燕山山脉、泰山山脉、太行山山脉周围，以及河北平原周边的山麓地带均分布大片果园，果树种类极为丰富。河北省果树栽培面积为 11 200 町步、山东省栽培面积为 16 400 町步，根据两省栽培面积和栽培状况推算年产量达到 7 500 万公斤。② 华北水果主要经天津、青岛、芝罘、龙口、秦皇岛、威海卫等 6 个港口输往国外，胡桃、杏仁、苹果、梨、柿是主要输出品，1933 年共输出近 1 125 万公斤，价值约 408 万元。③ “满铁”指出，华北绝大多数果树是放任栽培，技术管理极为拙劣，完全为粗放式经营，如即墨、莱阳、青州及河北昌黎的桃树栽培法均采用放任式，果树栽培方法不当、忽略果树病虫害防治、不重视果树施肥、果树树龄过大，影响到水果质量和价格，农村果业经营日渐困难。④ “满铁”指出华北果业经营困境，目的是找到“开发”和掠夺“策略”，为应对此种困境，“满铁”提出利用日本先进的农业技术来“开发”华北果业资源。

1936 年 11 月，“满铁”对河北、山东两省蔬菜种植业开展调查，其调查路线从天津、北平、济南等大城市近郊开始，途经保定、潍县、胶县、青岛等铁路沿线地区及山东半岛部分地区，主要调查蔬菜产地、品种、栽培及其发展对策等方面。调查指出，河北省为中国著名蔬菜产地，沧县、景县、徐水县、定兴县、新城县、博野县、望都县、东鹿县、正定县、平山县、磁

---

① 中国人民政治协商会议北京市海淀区委员会编:《日伪时期华北农事试验场史略》,《海淀文史选编》第 8 辑,1994 年,第 248 页。

② 満鉄天津事務所調查課編『山東、河北兩省ニ於ケル果樹栽培』、1936 年、10 頁。

③ 満鉄天津事務所調查課編『山東、河北兩省ニ於ケル果樹栽培』、11 頁。

④ 満鉄天津事務所調查課編『山東、河北兩省ニ於ケル果樹栽培』、14 頁。

县、长垣县、鸡泽县、南和县、永清县、安次县、平谷县均为重要产区，北平、天津等城市近郊及县城附近亦种植蔬菜。① 山东省亦为蔬菜种植大省，主要产地有胶县、黄县、文登县、济阳县、益都县、历城县、德县、泰安县、莱芜县、章丘县、高密县。河北、山东两省出口蔬菜有马铃薯、甘薯、椎茸、笋、生蔬菜、番椒、大蒜、金针叶等，每年出口额达 100 万元以上，主要销往“满洲”、香港、英国、美国、日本、朝鲜等处。② 事实上，华北蔬菜种植业地位并不高，一般农户将其视为农副业，而非必须种植的农作物，只有特殊地带专门种植蔬菜，而且种植者不是专业技术人员，种植蔬菜大多是自给自足。反观日本每年蔬菜出口额超过 1 000 万元，相当于华北两省的 10 倍，蔬菜种植面积占耕地总面积的 21%，相当于两省的 60 倍。③ 其差距之大可见一斑。

华北自然条件优越，非常适宜发展果蔬种植业，然而事与愿违的是，华北果蔬种植业发展水平较低，存在诸多问题。“满铁”详细调查华北水果种植业存在的问题，认为原因在于：一是国外水果抢夺市场。“美国水果横渡太平洋，侵占东洋市场，蹂躏朝鲜、北支市场”④。华北是中国著名水果产地，原本完全可以自给自足，然其水果产量、质量、品种有限，故每年都要从美国、日本、英国等国家进口大量水果，如 1935 年华北进口水果量 8 605.1 吨、进口额 422 066 元，出口水果量 16 007.2 吨、出口额 3 255 946 元，进口水果仍然占据了国内市场一定的份额。⑤ 二是技术不足。果树产量多少、果树寿命长短取决于果园的经营，而技术又是支配果树园艺的重要因素，华北果业衰败的原因有一半是忽略技术，没有培育果树新品种，缺少病虫害防除法，忽视修剪果树繁枝，致使华北果业日益衰败。三是资金不足。果树病虫害防除、合理的施肥均需要资金的投

① 満鉄天津事務所調查課編『山東河北兩省に於ける蔬菜事情』、1937 年、4 頁。按，该统计数据来源于民国二十年(1931 年)河北省政府实业统计。

② 満鉄北支事務局調查部編『北支那外国貿易統計年報　昭和 12 年』、1939 年、146 頁。

③ 満鉄天津事務所調查課編『山東河北兩省に於ける蔬菜事情』、82 頁。

④ 満鉄天津事務所調查課編『満洲、北支に於ける果樹園藝とその将来』、1937 年、60 頁。

⑤ 満鉄北支事務局調查部編『北支那外国貿易統計年報　昭和 10 年』、1937 年、130 頁。

入，很多农民因资金拮据，只看重果树产出而轻视果树的护理，以至于近年来华北果业持续萧条，原因在于缺乏运转资金的融通之道，导致经营步履维艰。①

针对以上问题，“满铁”提出了所谓的“开发方策”。一是组织生产同业公会，负责各种材料的共同购入、水果的销售、栽培资金的斡旋等。二是设置指导奖励机关，直接指导栽培者，包括优良果苗培育与分发、经营模范果园、联络同业公会、提高果农技术等方面。② 三是设置中央统制机关，统一管控东北和华北果业。四是设置园艺试验场，负责果树的基础试验研究、技术部门的督励、技术员的培养等事项。“满铁”计划在大连成立“中央”园艺试验场，在熊岳城、兴城、昌黎、宣化、济南、芝罘、青岛设立支部，以便在东北、华北实行“果蔬增殖计划”。③ 客观而言，“满铁”提出的果蔬业问题是现实存在的，其“开发方策”亦能起到一定作用，然而遗憾的是，其真实目的不是为了发展中国农业、改善农村经济，而是利用日本资金和技术来控制、掠夺中国农业资源。为实现“果蔬增殖计划”，“满铁”在华北派驻技术员。1936 年 3 月“满铁”向昌黎园艺试验场派遣 2 名技术员，七七事变后增派 4 名技术员，负责“技术援助”；1937 年 12 月向昌黎果树改进所派遣 3 名技术员，推进果树改进事业；其后接受昌黎县“政府”和冀东“政府”（日伪）委托，派遣 3 名技术员，推进当地果树改进工作。④

结　论

日方记载声称：“我国资源，蕴藏宏富，战前日本已屡次派员详细调查，企图开发，因格于时势，未能达到目的。中日战争爆发后，日本痛感

① 満鉄天津事務所調查課編『満洲、北支に於ける果樹園藝とその将来』、62 頁。
② 満鉄天津事務所調查課編『山東、河北兩省ニ於ケル果樹栽培』、25 頁。
③ 満鉄天津事務所調查課編『満洲、北支に於ける果樹園藝とその将来』、65 頁。
④ 満鉄北支事務局調查室編『北支ニ於ケル満鉄農業関係調查経過概要』、36 頁。

资材缺乏，亟图大规模开发华北及内蒙各沦陷区域富源，以弥补本国资源饥馑”①。日本为掠夺华北物产资源，曾成立各种调查机构、制定各种“开发方策”，至七七事变前后达到十余种，陆军省的《华北产业开发第一次五年计划》、兴亚院的《华北产业开发三年计划》、“兴中公司”的《华北产业开发计划》、华北开发公司的《华北产业开发五年计划》等均为代表。② 日方号称，“开发”内容大体是“援助”华北建立“民主自治政府”，开发华北各种资源（矿产、棉花及羊毛），发展华北交通通信机关，提高华北民众经济生活，增进华北与日本的“相互依存、共存共荣关系”③。为实施这些“开发方策”，日本成立“华北开发会社”“兴中公司”“华北交通公司”“华北电信电话公司”“华北盐业公司”等，④日本对华北农业资源的调查、开发和利用过程，往往采取“分工合作”的方式进行，其中“满铁”更多负责调查研究和制定“开发方策”，具体开发过程则由华北开发会社等日系企业实施，其开发、掠夺的“成果”最后为日本军政当局利用，各机构之间分工明确、甚少重叠。显然，“满铁”开展的调查研究及制定的“开发方策”，为日本当局掌握、掠夺华北资源起到重要的作用。日本参谋本部发行的《平津地方（河北省北部）兵要地志概说》，即部分参考“满铁”在华北的资源调查汇编而成，该兵要地志详细记载平津地区战略要地、作战要线、地形气象、交通通信、给养、卫生，并附有各种军用图表。⑤ 此种调查及情报为日军侵略、攻占华北起到了所谓“重要指导作用”，更是“满铁”长期在华北进行侵略和渗透的铁证。

七七事变前后，“满铁”已经在华北建立起完整的情报机构，并向中国本土全境扩大，其调查活动作为推行大陆政策的基础，得到进一步强

---

① 卜千里：《华北开发公司的剖析》，[日]外交部亚洲司研究室译，外交部亚洲司研究室，1940年，第1页。

② 资源委员会经济研究所编：《抗战期间日人在华北的产业开发计划》，1947年，第2页。

③ 緋田工『戦時体制時局常識読本』、東京：松華堂、1937年、84頁。

④ 対満支問題研究所編『北支開発企業の現勢』、1940年、11頁。

⑤ 日本参謀本部編『平津地方（河北省北部）兵要地誌概説』（軍事秘密）、防衛省防衛研究所、1937年。

化。[①]“满铁”相当重视华北农业调查,尤其重视农业资源调查。其调查范围,辐射北平、天津、河北、山东、山西、绥远、察哈尔等地,从都市、县城到郊区、农村,内容主要涉及华北农业资源、农村经济和农村社会。调查方法,是将华北城市、县城及其管辖乡村实行分区调查,并在当地物色调查员协助“满铁”调查研究,调查开展前制订周密的调查计划,调查结束后必须向日本高层报送调查报告。[②]调查内容有先后主次之分,北平、天津、河北、山东是重点调查区域,而农村调查为重中之重;农产资源调查以棉产调查为重点,畜产资源调查以羊毛调查为重点,林产资源调查以果树调查为重点,水产资源调查以黄渤海渔业资源为重点。[③]“满铁”在华北开展农业资源调查的根本目的,在于全面刺探华北农业资源情报,并提出相应的开发掠夺方策,推行粮棉畜产“增殖计划”,实现“平战两时的自给自足”,满足侵华日军及日伪政府的战略资源需求。[④]战争期间,日本当局视粮食、棉花、畜产等农业资源为关乎战争成败的“重要国防资源”,因而相当重视对其调查研究和“开发”掠夺,企图将华北地区变成日军的后勤粮仓,动员华北所有农矿资源来支撑其“大东亚战争”。“满铁”调查的是为日本侵华战争准备的、服务的,为日本扩大战争起到重要作用,日本发动侵华战争离不开扩军备战,更离不开物资补给,因此需要利用“满铁”、东洋拓殖、南洋拓殖、台湾拓殖、“满洲”拓殖、“鲜满”拓殖、“华北开发”及“华中振兴”等“国策会社”刺探中国资源情报,以便进行开发和掠夺,满足战时物资需求。“日本军阀武力侵略之成功,有赖满铁多方援助,……日本今后欲向华北进攻,更不能不假手于满铁,所以日本人最近主张改组满铁,使其扩大化,成为实行对华经济政策总枢纽”[⑤]。尽管“满铁”与日本军部有着利益纷争,但更重要的还是相互勾结、利用:日本

---

① 財団法人満鉄会編『南満州鉄道株式会社第四次十年史』、東京:龍渓書舎、1986 年、489 頁。

② 満鉄天津事務所調査課編『河北省棉産調査報告書』、7 頁。

③ 満鉄北支事務局調査室編『北支海洋漁業対策要綱案要領説明』、1938 年、2 頁。

④ 「北支経済開発要綱案」、『支那事変関係一件　第十八巻』(外務省外交史料館)、JACAR(アジア歴史資料センター)、Ref. B02030552500。

⑤ 周伊武:《松冈、满铁与华北》,《日本评论》1935 年第 7 卷第 3 期。

军方急需通过“满铁”搜集中国资源情报，以便推行所谓的“以战养战”策略；“满铁”作为日本“国策会社”的性质始终没有改变，旨在“推进殖民或者满支开发事业、扩充国防基础产业、统制地方救济与配给等”①。

① 松沢勇雄『国策会社論』、東京：ダイヤモンド社、1941年、19頁。

制度运作的现代要素

近代以来华北城市关系演变与经济中心定位问题*

樊如森

近代开埠通商以后，包括华北在内的中国北方产业结构和市场结构都发生了显著的变革，使得该区域的单体城市、群体城市及其相互关系均呈现出新的时空特征。代表性成果如罗澍伟主编《近代天津城市史》①，王守中、郭大松著《近代山东城市变迁史》②，张利民著《华北城市经济近代化研究》③，王云著《明清山东运河区域社会变迁》④等著作，分别探讨了华北城市的近代发展历程、网络体系演变及其社会影响等，具有很高的学术积淀价值。许檀著《明清时期华北的商业城镇与市场层级》⑤一文，考察了冀鲁豫三省税关和非税关商业城镇的空间布局、市场层级和商业规模，剖析了城镇行政级别与市场层级间的错位现象，修正

[作者简介] 樊如森，复旦大学历史地理研究中心、丝绸之路经济地理研究中心教授。

* 本文系国家社科基金重大项目“大阪产业部近代中国及‘海上丝路’沿线调查资料整理与研究”(18ZDA188)、用友基金会第三届“商的长城”重点项目“日本大阪府立贸易馆近代中国商贸调查数据整理与研究”(2019 - Z04)之阶段性学术成果。原发表在《南开史学》2020 年第 2 期。

① 罗澍伟主编：《近代天津城市史》，北京：中国社会科学出版社，1993 年。

② 王守中、郭大松：《近代山东城市变迁史》，济南：山东教育出版社，2001 年。

③ 张利民：《华北城市经济近代化研究》，天津：天津社会科学院出版社，2004 年。

④ 王云：《明清山东运河区域社会变迁》，北京：人民出版社，2006 年。

⑤ 许檀：《明清时期华北的商业城镇与市场层级》，《中国社会科学》2016 年第 11 期。

了美国学者施坚雅有关中国传统城市和市场结构的结论，创新意义重大。

只不过限于研究对象和任务的差异，已有学术成果对近代以来华北城市关系演进中日益突出的首位城市和区域经济中心转移及其影响因素问题，尚缺少系统深入的阐释。在笔者看来，随着中国北方近代59个通商口岸城市的出现、大批铁路枢纽与工矿业城镇的崛起、国内外产业和市场结构的演变，华北的区域空间结构和城市体系，逐渐由北京、济南等主导的“都城—治所”体系，向天津、青岛等主导的“口岸—市镇”体系嬗替，进而影响到该区域的城市首位度及其经济辐射力的时空变异，促进了华北地区近代进出口贸易和工商业经济的快速发展。而计划经济时代对华北区域空间结构和城市体系的强力干预，严重扭曲了该区域城市之间的应有关系和经济规律。只有切实理顺政治中心和经济中心的关系，充分发挥市场在资源配置中的主导作用，特别是天津、济南等沿海港口城市和临港产业的区位优势和引领作用，才能保障改革开放新时代华北经济的持续健康发展。多学科、多维度、多层面地系统考析这一演变过程和发展趋势，既能深化华北城市史的学术研究，也可为当地经济的建设实践提供镜鉴。

一、传统农耕时代以“都城—治所”为核心的华北城市体系

德国地理学家克里斯塔勒（Walter Christaller），依据市场最优、交通最优、行政最优的原则，将德国南部平原的城镇划分为“市场村、镇中心、地方中心、地方城市、小邦首府、省府城市和区域首府”7个层级，并于1933年提出了内生型的中心地理论①，成为国际地理学界解析传统农耕地区区域空间结构的常用理论。笔者将其试用于对华北古代城镇体系的考析，竟然也差强人意。因为适应中央集权专制统治的需要，以农耕

① 编辑委员会:《中国大百科全书·地理学》，北京：中国大百科全书出版社，1990年，第515—516页。

为主要经济产业的华北地区，很早就形成了“都城—治所”型古代城镇体系，其主要社会功能就是政治治理。洛阳、开封、北京等作为国都之时，其全国性政治核心的作用固然明显；即便降格为府城、县治后，其区域性政治中心的地位依然得以维持；它们尽管也扮演一定的经济、文化角色，但终归以政治功能为主。就连金、元、明、清时期的漕运和商业城市天津，也不得不把京畿门户的政治功能置于首位；即便后来成了对外贸易的通商口岸，其县治、府城、省会、特别市的政治色彩也未摆脱干净。[①] 这就是华北传统农耕经济基础上，“都城—治所”城市体系的基本结构和社会功能。

在这一传统城市体系当中，又以今日北京的政治底色最为显明。因为早在先秦时期，它就是北方农耕与游牧交错带上的军事堡垒和地方政治中心，“肇兴于周初之分封，初为蓟。及辽代，建南京，又称燕京，为陪都。金朝继起，于贞元元年即公元 1153 年，迁都燕京，营建中都。此乃北京正式建都之始”。[②] 此后成为元、明、清三大统一政权的首都后，在全国特别是华北的政治地位就更高了，华北地区的省、府、州、县治所城市和南北大运河沿线商业城镇，大都以它为网络核心，最终组合成华北西部功能完备的首都城市体系。其中的第一圈层，“是距北京一二百里之间的各个县邑，它们大体相当于元代的大都路和明、清顺天府所辖诸州县。……由于北京这个特大城市的存在，这些城市很难继续有大的发展，但北京的特殊需要又使他们能够持久不衰”；第二圈层距北京三四百里，“是现在的保定、张家口、承德、唐山、秦皇岛、天津……它们是首都的屏障，从各方面辅助着北京，北京又提携着这些城市，影响着它们的发展。历代王朝都十分注意这个层次上的主要城市。假如把北京比作一颗最明亮的星，它们就是环绕在北京周围的主要卫星城镇。在它们周围，又有一群更小的县镇，像更小的星体被它们所吸引，环绕在这些中等

① 樊如森：《近代北方城镇格局的变迁》，《城市史研究》第 25 辑，天津：天津社会科学院出版社，2009 年。

② 侯仁之：《北京建都记》，《建筑创作》2003 年第 12 期。

城市的四周。整个北京地区的各个城镇，就像自然星球那样，相互辉映，形成一个有机的整体”。①

这种由首都向下递进，以至省、府、州、县治所城市和部分商业城镇的传统城市体系，在华北东部也得到完美复制。“山东的城、镇大体可分为两类。一是作为布政司以及府、州、县衙所在地的政治性城市。这类城市聚集了大量的官僚、地主、军队，以及为之服务的各类人员，其中有些城市商业也很繁荣，但与它们的政治地位相比显然是次要的。此类城市历史悠久，秦汉时即已存在，明清时山东的省城济南（历城）、兖州府治滋阳等大体仍属此类。二是明清时期大量出现的以商业、手工业的繁荣著称于世的工商业城镇。山东手工业城镇不多，主要是商业城、镇。其中一部分是由原来的政治性城市转化而来，经济地位已超过其政治地位的府州县城，如临清、济宁等”②。它们直到近代以前，依然“主要分布在两条交通线上：一是大运河沿岸的济宁、临清、东昌（今聊城市）和德州；二是沿鲁中山地北麓东西陆路大道上的济南、周村、博山和潍县”③。前者从属于北京—杭州大运河城市带，后者隶属于北京—南京官马大道城市带。

只有在进入近代以后，承自中国古代、以国内市场为依托的传统农牧业经济，才逐步为源自英国、以全球市场为依托的新型工业经济所替代；联结国际市场的远洋海运，才愈发成为最主要的长途水运方式。这才使地理区位更为优越、海上运输尤其便利的天津、青岛等沿海口岸城市，成了国内和国际两个市场扇面的交汇点，成了中国北方发展外向型经济和临海型经济、沟通国内市场与世界市场的桥梁和纽带，④进而促成了华北传统区域空间结构和城市体系的根本变革。

① 王玲著：《北京与周围城市关系史》，北京：北京燕山出版社，1988 年，第 76—80 页。

② 许檀：《明清时期山东商品经济的发展》，北京：中国社会科学出版社，1998 年，第 155—156 页。

③ 王守中、郭大松：《近代山东城市变迁史》，第 1—2 页。

④ 樊如森：《中国北方近代经济的市场化与空间差异》，《江西社会科学》2015 年第 2 期。

二、近代工商时代以“港口—市镇”为核心的华北城市新格局

为弥补克里斯塔勒内生型中心地理论的局限，美国学者塔夫(Edward Taaffe)通过考察西非沿海国家加纳、尼日利亚的经济发展历程，于1963年提出了海港和铁路导向型的区域空间结构；万斯(Vance)通过分析美国东海岸的经济发展进程，于1970年提出了港口主导型的区域空间结构。二人均认为在以进出口贸易为主导、以沿海港口和铁路为主要货物集散渠道的市场网络中，存在着外源型的区域空间结构。而近代中国北方尤其是华北经济地理格局和城市体系的新变化，即可用这种以现代工商业经济为导向的外源型区域空间结构来阐释。因为随着近代口岸开放和进出口贸易的发展，中国北方陆续崛起了59个商埠城市、大批铁路枢纽和工矿业城市，引发了产业结构由内生型传统农牧业，向外源型工商业的转型，使华北西部的区域空间结构和城市体系，由北京主导下的“都城—治所”体系，向天津主导下的“口岸—市镇”体系演变。①

华北西部近代区域空间结构的变迁，主要表现为北京和天津城市关系与城市首位度的转换。第一个诱因是1855年黄河在河南省铜瓦厢的大改道，使此前向东南夺淮河入黄海的主泓道，变成了此后向东北夺大清河入渤海的今黄河，其所挟泥沙淤塞了济宁到临清段的大运河航道。而同一时期的太平天国运动，又让清政府无法正常疏浚和利用大运河。加上沿海沙船和招商局轮船对运河漕运的替代效应，使得除了天津至临清的南运河航运尚存，山东西部的运河航线被迫堙废。再至1905年漕运制度废止，天津由海路转运漕粮的使命也告终结。从此，北京丧失了对天津的最后余荫而沦为后者的腹地市场。第二个诱因是1860年中英《天津条约续约》(亦称《北京条约》)，将天津开辟为中国北方继伊犁、塔

① 樊如森:《近代北方城镇格局的变迁》。

尔巴哈台（今新疆塔城）、牛庄（实为营口）、登州（实为烟台）之后的第5个近代通商口岸；并成为晚清民国的北洋三口通商大臣、津海关道、直隶总督、天津县、天津府、河北省会、行政院天津特别市衙署所在地，成为九国列强租界工部局和领事局所在地。这极大地提升了天津城市的行政级别和政治地位，拓展了天津城市的物理和经济空间，也增强了其国内国际知名度和影响力。最晚至1928年国民政府定都南京、改北京为北平特别市以后，京、津两城已完全平起平坐。

另一方面，近代开埠通商在改变京、津政治和经济隶属关系的同时，也通过西方工业生产方式和商品在通商口岸的登陆和经济辐射，扩大了天津的城市建成区和人口规模，提高了其生产加工和进口替代能力，增强了对国内外市场的商品进出口和集散疏运能力，使天津由此前普通的府城县治，跃升为引领“三北”腹地由传统农牧业经济向近代市场化工业经济转型的龙头城市。

1. 天津城区空间扩大与人口数量增长

1404年的天津卫城周长九里十三步，折合1.64平方公里。经过多次重建后，1846年的天津城市建成区达到9.4平方公里。开埠之后，英、美、法、德、日、俄、意、奥、比九国又在老城东南的海河两岸开辟租界，使天津1903年的建成区面积达到13.4平方公里。此后各国租界又陆续扩展，南马路以南也形成了南市，河北区自金钢桥大经路直达北站也得到开发，使1928年天津特别市的市区面积拓展到36.2平方公里。1937到1945年天津沦陷期间，塘沽新港的开发再将城市建成区扩至49.7平方公里①，是开埠前的5倍多，为天津城市的居民生活、进出口贸易和工商业发展，提供了必要的物理空间。

作为城市规模重要指标的人口数量，也与天津城区的扩展呈正相关关系。1846年天津城区人口约19.8万人，1906年达42.5万人，1910年为60.1万人，1928年为112万人，1936年为125.5万人，1948年达

① 乔虹编著：《天津城市建设志略》，北京：中国科学技术出版社，1994年，第82—84页。

191.4 万人。[①] 其中政治、经济、社会相对稳定的 1906—1928 年间，天津城市人口增长率为 164.37%，年平均增长率达 45.18‰，人口总数跃升为仅次于上海、北平的中国 5 大超百万城市之一，[②]为城市工商业发展提供了充足的劳动力和消费人群。考诸史实发现，近代天津的民族工商企业，之所以能在激烈的国内外竞争中占据一席之地，很大程度上就是靠周围乡村的廉价劳动力，为生产和运销节省了大量成本。[③]

2. 天津金融体系完善与工商经济繁荣

国内外贸易的繁盛，促进了天津钱庄、票号、银号等传统金融机构的发展，1900 年多达 300 家[④]，1922 年仍有 108 家，它们遍布老城、新区和租界，为天津城市及其腹地工商业经济发展提供了资金融通渠道。[⑤] 同时，适应进出口和工商业发展对巨额外汇和资金周转的需求，中、外资现代银行也陆续来到天津。从 1880 年英国汇丰银行在天津设立分行起，到 1922 年，天津的中外新式银行及其分行已达 56 家，三分之一分布于老城及周边，三分之二分布在各国租界。[⑥] 据后人追述，1932 年中资银行在天津设立总行的有 10 家，占全国中资总行数的 7.03%；设分行 93 家，占全国中资分行总数的 9.43%；实收资本总额 2 548 万元，占全国银行资本总额的 12.69%，均仅次于上海而居全国第二位。[⑦] 同时，北京的传统银钱业和现代银行业也有一定发展。因天津自清末就“逐渐成为华北金融中心，而北京由于缺乏近代工商业的支撑，金融业的发展受到限制，最终北京成为银行吸收存款之地，而天津成为运用存款之地”。具体

① 张利民：《天津城市人口的形成和发展》，《天津经济》2004 年第 2 期。

② 沈汝生：《中国都市之分布》，《地理学报》1937 年第 1 期。

③ 李洛之、聂汤谷：《天津的经济地位》，经济部冀热察绥区特派员办公处结束办事处驻津办事处 1948 年印行，第 3 页。

④ 人民银行总行金融研究所金融历史研究室编：《近代中国的金融市场》，北京：中国金融出版社，1989 年，第 52 页。

⑤ 古蓨孙著：《天津指南》卷下，天津：新华书局，1922 年，第 13—17 页。

⑥ 古蓨孙著：《天津指南》卷下，第 10—13 页。

⑦ 谷书堂：《天津经济概况》，天津：天津人民出版社，1984 年，第 392 页。

途径就是“各商业银行一般将北平分行置于天津分行管辖之下，以便运营北平分行吸收的存款”。①

融资的便利，促进了天津及其腹地进出口贸易和近代工商业的繁荣。首先是洋务派官僚投资的新式军工、航运、工矿、电信、铁路等近代民族工业，同时也有外国洋行投资的轮船驳运、羊毛打包、印刷、煤气、自来水、卷烟等轻工企业，中国其他官僚、军阀和民间资本也仿效投资纺织、面粉等轻工企业。结果到 1935 年，天津已成为北方最大的现代工业城市，其中中国城区以轻工纺织类企业占比最大，占到 56.43%，机器动力的使用率也最高，为 53%；其次是新兴化学工业，整体占比和机器动力使用率，分别为 6.18%和 50%。在天津，使用机器动力的工厂整体比率为 29.66%，其余仍系手工生产。不过，如果加上各国租界区的工厂，特别是日本占领时期所投资的大型工厂，天津工业现代化的程度还要更高一些。② 到 1947 年，天津的工厂数、工人数、资本额、生产净值等主要指标都仅次于上海，排在中国近代工业城市的第二位，北方的第一位。③

3. 天津对外贸易攀升与腹地范围拓展

开埠通商后的天津，从先前主要为京师服务的内贸型港口城市，转变为同时面向国内、外两个市场的外向型工商业都市，成为引领近代中国北方经济走向现代化的龙头。同时烟台、营口也对外开放，北方对外贸易进入“北洋三口时代”。海关统计显示，开埠前期的天津，对外贸易净值一直遥居另外两个口岸之上。1900 年前后，青岛、大连等相继开埠，成为环渤海对外贸易的新支点，但并未根本动摇天津在北方进出口贸易中的核心地位。天津 1904—1913 年间的进出口贸易额，依然稳居北方各口岸之首。一直到 1937 年，天津对外贸易额整体上仍仅次于上海，居

① 王元周：《近代北京金融业与天津的关系》，《城市史研究》27 辑，天津：天津社会科学院出版社，2011 年。

② 李洛之、聂汤谷：《天津的经济地位》，第 360 页。

③ 严中平等编：《中国近代经济史统计资料选辑》，工业，表 8“上海等十二个城市的工业”，北京：科学出版社，1955 年。（原表统计数据，未含外资企业）

于全国第二位。① 在天津一级市场之下，有效辐射着郑县（今河南郑州）、阳曲（今山西太原）、张家口、西安、包头、兰州、古城（今新疆奇台）、库伦（今蒙古国乌兰巴托）8个二级市场，共同交织成一张严密的对外贸易网络。

图1　1934年前后以天津为中心的华北西北市场网络示意图

资料来源：吴松弟主编、戴鞍钢副主编，樊如森著《华北与蒙古高原近代经济地理》，图2-4，上海：华东师范大学出版社，2015年，第93页。

广阔腹地的存在，为天津进出口贸易和城市工商业繁荣提供了强力支撑。“在商埠方面，无论进出口贸易额的多少，他的繁荣的条件，完全系之于外国商品的输入运销，和土产的收买与出口。所以商埠必须是站在交通冲要及拥有广大的背后市场地点。这些条件，天津全都具备着。铁路方面，为津浦、北宁两线的交叉点，由北宁线更可与平汉及平绥线取得联络；在水运方面，华北全部的内河航运都集中于白河。因为水陆交通的便利，河北、山西、察哈尔、绥远及热河、辽宁等省，都成为他的直接市场圈，同时，山东、河南、陕西、宁夏、甘肃、吉林、黑龙江诸省的一部分，划归他的势力范围以内”②。到20世纪30年代，位于水陆交通枢纽的天

① 李洛之、聂汤谷：《天津的经济地位》，第6—7页。

② 李洛之、聂汤谷：《天津的经济地位》，第2页。

津已成为华北最大工商业中心,“作为整个华北工商业中心城市的天津,不仅位于海河与南、北大运河相交汇的水运枢纽位置,而且也处在由北京经山海关到奉天的北宁铁路、同天津到南京的津浦铁路相交叉的交通要冲”①。到七七事变前,天津“贸易额仅次于上海,在工业都市方面也站在与青岛竞争第二的地位”;七七事变后,“上海、青岛的工厂都遭受惨重的牺牲,天津方面的工厂,不但未曾受到破坏,而且急速地增设了许多新的工厂,当时在工业都市中位居全国的首席,在贸易方面,如果包含海关统计以外的数字,进口额也非其他商埠所可比拟”。②

4. 北京、天津在华北西部城市首位度的转换

与此同时,北京却随着华北产业结构由传统农耕业向近代工商业的转型,逐渐失却了在华北区域空间结构中原有的核心地位和城市首位度。到清末民国时期特别是 1928 年首都南迁后,北平即沦为以天津为中心的北方对外贸易网络的单一消费市场。除了百万人口所产生的巨大消费能力外,工业生产能力只限于传统手工艺品和日用小商品的加工制作,现代工业发展方面的建树非常有限,石景山钢铁厂实际上有铁无钢,清河制呢厂年产量不过 7 000 米,就连牙膏、香皂、钉子等轻工产品也要靠天津等地供应。③ 北平对华北经济发展,特别是近代外向型经济和市场化工业经济的引领和辐射力,实在微乎其微。

5. 济南和青岛在华北东部城市首位度的转换

历史悠久的济南,水陆交通发达,“济水(今黄河山东段)航道、小清河、南北大道和鲁中山地北麓的东西大道构成济南地区的交通主干”。这使得明清时期,“济南城市腹地主要包括小清河流域,东至周村,南到泰安,西到东昌”,工商业也有所发展④,成为商业上与临清、济宁并驾齐

① [日]片山繁雄著:《支那全土》,东京:片山研究所,1938 年,第 86 页。

② 李洛之、聂汤谷:《天津的经济地位》,第 2 页。

③ 北京市社会科学院:《今日北京》,北京:燕山出版社,1986 年,第 90 页。

④ 聂家华:《对外开放与城市社会变迁——以济南为例的研究(1904—1937)》,济南:齐鲁书社,2007 年,第 59、68 页。

驱的山东“三个最大的城市”。[①] 因济南同时还拥有明清时期山东省会、济南府和历城县治所的政治光环，故能在一定程度上成为华北东部传统“都城—治所”城市体系的核心。进入近代以后，随着山东沿海和内地城市的相继开埠，“传统的市场格局开始解体，市场类型、分布和结构都在程度不同地发生着变化，在大规模土洋货、农产品与工业品双向流通的基础上，一个以沿海和内地开埠城市为核心、以近代商路网络为纽带的新型市场体系开始初步形成”。[②] 这一趋势在华北东部的显著表现，就是济南与青岛城市关系和城市首位度的转变。不过，1860 年烟台开埠后和 1904 年胶济铁路通车前，济南尚隶属于烟台主导的对外贸易网络，每年通过烟潍大道延长线和大、小清河，从烟台输入洋货并输出土货。1904 年胶济铁路通车后，济南的进出口贸易主要转向了青岛。1906 年济南自开商埠后，烟台、青岛的洋行也到济南发展业务，最多时达 25 家，年贸易额 1 200 万两[③]，成为鲁西、豫东地区商品进出口的中转市场，以及青岛主导的“港口—市镇”城市体系的二级市场。

青岛 1898 年开埠后，很快发展成华北东部乃至东亚屈指可数的优良海港和工商业都市。“青岛自明治三十一年成为德国的租借地以后，经过很大的努力，已经拥有了亚洲屈指可数的优良港口，和令人注目的发达工商业”[④]。它的海上航路，“南可以到达上海、香港，北可以到达天津、大连，东可以通朝鲜、日本，交通便利，贸易发达，山东的商业集散地呀。输入品以织物、火柴、煤油、砂糖、染料等为大宗，输出以煤、铁、盐、草帽辫、花生、豆油、麦、果实等为主要，每年的贸易额，竟达六七千万两。所以我国北方的商港，除掉天津、大连以外，就要推青岛了”[⑤]。故而青岛能在山东各口岸中脱颖而出，“青岛开埠以后，贸易额逐年增加，最终发

---

① 许檀：《明清时期山东商品经济的发展》，第 226 页。

② 庄维民：《近代山东市场经济的变迁》，北京：中华书局，2000 年，第 139 页。

③ 佚名：《济南之商工业》，《中华实业界》第 2 卷第 5 期，1915 年。

④ [日]片山繁雄著：《支那全土》，第 108 页。

⑤ 陈博文：《山东省一瞥》，上海：商务印书馆，1925 年，第 63 页。

展成为凌驾于烟台之上的中国北方重要通商口岸"[①]。同时青岛近代工业发达，在北方仅次于天津。主要工业门类包括制丝业（柞蚕丝织、棉纺织）、卵粉业（鸡、鸭蛋加工）、榨油业（大豆、花生）、再制盐（精盐加工）、制粉业（小麦面粉）、骸炭（焦炭）和窑业（陶瓷）、石碱制造业（肥皂）、麦酒酿造业（啤酒）、燐寸（火柴）、皮革、杂工业（制冰、砖瓦、骨粉、玻璃等）。[②] 在青岛主导的"港口—市镇"城市体系之下，分布着烟台、济南、海州（连云港）3 个二级市场。

烟台是山东首个对外开放的贸易口岸，在 1860—1910 年的半个世纪里，它在山东大部和河南东部地区的对外贸易中，居于主导地位。烟台进口的大量洋蜡、洋靛、洋布、洋油、火柴、洋纱等货物，除在胶东地区销售外，还通过烟台—潍县—济南间的陆运大道，和羊角沟—济南黄台桥的小清河水道，转运到济南泺口的黄河水运码头，再向西运到山东西部、河南东部、山西和陕西部分地区；同时收购河南的百合、蜂腊和药材，山西的甘草、药材和毛皮，陕西的烟草和药材，运回烟台，出口到海外市场。[③] 只是由于开埠后的青岛，实行自由贸易港政策，并修通了直达济南的胶济铁路，烟台的经济腹地才被压缩，屈身于青岛主导的"港口—市镇"城市体系之下。正所谓"德国一八九八年三月租借胶州湾以来，积极进行港口设备的改良，努力招揽巨商富贾，不断开拓通往欧洲各地的航线，并给予特别的补助。没过多久，青岛便成了山东的对外贸易中心"[④]。

海州是苏北地区重要的粮食集散市场，康熙年间曾设有上海江海关的子口。1905 年大浦港作为商埠开放，在海州设立大浦分关，遂改隶青岛胶海关。只因在金融、市场方面的历史积淀，海州进出口贸易对上海的依赖依然很大。1936 年，它与青岛的贸易占其贸易总额的 11.1%，与

---

① ［日］东亚同文会调查编纂部：《山东及胶州湾》，东京：博文馆，1914 年，第 93 页。
② ［日］青岛守备军民政部：《青岛之商工业》，青岛：青岛守备军民政部，1918 年，第 162—171 页。
③ 吴松弟主编，戴鞍钢副主编，樊如森著：《华北与蒙古高原近代经济地理》，第 221 页。
④ ［日］东亚同文会调查编纂部：《山东及胶州湾》，第 331 页。

上海的贸易占其总额的49.2%。[①] 这反映出海州作为腹地的交叉性特征，但仍不失为青岛外贸网络的组成部分。

三、计划经济时代的回头路与改革开放时代的新定位

1. 北京之于天津

新中国建立初期，华北西部的天津作为中央直辖市，经济增长依然很快。1957年，“天津工业总产值达37.94亿元，比1949年增长4.8倍，平均每年递增24.6%，高于全国递增22.37%的速度”；农业和外贸也有较快发展，整体“经济发展速度超过了全国、上海，经济效益稳步增长，这就使天津在全国的经济地位有了明显的提高”。[②] 只是自1958年开始，中国大陆全面仿效苏联计划经济体制，各地也强调建立独立的经济体系，使天津广阔的“三北”腹地市场大部分丢失；同时，各类中外金融机构被陆续接管、改组、合营成隶属于国营银行和保险公司的分支机构，在全国建立起由总部位于北京的“中国人民银行统一领导的金融体系”，[③]使天津丧失了原有的北方工商金融中心地位；再者，确立为新中国首都的北京，在中央政府支持下大力发展现代工业，“一五”（1953—1957）到“二五”（1958—1962）期间，“先后建成了石景山钢铁电力工业城、丰台桥梁机车制造工业区、东南郊化学工业区、东郊十里堡棉纺工业区、东郊双井机械工业区、东郊大郊亭化工工业区、东郊九龙山玻璃化工工业区、东郊垡头炼焦工业区、北郊清河毛纺建材工业区、沙河机械冶金工业区、东北郊酒仙桥电子工业区、西郊衙门口机电工业区、西南郊莲花池冶金机械工业区、天坛东侧轻纺工业区、龙潭湖电子工艺美术工业区、南苑大红门工业区、琉璃河窦店建材工业区等（六十年代又建成燕山石油化学工业城、西郊和东郊汽车工业区）。这些工业区的规模，每个少则二三千人，

---

① 徐德济：《连云港港史》（古代近代部分），北京：人民交通出版社，1987年。
② 谷书堂：《天津经济概况》，天津：天津人民出版社，1984年，第19—20页。
③ 洪葭管主编：《中国金融史》，成都：西南财经大学出版社，1993年，第465页。

多则十几万人"。[1] 结果1949—1979年,"北京建成为一个包括钢铁、石油化工、机械、电子、仪表、食品、轻工、纺织、建材、医疗卫生、工艺美术等在内的门类比较齐全的新兴工业基地"。其中重工业投资共106.42亿元占87.6%,轻工业投资共15.07亿元占12.4%。1979年重工业产值占工业总产值的63.7%,轻工业产值占36.3%,成为仅次于辽宁的全国重工业基地之一。[2]

同一时期,国家对天津的工业投资却很少,重大项目均未在天津落地。1958—1965年,全国工业总产值平均每年递增3.6%,天津仅为0.85%;1957年,天津工业总产值占全国的比重为5.56%,上海为16.1%,北京为2.9%,到1961年,天津降为4.8%,上海和北京升为18.5%和5.3%;1958—1965年间,天津新增固定资产22亿3 100万元,北京为62亿6 200万元,北京为天津的2.81倍;同时,天津的商品流通功能也在下降,"一五"期间,商品购进总额年均递增10.2%,商品调出总值年均增长5%,到"二五"时期,商品购进年均仅递增2.1%,商品调出年均却下降4.8%。[3] 至此,天津丧失了近代北方经济首城的市场、金融和产业等优势,重新回归到北京主导的华北区域空间结构和城市体系之下。

客观地讲,北京适当发展一些轻工产业,改变单一消费城市的性质确有必要。但过多发展并无合理性的重工业,并同老工业基地天津、唐山争原料、争水源、争动力、争市场,结果既造成人力、物力、财力巨额浪费和环境污染,又限制了北京政治、文化等应有职能的正常发挥。[4] 北京强行替代天津成为华北工业新首城后,负面影响非常巨大。自身经济效果上,"北京代表工业化中后期水平的高加工度和高附加值的工业发展相对缓慢,工业增值率位居全国中下等水平,一些重要产品的市场竞争

① 北京市社会科学院:《今日北京》,第109页。

② 北京市社会科学院:《今日北京》,第94—95页。

③ 聂璧初:《认识天津,振兴天津(代序)》,第6页,天津市地方志编修委员会编:《天津简志》,天津:天津人民出版社,1991年。

④ 王玲:《北京与周围城市关系史》,北京:燕山出版社,1988年,第268—269页。

力不断下降，有些甚至已经被挤出市场。产业结构问题较多，致使工业经济效益水平较低。1997 年，首都工业经济效益综合指数为 90.9，低于全国 91.28 的平均水平。经过努力，虽然 2001 年全市工业企业效益综合指数达到了 118.98，但仍有待于进一步提高"①。自身生态效果上，"北京已经成为世界七大污染城市之一。虽然汽车尾气污染是重要原因之一，但更主要的是受产业结构重型化耗能大的影响，大气污染的主要来源是重化工业排放的有害气体。目前北京的燃料结构中仍以燃煤为主，工业用煤占能源消耗总量的 75%，而且 75%的煤炭消费又集中在 6%的市区，空气中的悬浮颗粒物和二氧化碳含量是世界大城市平均水平的 4—5 倍。同时，工业运输量占北京铁路运输总量的 1/3，不仅造成空气污染，而且加剧了城市运输能力的紧张状况，造成环境噪声污染。此外，工业废水仍是水污染的最主要原因，工业固体废弃物及垃圾造成固体废弃物污染"②。对华北经济辐射效果上，"京津地区地处要冲，物产丰富，本来是极有条件成为一个重要的经济中心的，但这么多年下来，京津并未成为华北地区经济发展的领头雁。不仅如此，曾经是华北经济中心的天津还更加衰落了，而怀抱京津两大直辖市的河北不仅没能沾光，反而到了不堪重负的地步。整个华北地区，北京看起来一枝独秀，而天津、石家庄等中心城市地位日渐式微，出现了灯下黑的现象。其实，岂止天津、石家庄这样的城市，北京同样也是不堪重负。……北京过分发展工业也让整个华北吞下苦果。放眼华北，我们几乎看不到像珠三角、长三角那样发达的城市群和完整的产业链，只要比较一下北京郊区和广州、深圳以及上海郊区，我们就能得出这样的结论，北京消耗了华北平原大量的资源，不仅没有给华北平原带来富裕，相反，把生态环境恶化留给了他们"③。

---

① 文魁主编:《首都经济研究报告》，北京:首都经济贸易大学出版社，2002 年，第 112 页。

② 文魁主编:《首都经济研究报告》，第 68 页。

③ 青岛新闻网:《改变自身发展拖累周边省市　北京不做经济中心》，2006 - 01 - 17 14:43:05 中华工商时报(现有新闻评论) http://www.qingdaonews.com/content/2006 - 01/17/content_5901746.htm

2. 济南之于青岛

新中国建立初期的济南，工业领域还处在“由手工作坊向机器生产过渡”，“工厂规模和产量比较小”的低水平阶段。经过政府大力扶持，济南工业才有了快速发展，“1953—1957 年，在对资本主义工商业进行社会主义改造的同时，国家为加强全民所有制工业在济南工业中的主导地位，共投资 6 881 万元，新建改造了一批企业，使基础薄弱的重工业得到加强，轻工业也得到较快发展。1958—1960 年，国家强调‘优先发展重工业’‘以钢为纲’，国家对济南工业中全国所有制企业的投资大幅度增加，3 年达到 39 712 万元”。到 1962 年，济南全民所有制工业固定资产 55 830 万元，工业总产值 66 667 万元，工业门类包括电力、燃料、黑色金属、火柴、机器制造、建材、造纸、棉纺、化学、食品等。[①] 实现了把济南建设成“本省最大的综合性工业核心”的“第二个五年计划”目标。[②] 由此至改革开放后，济南工业继续发展，“已形成门类齐全，技术完备，产品种类繁多，装备水平较高的综合工业体系，成为全省乃至全国的重要工业基地。1988 年工业总产值达 128 亿多元，比 1949 年增长了 120 多倍。各种工业品产量与过去相比呈几倍、几十倍乃至上百倍的增长。全市有以机械、冶金、化工、造纸、纺织、日用轻工为支柱的十多个大工业门类”；形成了“东郊、黄台、北郊、白马山四个重点工业区。东郊的王舍人庄工业区，有冶金、化工、炼油等重工业。我市最大的冶金工业——济南钢铁厂，就位于铁矿资源较丰富的王舍人庄，是全省三大钢铁基地之一。北郊是最早的工业区，主要有纺织、造纸和汽车制造等工业。白马山周围蕴藏着极其丰富的石灰石矿，故水泥等建筑材料工业较为突出”。[③] 再到“第十个五年计划”(2001—2005)时期及以后，济南又进一步成为全国重要的装备制造业基地，机械、纺织、化工、钢铁等成了济南的支柱产业，

① 党明德、林吉玲主编：《济南百年城市发展史：开埠以来的济南》，济南：齐鲁书社，2004 年，第 98、189 页。

② 山东师范学院地理系编著：《济南地理》，济南：山东人民出版社，1959 年，第 106 页。

③ 济南市教学研究室编：《济南地理》，济南：济南出版社，1991 年，第 9 页。

“2013 年,济南市实现工业增加值 1 510.8 亿元,同比增长 13%,十五时期以来,完成规模以上工业总产值 41 368 亿元,年均增长率为 37%”。然而,济南经济特别是工业发展,却造成了生态环境的巨大破坏,主要原因是“受传统重工业的影响,能源消耗量较高,导致污染物排放量较大,环境污染较为严重”。结果,一是济南空气质量不断恶化,2013 年 PM2.5 数据首次超过 500,登上了环保部空气质量重污染的黑名单榜首;二是水环境遭到破坏,2009 年后的工业废水排放量继续呈上升趋势;三是工业垃圾随处可见,2012 年五种主要工业废弃物冶炼煤渣、粉煤灰、炉渣、脱硫石膏、煤矸石的产生量,就占到全市工业垃圾总量的 83.3%。① 工业污染所造成的生态环境问题,已经严重制约了济南经济的可持续发展。

而同一时期的青岛,在产业结构和经济发展质量以及与区域环境容量之间的关系数据方面,则要比济南优化很多。②

3. 中国之于世界

1978 年改革开放以后,特别是进入新时代以来,中国经济已经进入了自主发展对外贸易和努力践行“一带一路”倡议的崭新历史阶段,因此,进一步解放思想,大力革除计划经济时期所遗存下来的、不利于区域经济健康良性发展的各种弊端,已经成为保障中国经济可持续发展的当务之急。

同时,综观世界海洋航运网络变迁的历史地理进程,当今“亚太地区有望成为新的航运中心”③,这对中国经济发展必将产生深远影响。因为现代“世界贸易首先是海洋贸易,国际贸易货运量的 85%以上是由海运完成的。海运是实现国际贸易最重要的纽带和桥梁,是实现全球经济一

---

① 王海赛:《济南市经济与环境协调发展研究》,东北林业大学硕士学位论文,2015 年,第 22—26 页。

② 邢秀凤:《区域环境容量、产业结构与经济发展质量关系研究——以山东济南和青岛两市为例》,《生态经济》2015 年第 7 期。

③ 李振福、李贺、徐梦俏、李漪:《世界海运网络演变及未来发展趋势研究》,《太平洋学报》2014 年第 5 期。

体化和区域经济集团化的基础”①。所以，以海港城市为依托，大力发展“临港产业集群，并由工业产业集群向航运服务产业集群的发展转型”，就成为当今世界和中国城市经济发展的主要趋势，这才出现了“我国环渤海、长三角和珠三角三大核心都市圈。形成了全球最具规模的产业带和‘世界加工厂’；沿海地区 GDP 占到全国的 60%以上，承担了我国对外贸易 90%以上货物的进出，以及我国原油和铁矿石消费总量的 45%和 60%以上的进口接卸。沿海经济带在我国及全球经济中的地位不断提升，成为我国参与全球竞争的主力”②。所以从这个意义上说，华北经济发展更应当在尊重历史、现实和经济规律的前提下，抓住机遇，彻底改革计划经济体制所遗存下来的不利于区域经济良性发展的僵硬做法，切实理顺政治中心和经济中心的关系，充分发挥市场在资源配置中的主导作用，特别是沿海港口城市和临港产业在北方经济现代化中的区位优势和引领作用，主动对接世界经济大势，真正把环渤海地区建设成以海港城市天津为中心，以青岛和大连为两翼的中国经济现代化“第三极”，③切实为华北经济的可持续发展做出应有贡献。

令人欣慰的是，2015 年后通过的《京津冀协同发展规划纲要》和《“十三五”时期京津冀国民经济和社会发展规划》，已经明确要把北京限定为全国政治中心、文化中心、国际交往中心、科技创新中心，而把天津定位为全国先进制造研发基地、北方国际航运核心区、金融创新运营示范区、改革先行示范区，并将这一构想上升为国家发展战略，从而把华北区域空间格局和城市体系的优化，向前推进了一大步。但是，“纲要”却依然没有清晰地指出天津和青岛等沿海港口城市，在华北乃至北方广大地区经济发展中的中心地位和引领作用，依然不利于北京非首都功能的真正疏解和中国北方经济的持续健康发展。

笔者在长期从事华北经济地理时空变迁实证研究的基础上，有理由

① 陈月英：《世界海运经济地理格局的现状特征与发展趋势》，《综合运输》2012 年第 8 期。
② 罗萍：《我国港口经济与临港产业集群的发展趋势》，《综合运输》2010 年第 12 期。
③ 樊如森：《天津与北方经济现代化(1860—1937)》，上海：东方出版中心，2007 年，第 314 页。

相信“正如上海已经成为长三角和长江经济带的龙头一样，天津也要作为京津冀和‘三北’地区经济发展的中心；只有这样，才是基于历史的理性回归，也是面对现实的正确决择”①。但令人不解的是，2017 年 6 月的中共山东省第十一次代表大会，在明知济南经济实力和综合竞争力与青岛相比，“各方面还存在较大差距，在全省占比也比较低”的情况下，依然做出大力“提高省会城市首位度”、以“增强济南经济实力和综合竞争力”的部署。② 这不能不让人质疑当地政府决策的合理性，同时也表明，科学定位华北城市关系和经济中心，依然任重而道远。

① 樊如森:《从京津关系演变看天津在中国北方的经济定位》,《中国经济史研究》2019 年第 3 期。

② 王铭、神伟:《提高济南省会城市首位度的对策建议——基于对济南、青岛两市的数据分析》,《山东农业工程学院学报》2019 年第 7 期。

制度的空间运行：晚清山东邮政路网的时空演变

王含梅

引　言

晚清，“邮政”一词具有双重面相。于传统而言，邮政依赖于全国各地驿站而存在，是政府传递公文、押解钱粮贡赋、迎来送往的专门性机构。罗兹曼指出：“在几千年里，中国的帝制政府利用其管理公共工程的机构重建和维持了全国性的通讯系统，这个系统包括有专人为政府传送信件的驿站，联接所有省份和其主要城市的驰道，还有为政府和私商共用的运河。”①于现代而言，邮政是洋务事业的一部分，具有舶来品的基本属性，是近代化探索中的基础平台和先行领域。② 从“政”即制度转型方面理解邮政由传统向现代的转变，是多数学者的共识③；当然，从“邮”即邮政本身时空位移角度考察晚清邮政的发展，也不失为研究的一种路

[作者简介] 王含梅，华中师范大学历史文化学院讲师。

① [美]吉尔伯特·罗兹曼主编：《中国的现代化》，国家社会科学基金“比较现代化”课题组译，南京：江苏人民出版社，2010 年，第 68 页。

② 上海商务印书馆编译所编纂：《大清新法令 1901—1911》第十一类，北京：商务印书馆，2011 年。

③ 刘文鹏：《清代驿传及其疆域形成关系之研究》，北京：中国人民大学出版社，2004 年；苏全有：《清末邮传部研究》，北京：中华书局，2005 年；吴昱：《从“置邮而传命”到“裕国便民”——晚清邮驿与邮政制度转型研究》，中山大学历史学院博士学位论文，2009 年。

径。目前利用海关资料、邮政舆图等对邮政空间特征的探讨就成为邮政史研究的新动向。① 海关资料和传统政典资料配合使用,可以从整体上把握从传统到现代邮政的转变过程,理解邮政制度转型由旧到新的内在逻辑和历史线索。

以往的研究更注重驿站和邮政发展更替的阶段性特征,主要选择北京、天津、南京、上海(长三角)、广州(珠三角)等新式邮政发展最快、最好的地区,用以解释现代化的影响力。相较而言,对山东省的关注度不高,因为山东邮驿更替恰恰夹杂在这种新与旧、中与西的"中间地带",似乎不够具有典型性,其实更具有其独特性和共性。这与山东省的角色定位和它的地理位置不无关系。山东省的发展受多重势力影响,每一种因素都在其中起到作用且相互制衡。它不像京师、直隶有强大的政治性干预,不像上海有突出的经济和市场影响,也不像天津、广州等地外国势力较为强势,但又是京师的战略屏障,地处东部沿海比中部和边疆地区更早地接受新式邮政,发展更活跃。同时,山东毗邻直隶,大运河贯穿其间,不仅是水陆要冲,还是京师与江南之间交通的核心路段。山东新式邮政试办较早,出现了铁路、轮船、电报等新式交通工具。东部沿海有通商口岸、德国租界,西部、南部属内陆腹地,在经济发展模式上呈现"二元"分化的趋势,各方势力在此进行着不同程度的博弈和缠绕。晚清时期山东省进行了邮驿改革,在相当长的一段时间内都保持了邮、驿并行的格局。在这一阶段,传统邮驿的势力虽然仍旧占据主导,但已呈现出从沿海口岸开始松懈的态势;新式邮驿的发展初有成效,但受到各方掣肘进展缓慢。邮政改革不仅仅只有一蹴而就的单向度更迭,漫长而往复的变迁轨迹或许也是晚清现代化进程中较为常见和普遍的现象。对于领土广袤、地情复杂的中国而言,学术研究的聚光灯不应只是聚焦在政

① 曾潍嘉:《时空交织下的区域邮政版图再现——近代四川邮政空间复原研究(1891—1945)》,西南大学历史学院博士学位论文,2016年;王哲、刘雅媛:《近代中国邮政空间研究——基于多版本邮政舆图的分析》,《中国经济史研究》2019年第2期;高廉、袁为鹏:《论晚清邮政分布的经济特征》,《西南大学学报》(社会科学版)2020年第1期;刘雅媛:《近代长三角邮政空间的演化——兼论长三角基层市场网络》,《中国经济史研究》2020年第2期。

治或经济中心，树立突出某一要素的发展标杆，而“选精集萃”式的区域个案研究就有可能会淡化现代化进程中的挫折和矛盾。因此，个案研究的选取标准需要综合考虑全国邮政发展的整体水平和各项要素，本文希冀通过对山东省邮、驿发展的水平，在空间层面表现的多元与差序格局以及背后的动因与机制等具体问题的分析和研究，也具有其典型性，能够进一步理解中国现代化艰难而曲折的过程。

一、传统延续：晚清山东的驿站路网

“时间和距离是集权的天敌。”①历代统治者不惜花费大量的人力物力财力，保障“置邮而传命”的效力。古代政府对驿传体系掌握着绝对的权力，凭借津关、文书，严格控制着信息流、物资流和人员流。驿站制度代代相传适时调整，元明清三代驿站格局与体系已臻极致。驿站、驿路的设置既受自然地理条件的制约，又受技术和人文环境的影响，加之动力系统和交通运输方式没有质的变化，驿站分布在地理层面的表现是继承大于调整，清代前、中期内地驿站的分布就较多地承袭明代。

山东是拱卫京师的前沿阵地，战略地位十分重要，清代地理学家顾祖禹评点其政治地理格局：

> 山东之于京师，犬牙相错也。语其形胜，则不及雍、梁之险阻；语其封域，则不及荆、扬之旷衍。然而能为京师患者，莫如山东……山东者，驭之得其道，则吾唇齿之助。失其理，则肘腋之患也。吾尝俯仰古今，而知能为幽燕患者，必于山东。②

① “Centralized rule is the victim of time and distance.”罗宾巷福克斯：《亚历山大传》（Robin Lane Fox，*Alexander the Great*），广州：广东影人视听传播有限公司，1973 年，第 7 页。

② 顾祖禹：《读史方舆纪要》卷 30，施和金、贺次君点校，北京：中华书局，2005 年，第 1434 页。

清代中期到清末，山东省行政区划基本稳定。1904年，升胶州为直隶州，至晚清山东省领10府、3直隶州、8州、96县。[①] 全省根据地形地貌可划分为三个一级地貌区：鲁西—北平原区、鲁中—南山地丘陵区、鲁东沿海丘陵区。鲁西—北平原区呈弧形分布于鲁中—南山地丘陵的西部及北部。其内侧大致以小清河、黄河、鲁西湖一带为界；外侧东据海，南距江苏、安徽，西接河南，北连直隶。[②] 省内主要水系有黄河、海河、淮河、小清河及半岛水系。三级地貌区也成为驿路分布的地理基础。元明以来，山东省的驿路在全国驿路中是比较发达的，是京师与东南各省联系的咽喉之地，也是国家漕粮运输的必经要道；不仅有陆路驿站，还有大运河沿线的水路驿站。但也存在水陆分布不均，平原交通便利而山区、沿海地带开发程度低等问题。

清代山东驿站资料丰富，政书类有《大清会典》《大清会典事例》，地理类有《清一统志》，方志类有全省通志、各府州县志，地图类有嘉庆二十五年(1820)《清代驿路图》[③]《续山东考古录》"图考"部分，以及晚清山东县级舆图等[④]。此外，明清时期的史料呈现多元化，商书、游记、笔记、小说中也会涉及交通信息，但记载详略不一，难成体系。据《大清会典》《大清一统志》《山东通志》等文献的记载，截至清道光时，山东全省约有驿站136余处。[⑤] 省内有四条主干道，分述如下：

---

① 《清史稿》卷61《地理志》8，第2045页。

② 山东省地貌区划采用三级划分方案，划分为3个一级地貌区，8个二级地貌区，29个三级地貌区。山东省地方史志编纂委员会编：《山东省志·自然地理志》，济南：山东人民出版社，1996年，第101—103页。

③ 刘文鹏：《清代驿站考》，图1《清代驿路图》，北京：人民出版社，2017年。

④ (清)叶圭绶：《续山东考古录》，王汝涛等点注，济南：山东文艺出版社，2007年；华林甫、李诚、周磊：《德国普鲁士文化遗产图书馆藏晚清治理山东县级舆图整理与研究》，济南：齐鲁书社，2015年。

⑤ 参见《中国邮票史》第1卷记："据《光绪会典》《光绪会典事例》《清朝续文献通考》综合统计，山东省驿站有139处，驿夫7 491人，急递铺1 026，铺兵2 904。"见中华人民共和国信息产业部、《中国邮票史》编审委员会编：《中国邮票史》(第1卷)，北京：商务印书馆，1999年，第14页。

（一）南北向水路。即京杭运河山东段，自德州良店驿至鱼台县河桥驿，长 870 里。这条水路在元明清时期是非常重要的交通干线，江南贡赋粮草均由此路运输，系国之命脉。但由于黄河、海河与运河水系的互相干扰，明中后期河运壅滞乏力，至清朝时运输能力大打折扣。但其仍然是山东省境内最重要的交通路线，是山东省经济运输的命脉，比如济宁、临清等一些市镇就因之而兴。

（二）南北向中路驿道。自德州安德驿至滕县临城驿，全长 744 里，接江南铜山县利国驿。途经区域主要是平原区，地势平坦，此驿道与水路配合，是为钱粮要道，但若遇河患，驿路通常也受到影响。

（三）南北向东路驿道。又称京福官路山东段，这条驿路是为了缓解中路屡受河患的困扰而修建的。起自德州安德驿至沂州府郯城红花埠驿，全长 672 里，绕行泰山、蒙山，接江南界沛县泗亭驿。①《新泰县志》载"以东南全闽、两浙、吴会、淮扬诸路至京由泰沂为捷"②。清初东路段的主要优势在于缩短里程。

以上三路均南北走向，连接京城与江南、两广、福建等地。

（四）东西向驿道。首府济南谭城驿东至登州府蓬莱县驿，全长 930 里。这条驿道横跨山东省，所经地多丘陵，沿线所经州、府人口自西向东逐渐递减。

山东驿路的分布体现了集权制度的诉求。于全国而言，京师是全国的政治中心，是资源、信息的集散中心，清代驿路是以京城皇华驿为中心，向西北、东北、西南、东南、中南五个方向铺展延伸，形成九条陆路干道。山东是京师与东南联系的一个节点，也是中国南、北方的中间地带，故而山东驿路实属"咽喉要道"。境内驿路干道有三条都是南北走向，并充分利用内河湖网贯通起来。于山东本省而言，省内四条驿路主干道所形成的交通网络呈现"西部—中部—东部"三级阶梯的分布格局。驿路

---

① 各路里程参见乾隆《钦定大清会典则例》卷 121《兵部 · 邮政下》，第 599—601 页。

② 乾隆《新泰县志》卷 6《驿站》，第 348 页。

以治所城市济南为中心,西北、东、南三条驿路各呈单向线状分布,并以其为结点,连接省内绝大多数府、县,构成一个圈层结构。

山东省驿路的分布对本省发展的影响也很大。由于运河的关系,山东省成为江南钱粮进京的要道,加之水陆二线平行分布,沿线市镇也得益于交通的区位优势发展起来,其中最有名的有临清、济宁。[①] 由于河患对运河沿线、西线运输的影响,道光后东线有了发展,南北交通旧道信息、资源的凝聚力不似从前,但驿路的调整并没有跟上形势的变动。清代交通格局的变化主要是驿路地位的此升彼降,对本省交通可达性改善力度较小,交通重心指向西部,各府州驿站密度分布不均,阶梯格局的交通网络与整个省域经济重心、人口分布大体一致。明清时期商品经济的活跃在一定程度上也刺激了区域性交通的发展,但在山东并没有产生规模效应。驿站与驿路仍是交通运输与通信的大宗,其空间分布状况是不容忽视的。山东沿海地区在清代早期也曾有港口进行对外贸易,但显然没能突破南北贯通的干线对全省交通格局的影响。

二、近代变奏:晚清山东的邮政路网

晚清时期,传统驿传体系面临僵化和衰败的问题;民间书信局、外国客局和海关经营的大清邮局等机构相继出现,多方并存于世且彼此竞合,但发展最好、最终成形并落地的只有大清邮政。晚清山东邮政的发展经历了三个阶段,烟台邮区、胶州邮区和济南邮区的逐步形成和邮政路网的发展是自东向西推进的。

---

① 许檀:《明清时期山东商品经济的发展》,北京:中国社会科学出版社,1998 年,第 156 页。

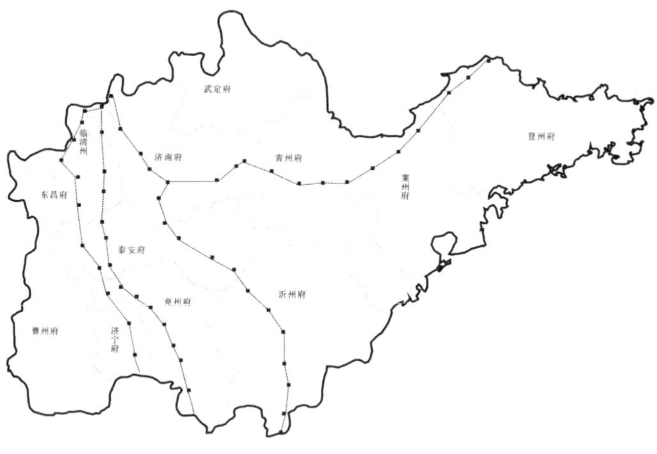

图 1(a)　1860 年山东省驿路图

图 1(b)　1896 年烟台、胶州邮局邮路与驿站的分布

图 1(c)　1903 年山东省邮政路网图

图 1(d)　1907 年山东省邮、驿路网图

备注:图 a 为 1860 年以前清代驿站与驿路格局;图 b 为 1896 年烟台、胶州邮界邮政路网与驿站的分布图;图 c 为 1903 年济南、胶州、烟台邮界邮政路网;图 d 为 1907 年山东省三邮界邮政路网。底图根据《中国历史地图集・清代山东》改绘,图 a、b 的数据根据文献整理,在 GE 上标注,图 c、d 根据 1903 年《大清邮政公署备用舆图》和 1907 年《大清邮政舆图・山东省》,将其数字化。图上网点信息可在附录中查找。为了使图片清晰,图 c、d 中不再显示驿路的分布,只显示邮局邮路的情况。图中没有区分邮局等级。四图比例尺一致,图例一致。

(一) 代理模式与烟台邮界初置(1878—1895)

中国虽然有着漫长的海岸线，但沿海丘陵地区不适宜发展农业经济。山东的鲁西—北平原区土地易开垦，土壤肥力好，水利发达，适宜发展农业；而鲁东丘陵区要贫瘠得多，土壤多滩涂、盐碱地，开垦不易，农业经济发展水平低。善于远航的英国、法国反而最先看重的是沿海之滨——烟台，从传统大陆视角来看它既偏离全省政治中心，也不是经济、人口重心，交通干线和驿站网点设置密度低；但该地东临渤海，具备海洋性的地理基因。海运北可至天津、北京，南可抵上海、江南，处于中国政治中心与经济中心的中间地带，海洋区位条件在当时北方也是一时无两，《天津条约》之后烟台成为山东省内的第一个开放口岸。

山东省新式邮政起步较早，《天津条约》中有书信递运的规定，如对公文寄递就有要求①，清廷要确保各使馆文书往来的日常化和安全性。适值太平天国时期，邮件往来集中在上海、北京两地。此时的海关还没有独立的邮政业务系统，海关总署税务司赫德预见，如由海关推行新式邮政，前景可观，便萌发了兴办邮政的念头。他说："外国之方便者不一而足，如水陆车舟、工织器具、寄信电线、银钱式样、军火兵法等，均极精妙。"②赫德几番奔走游说恭亲王、李鸿章未果③，后因协助李鸿章谈判有功，终于得到李的默许④，遂令天津关税务司德璀琳试办北方口岸和北京—上海间的邮递业务⑤。赫德命德璀琳着手建立海关与总税务司署的骑差邮路，为妥善起见，驿站传递与海关书信同步传递，目的就是确保书

① 汪毅、张承棨编：《咸丰条约》第 6 卷，沈云龙主编：《近代中国史料丛刊》(76)，台北：文海出版社，第 347—348 页。

② [英]赫德：《局外旁观论》，《筹办夷务始末》(同治朝)卷 40，第 18 页。

③ 中国第二历史档案馆、中国社会科学院近代史研究所合编：《中国海关密档——赫德、金登干函电汇编》第 1 卷(1874—1877)，北京：中华书局，第 464—465 页。

④ 《致总署·复赫德条议并速遣使》(1876 年 7 月 11 日)，顾廷龙、戴逸整理：《李鸿章全集》第 31 册，合肥：安徽教育出版社，第 435 页。

⑤ 张晓钢：《1876 年"烟台议邮"始末——中国海关试办邮政的先声》，《集邮博览》2018 年第 8 期。

信安全，同时推行新式邮政。[①] 1878 年“始设送信官局于北京、天津、烟台、牛庄，以赫德主其事，九江、镇江亦继设局，是为中国试办邮政之始”[②]。

试办邮务主要是已设邮政网点之间的业务往来，德璀琳与大昌商行吴焕商议由其代理华人邮件的具体递运业务。书信馆主要邮路有 7 条，即北京—天津、天津—上海、天津—镇江（陆路）、天津—牛庄、天津—山海关、天津—烟台。[③] 经过山东省境的邮路有：(1) 天津—镇江（陆路），主要是冬季运营，经山东省泰安、沂州等地，即是山东驿道东路段；[④] (2) 天津—上海的邮路或沿运河水驿偶有驿道中路配合补给中转，这条邮路多用于夏季；(3) 海运，当时轮船航运从天津出发至上海途中需要添加一次补给，多选在烟台。[⑤] 从全国 5 个试办点看，烟台邮局的包裹量仅次于北京、上海，远超牛庄、镇江两地。

初置烟台邮界是山东省邮政发展的开端。从设立到运营，新式邮政主要刺激了传统驿路的中线和横线，即济南至烟台段的交通与邮递发展及东北部登州府（大约是烟台邮界）与省内各地之间的往来。这一阶段邮政路线开始超出传统驿站的范围，向烟台东部、沿海地带继续拓展，西部则利用传统驿道，伸展不多，覆盖范围有限。邮政点在路线上分布均匀，主要对传统驿道驿站发挥补充作用。试办邮务期间，北京—上海的邮递工作无论在递运效率还是质量上都有进步，但问题很多。在一次邮寄运送中，山东当局就扣押了华洋书信馆的邮件并驱逐邮差。[⑥] 冬季陆

---

① 《1879 年 7 月 19 日津海关税务司德璀琳呈赫德文第 69 号》，中国近代史资料丛刊编辑委员会编：《中国海关与邮政》，北京：中华书局，1983 年，第 11—15 页。

② 《清史稿》卷 151《交通四》，第 4475 页。

③ 《津海关税务司德璀琳呈赫德文第 69 号》（1879 年 7 月 19 日），中国近代史资料丛刊编辑委员会编：《中国海关与邮政》，第 11—15 页。

④ 《津海关税务司德璀琳呈赫德文第 69 号》（1879 年 7 月 19 日），中国近代史资料丛刊编辑委员会编：《中国海关与邮政》，第 11—15 页。

⑤ 《烟台口华洋贸易情形论略》（光绪三十一年），中国第二历史档案馆、中国海关总署办公室编：《中国旧海关资料：1859—1948》第 42 册，北京：京华出版社，2001 年，中文第 30 页。

⑥ 华洋书信馆信函被扣一事：承办人佟在田经办的邮路出现严重事故，一些信差在山东邮路夜行时被捕入狱。佟本人也失踪。邮件送达时间延迟，幸好无所损坏。参见《德璀琳致裴式楷函》（1878 年 12 月 31 日），天津市档案馆编：《清末天津海关邮政档案选编》，北京：中国集邮出版社，1988 年，第 128 页。

运事件更迫使海关叫停书信馆的业务，并意识到如果没有清廷的支持和明确的政令，邮务推广将举步维艰。

此外，民间信局的发展在山东远比不上江浙、潮汕一带兴盛。[①] 海关邮政一贯的政策是打压民信局，山东的信局发展也一直势单力薄。据徐建国考证，山东的民信局最早是道光年间在烟台设立，后期发展中也多以烟台为中心。[②] “(光绪时)烟台共有协兴昌、全泰盛、老福兴、森昌盛、全泰治、裕兴福和泰古盛 7 家信局”[③]。这几家信局大多是上海、天津等信局的分号，业务多是京城与上海之间的往来。烟台作为山东省内第一个通商口岸，在此设信局、办邮政大抵也是出于中转的需要。山东省其他地方也开办过信局，“(光绪十三年)平安信局开设的地点主要有黄县、莱州、潍县、周村、济南、威海等。光绪末年，省内登记领照的民信局还有济南两家，东昌府(聊城)、黄县、莱州、胶州各一家”[④]。

烟台开埠使山东邮务维持除原有京师—江南之间中转站的功能之外，更添了新的角色，即以对外贸易口岸的身份和海关机构的操作，卷入了全球贸易网络，成为其信息、物资的中转站。总体上，此时山东省的邮政网络多出了一些触角，有新的发展动向，但十分有限。

(二) 海关邮政与增设胶州邮界(1896—1901)

中日甲午战争中国海军战败，清廷又一次陷入困顿。赫德以兴办邮政可解财政拮据之由再次为邮政之事奔走。他向李鸿章、张之洞等人极力宣传新式邮政的重要性和益处，以“办理邮政可为国家增辟财源”为由，怂恿总理衙门和各地督抚赞同海关包代办邮政事宜。1896 年，张之洞请饬“为遵旨议办邮政，请由海关现设邮递推广，并与各国联会，以便

① 徐建国：《从兴盛到衰败：中国近代民信局(1866—1934)》，北京：中国社会科学出版社，2017 年，第 84 页。

② 徐建国：《从兴盛到衰败：中国近代民信局(1866—1934)》，第 84 页。

③ 山东省地方史志编纂委员会编：《山东省志 · 邮电志》上，济南：山东人民出版社，2000 年，第 40、41 页。

④ 《山东平安信局》，《申报》，1887 年 12 月 12 日，第 6 版。

商民,而收利权”[①],商议《邮政开办章程》。这是官方首次明确支持兴办邮务,由海关兼办的大清邮政官局正式开办,新式邮政发展进入新阶段。

1898年,邮政业务已在所有新关办理点与点的对接,与各省大宪也有往来,邮件传递井然有序。山东省的邮务是由北京台基厂与烟台邮局的对接,以及台基厂与齐河地方官(济南)的对接。[②]

“1898年1月26日,邮政代办处在青岛开始营业。”[③]1899年胶海关建立,税务司德国人阿理文(Ernst. Ohlmer)兼任邮政司。“与中国山东内地通邮……这些事去年还是不可能的。现在,已建立中国邮政代办处的地方有:胶州、平度、潍县、青州、邹平、济南府、泰安府、台儿庄和沂州府等地。目前,所有这些地方都可以与青岛通邮。”[④]山东中西部划归胶州邮界,在胶海关设立大清邮局胶州总局。此时新式邮政主要在烟台邮界和新设的胶州邮界内推广。1899年“总理各国事务衙门札行各直省广设邮政分局,现议添设山东各属之胶州、平度、莱州、沂州、潍县、青州、邹平、济南、泰安、济宁、台儿庄等处邮政局以广流通,胶州税务司阿遵照来札照会东省各属府州县衙门查办”[⑤]。从上述文字逆推,烟台邮界主要包括登州府及莱州府的部分区域,集中在山东半岛东部地区;胶州邮界范围较大,包括莱州府、青州府、沂州府、兖州府、泰安府、济南府、济宁州等,凡山东中、西部新设邮局均在该辖域内。

1899年山东省内邮差送信路线主要有:(1)青岛至济南线,途经胶州、高密、潍县、昌乐、青州、周村、邹平、济南,在济南中转连接镇江—天津线;(2)青岛至莱阳线,途经即墨、莱阳,在莱阳中转连接烟台线;

---

① 《湖广总督张之洞奏为大举开办邮政请旨饬总理衙门转饬总税务司赫德妥议章程事》(光绪二十一年十一月十二日),中国第一历史档案馆藏,档号:03-5333-012。

② 《总理衙门奏为议办邮政请由海关现设邮递推广并与各国联会以便商民而收利权事》(光绪二十二年二月初七日),中国第一历史档案馆藏,档号:21-0989-0002。

③ 青岛市档案馆编:《青岛开埠17年——〈胶澳发展备忘录〉全译》,北京:档案出版社,2007年,第8页。

④ 青岛市档案馆编:《青岛开埠17年——〈胶澳发展备忘录〉全译》,第39页。

⑤ 《胶海关十年报告(1892—1901)》,青岛市档案馆编:《帝国主义与胶海关》,北京:档案出版社,1986年,第43—104页。

(3) 胶州至沂州线,途经诸城、莒州、沂州,在沂州和镇江—天津线连接中转,并在台儿庄、滕县—济宁线连接中转;(4) 胶州至沙河线,途经平度、沙河,在沙河连接中转烟台—济南线;(5) 潍县—诸城线,途经诸城、莒州,在诸城连接中转胶州—沂州线,在沂州连接中转镇江—沂州线和滕县—济宁线。[①]在政策指导和海关主导经营之下,内地邮局的开办和邮路的建设比较顺利,青岛地区的交通条件也大为改善。在成为德国租界之前,仅有通往崂山、即墨等地的骡马车道和独轮车道,青岛与外界的联系主要是通过即墨、胶州中转的。[②] 这四条新的邮路则以青岛为中心,既有青岛—胶州新修的公路、铁路,也有传统驿路的再利用。邮政网点主要向山东省中、西部发展,而邮路的拓步则是向胶州、莱州东部扩展,修补省域交通线路东西分布不均的格局,加强东部与内地的联系。

山东省邮政发展的第二阶段是以青岛为中心设胶州邮区。[③] 这一阶段,一方面,山东南部半岛的邮政得到发展,两个邮区连接起来形成一个环绕的封闭路网;另一方面沿着传统驿道向西继续拓展,将传统交通中心和政治中心济南地区纳入其中,并向南发展,但仍未摆脱传统驿道的影响。驿站与邮政处于均衡的态势,邮政发展开始逐步进入驿站的核心区域。

(三) 分设济南邮区(1898—1910)

山东省传统的交通干线主要倾向西部运河沿线,又因驿站服务于政治、军事的属性,济南成为交通中心。1898 年中德《胶澳租界条约》中,德国攫取了山东境内修筑铁路和开矿的特权。[④] 次年,胶济铁路开始动工。胶济铁路东起青岛,北绕胶州湾转向西,经胶州、潍县、青州、淄博,穿越

---

① 《胶海关十年报告(1892－1901)》,青岛市档案馆编:《帝国主义与胶海关》,1986 年,第 89 页。

② 青岛市史志办公室编:《青岛市志・交通志》,北京:新华出版社,1995 年,第 1 页。

③ 《胶海关十年报告(1902—1911)》,青岛市档案馆编:《帝国主义与胶海关》,第 104—147 页。

④ 《胶澳租界条约》,青岛市档案馆编:《帝国主义与胶海关》,第 1—3 页。

胶莱平原，跨越泰沂山脉，终点到达济南。[①] 修建期间，建成一段就通车一段，山东省内陆资源便可以运至青岛。邮政也搭便车，开启区间"运输革命"。1901 年胶济铁路青岛至胶州段通车，两三年后通车到达潍县、青州、周村、济南。1903 年开始修建青岛—崂山柳树台的公路，成为东省最早通行汽车的公路，台柳路全长 30.3 公里，次年完工，随即通车。[②] 胶济铁路的运营，巩固了济南作为山东省西部交通中心的地位，同时带动铁路沿线、周边城镇邮政网点的发展。由于胶州邮界辖区过大，且山东省西部邮局日益增多，不便于管理，设置济南邮区呼之欲出。新设的济南邮界，辖区大致覆盖山东省济南府、泰安府、沂州府、兖州府、东昌府、武定府、曹州府、临清州、济宁州等。

1900 年前后，邮政迅猛发展而驿站几近僵化。"1901 年，将西部邮区独立出来，将济南邮政局设为总局。由于距青岛太远，西部邮区由济南管理效果可能更好一些，在当地处理与省当局的关系也要比青岛方便一些。"[③]从胶州邮区中分设出济南邮区，邮政总体空间分布相对平衡，形成东、中、西范围变大的三个邮区，逐渐打破了地形地貌的基本格局。烟台邮区设立时仍然在单独地理单元内，胶济铁路修建及济南邮区设立之后这一特征才得到彻底改变。济南的中心地位再次突出。具体来看，烟台邮区变化不大，东部地区略向南发展；青岛邮区内部站点密集且相对均衡，大体沿西北到东南（胶济铁路线）分布；济南邮区邮政点的分布与传统驿站分布关系密切。邮政不仅覆盖驿站，并进入到传统驿站未延伸的空白地带，由线条带状向蜂窝网状形态发展。

1904—1910 年，全国邮政发展进入高潮，山东也不例外。"鲁省邮政日渐推广，现各州县暨著名巨镇，业经次第建局，收发信件约有一百六七十处。惟齐东、临邑、莱芜……等州县尚属阙如。近省城邮政总局设法

① 青岛市史志办公室编：《青岛市志・交通志》，第 9 页。

② 青岛市史志办公室编：《青岛市志・交通志》，第 193 页。

③ 《中国海关〈十年报告〉（1902—1911）选译——邮政与电报》，郭大松译，中国社会科学院近代史研究所《近代史资料》编辑部编：《近代史资料》（第 141 号），第 114 页。

推广，将在各处陆续设立分局云”①。网点增多、邮路拓步、邮区设置趋于稳定，邮政业务量上涨，邮政运营成为常态。

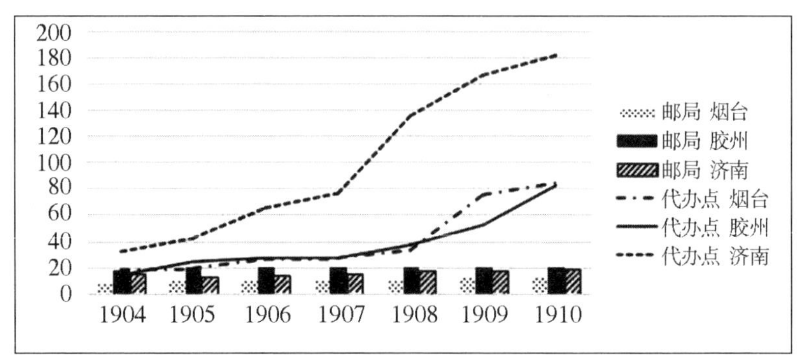

图 2　1904—1910 年山东三大邮区邮政局增长图

资料来源：逐年邮政年报中《已开各局简要清单》，张志和、胡仲元主编：《中国邮政事务总论》，北京：燕山出版社，1995 年，第 12、38、70、106、136、169、209 页。

铁路的修建对山东省邮政事业的影响是很大的。1908 年清政府向英德借款修建津浦铁路，之后胶济铁路、津浦铁路成为山东省陆上交通的大动脉，对山东省旧有交通体系形成了空前的冲击。铁路运输代表着一个新的时代，意味着“运输从自然的枷锁中释放出来，工业代表和自由企业会视为收获：自然，以难以跨越的距离的形式，消耗着难以预计的能源，已经给全球贸易的发展制造了障碍。机械能量使得所有运输都变得可以计算，铁路的推手们将蒸汽动力能够消除畜力之不可靠和不可预测的属性视为其主要意义”②。就 1903—1910 年的邮政发展来看，铁路运输大大缩短了旅行时间，降低旅行成本，与传统驿路以畜力、人力为主的运输相比优势明显。不可回避的是，邮政运输是基于各类交通运输体系而实现的，前近代时期工业化的推进只能一步一个脚印。为了提高邮递效率，邮政承办者还巧妙地利用各类运输工具的繁简优劣。在邮政舆图

① 《各省邮政汇志·山东》，《东方杂志》第 3 卷第 12 期，1906 年，第 245 页。

② [德]沃尔夫冈·希弗尔布施：《铁道之旅：19 世纪空间与世纪的工业化》，金毅译，上海：上海人民出版社，2018 年，第 28 页。

的绘制中,即使是传统道路和运输方式,也有细分为马差之邮路、昼夜兼程邮路的情况。[①] 邮政推广既要大刀阔斧地推进,通过开辟多条邮路,增加邮政网点和区域结点,填补西部、北部新式邮政的空白地带;又要在结构上、管理上"精耕细作",形成细密的路网交织,在增加数量的同时突出中心点,丰富端口的连接,呈现出一对一、一对多、多对多等复合形式,邮路类型也在多元化。

1908 年后,山东省邮政以济南为主邮界,以胶州、烟台为副邮界的空间格局基本确立。邮政网点和邮路的空间分布与演变可以折射出 1896 年至 1910 年邮政发展的特点:邮政点的设置密度大为增加,邮政进一步填补空白地带,一些州县邮政从无到有(甚至邮驿时代也无站点),其他一些地区的邮政网点则更为密集,纵深发展层级增多。邮路上的站点设置也更为紧密,大体仍沿着传统驿路路线和铁路线增加,青岛周边也较为明显,整体上区域性通邮更为便利。四十余年间,山东邮政发展经历了自东向西,邮政点分布由疏松到密集,路网由一条、两条带状分布格局,进入松散网络再到密集网格分布的过程。

三、制度与理念:邮政近代化背后的各方参与

传统驿传体系下的空间是权力集中、资源流动的落脚点。在信息、资源、权力的调配中,产生了一个依道里远近形成的圈层秩序和网络层级,地理环境确立了驿路分布的基本面,制度发挥的作用就是打破"中心—边缘"弱化的绝对主义,对空间进行再塑造,牢牢捍卫权力核心。而新式邮局的建立和扩散,势必在空间上对传统驿站路网形成冲击,其背后的各方参与隐含着制度的差异和理念上的分歧。

---

① 《大清邮政公署备用舆图》(*Inspectorate General of Customs and Post, Postal Secretary's Office: China postal working map*),上海:通商口岸造册处,1903 年,哈佛大学图书馆藏,参看该图图例。

(一)驿站裁改背后的各方参与

设置驿站需优先考虑政治因素,府、州、县治所及军事要塞皆为重点,因此需要对驿站进行等级划分,以其重要性分为最冲、次冲、冲等,这样既能区分其空间秩序,又便于政府对驿站的管控和资源的分配。明清商品经济的活跃,民间信息沟通如山西票号、钱庄自有一套情报网;而江南、华北部分城市的民信业务、华南潮汕区域的侨批,是私人性质的信息沟通渠道。官与私既无交集也无摩擦,在新式邮政出现之前,似无瓜葛。

晚清时,僵化的驿路驿传体系明显跟不上社会的变动。光绪十八年(1892)河水冲决齐东县,县治搬迁,给驿递传输带来不便。山东巡抚上奏请求改道,"凡有齐、青、蒲、利等县往来公文、饷鞘、人犯、差使,均于光绪十九年十二月底一律改由章丘县接递"①。地方当局应对驿站弊端是无暇顾及,唯有"治河"才是眼下最紧要的事务。临时调整公文传递的日常输送路线,短期内可解燃眉之急,但如果重新设计驿路、驿站点,大规模修整驿站是一件耗时费力且不讨好的工作。

地方政府不会主动担起整顿驿站的责任,如若是上级指示整改驿站,还是会做出应对之策。1904年坊间有裁驿归邮的传闻,"凡有邮局之处,即将驿站裁撤,以期妥速"②。陆军部迫于清廷和外界舆论的压力,决定整顿驿站创设文报局。山东省接到陆军部命令,开始整顿驿站。从李秉衡的上奏中可以看出,山东地方当局把整改驿站的重点放在登州府境内。这里原设驿站稀疏,但清末海防军报数量日益增多,李氏称"惟登州武定一带,驻扎防营皆在滨海偏隅,往来文报紧要,该州县仅止额设里甲马数匹,实属不敷轮用……拟请于登州招远县磁口地方,为掖、黄二县适中之区,添马十二区;福山县系烟台后路,前已添马十二匹,委实不敷周

---

① (清)李秉衡:《李秉衡集》(中),戚其章辑校,北京:中华书局,2013年,第436、437页。

② 《驿站将裁述闻》,《新闻报》,1904年5月10日,第2版。

转,再请添设六匹;其武定府属现在军报较东路为简,应由该府附郭之惠民,并商河、济阳、滨州、蒲台、博兴、寿光七州县,各添马六匹”①。李氏的方案可视为驿站的常规性调整,与预期“裁改驿站”的初衷差别很大。

早在1896年,总理衙门就公布了邮政改革的章程。② 北方如山西省、河南省先后发布告示,公开宣布地方政府为邮政正常递送提供保护。③ 1904,山东省日照县发生了邮差在运送邮件途中被抢劫的事件④,山东省处理完此事之后,隔年发布了《山东巡抚保护邮政的告示》。告示声称“为出示晓谕事”表明发布告示的原因是地方接到上级命令,为履行职责,他们有宣传、推广、保护邮政的义务,现告知百姓,国家推行邮政“在乎利权、有利工农业发展、便利商民,鼓励民众可按章程寄信邮递”,最为重要的是,邮政机构有政府保护,“倘有无知之徒借端滋扰,布散谣言,阻碍邮政”⑤等一律会受到制裁。尽管山东省颁布保护令相对迟缓,可对比华洋书信馆时期地方官扣押邮差导致的陆路风波⑥,山东当局对邮政的态度还是有转变。

但是,晚清驿站改革难有进展,其中很重要的原因是中央层面高调呼吁邮制改革和反复不定的裁撤、暂停命令⑦,甚至不同部门下达的命令相互矛盾,于是地方当局难以做出清晰准确的判断,也不可能会认真彻

---

① 李秉衡:《李秉衡集》(中),戚其章辑校,第282、283页。

②《总理衙门奏为议办邮政请由海关现设邮递推广并与各国联会以便商民而收利权事》(光绪二十二年二月初七日),中国第一历史档案馆藏,档号:21-0989-0002。

③《1901年山西巡抚保护邮政的告示》,中国近代史资料丛刊编辑委员会编:《中国海关与邮政》,第96—97页;《河南巡抚保护邮政的告示》,中国近代史资料丛刊编辑委员会编:《中国海关与邮政》,第120页。

④《护理山东巡抚尚其亨奏为报明山东日照县邮政司信差杜成文在途被贼持枪去钱文信物等情一案文职疏防各职名事致刑部》(光绪三十年十月二十八日),中国第一历史档案馆藏,档号:16-01-010-000094-0005。

⑤《山东巡抚保护邮政的告示(1905年)》,中国近代史资料丛刊编辑委员会编:《中国海关与邮政》,第128页。

⑥《1879年1月6日德璀琳致裴式楷函》,天津市档案馆、中国集邮出版社编:《清末天津海关邮政档案选编》,第131页。

⑦ 刘锦藻撰:《清朝续文献通考》卷377《分年筹备邮政单》,考11236;《驿站暂缓裁撤》,《山东官报》第144期,1906年,第1页。

底地执行。究其原因是清廷不舍得简政放权，邮、驿两不误，在中央与地方、官府与民间、政治与经济之间以前者为先，政府虽迫于改革的压力提议改变，但又不能切实深入考察制度变革的意义，对吸纳西方的制度也多有保留。陆军部不愿意失去对邮驿权力的控制，而邮传改革涉及的其他部门，也不想损失既得利益，故而难以调解。海关邮政从初设到发展，政府出资甚少，而收益渐有起色。加之外国邮政多有银行、汇票等业务，确有裕国功效，其提出的改革方案想兼容新式邮政的业务和管理，但缺乏对西方邮政制度及其配套机制的深层研究，也不愿承担改革的风险。从中央到地方，囿于自身的纠葛，虽不舍得出力，但能分得一杯羹也无妨，所以就出现了对海关邮政低调默许又高调反对的怪诞。裁并驿站的争论持续到宣统二年，清廷下旨令陆军部将所有驿传事宜移交邮传部接办。① 不过这一决定还没来得及实施，清廷就改朝换代了。

中央和地方政府多方因素的掣肘，使得邮驿改革没能迈出实质的一步。但不可否认的是，邮政事业归根到底是需要大宗基础建设的，道路的修筑与维护耗费大量的人力物力，历时久远的驿路和举全国之力的基建是邮政发展的根基。而清廷也没有对原有体系灵活运用与管理，驿制弊端积重难返。驿站与驿路空间分布稳定的背后透露着体制的僵化和顶层权力者的无能为力。

（二）邮政发展中的各方参与

晚清国家主权在方方面面受到西方入侵者的挑衅和侵食。大清邮政官局虽名为清政府所办，实际掌管权由海关支配；外国邮政对中国邮政的骚扰，着实令清廷和海关头疼，清廷在争夺邮权的博弈中，始终处于被动。

中国一直没有加入万国邮政联盟组织，即使发行了大龙邮票，也无权与海外通邮。在通商口岸，各国纷纷建立了自己的邮局（称“客局”），

---

①《陆军部将驿传事宜，移交邮传部接办》（宣统二年十二月二十日），《东方杂志》1911 年第 8 卷第 1 期，第 5 页。

其中法国率先与清廷订立了互寄章程,这样贴中国邮票的信件到达通商口岸后,盖法国邮政戳就可以出海跨洋去往法国并转寄他国了。1902年起,德国陆续“在青岛、胶州、高密、潍县、周村、济南西关六处附近铁路车站,设有寄信处所……仅准寄铁路西人信件,不准代中国商民寄信,并未挂牌设局”①。对此,清廷和海关都提出反对。清廷考虑的是,德国在通商口岸以外之地设立邮局,担心其他国家以“均沾”为由,在各地设立客局,从而导致国内外国客局泛滥。海关反对德国客局时,援引总理衙门开办邮政章程和奏议,意图保护大清邮权不受侵犯,指出德国兴办邮政就是对中国邮权的破坏。② 实际上,海关的不满在于与德国洽谈铁路运寄包裹之事被拒,铁路成为德人垄断的工具,海关邮政却连代寄包裹都无法实现。因为海关邮局成立以来,一直是借以轮船、火车代递包裹。如此规定,意味着邮政或延续传统的运输模式或是付费搭乘火车。不管如何选择,都会延长递运时间、增加运送成本。在这次事件中,山东巡抚和外务部没有提出切实可行的方案来对抗德国客局,只是多次敦促赫德与德方谈判。

作为连接多方的中心人物,赫德的思考和想法是很关键的。③ 就山东省德国客局与邮政发展冲突一事上,他的倾向非常明显:“惟山东地方不但情形与他处不同,且该省出入各项信件亦多系由青岛进出,循德国管理之铁路来往,是该省邮务已在其掌握之中,若全行拒绝其要求,则此后邮务处处棘手。两害相权,似觉此重而彼轻。”④相比邮权的争夺和清廷的顾虑,他更看重邮政推广与铁路的寄运,故而最后的协商结果是“山

① 《赫德致外务部汪大燮函税字第39号》(光绪三十一年二月三十日),中国近代史资料丛刊编辑委员会编:《中国海关与邮政》,第160页。

② 《赫德致外务部汪大燮函税字第39号》(光绪三十一年二月三十日),中国近代史资料丛刊编辑委员会编:《中国海关与邮政》,第160页。

③ 中国第二历史档案馆、中国社会科学院近代史研究所合编:《中国海关密档——赫德、金登干函电汇编》第1卷(1874—1877),第573页;中国第二历史档案馆、中国社会科学院近代史研究所合编:《中国海关密档——赫德、金登干函电汇编》第2卷(1878—1881),第214、238、565页。

④ 《赫德致外务部函税字第57号》(光绪三十一年三月初一日),中国近代史资料丛刊编辑委员会编:《中国海关与邮政》,第161页。

东省内所设之德国邮政各馆，德国邮政局已应允退让甚多，并允除潍县、济南府二处外，其余山东省内各邮馆均行撤退，并允沿山东铁路除代寄德国邮件外，亦允中国信件一体寄递”①。赫德的理念在当时的中国是相对超前的，他能够理解新旧交织是现代化的必经阶段，也能够预计未来邮政发展的趋势和前景，同样他也能意识到邮权背后国家权力的控制与延伸，甚至后发影响，所以巧妙避开了双方最敏感的神经，为邮政发展争取空间。

1903 年邮政在山东已开办网点 70 余处，其中以府（同等级）治所所在地（该府行政中心）开办邮局有 12 处（只曹州一处拟开办），县级地区开办邮局 39 处，村镇开办邮局有 19 处。计划开办邮局点主要集中在县一级，有 49 个州、县拟开设。② “中国邮政又在山东内地增设了大量邮局和代办处，并随之开辟了其他邮路。邮件过境传递量大增，这证明，山东的中国人对于现代化邮政事业所带来的好处越来越理解了。鉴于 1904 年 9 月 1 日中国国内信件邮资增加了一倍的事实，这一点尤值得注意。明年可望继续扩大邮政网络。”③

设置邮局或代办点时，不仅会考虑到原有的行政和经济因素，尽可能照顾地方府、州、县等各地衙门治所和经济活跃的市镇，也会考虑新式交通工具这一因素，如铁路沿线或已开设电报局的城镇。通过多边谈判，邮政搭运轮船、铁路等新型交通工具，尽可能降低运输成本。譬如 1904 年中德《续立会订青岛设关征税办法附件》对航运邮递也进行了规定，“船总应代中国运送邮袋，不收运费。该关邮政司应办一切事宜，或自行办理，或会同德国邮员议办，亦无不可”④。

到 1907 年时，全省已开办邮政网点近 175 处。省内府、直隶州治所地全部开办二级邮政网点或支局；18 个州、县（曹县、莱阳、宁海、文登、黄

① 《外务部致赫德函天字第 84 号》（光绪三十一年九月十六日），中国近代史资料丛刊编辑委员会编：《中国海关与邮政》，第 164、165 页。

② 《大清邮政公署备用舆图》（1903 年），哈佛大学图书馆藏。

③ 青岛档案馆编：《青岛开埠 17 年——胶澳发展备忘录》，第 353 页。

④ 《续立会订青岛设关征税办法附件》，青岛市档案馆编：《帝国主义与胶海关》，第 13 页。

县、德州、淄川、邹平、高密、即墨、潍县、博山、昌乐、诸城、安邱、滕县、蒙阴)开办二级邮政网点,县级邮政代办点约 70—80 处;村镇设邮政二级网点有 8 处(登州府的石岛、威海、烟台,济南府的周村,莱州府的柳疃,胶州府的青岛、沙河,青州府的羊角沟),代办点 60 多处。1907 年计划新增的邮政网点中有 14 处是村镇一级,这些网点全部在登州府境内及郯城县。① 新式交通对邮政发展有直接影响,一些行政等级较低的村镇,邮局等级会高于它所在的县,甚至是该府府治。这在一定程度上反映出邮政对运输条件的依赖,新式交通发展越快、越广,会加快改变原有的交通格局,也暗示着新的空间秩序正在形成。

表 1 1903—1907 年山东三邮界新式交通工具网点统计表

邮界	电报	铁路	轮船
烟台邮界	威海、烟台、黄县、蓬莱		威海、烟台
济南邮界	济南、德州、济宁州、泰安、滋阳、龙口、昌邑	济南、龙山	
胶州邮界	胶州、青岛、沙河、益都、羊角沟、周村	城阳、蓝村、丈岭、岞山、胶州、高密、潍县、青岛、金岭、淄河、益都、博山、昌乐	青岛、胶州

资料来源:河北邮政管理局:《大清邮政地方代办处名录》(外文)(案卷级),天津市档案馆,档号:401206800-W0002-1-003361,第 10—15 页,1903 年大清邮政舆图和 1907 年大清邮政舆图山东省分图。

透过邮政路网的时空演变,亦可认识到晚清山东省的处境。最初山东省是控遏京师至江南资源大干线的咽喉;烟台开埠后,通商口岸成为中国对外交涉的前沿阵地,弱化权力的上移,分流资源的去向;而德国入侵胶州划分租界,更是把山东卷入了全球化贸易的洪流之中,各国利益与制度的落地和本土制度、海关制度的重叠交织,既是山东邮政发展的

① 《大清邮政舆图》,上海:通商海关造册处,1907 年,中国国家图书馆藏。

制度环境，也成为邮政空间扩张收缩的作用力，制度运行之下对空间格局的塑造显示得淋漓尽致。

新式邮政发展之初选择在驿传体系薄弱的地带，一定程度上填补了山东交通图景中的留白，起到互为补充、区域平衡的作用，但这是由既定经济地理和交通格局及其背后行政原因主导的无奈之局。随着邮政事业不断向内陆推进，前后绘制的新旧两幅图景开始交叠，此时以海港口岸为中心向西辐射的邮政新图景一派欣荣，推进势头猛烈。要覆盖更广泛的内陆腹地，必须建立新的网点、新的中心，海关邮政采取了借助原有道路为其拓展增添路径的简便方式，得以迅速完成其既定目标。而邮驿和新式邮政也终至发展到互不兼容的地步，邮政蚕食而最终得以鲸吞掉原有驿站的领地空间。这一结果是新旧事物自然竞争的必然，但毫无疑问也是在得到官方许可或默许的情况下才会发生的。总体上看邮界呈现出自东向西、由海及陆推进的空间进程，驿站分布由相对稳定而逐步收缩，两者之间由互不搭界、各安其分到界域相接、基本平衡，再到“借道伐虢”、网络交叠覆盖。空间关系是制度关系的地理呈现，空间关系的变化是当时新旧两种交通形式、社会意识和行政思维变化的反映，交通制度背后的官方参与显而易见，废驿归邮的最终结果虽非计划但也属安排。

晚清政府发展邮政是迫于现代化的形势，驿站问题积累已久。考虑到维稳和抓握权力，需重建和维持全国通讯系统和信息渠道，维持公共管理；保障政治结构和国家权力的行使，仍然是传统的思维和出发点，大体邮政变革只是形式变化，无非是驿马换成火车头而已。西方人赫德等的知识系统来源于欧洲邮政，是基于英国的先行经验认识中国驿站，视其为应该“过去”的制度，他们的出发点是为了交通和通讯的便利，为了海关与各驻华使馆等的事务有效推行，服务于经济主导的行政管理，有将西方邮政模式推广全国的野心。清廷本以为于政治的触动表面上没有太大影响，所以还默许其发展，持乐享其成的态度，始料未及的是与其相配套的交通体系、经济结构都发生了改变。这或许在西方人意料之中，他们已然经历过这个阶段。在全球化和现代化的形势下，清廷中央与实际主推者海关人员之间改革邮政不同的出发点、经验知识与思维理念，二者对形势或同或异的判断与应对，导致了山东邮政时空格局演变的纠结态势和复杂面相。

20 世纪七八十年代北京市空气污染治理的历史回顾

——以消烟除尘工作为中心

徐轶杰

近年来，中国华北地区空气污染问题成为公众关注的热点。目前学术界关于空气污染治理史的研究多集中于国家层面，针对北京市空气污染治理史的研究以概述和地方志记述为主。[①] 本文通过梳理相关档案等文献资料，将北京市空气污染形成与治理的历史进程置于国家经济与社会发展的脉络中加以考察，以期总结 20 世纪七八十年代北京市空气污染治理的经验与教训，认识和理解中国空气污染治理与环境保护的长期性、系统性、复杂性、艰巨性。

1970—1971 年：北京市对空气污染的调查

新中国成立后，在"从消费城市变为生产城市"[②]方针的指导下，北京市优先发展工业，尤其是重工业。20 世纪 70 年代，北京市工厂总数较新

[作者简介]徐轶杰，中国社会科学院当代中国研究所助理研究员。

① 代表性成果有《中国环境保护行政二十年》，北京：中国环境科学出版社，1994 年；《北京志·市政卷·环境保护志》，北京：北京出版社，2004 年；沙敏：《20 世纪 70 年代以来北京市大气环境监测与治理》，《北京党史》2011 年第 4 期；刘宏焘：《20 世纪 70 年代的环境污染调查与中国环保事业的起步》，《当代中国史研究》2015 年第 4 期；等等。

② 《北京市重要文献选编（1950）》，北京：中国档案出版社，2001 年，第 50 页。

中国成立前夕“增加了近 20 倍”①,“拥有钢铁、冶炼、化工、仪表、机械、轻工等大中型工厂近 1 700 个”②。北京市出现了锅炉、窑炉烟囱林立的景象,发生了空气严重污染的情况,反映空气污染综合指标的烟雾日由 50 年代的年均 60 余天发展到 60 年代的年均 120 余天。③ 据统计,70 年代初北京市发生能见度小于 5 级的次数是 60 年代的 6 倍,达到 32.4%,占全年的近 1/3。④

其实,早在新中国工业化起步之初,中共中央就意识到了工业污染的问题,并提出了综合利用“三废”(即废水、废气、废渣)的设想。⑤ 但是,“文化大革命”爆发后,原来一些行之有效的工业管理规范未能得到较好的执行,导致污染进一步加重。1969 年初,四川宜宾发生天原化工厂超标排放废苯,导致长江宜宾段江面油光一片,失火烧毁船只、烧伤船工的事故。⑥

环境污染的加剧引起了中共中央的高度重视。从 1969 年起,周恩来就要求中央调查部研究局搜集整理国外有关环境保护的信息与材料。⑦ 通过这些资料⑧,中央了解了国外关于“公害”(环境污染)及治理的最新进展。1970 年 11 月 15 日,周恩来专门要求北京市进行调查,监

---

① 北京市革委会“三废”治理办公室:《关于北京市工业合理布局和工厂搬迁规划草案(1973 年 11 月 14 日)》,北京市档案馆:193-002-00095。

② 北京市卫生防疫站:《北京市大气污染调查总结(1972 年 11 月 11 日)》,北京市档案馆:193-002-00066。

③《北京志·市政卷·环境保护志》,第 5 页。

④ 杨东桢、房秀梅:《从北京市能见度的变化看大气污染》,高宇声主编:《〈环境保护〉十年选编》,北京:中国环境科学出版社,1985 年,第 477—479 页。

⑤ 徐轶杰:《毛泽东与资源综合利用》,《当代中国史研究》2014 年第 3 期。

⑥ 卫生部军管会:《关于工业“三废”污染情况和建议的报告(1972 年 1 月 8 日)》,河北省档案馆:924-8-14。

⑦ 熊向晖:《中国环境保护工作的开创者——周恩来》,中共中央党史研究室、中央档案馆编:《中共党史资料》第 68 辑,北京:中共党史出版社,1998 年,第 145—147 页。

⑧ 在周恩来指示后,有关机构译介了大量关于国外环境污染和治理保护的资料,如“国外八大公害事件”、苏联的“大气污染”、日本的“水俣事件”等环境污染事件以及国外环境防治政策、机构和技术的最新动态等。这些信息和材料后来由中国科学技术情报研究所结集编印,如《国外八大公害事件》(1973 年印)、《日本公害概况(送审稿)》(1973 年印)、《公害的形成和现状(送审稿)》(1973 年印)等。后又经整理公开出版,即《国外公害概况》(北京:人民出版社,1975 年)。

测北京市及其周边环境中“有无汞和其他有害物质”。[①] 1971 年 2 月 15 日，周恩来在接见全国计划会议部分代表时指出：现在“公害”已经成为世界的大问题。我们要积极除害，变“三害”为“三利”。[②] 4 月 5 日，周恩来在接见全国交通工作会议代表时又指出：“在经济建设中的废水、废气、废渣不解决，就会成为公害。发达的资本主义国家公害很严重，我们要认识到经济发展中会遇到这个问题，采取措施解决。”[③]

1971 年 4 月 27 日，卫生部军事管制委员会（以下简称卫生部军管会）发出《关于工业“三废”对水源、大气污染程度调查的通知》，强调为了开展“三废”的综合利用，各地区要调查清楚辖区内主要厂矿“三废”对河流、大气、水源的污染情况及危害程度，从而化害为利。[④] 为此，卫生部军管会在 1971 年底举办了工业“三废”污染调查经验交流学习班，对全国各地有关工业“三废”综合利用的经验进行了交流。[⑤] 此外，自 1970 年 11 月起，中国医学科学院劳动卫生研究所组织北京市 7 个卫生、城建单位开展了北京市汞污染调查，对北京化工厂等 10 个电解汞工艺集中的工厂和单位周边空气中的汞污染展开了调查。[⑥] 随后，根据卫生部军管会的要求，劳动卫生研究所、北京市革命委员会“三废”管理办公室[⑦]（以下简称市革委会“三废”管理办公室）和市卫生局组织 20 余家单位开始

---

① 曲格平、彭近新主编：《环境觉醒——人类环境会议和中国第一次环境保护会议》，北京：中国环境科学出版社，2010 年，第 465 页。

② 顾明：《周总理是我国环保事业的奠基人》，李琦主编：《在周恩来身边的日子——西花厅工作人员的回忆》，北京：中央文献出版社，1998 年，第 332 页。

③《周恩来年谱（1949—1976）》下卷，北京：中央文献出版社，1997 年，第 448 页。

④《黄河水系工业“三废”污染调查资料汇编》第 1 分册，沿黄河八省（区）工业“三废”污染调查协作组 1977 年编印，第 3—5 页。

⑤ 卫生部军管会：《工业“三废”污染调查经验交流学习班简报》第 4 期，1971 年 12 月 24 日。

⑥ 北京市卫生防疫站：《北京市大气中汞浓度测定小结（1971 年 6 月 28 日）》，北京市档案馆：193 - 002 - 00065。

⑦ 1971 年 5 月，北京市革命委员会“三废”管理办公室成立，机构设在市规划局。1972 年 11 月 27 日，改称北京市革命委员会“三废”治理办公室。1975 年 1 月 1 日，更名为北京市革命委员会环境保护办公室。参见《北京市环境保护大事记（1971—1985）》，北京市环境保护局 1985 年编印，第 1 页；北京市革命委员会：《关于成立北京市革命委员会“三废”治理办公室的通知》，北京市档案馆：193 - 001 - 00003。

对北京市3个主要工业区及市区的空气污染进行调查。[①]

北京市先从工业比较集中的朝阳区和石景山区开始着手空气污染调查。当时，朝阳区以化学工业为主，该区工厂的二氧化硫和氯气排放量大，影响面广。[②] 石景山区的北辛安地区1个月的灰尘自然沉降量达每平方公里182.24吨，超出清洁对照点18.8倍。[③] 1970年，石景山区适龄青年参军体检中，30%的青年患有呼吸系统疾病，几乎挑不出适合的海空军入伍士兵。[④] 调查结果表明，北京市已经形成了以大中型工厂为中心的点源型空气污染。

1972年：北京市空气污染治理的起步

1972年2月初，美国总统尼克松访华前夕，周恩来陪同外宾乘车经过西单路口时看到浓烟滚滚，立即指示工作人员转告北京市要把首都的烟尘治理好。[⑤] 2月12日，北京市革命委员会（以下简称市革委会）召开消烟除尘紧急会议，决定"抓紧解决一下锅炉冒黑烟的问题"。[⑥] 北京市空气污染治理工作就此展开。

3月5日，北京市清仓节约办公室[⑦]成立消烟除尘组，负责解决烟囱

---

① 工业"三废"学习班等编：《全国工业卫生工作经验交流资料选编》，湖北省卫生防疫站1972年印，第14页。

② 劳动卫生研究所：《北京市朝阳区二氧化硫及氯气污染大气的调查报告（1971年6月20日）》，北京市档案馆：193-002-00065。

③ 石景山区"三废"调查组：《北京市石景山区工业废气对大气污染情况的初步调查报告（1971年6月22日）》，北京市档案馆：193-002-00065。

④ 工业"三废"学习班等编：《全国工业卫生工作经验交流资料选编》，第15页。

⑤ 《北京志·市政卷·环境保护志》，第139页。

⑥ 《北京市环境保护大事记（1971—1985）》，第4页。

⑦ 1969年，全国工业生产不景气，燃料单耗普遍升高，煤炭和一些主要物资供需矛盾明显扩大。同年12月，毛泽东批示要清扫仓库。1970年，中央发布开展增产节约运动的指示，国家计委设立了清仓节约办公室，各地区各部门也相继成立了清仓节约机构。参见物资部燃料司编写组：《中国燃料流通管理》，哈尔滨：哈尔滨工业大学出版社，1988年，第213页。1971年6月，市革委会转发国务院批准国家计委、财政部《关于开展清仓核资工作的报告》，北京市成立清仓节约办公室，办公室设在北京市物资局。参见《北京志·综合经济管理卷·物资志》，北京：北京出版社，2004年，第303页。

排放黑烟问题。3 月 21 日，市革委会召开消烟除尘现场会，做出三项决定：一是推广简易土法改炉；二是开展锅炉普查；三是各区（县）、局要成立抓消烟除尘的工作班子。①

通过初步的调查与监测，4 月 7 日，北京市卫生防疫站提交了《北京市二氧化硫污染情况初步调查汇报》，指出北京市城近郊区二氧化硫普遍超标，其中近郊区以工业点源污染为主，散煤燃烧、采暖燃煤和中小工业废气低空排放共同造成中心城区的空气污染，并提出了有计划、分期分批实现燃料煤气化和采暖管道化等防治大气污染的措施。②

4 月 10 日，市革委会发出《关于对锅炉、烟囱进行普查的通知》，要求各区（县）成立“烟囱普查小组”，负责对所在区县的锅炉、烟囱进行普查。经普查，全市锅炉、茶炉和窑炉共 1.6 万余台，烟囱 1.2 万根。全年从烟囱排出烟尘达 37 万吨。③ 这是北京市首次开展系统的空气污染源调查。5 月 15—17 日，北京市召开“三废”治理、烟囱除尘工作会议，决定 1972 年消烟除尘工作的重点是迅速解决“一线一片”④地区的烟囱除尘问题，要求“烟囱除尘工作要广泛发动群众，因地制宜地创造出简而易行的除尘设施，凡有条件的单位，要积极进行锅炉改造”⑤。6 月 16 日，《北京市“三废”管理试行办法》发布，规定了居民区大气中 19 项有害物质的最高容许浓度，为进一步开展空气污染治理提供了标准和依据。⑥

经过半年的努力，“一线一片”地区的 2 879 台锅炉用简易土法改造了 2 553 台，占总数的 89%。⑦ 简易土法改炉方法有两大类：一类是消

---

① 《北京市环境保护大事记（1971—1985）》，第 5 页。

② 北京市卫生防疫站：《北京市二氧化硫污染情况初步调查汇报（1972 年 4 月 7 日）》，北京市档案馆：193 - 002 - 00066。

③ 《北京市环境保护大事记（1971—1985）》，第 5 页。

④ “一线”，即从首都机场到钓鱼台国宾馆。“一片”，即西城区。

⑤ 北京市革委会工交城建组：《关于“三废”治理、烟囱除尘工作会议的报告（1972 年 6 月 9 日）》，北京市档案馆：193 - 002 - 00006。

⑥ 北京市革命委员会：《北京市“三废”管理试行办法（1972 年 6 月 16 日）》，北京市档案馆：193 - 002 - 00006。

⑦ 《北京市环境保护大事记（1971—1985）》，第 6 页。

烟，即通过促进煤炭充分燃烧来减少黑烟，如加装“二次风”“导风器”等设备；另一类是除尘，即通过重力、水洗等方法减少锅炉排出的烟尘，如建沉降室、“码花墙”等。① 当时全国并没有成熟的消烟除尘解决方案，这些简易土法改炉方法大多源于以往的节煤经验，优点在于技术门槛低、不改炉体，但加大了司炉工的劳动强度，效果也不稳定。

随着空气污染治理的展开，人们对于空气污染的认识也逐步加深。1972年11月11日，北京市卫生防疫站提交了《北京市大气污染调查总结》，指出北京市空气污染的原因是工业过度集中于城近郊区，燃料结构煤炭比重过高，目前的消烟除尘措施较多地“着眼于消除大颗粒的灰尘工作”，“而从烟道排入大气中对人体有危害的，可长时间漂游在大气中的浮游性灰尘②及有害气体如二氧化硫的消除工作还不够”。③ 这份材料是第一次全面调查20世纪70年代初期北京市空气污染情况的总结报告。

由于简易土法改炉无法从根本上解决空气污染问题，进入冬季供暖季节后，北京市的空气污染问题依然十分严重。据统计，1972年11月开始冬季供暖后，北京市各局所属单位3 000个烟囱中冒黑烟的占2/3。全市共约2 700台锅炉采取了除尘措施，其中1/3效果较好，“有约一半有一定效果，有五分之一效果很差仍然浓烟滚滚，‘一线一片’重点地区仍有三分之一烟囱冒黑烟”，整个城市空气污染状况无明显改善。④ 11月12日，周恩来抱病登上北海公园琼华岛山顶，检查北京市的消烟除尘工作，看到四周依然烟雾弥漫，指示北京市要搞好消烟除尘工作。⑤ 第二天清晨，市革委会工交城建组召开紧急会议，传达周恩来的指示，进一步部

① 上海工业锅炉厂研究所编：《工业锅炉消烟除尘》，上海：上海人民出版社，1974年，第1—5页。

② 指直径小于10微米的微粒，即现称PM10以下的可吸入颗粒物。

③ 北京市卫生防疫站：《北京市大气污染调查总结（1972年11月11日）》，北京市档案馆：193-002-00066。

④ 北京市革委会“三废”治理办公室：《北京市烟尘污染调查及初步治理意见（1973年1月）》，北京市档案馆：193-002-00067。

⑤ 《北京志·市政卷·环境保护志》，第139页。

署消烟除尘工作，并组织与会人员到楼顶观看烟尘污染情况。[①]

1972年，北京市消烟除尘工作的正式展开具有一定的开创性。但是，人们对空气污染的认识还是比较初步的，仍然将治理的重点聚焦于工业废气的末端治理，空气污染治理未能取得明显效果。

1973—1977年：北京市开展消烟除尘会战

1973—1977年，北京市空气污染治理进入探索阶段，开展了群众性消烟除尘会战，力图在短期内有效解决空气污染问题。同时，随着对空气污染认识的深化，北京市开始探索治理空气污染的根本之策。

（一）提出限期治理方案

为了加大北京市空气污染治理的力度，北京市对消烟除尘工作的领导机构进行了调整。1972年11月，清仓节约办公室所属的消烟除尘组并入市革委会“三废”治理办公室。[②]

1973年3月23—31日，北京市先于全国召开了北京市第一次环境保护工作会议，会议决定在1973年开展保护水源和消烟除尘两个会战。[③] 7月2日，北京市消烟除尘会战动员大会召开，会议要求将工作重点放在城近郊区，争取年内实现城近郊区和远郊区主要干线不冒大黑烟，尽快出现更多的全厂、全行业、全区、全局不冒黑烟的单位，在1972年的基础上将全市消烟除尘会战推向高潮。[④] 8月5—20日，第一次全国环境保护会议在北京召开，揭开了中国环境保护事业的序幕。随后，全国各地均开展了以消烟除尘、改造锅炉、控制工业点源污染为主的空

① 《北京市环境保护大事记(1971—1985)》，第6、11页。

② 《北京市环境保护大事记(1971—1985)》，第10—11页。

③ 中共北京市委城市建设工作委员会编：《北京市城建系统党史资料(1949—2000)》大事记，北京：中国工商出版社，2004年，第193页。

④ 《北京市环境保护工作简讯》，《环境保护》1973年第1期。

气污染防治工作。①

北京市在消烟除尘工作中积极探索,涌现出了不少先进典型。如西城区二龙路街道②,原来每年的锅炉降尘量近2 000吨。消烟除尘会战开始后,二龙路街道成立了城市建设环境卫生组,深入调查走访了辖区内100多家单位。③ 此外,还建立了群众监督网,辖区内的28个居委会都成立了监督检查小组。二龙路的消烟除尘工作实现了"条条治理、块块监督,条块结合"的目标。④ 经过一年的努力,该街道95%的锅炉完成了改装任务。⑤ 1973年8月8日,北京市发出《关于批转西城区二龙路街道开展消烟除尘群众运动的经验的通知》,号召全市各区(县)、各行业、各单位发动群众,开展消烟除尘大会战。⑥

1974年3月上旬,北京市开展第一次消烟除尘大检查,检查自1973年7月消烟除尘会战动员大会召开后的消烟除尘工作情况,但是从效果上看,由于技术和认识不到位,已经采取消烟除尘措施的锅炉中只有约一半效果较好。⑦

为了进一步加强消烟除尘工作,北京市提出了限期治理的方案。1974年5月14日,北京市确定了200家单位作为第一批消烟除尘工作重点单位,并要求这些单位争取在1974年底前解决烟尘污染问题。市革委会"三废"治理办公室还要求各区(县)、局在重点抓好第一批200家

---

① 陈健鹏编著:《污染物排放与环境质量变化历史趋势国际比较研究》,北京:中国发展出版社,2016年,第65页。

② 二龙路街道位于今北京市西城区中部。1958年,西城区二龙路街道办事处成立。2004年10月,与丰盛街道办事处合并成立金融街街道办事处。参见《北京市西城区二龙路街道简史》,二龙路街道简史编辑委员会1996年编印,第1—8页。

③ 金子成主编:《北京西城往事》第4部,北京:中国文史出版社,2009年,第60—61页。

④《北京志·市政卷·环境保护志》,第140页。

⑤《依靠群众搞好消烟除尘》,《劳动保护》1974年第4期。

⑥《北京市环境保护大事记(1971—1985)》,第17页。

⑦ 北京市革委会"三废"治理办公室:《关于开展1974年第一次全市消烟除尘大检查的通知(1974年3月1日)》;北京市档案馆:193-001-00075。

单位的同时，再确定一批自行掌握的重点烟尘污染单位开展治理。①1974年7月，北京市对全市消烟除尘工作开展了第二次大检查。②

1974年9月12—18日，全国消烟除尘经验交流会在沈阳市召开，提出了“今年基本搞完，明年扫尾”的工作要求。③ 北京市为此提出“大干四季度，抓紧新年和春节前两个战役，力争春节之前完成”的工作要求。④截至1974年底，北京市城近郊区7 300台锅炉有71%采取了消烟除尘措施，1 580台工业窑炉有55%不冒黑烟，5 100台茶炉有50%进行了治理。⑤

1975年1月8日，市革委会环境保护办公室召开重点单位和部分工业窑炉单位消烟除尘会议，号召“放手发动群众，打好春节前消烟除尘战役”。⑥ 截至1975年底，200家限期治理单位有120家得到了基本解决；“一线两片”⑦地区的烟尘污染情况有所改善。1976年，全市又确定了第二批100家限期治理单位。⑧

1977年6月13日至11月15日，市革委会开展了“毛主席纪念堂周围地区消烟除尘会战”，改造了毛主席纪念堂周边311台锅炉，对300多台茶炉、17台工业窑炉采取了不同形式的消烟除尘措施，27家饮食大灶用上了液化石油气。⑨

---

① 北京市革委会“三废”治理办公室：《关于要求重点烟尘污染单位(第一批)加快解决烟尘污染问题的通知(1974年5月14日)》，北京市档案馆：193-001-00075。

② 《北京市环境保护大事记(1971—1985)》，第24—25页。

③ 国家基本建设委员会：《关于全国消烟除尘经验交流会的情况报告》，1974年10月15日。

④ 北京市革委会“三废”治理办公室：《关于参加全国消烟除尘经验交流会情况和贯彻意见的报告(1974年11月26日)》，北京市档案馆：193-001-00075。

⑤ 《北京市环境保护大事记(1971—1985)》，第29页。

⑥ 《放手发动群众，打好春节前消烟除尘战役》，《环境保护通讯》1975年第1期。

⑦ “一线”，即首都机场到钓鱼台国宾馆。“两片”，即西城区和使馆区。

⑧ 《北京市环境保护大事记(1971—1985)》，第33—34页。

⑨ 北京市革委会环境保护办公室：《关于召开消烟除尘会战总结和动员大会的请示报告(1978年3月18日)》，北京市档案馆：193-001-00080。

(二) 探索治理空气污染的根本之策

在开展群众性消烟除尘会战、提出限期治理方案的同时,北京市还积极探索从根本上治理空气污染的办法,主要有三个方面:一是改变城市燃料结构;二是外迁污染企业;三是发展集中供热。群众性消烟除尘会战是空气污染的末端治理、运动式治理,而从源头上综合治理空气污染才是根本之策。

1973年1月,市革委会"三废"治理办公室提交了《北京市烟尘污染源调查及初步治理意见》。该文件指出,污染源过分集中于城近郊区是北京市空气污染严重的一个重要原因,因而建议:改变城市燃料结构,争取多烧重油、煤气、液化石油气,制定城市煤气、液化石油气发展规划,争取早日开始勘查地下天然气资源;制定城市工业分布及城市绿化规划,以保护环境;适当合并小型锅炉房,发展集中供热,增设尖锋锅炉。① 从此,北京市开启综合治理空气污染的实践探索。

1. 改变城市燃料结构

新中国成立后,北京市煤炭消耗量飞速上涨,1949年煤炭消耗量仅为103.5万吨,到1972年就增加到1 443万吨,增长了近13倍。② 煤炭消耗量的大幅度增加是北京市空气污染加剧的一个重要因素。

在1973年8月召开的第一次全国环境保护会议上,北京市代表与燃料化学工业部、水电部、冶金部代表共同研究了北京市改变燃料结构、减少空气污染的问题,并提出了《北京市"四五"后两年改变燃料构成、减少空气污染的初步方案》(以下简称《初步方案》)。《初步方案》认为,燃煤污染是北京市空气污染的重要因素。1972年,北京市燃料结构中煤炭占91.36%。如果不调整燃料结构,北京市的年耗煤量将在1975年增加

① 北京市革委会"三废"治理办公室:《北京市烟尘污染调查及初步治理意见(1973年1月)》,北京市档案馆:193-002-00067。

② 《北京市环境质量报告书(1970—1980)》,北京市环境质量报告书编写组1981年编印,第18页。

到2 000万吨。为了减少有害气体和烟尘对首都空气的污染并缓和煤炭供应紧张状况，必须改变燃料结构，实施“以油代煤，先油后气”，逐步使用重油和天然气来替代煤炭。① 1974年3月12日，市革委会副主任万里在听取“三废”治理办公室环保工作汇报时指出，改变燃料结构是根本的措施。② 从1974年起，一批耗煤量大的锅炉相继开始实施“以油代煤”改造。③

在实施“以油代煤”改造的同时，北京市也在积极地寻找清洁能源，由于人工煤气供应不足，北京市积极发展液化石油气并加大了供应力度。1972年，每天可供北京市的煤气仅有60万立方米，而且白天供气不足，缺口达8万立方米，因此，需要一些工厂停产或实行分时段供气。④根据实际需求情况，北京市大力发展液化石油气供应。1974—1979年，北京市液化石油气事业进入快速发展阶段，6年总计发展液化石油气用户58万户，陆续建成液化石油气供应站48个、煤厂代销站26个。1979年，全市液化石油气的总用户数达到67万户，年销售超过10万吨，液化石油气供应站总数达到89个，投入运行的钢瓶80余万个。⑤

2. 外迁污染企业

工业的快速发展和过分集中是北京市空气污染严重的又一个重要因素。“市区(包括城近郊区)集中了全市工业的80%，四个城区的工厂占全市工厂数的三分之一。”⑥工业在市区(含城近郊区)的高度集中加剧了包括空气污染在内的工业污染聚集。

1973年3月召开的北京市第一次环境保护会议，传达了周恩来关于

① 北京市革委会“三废”治理办公室:《北京市“四五”后两年改变燃料构成、减少空气污染的初步方案(1973年8月22日)》，北京市档案馆:193-002-00163。

② 《北京市环境保护大事记(1971—1985)》，第22页。

③ 《北京志·市政卷·供水志、供热志、燃气志》，北京:北京出版社，2003年，第202—204页。

④ 北京市革命委员会工交城建组:《关于目前城市煤气计划供应的几点意见的通知(1972年4月4日)》，北京市档案馆:125-003-00380。

⑤ 《北京志·市政卷·供水志、供热志、燃气志》，第363页。

⑥ 北京市革委会“三废”治理办公室:《关于北京市工业合理布局和工厂搬迁规划草案(1973年11月14日)》，北京市档案馆:193-002-00095。

“首都工业的摆布，不要摆布这么多，应少摆或不摆，特别是有污染的工厂不要摆在首都”的讲话精神以及“要把首都搞成一个清洁的城市，清洁的首都”的号召。① 5 月 18 日，北京市在《关于环境保护工作的情况报告》中提出对现有排放有害物质比较严重的单位“必要时停产治理，并有计划地迁至适当地方”的建议。② 11 月 14 日，市革委会“三废”治理办公室制定了《关于北京市工业合理布局和工厂搬迁规划草案》，计划将 36 家污染较为严重的工厂分两批迁出市区。③

当时，人们对外迁污染严重企业的认识并不统一，导致在实际工作中执行不到位。原计划搬迁的 36 家污染严重的企业，实际上 1974 年只搬迁了 4 家，1975 年 3 家，1976 年 1 家，1977 年 1 家都没有，④甚至还出现了搬迁走 1 家污染企业又迁入 1 家污染企业的情况⑤。

3. 发展集中供热

除了工业废气排放，冬季民用取暖锅炉和煤炉的低空排放也是北京空气污染的重要因素之一。针对这种情况，1973 年北京市提出了“发展余热利用，有计划地发展集中供热”的设想。关于工业余热利用，1972 年 11 月，首都钢铁公司（以下简称首钢）余热采暖工程竣工，供暖面积达 3 万平方米。到 1979 年，首钢余热利用面积达到 44.5 万平方米。⑥ 关于集中供热，20 世纪 60 年代，北京市集中供热建设不足。从 60 年代开始，分散式锅炉房迅速发展。1961—1965 年，北京城市民用建筑平均每年增长 159.9 万平方米，其中将近 85％仍由分散小锅炉供热。这种分散锅炉

① 曲格平、彭近新主编：《环境觉醒——人类环境会议和中国第一次环境保护会议》，第 467 页。

② 《环境保护文件和标准选编》，沈阳市环境保护监测站、沈阳市环境保护科研所 1978 年编印，第 49—58 页。

③ 北京市革委会“三废”治理办公室：《关于北京市工业合理布局和工厂搬迁规划草案（1973 年 11 月 14 日）》，北京市档案馆：193－002－00095。

④ 《北京志·市政卷·环境保护志》，第 184、188 页。

⑤ 《北京市环境保护大事记（1971—1985）》，第 28 页。

⑥ 《北京市环境保护大事记（1971—1985）》，第 45 页；《北京志·市政卷·供水志、供热志、燃气志》，第 249 页。

房的供热规模、锅炉效率以及消烟除尘技术等都处于较低水平。① 为此，北京市提出发展“大院式”供热和联片集中供热的办法。如清华大学自1975年开始，将全校29个分散锅炉房的69台小锅炉合建为3个大锅炉房，共安装9台大容量锅炉。改造后室温得到了提高，每个采暖期节煤9 900吨，减少司炉工245人和20多处煤炭、炉渣堆放场地，校内环境大为改善。② 截至1977年，北京已有60多家单位、370万平方米实现了“大院式”集中供热。③ 但是，这些措施并没有能完全遏制北京空气污染继续恶化的态势。1977年12月22日，北京市发生了持续16小时的大雾天气，逆温层厚度达600米，不利于空气中有害物质的扩散、稀释，污染比较严重。据4个监测点的数据显示，大雾期间二氧化硫超标2.86—4.7倍、二氧化氮超标30%—70%、一氧化碳超标6.2倍、粉尘超标1.4倍。④

1978—1990年：北京市空气污染综合治理

面对1977年底持续严重污染的大雾天气，北京市开始反思此前治理方法的得失并巩固前期探索的成果，提出了空气污染综合治理策略。1978年10月，在总结以往空气污染治理经验的基础上，北京市环保局提交了《关于解决北京市空气污染问题的报告（草稿）》，认为以往的措施“虽然对消烟除尘有些效果，从观瞻上好看一些，而对人体健康有害的二氧化硫、3,4-苯并芘、飘尘、氧化氮等并未减少”。由于“燃料煤的绝对量比1972年还稍有增长”，“北京市空气污染是相对严重的”。该报告提出必须下决心采取一些根本性措施：第一，严格控制城市规模，工业要合理

---

① 《北京志·市政卷·供水志、供热志、燃气志》，第226页。

② 清华大学环境保护领导小组：《做好环境保护工作是学校斗、批、改的一项重要任务》，《环境保护通讯》1975年第10期；《采取多种形式集中供热消除烟尘污染》，《环境保护通讯》1976年第2期。

③ 《北京志·市政卷·环境保护志》，第146、298页。

④ 《北京市环境保护大事记（1971—1985）》，第44—45页。

布局,对空气污染的企业坚决不准在市区建设,一些严重污染空气的工厂要坚决迁出城区(在未迁出以前要严格控制生产规模),在远郊区建设小城市。第二,控制市区煤炭消耗量。一方面是改变燃料结构,改变居民生活、公共福利设施和平房居民采暖直接燃煤的状况,增加液化石油气供应,增加制气设备,申请国家安排供应天然气,解决采暖和一般工业的燃料问题;另一方面是改变供暖方式,改变分散的小锅炉房供热的情况,要全面规划,在有条件的地方合并、改造、改建成大型供热锅炉房,使每个锅炉房供热面积达到 30 万—40 万平方米。第三,加快现有锅炉、工业窑炉和茶炉的消烟除尘工作。①

中共十一届三中全会召开后,北京市在巩固消烟除尘工作已有成果的基础上,明确城市发展定位并加速污染企业外迁,加强空气污染治理的法制建设,优化城市燃料结构,积极发展集中供热,大力发展蜂窝煤取代散煤,开始综合治理空气污染。

(一) 明确城市发展定位,加速外迁污染企业

1980 年 4 月 21 日,中共中央书记处召开了专门会议,对改革开放新时期北京城市建设做出了影响极为深远的“四项指示”,指出北京“不一定要成为经济中心”,要“下决心基本上不发展重工业”,要开展“适合首都特点的经济建设”。② 1983 年 7 月,中共中央、国务院在对《北京城市建设总体规划方案》的批复中明确提出:“北京今后不要再发展重工业”,“而应着重发展高精尖的、技术密集型的工业”。③ 中央的决策为北京市产业结构的调整明确了方向,提供了支持。到 1988 年,北京重工业产值

---

① 北京市环保局:《关于解决北京市空气污染问题的报告(草稿)》,北京市档案馆:193-002-00219。

②《建国以来的北京城市建设资料·第一卷·城市规划》,北京建设史书编辑委员会编辑部 1987 年编印,第 314 页。

③ 中共北京市委宣传部、首都规划建设委员会办公室编:《建设好人民首都——首都规划建设文件汇编》第 1 辑,北京:北京出版社,1984 年,第 6—15 页;《北京志·综合经济管理卷·计划志》,北京:北京出版社,2000 年,第 9 页。

所占比重由1978年的64.8%下降为56.1%。[①] 城市发展定位的明确和工业结构的调整推动了北京市空气污染治理的深入开展。

针对污染企业的搬迁问题，1978年12月31日，中共中央批转了《国务院环境保护领导小组办公室环境保护工作汇报要点》，明确指出："对于那些严重污染环境，长期不改的，要停产治理，并追究领导责任，实行经济处罚，严重的给予法律制裁。"[②]1980年9月，北京市环保局提交了《关于解决北京市城区环境污染的规划意见的报告》并提出了3年治理计划，拟对污染比较严重的61个厂点实施"治、改、并、迁"[③]政策。[④] 为便于污染企业筹措搬迁资金，1984年12月，北京市制定并发布了《关于对污染扰民企业搬迁实行优惠政策的通知》。[⑤] 1978—1990年，北京市因污染而"治、改、并、迁"的工矿企业共297家，撤销电镀、热处理、铸锻等厂点733个。[⑥]

（二）加强空气污染治理的法制建设

1979年9月，五届全国人大常委会第十一次会议通过并颁布了《中华人民共和国环境保护法（试行）》。据此，1981年3月12日，北京市人民政府制定了《北京市加强炉窑排放烟尘管理暂行办法》，规定："各种炉窑，凡额定小时燃烧量在150公斤以上的，必须采取机械燃烧方法或消烟除尘效果高于机械燃烧的其他方法。"为了加强管理，该暂行办法还规定了累进式的超标排放罚款制度。[⑦] 1984年3月，北京市人民政府制定了《北京市防治大气污染管理暂行办法》及《北京市废气排放标准（试

---

① 李京文主编：《北京制造业发展史》，北京：中国财政经济出版社，2012年，第98页。

② 《中国环境保护行政二十年》，北京：中国环境科学出版社，1994年，第456页。

③ 即就地治理、改产、并产和异地搬迁。

④ 孙刚选编：《20世纪七八十年代北京市环境保护规划史料》，《北京档案史料》2012年第1期。

⑤ 国家环境保护局编：《第三次全国环境保护会议文件汇编》，北京：中国环境科学出版社，1989年，第211—214页。

⑥ 《北京志·市政卷·环境保护志》，第184、188页。

⑦ 《国内外环境保护法规与资料选编》上册，上海市环境保护局1981年编印，第173页。

行)》,将各种锅炉、工业窑炉、茶炉、大灶、机动车辆和生产设施、试验装置等都纳入了北京市空气污染防治的监管范围。① 1987 年 9 月,六届全国人大常委会第二十二次会议通过并颁布了《中华人民共和国大气污染防治法》。1988 年 7 月,北京市人大常委会制定了《北京市实施〈中华人民共和国大气污染防治法〉条例》,在进一步加强监管的同时加大了处罚力度。② 至此,北京市空气污染防治的法律法规体系初步建立。

(三) 积极发展集中供热

中共十一届三中全会后,北京市还积极开展集中供热设施建设。继 1978 年北京市第二热电厂开始对外供热后,北京市又陆续建成了石景山热电厂、左家庄供热厂、北辰热力厂等一系列热源供应厂。1988 年底,北京市的城市热化率达 22.6%。③ “大院式”集中供热(后被称为“集中锅炉房”)得到迅速发展。截至 1989 年,全市规模较大的“集中锅炉房”有 67 处,至 1990 年“集中锅炉房”供热面积发展到 1529.2 万平方米。1990 年底,联片供热的面积发展到 1 308 万平方米,占市区房屋建筑面积的 7.4%;工业余热供热面积为 150.2 万平方米。④ 此外,北京市还利用世界银行贷款修建了 4 座尖峰锅炉。⑤

(四) 优化城市燃料结构

北京市治理空气污染的另一个重要路径就是立足现实情况积极优化燃料结构,发展清洁能源。

---

① 北京市统计局编:《北京市社会经济统计年鉴(1985)》,北京:中国统计出版社,1985 年,第 66—72 页。

② 北京市人民政府法制办公室编:《北京市法规规章汇编(1949—1997)》下册,北京:中国民主法制出版社,1998 年,第 1798—1805 页。

③ 段柄仁主编:《北京市改革十年(1979—1989)》,北京:北京出版社,1989 年,第 644 页。

④《北京志·市政卷·供水志、供热志、燃气志》,第 246—249 页。

⑤ 北京市政协文史和学习委员会、中共北京市委党史研究室、北京市老干部局编:《改革开放话北京》,北京:北京出版社,2008 年,第 131—135 页。

其一，积极增加人工煤气的气源。长期以来，北京市人工煤气唯一气源是北京焦化厂。20 世纪 80 年代，北京焦化厂实施了增气工程，使该厂拥有 6 座焦炉、20 座煤气发生炉，日均供气量达 130 万立方米。此外，70 年代末起生产煤气的 751 厂 2 台重油催化裂解炉在 80 年代增加到了 6 台。从 1984 年起，首钢也开始为北京市输送煤气，增加了人工煤气的气源。1985 年，华北油田天然气进入北京市，与人工煤气混合后进入人工煤气管网。①

其二，努力增加液化石油气供应。北京市液化石油气用户从 1978 年的 561692 户增长到 1987 年的 1 232 559 户。②“1986 年底，全市用上煤气（包括液化石油气）的居民已达 143.2 万户，全市城市人口的（民用炊事）气化率已达 83%”③。1988 年，城镇居民炊事燃气化率达 90%以上。④ 80 年代后期，由于物价上涨，北京市对液化石油气实行“差价补贴”，以维持液化石油气的低价，鼓励群众使用。到 1990 年，北京市累计补贴总额为 9 894.39 万元。⑤

（五）大力发展蜂窝煤取代散煤

在治理工业废气排放污染和供暖污染的同时，北京市开始对 150 万只居民小煤炉的污染问题进行治理。全市小煤炉、茶炉、大灶用煤量虽然仅占全市用煤量的 14%，但对大气污染的分担率却占 40%以上。⑥ 经研究，使用掺加固硫剂的蜂窝煤可以大幅度减少散煤燃烧产生的二氧化硫和烟尘，并有明显的节煤作用。⑦ 1980 年，北京市开展了用蜂窝煤替

① 《北京志・市政卷・供水志、供热志、燃气志》，第 391—394 页。

② 《北京志・市政卷・供水志、供热志、燃气志》，第 468 页。

③ 《北京志・市政卷・供水志、供热志、燃气志》，第 384 页。

④ 北京市统计局编：《北京社会经济统计年鉴（1989）》，北京：中国统计出版社，1989 年，第 591 页。

⑤ 《北京志・市政卷・供水志、供热志、燃气志》，第 400 页。

⑥ 《北京市 150 万只小煤炉问题应引起重视——民用小煤炉问题调查》，北京煤炭利用研究所情报室 1986 年编印，第 2 页。

⑦ 段柄仁主编：《北京市改革十年（1979—1989）》，第 644 页。

代煤球取暖的试点工作，并加大蜂窝煤生产线的投资力度。1981 年，北京市在丰台、海淀两区扩大试点，试点证明用直径 127 毫米蜂窝煤取代煤球取暖过冬是可行的。① 北京市决定从 1987 年开始用 3 年时间新建、改建 100 条蜂窝煤生产线，使城区居民用煤基本实现蜂窝煤化。② 到 1989 年，北京市各区县共有各类蜂窝煤机 450 台，城区蜂窝煤化平均达到 90%以上。③

从 1978 年开始，经过十多年的空气污染综合治理，北京市空气污染状况终于得到了初步遏制。1990 年与 1981 年相比，北京市区人口增加了近 100 万，工业总产值翻了一番，房屋建筑面积增加近 7 000 万平方米，年耗煤量增加 500 余万吨，城近郊区降尘量却从 1981 年的每月每平方公里 33.7 吨降至 1990 年的 21.8 吨，下降了 30.6%。④

余　论

纵观 20 世纪七八十年代北京市以消烟除尘工作为中心的空气污染治理过程，有以下几点启示：

第一，党和政府始终高度重视空气污染治理和环境保护工作。党和政府以对人民负责为出发点，创造性地提出并发展了“三废”治理理论，强调“不能在造福群众的同时使群众遭殃”⑤。1973 年 8 月召开的第一次全国环境保护会议是新中国开创环境保护事业的里程碑，标志着环境保护在中国开始列入各级政府的职能范围。此后，从中央到地方及其有关部门都相继建立了环境保护机构，并着手对一些污染严重的工业企业、城市和江河进行初步治理。1984 年，北京市环保局提出要为群众办

① 《煤炭流通志》，北京：中国科学技术出版社，2006 年，第 77 页。

② 段柄仁主编：《北京市改革十年(1979—1989)》，第 644 页。

③ 《煤炭流通志》，第 78－79 页。

④ 《北京志・市政卷・环境保护志》，第 138 页。

⑤ 《周恩来总理对出席全国计划会议代表的讲话(1971 年 2 月 15 日)》，河北省档案馆：1027 - 7 - 80 - 1。

12件环保实事，其中有1/3与空气污染治理有关。至1984年底，12件环保实事全部落实。从此“办环保实事”逐渐形成制度，由市长要求各区（县）、局、总公司每年制订“环境保护为群众办实事”计划并签署责任制协议。“办环保实事”制度成为我国环境保护责任制早期探索的成功案例。①

第二，空气污染治理与环境保护是一项长期性、系统性、复杂性、艰巨性的工作。北京市空气污染治理之初，人们对环境治理与保护问题的长期性、系统性、复杂性、艰巨性认识不到位，普遍认为“三废”仅仅是工业生产过程中产生的废弃物，只要重视起来就很快可以解决，因此聚焦于空气污染的末端治理。北京市空气污染治理中消烟除尘群众性会战就是基于这种认识展开的，提出了“今年基本搞完，明年扫尾”或“三年会战，一年扫尾”等口号。但是，随着人们对空气污染和环境治理与保护问题长期性、系统性、复杂性、艰巨性认识的逐步深入，主管部门已经意识到城市布局、工业分布、燃料结构、城市基础设施建设等问题都非一两年可以解决的，需要统筹考虑，逐步解决。立法机关和各级政府加强空气污染治理与环境保护的法制建设，各级环境保护管理部门制定的政策则更切合实际并着眼长远发展。

第三，国际形势是推动中国空气污染治理与环境保护发展的重要因素。新中国成立后，北京市工业的快速发展受到国际形势紧张因素的影响。化工业的发展以及工业的粗放型发展造成了严重污染。随着与美国等西方发达国家关系的改善，中国开始借鉴西方发达国家环境治理和保护的经验与措施。改革开放后，中国加入联合国环境规划署和世界卫生组织主办的全球环境监测系统，北京等5个城市从1981年7月1日起，每季度向世界卫生组织提供大气监测数据。② 1984年，为了治理机动车尾气污染，北京市从日本等国进口了2 000辆较为环保的货车，以替

① 《北京志·市政卷·环境保护志》，第282—283页。

② 《中国卫生年鉴(1983)》，北京：人民卫生出版社，1984年，第107页。

代被称为“墨斗鱼”的旧型东风三轮摩托车。① 1985年,北京市从苏联进口了3台燃油尖峰锅炉、8台热网加热器和10台热网循环泵,以扩充第二热电厂的供热能力。② 北京市还利用世界银行等国际组织的贷款和其他国家的援助与贷款来改善城市基础设施,从而改善环境质量。③ 因此,从某种意义上说,北京空气污染问题是全球环境污染问题的一个缩影,其治理也是全球环境污染问题应对与治理的重要组成部分。

20世纪七八十年代是北京市开展空气污染治理的第一个时期。经过近20年的探索和努力,北京市的空气状况在80年代末出现了向好趋势。遗憾的是,由于北京市经济的快速发展、城市的不断扩张、汽车保有量的迅猛增长、区域间空气污染物的扩散以及全球气候变暖等因素的综合影响,这种趋势并没有持续下去。旧问题虽然逐步得到解决,但新问题不断涌现。90年代以后特别是21世纪以来,北京市的空气污染治理与环境保护进入了新的历史时期,治理与保护措施更加系统、完备,治理与保护力度前所未有。这充分反映了包括空气污染治理在内的环境治理和保护是一项长期性、系统性、复杂性、艰巨性的事业,而且需要世界各国共同应对。历史的教训应该吸取,历史的经验值得借鉴。

---

① 《北京志·市政卷·环境保护志》,第148页。

② 《北京志·市政卷·供水志、供热志、燃气志》,第233页。

③ 北京市环保局:《关于世界银行拟资助和派专家合作本市空气污染控制的请示(1988年2月22日)》,北京市档案馆:193-001-00811。

社会群体的时代境遇

大户与宗族：明清山东“门”型系谱流变与实践

任雅萱

一、“门”型系谱何以形成？

华北宗族研究是了解华北区域社会的重要路径之一。目前，学界关于该问题的研究，已从以往对宗法制度的探讨，转向对宗族组织所在的社会文化环境的深入，进而揭示华北宗族及社会的历史形成过程。在这一转向中，华南宗族的形态和研究取向进入人们的视野，礼仪标识、控产组织、叙事结构等概念开始被研究者熟悉。[①] 前期有学者用华南的宗族形态类比华北宗族，认为华北宗族的典型特征是残缺的、不完整的，主要

[作者简介] 任雅萱，山东大学儒学高等研究院副教授。

* 本文最先在2019年南开大学历史学院举办的“经济结构、民众生活与社会转型：第一届华北区域史学术研讨会”上宣读，后投稿《史林》杂志，经过修改发表于《史林》2021年第1期。此次收录有改订。

① Maurice Freedman, *Lineage Organization in Southeastern China*, London: Athlone Press, 1965; Maurice Freedman, *Chinese Lineage and Society: Fukien and Kwangtung*, London: Athlone Press, 1966. 科大卫：《皇帝和祖宗：华南的国家和宗族》，卜永坚译，南京：江苏人民出版社，2010年；郑振满：《明清福建家族组织与社会变迁》，北京：中国人民大学出版社，2009年。

类比的形态是有无祠堂、族产、族规等。① 毋庸置疑,比较研究是重要的,但比较的基础和前提应是对华北地区宗族有相当程度的认识和了解,而不应使用所谓"宗族"标签化的形式去衡量。换言之,作为一种概念的"宗族",其本身便存在着区域性差异。

近年来,华北宗族研究开始立足于本区域的特点和社会背景,这一方面的研究成果颇丰。② 尤其是已有学者在对华北地区宗族进行研究时,注意到系谱构建过程中存在着一种区别于以往"房"型世系的实践类型。钱杭先生通过沁县"门"及"门"型系谱的研究发现"门"是有别于"房"的另一种系谱结构,并且总结了"门"型系谱的特点及与"房"的区别。③ 他认为"门"是宗族世系图中一个新的横向性系谱框架,在同辈兄弟之间,可一子一门,也可多子一门,独子不成"门"。对于这种系谱实践类型,钱杭先生表示还不足以构成"族—门"模式。不过,华北地区宗族结构中的"门"型系谱及其重要性正在引起研究者的关注。

若想了解"门"型系谱实践类型,关键问题是要回答:这种区别于"房"的系谱结构是如何形成的?这种形成过程对于我们理解华北宗族与区域社会历史又有何影响?目前学者已从世系学类型、宗族实践等角度展开讨论,得出了世系分化、地域联合的结论。④ 笔者近年来一直关注

---

① 兰林友:《论华北宗族的典型特征》,《中央民族大学(哲学社会科学版)》2004 年第 1 期;兰林友:《"同姓不同宗":对黄宗智、杜赞奇华北宗族研究的商榷(上)》,《广西民族学院学报(哲学社会科学版)》2005 年第 5 期;兰林友:《宗族组织与村落政治:同姓不同宗的本土解说》,《广西民族学院学报(哲学社会科学版)》2011 年第 6 期。

② 关于华北宗族研究综述,参见常建华:《近年来明清宗族研究综述》,《安徽史学》2016 年第 1 期;张瑜:《北方宗族史研究述评》,《社会史研究》2018 年第 2 期;常建华:《明清北方宗族的新探索(2015 - 2019 年)》,《安徽史学》2020 年第 5 期。

③ 钱杭:《沁县族谱中的"门"与"门"型系谱——兼论中国宗族世系学的两种实践类型》,《历史研究》2016 年第 6 期。

④ 在钱杭先生讨论之后,相继有其他学者对"门"型系谱问题展开讨论,详见:张俊峰、张瑜:《结构与建构:沁河流域的宗族实践——以山西阳城县张氏家谱为中心》,《青海民族研究》2020 年第 1 期;于秀萍、童广俊:《"分支别派"与明清以来华北宗族的发展》,《沧州师范学院学报》2020 年第 1 期。

“门”型系谱与华北区域社会之间的联系，并且在对明代山东莱芜县亓氏宗族进行考察之后发现“门”型系谱的形成还与共同承担赋役有关，由赋役的联合从而成为一个宗族团体。① 其实，系谱的形成涉及地域社会的权力关系与认同表达，即某一个群体或某几个群体根据一定原则建立起有关联性的世系系统，并且认为属于共同的宗族。

在族谱文献的记载中，“门”型系谱大致有两种形成路径。其一是作为实际血缘的代际传递，通常表述为世系分化的“某某世分某几门”；其二是出于某种原因产生的联合，比如前文提及的共同承担赋役。尤其第二种路径，更是“门”型族谱文献中经常出现的记载，即表现为“门”型系谱与联宗的关系。钱杭先生认为两者的实践原则相当接近，但“门”内联宗具有较高的真实性，“房”间联宗则存在明显的拟制性。② 在其近些年的研究中，他以山东与山西门型系谱对比视角，论述了门型系谱与房支联宗的关系，指出“门”外房支与“门”内宗族联宗的拟制性更加明显。③ 可见，“门”型系谱的形成是复杂的，而且存在区域性差异，仅依循世系分化的宗族叙事语言并不能展现其过程的复杂性。

族谱是“门”型系谱的主要载体和表现形式。不过，族谱是一种由编纂者书写的叙事语言，并不能简单将其视作人口、制度和传记的资料来源。饶伟新等重新反思了历史学应如何解读族谱，他们认为：“族谱不止是一种供史家参考利用的文献资料，它首先是一种文本，一种与社会生活或社区生活有着密切关系的文本。”④抑或是说，族谱所产生的地方社会文化环境，以及由谁来撰写、为何撰写等问题更应该被重视。目前将

① 任雅萱:《分“门”系谱与宗族构建——以明代山东中部山区莱芜县亓氏为例》,《中国社会经济史研究》2017 年第 2 期。

② 钱杭:《沁县族谱中的“门”与“门”型系谱——兼论中国宗族世系学的两种实践类型》,《历史研究》2016 年第 6 期。

③ 钱杭:《分“门”与联宗——读山东〈莱芜吕氏族谱〉》,常建华、夏炎主编:《日常生活视野下的中国宗族》,北京:科学出版社,2019 年,第 162—181 页。

④ 饶伟新主编:《族谱研究》,北京:社会科学文献出版社,2013 年,第 3 页。

族谱作为文本进而讨论系谱形成过程的研究，多集中在明清时期的华南或华中地区，[①]对于华北地区经历了怎样的系谱构建过程，则有进一步讨论的空间。而将族谱视作一种社区生活的文本进行解读，或许会为我们理解"门"型系谱的形成，乃至华北宗族问题提供新的思路。

故此，本文将以笔者在山东中部田野搜集的族谱为例，从族谱编纂角度切入，对"门"型系谱的形成路径、演变进行讨论，重点关注族谱文本与区域社会的结构性关联。

二、"门"型族谱文本的编纂时间与类型

目前，笔者通过在山东中部地区的田野调查，共搜集到来自 19 个姓氏、21 个宗族的 27 种族谱，其中李氏、吴氏存在同姓不同宗的情况，这些族谱现在的保存地主要集中在莱芜、博山和章丘等。明初，在山东中部地区入籍的户口组成有军、民、匠等。据洪武初年莱芜县户口统计显示，民户有 5 788 户，军户有 1 114 户，杂役户有 291 户，军户与杂役户占有一定比例。[②] 在 21 个宗族的族谱中，绝大多数记载其祖先自明初迁入，其中有 8 个宗族明确记录了入籍情况，其余未知。在 8 个宗族中，军籍占 4 例，分别是莱芜谭氏、吴氏、魏氏和章丘康氏；匠籍 2 例，分别是博山孙氏和钱氏；军、匠两籍有 1 例，为莱芜亓氏；民籍 1 例，为莱芜朱氏。在 8 例占籍情况明确的宗族中，有 3 个宗族内部结构属于"门"型，分别是莱芜亓氏、吴氏和博山孙氏。而在入籍情况未知的 13 个宗族中，有 2 例属"门"型系，为莱芜吕氏和韩氏。5 个宗族在当地均属人口、财富、科举等方面较为突出的大族，具有较高声望。

---

① 有关华南及华中地区的族谱文本研究，可参考刘志伟：《附会、传说与历史真实——珠江三角洲族谱中宗族历史的叙事结构及其意义》，王鹤鸣等主编：《中国谱牒研究——全国谱牒开发与利用学术研讨会论文集》，上海：上海古籍出版社，1999 年，第 149—162 页；贺喜：《〈欧阳氏谱图〉的流变与地方宗族的实体化》，《新史学》（台北）2016 年第 27 卷第 4 期。

② 康熙《新修莱芜县志》卷 4《贡赋志 · 户口》，第 1b—2a 页。

虽然均属“门”型系谱，但5个姓氏内部的宗族结构却不尽相同，甚至有宗族并未遵循“同辈兄弟”原则，反而出现了不同世属一门的情况。亓氏内部有一门、二门、三门、四门和南三门，属于多子一门。吕氏分大门、二门、三门、四门和五门，属一子一门。孙氏分为南、北二门，也属一子一门。吴氏分为茂门、大纲门、天赐门和朝佑门，属于不同世一门，其中大纲祖为四世，茂祖为五世，天赐和朝佑则同为六世。除此之外，亓氏、吕氏、孙氏和吴氏在“门”下又分“支”或“宅”，即“门—支”或“门—宅”结构。韩氏则与上述四宗族有所不同，其内部为“支—门”结构。按照族谱记载，韩氏祖先于三世分为四大支，而在五世祖时，长支和三支又分为五大门和三大门。

不仅如此，五个宗族“门”型系谱的形成时间也各有差异。有族谱文字记载的“门”型系谱主要出现在两个时期，一为明代中期，比如莱芜县亓氏、吴氏；二是集中在清代康熙至乾隆年间。通过“门”的结构编纂而成的族谱主要有三类：一是既有总谱也有门谱，二是只有总谱，三是只有门谱。五个宗族族谱编纂信息见下表1。

表1　山东中部“门”型族谱编纂信息一览表

宗族	明清所属地	明初占籍情况	族谱类型	族谱名称	创修时间	参考版本
亓氏	莱芜县	军、匠两籍	总谱	《亓氏族谱》	嘉靖十七年	乾隆五十二年手抄本
			门谱	《亓氏南三门族谱》	道光三十年	民国十三年铅印版
韩氏	莱芜县	未知	总谱	《古瀛韩氏族谱》	康熙三十年	民国二十二年重修
吴氏	莱芜县	军籍	总谱	《古瀛吴氏族谱》	乾隆二年	民国二十二年铅印版

续　表

宗族	明清所属地	明初占籍情况	族谱类型	族谱名称	创修时间	参考版本
吕氏	莱芜县	未知	门谱	《莱芜吕氏族谱大门谱》	乾隆四十五年	2012 年统修版
				《莱芜吕氏族谱二门谱》	嘉庆八年	2012 年统修版
				《莱芜吕氏族谱三门谱》	乾隆三年	2012 年统修版
				《莱邑吕氏四门族谱》《莱芜吕氏族谱四门谱》	乾隆二年	民国十九年版，2012 年统修版
				《莱芜吕氏族谱五门谱》	同治十一年	2012 年统修版
孙氏	博山县	匠籍	总谱	《颜山孙氏族谱》	乾隆十四年	民国二十年刻版

说明：博山县，雍正十二年（1734）前为颜神镇。

资料来源：参考族谱：《亓氏族谱》，乾隆五十二年（1787）手抄本，共六卷，现藏于山东省济南市莱芜区农业局宿舍亓氏后人家中，族谱未标明页码；《莱邑吕氏四门族谱》，民国十九年（1930）七修，现藏于山东省济南市莱芜区大芹村吕姓村民家中；《莱芜吕氏族谱大门谱》《莱芜吕氏族谱二门谱》《莱芜吕氏族谱三门谱》《莱芜吕氏族谱四门谱》《莱芜吕氏族谱五门谱》，2012 统修，现藏于山东省济南市莱芜区大芹村吕姓村民家中；《古瀛吴氏族谱》，民国二十二年（1933）敦本堂五修，共四卷本，现藏于山东省济南市钢城区港里村吴姓村民家中；《古瀛韩氏族谱》，民国二十二年（1933）亲睦堂重修，共十四卷本，现藏于山东省济南市莱芜区口镇西街韩氏族人家中；《颜山孙氏族谱》，民国二十年（1931）四修，共六卷本，现藏于山东省淄博市博山区图书馆内。

从表 1 可知，亓氏既有总谱也有门谱，门谱目前只发现来自南三门在道光年间编修的族谱。吴氏、孙氏和韩氏目前仅找到总谱。而在吕氏中，虽然自清代以来经过了多次重修，但每次重修族谱均是按照“门”编纂。直到 2012 年，宗族内进行了统修，族谱名称也改为《莱芜吕氏族谱大门谱》《莱芜吕氏族谱二门谱》《莱芜吕氏族谱三门谱》《莱芜吕氏族谱四门谱》和《莱芜吕氏族谱五门谱》。尽管这次修谱名义上称为统修，但依旧沿用了分门叙事的原则，存在明显的门谱特点，所以本文仍然将其视为门谱。若要从族谱中探讨“门”型系谱的产生和演变过程，就需要将族谱文本作为一个历史过程的主体加以解读，层层剥离，发现人们组织“宗族”的历史过程。

族谱是一种人为的文化产物，“总谱”和“门谱”的编纂形式说明在族人内部形成了不同程度的认同。即便是目前能看到的“总谱”形式，其情况也比较复杂。比如亓氏在嘉靖十七年(1538)第一次编纂族谱时，文本中记载由胤和积二子分为两门，但至万历四十六年(1617)亓诗教、亓遇等人再次编修族谱时，宗族内部结构已经成为一门、二门、三门、四门和南三门，始祖也从“世能”变为“士伯”。① 在此之后重修的《亓氏族谱》，便是基于这种结构进行编纂，内容不断累加。再如吴氏第一次出现有关“门”型结构的记载是在乾隆二年(1737)创修族谱时。根据记载，四大门形成的机缘是万历二十八年(1600)吴氏一族置办义田400余亩，世系的联结很大程度上出于“共理田事”，而血缘的关系由于祖父、父亲等名讳、字号失传等而表现得并不明显。② 因此，笔者认为，“门”型系谱的形成并非像族谱书写的“某某世分为某几门”那样简单，反而是某些因素作用下不断联合、层累的过程。以族谱文本编纂视角来看，在山东地区，作为文字叙事的“门”型结构主要出现在明代中期与清代前期。我们需要追问的是，人们在这两个时期编纂族谱的地方社会基础是什么？“门”型系谱的形成是否受到了族谱叙事的影响？我们将在下文看到，在祖先事迹不断被追溯、世系图逐渐扩大的同时，以“门”区分的宗族结构和乡村社会也正在形成。

三、明代大户分“门”值差与宗族构建

作为族谱记载中的“门”，固然有血缘世系分化的意义，但我们也需要将其放在具体的地方社会和政治制度中去理解这一单位的产生和演变过程。因此，我们不能忽略在明代华北地区赋役制度中出现的“门”，以及它与宗族结构的“门”之间具有怎样的关系？

---

① 亓诗教：《正始解》，万历四十五年(1617)撰，详见《亓氏族谱》卷1，族谱未标明页码。

② 吴毓珍：《吴氏族谱序》，乾隆二年(1737)撰，《古瀛吴氏族谱》卷1，第1—2页。董顺：《吴氏义田记》，万历二十八年(1600)撰，《古瀛吴氏族谱》卷1，第11b—12b页。吴来朝：《义庵公族田碑文》，万历二十八年(1600)撰，《古瀛吴氏族谱》卷1，第1—2页，第13b—15a页。

按照明代的制度，每个民户应定期向官府上缴赋税，包括“田赋”和“杂赋”。田赋又被视为正赋，即夏粮和秋粮两种，也就是从人户中丁口耕种的田地上收获的粮食。杂赋则指农桑丝绢等，在明代山东，主要包括丝绢、农桑、花绒、马草、盐钞、皮张、禽畜、羽毛等。[①] 除赋税外，民户还要负责差役，而且非常繁重。明代的差役被摊派到里甲之中，轮流当差的里甲称为“见年”，其余未轮充差役的九甲称为“排年”。里甲人户轮流承担的差役，被称为“正役”，除此之外，还有大量专门的人力供应明代各级政府，主要包括杂泛、驿传、民壮等，这部分差役由“排年”负责。在一个里中，根据人丁事产多少将一百一十户划分为上、中、下三个等级，即“户等”高低，官府按照上户、中户和下户三等量力摊派差役，五年进行一次均役，十年更造一次黄册。

不过，明代户籍制度具有里甲户籍和专业户籍两个考察维度，被编入里甲中的并非只有民户，还有军户、匠户等。据韦庆远研究，除军队卫所现役官兵以外，一切编入里甲的人户，不论军、民、匠、灶等户都要在黄册上登记，并且注明所属户类。以军户为例，除正军在卫所系统当兵之外，对于那些未入伍的军户来说，他们仍然分居各州县，不仅被编入里甲，而且需要应对里甲、均徭等差役。[②] 当然，与民黄册相对应的是，朝廷会为军、匠等专业户籍编纂专门的户籍册，比如军黄册，但这与一里之中仍有军户、匠户并不冲突。即便在编纂民黄册时，仍需要对居住在里甲中的军、匠、灶等户进行记载和说明。[③] 正如前文所示，明初在莱芜县编入里甲的户口就有军、民、匠户等，其中军户与杂役户共有 1 405 户，民户有 5 788 户。[④] 这说明明代莱芜县的里甲户籍中，存在军、民、杂役共居的情况。

---

① 嘉靖《山东通志》卷 8《田赋》，《四库全书存目丛书・史部》，(台南)庄严文化事业有限公司出版社，1996 年影印本，第 188 册，第 12—17 页。

② 韦庆远：《明代黄册制度》，北京：中华书局，1961 年，第 54—72 页。

③ 赵官：《事例・弘治十三年》，《后湖志》卷 6，南京：南京出版社，2011 年，第 78 页。

④ 康熙《新修莱芜县志》卷 4《贡赋志・户口》，第 1b—2a 页。

在里甲体系中，由里长一人和甲首十人负责管摄一里之事，包括催办钱粮等。[①] 至于里长、甲首由哪一户来充当，则依然根据户等来决定，一般选择人丁事产多的户出任里长、甲首。具体过程是先由知县在每里之内选定一个上户充当里长，再由里长负责一里的所有编审和派差事宜。里长责任重大，他要想办法把同里中的人丁组织起来，满足知县对该里的一切差役需求。因此，明初政府的确以黄册了解各省各县的户口总数，但至于县以下应差户口的册籍，却掌握在里长手中，知县并不一定了解。换言之，里长控制了里甲内户口的编审。也因如此，经常出现里长把上户编成中户的情况，这样的结果是实际的中户要和下户共同负责大量的差役。

明代中期，差役不均的问题已经非常严重，在里长的纵容下，登记在里甲的户口开始用分"门"降低户等的办法应对差役。万历《兖州府志》卷二十六中有"民役"一条记载如下：

> 履亩以起税，计丁以应役，分门以直差，免役输钱，顾役庸力，上自藩禄，下及州县，驿传、漕运、输挽、边场、吏胥与马薪积诸费不可胜计。[②]

上述引文中提到了"分门以直差"，说明在明代中期，通过户下分门来应差已成为山东境内的一种现象。但问题是，并非所有的户都会分门，那么主要在哪些户中会出现分"门"的情况？万历《汶上县志》记载："故富者分门减则，花名寄地，务与贫户方幅相齿，伪增之端，不惮自下始矣。"[③]在汶上县是"富者"通过分门来降低户则，以减少应役的负担。不仅如此，山东左布政王宗沐在隆庆五年(1571)的一份文件解释为："盖事

---

① 在里甲制度设立之前，明廷已经设置了"粮长"制度，并且由粮长负责征解钱粮。粮长由一县之内的大户充当，其中大户通常指那些具有地方赋役管理职责的富户。至于里长与粮长的关系，可参见梁方仲：《明代粮长制度》，上海：上海人民出版社，1957年。

② 万历《兖州府志》卷26《民役》，第1a—1b页。

③ 万历《汶上县志》卷4《政纪志·户口》，第1a页。

产备而门户立。门者，事产之积也。”[①]他的意思是，“门”建立的基础是一个户口拥有较多的人丁事产。可见，户下分“门”的情况往往出现在粮多丁众的大户。至于相对贫弱的小户，则很少分“门”。不过，地方志关于这类户口的记载通常比较模糊，我们很难了解拥有较多人丁事产的大户究竟来自何种户籍，文献中并无更多说明。

大户分“门”应差的出现，意味着“门”主要是一个赋役单位，并被官府运用到平均徭役的改革中，即按照“门”的高低来编审户口。明代中后期，朝廷为解决差役不均问题，采用“门丁银”的办法进行均徭改革。谷口规矩雄在其研究中考察了明代华北地区赋役制度的转变，其中重要的过程便是在明代中期逐渐征收“门丁银”。[②] 官府通过编审“门”的高下来确定征收门丁银的数量，具体办法是根据人丁事产的多寡，将原先三等户口再细分为“三等九则”，即上上、上中、上下、中上、中中、中下、下上、下中和下下。这九等户口又被编为上门、中门和下门三则，被编在上门的，需要缴纳户口税，即“门银”，但无丁差；而被编在中门和下门的户口可以缴极少甚至免除门银，不过需要亲身应役。因此，并不是所有等级的户口都需要缴纳门银，只有那些人丁事产多的大户才会履行这项规定。

在官府征收“门丁银”的同时，山东境内的大户也开始依据“门”的单位建立宗族。莱芜县亓氏在明初入籍时为军、匠两籍，他们在嘉靖年间第一次建设宗族时，便是为了通过编修族谱的方式实现有条理地分派粮差。至嘉靖年间，亓氏分两门，人口已是“男子生凡几千，女子生凡几百焉，皆散处村落邑闾之间”，是莱芜县内的大户。人口不断增多以及散居到不同的村落，由此按“门”应差的方式受到很大挑战，人们往往会因为应对赋役分配不均而产生争端。[③]

---

① 万历《兖州府志》卷26《民役》，第8a—8b页。

② 谷口规矩雄：《明代徭役制度史研究》，东京：同朋舍，1998年，第155—161页。

③ 比如在七世祖亓元吉的墓志铭中记载：“族人繁盛，赋役杂沓难均一。每审编君辄领之，靡不帖然服者。或有争竞不去见官府，独愿得君一言而决。”参见刘应捷：《侯门官西台亓君墓志铭》，万历八年(1580)撰，《亓氏族谱》卷2，族谱未标明页码。

面对这种情况,大户内开始通过编纂族谱的方式厘清支系,目的是利用世系文本的形式重新修订分派粮差的名单。这在嘉靖十七年(1538)亓銮与嘉靖二十一年(1542)亓瑾的族谱序言中体现得很明显:

> 驯及今日,年深岁远,累世所孳,枝叶繁盛,人丁众多。晚年辈或命名重复至于上,或各置产业,分派粮差,互相争端,是不可不为之虑者。予不能治家谱,特设方簿一扇。标题宗之尊,次伯叔,次兄弟,次侄孙,本本源源,阅簿可知。使后来者各照宗枝,续列成行,永宜遵守,不致混乱云尔。①
>
> 若夫额差徭役,轮周各照定规,粮草二站当纳本于次第。苟有存心机巧者出,颠倒混乱,势必至于相争不已,有乖大体,是吾可忧者二也。②

从亓銮序言中可以看出,散落于村落的人口和财产造成了应对差役的混乱,而在亓瑾序中则显示以往差役是轮流应对,并且按照一定顺序缴纳粮草。此处的“次第”很可能是依据血缘关系和长幼嫡庶,在应差过程中却出现了次序颠倒的情况。因此,他们通过编修族谱达到分清支派、明确等级以及纠正差错的目的。可以推测,即便亓氏人口散落其他村庄,但只要他们还是登记在同一户名下,就要承担按照门则编定的赋役。当有人违反规则,或者出现混乱、争端时,人们就希望通过用“宗族”的礼仪来明确门户次第。此时出现的族谱,相当于大户内部的均徭册籍,由此也产生了按照“门”型系谱构建的宗族。换言之,“门”型系谱主要是在明代赋役大户中产生的。

根据笔者对所搜集山东中部“门”型族谱文本来看,分“门”的宗族在明初的占籍情况有军籍、匠籍和未知。以莱芜县亓氏、博山县孙氏为例,说明在军、匠户籍中有发展出赋役大户的情况,但至于民户是否也存在赋役大户,以及不同户籍与分“门”应役之间的复杂关系,笔者将另作文

① 亓銮:《亓氏家传族谱序》,嘉靖十七年(1538)撰,《亓氏族谱》卷1,族谱未标明页码。
② 亓瑾:《亓氏家传族谱序》,嘉靖二十一年(1542)撰,《亓氏族谱》卷1,族谱未标明页码。

详细论述。需要注意的是,明代后期采用“门丁银”编审差役的办法依旧存在诸多问题,比如里长等随意编造门丁册籍等。官府已经意识到这样的弊端,并且开始在地方推行照地编差的“一条鞭法”改革。不过,该做法由于加重了大地主和乡绅的负担,并未彻底实现。[①] 而直到清前期实行了赋役改革之后,照地编差才得以实现,这也影响了山东基层社会的组织结构与“门”型系谱的编纂。

四、清代前期赋役改革背景下“门”的意义转变

在探讨清代前期山东赋役改革之前,我们应首先明确户、里甲与其他基层社会组织的关系。户与里甲是税收的概念,户是登记在里甲之内的。按照明初的规定,一里之内有一百一十户,其中推粮多的十户为里长,其余一百户分为十甲。除此之外,在一州县内,还有像“厢”“街”“巷”“村”“店”“庄”等里甲体系之外的基层社会组织,它们往往是人们按照地缘关系进行居住和联合的单位。比如在明代嘉靖年间莱芜县分42保,此处“保”即为“里”之意。42保之外,还有被称为“街里”的基层社会组织,包括3厢、3街、2巷、6店、2村、12庄和1湾。[②] 明初,这些依据地缘居住的单位往往与户和里甲相互对应。即一户多聚集在一甲或一里之内。不过,随着明后期人口数量增加,出现了户、里甲与实际人口居住地点的分离。人们在不改变缴税户名的情况下,一户之内的实际人口其实已经散居到不同的里甲。而作为已经有分“门”的大户,更是如此。

清代初期,由于实际人口在基层组织中的分散和不均,里甲的实际作用受到挑战。比如康熙初年编纂成书的《莱芜县志》中记载了里甲体

---

① 参见香港中文大学历史系编:《山东经会录》卷9《均徭附录》,济南:齐鲁书社,2017年,第762—763页。比如原文记载:“如兖州所属沂、费、峄、郯、邹、滕、金、嘉等处,济南所属新泰、莱芜、邹平、长山、新城、滨州、蒲台、海丰、利津、霑化等处,及青莱登所属州县,依山负海,土瘠荒,多照旧九等门丁,可以经久,则地亩兼编徭银恐难一概取必”。

② 嘉靖《莱芜县志》卷2《地理志·街里》,《天一阁藏明代方志选刊》,上海:上海古籍出版社,1963年,影印本,第8—9页。

系的窘迫境况：“人户有逃亡、跳保，众寡不齐，致里甲供应偏枯为累。”①为此，康熙二十七年(1688)，山东巡抚钱钰下令将里长、户头一并革除，设立滚单制度。何为滚单？即根据催粮数额，规定十户为一单或五十七户为一单，由花户自封投柜催征钱粮。如果有缴纳不足者，则查照流水串票，追究本户，不可推诿。② 不过，滚单的实行并没有解决实际问题，在康熙四十年(1701)又出现了经承、里书等将滚单私自改为滚册的做法，无论丁粮多寡，一庄造一册，甚至有二、三庄造一册的。至于缴税途径也从自封投柜变为由“单头”督办。“单头”，即滚册内钱粮多的一户，这就违背了地方官员希望平均税粮、革除收税中间人的最初愿望。

至于这些经常出现在清代前期文献中的里长、单头等税收中间人究竟是哪些人？我们或许可以从康熙二十九年(1689)山东巡抚佛伦的《题革诡寄均徭疏》一文中找到答案。③ 佛伦指出，山东第一大累民之事便是赋役不均。他认为造成这一问题的原因是登记在绅衿贡监户口之下的子弟族户违反条例免除差役，不缴纳丁银，以至于只有小民承受公务差役，而富豪之家有众多田产却不用应差。清初对于有功名和头衔的“绅衿贡监”是有优免税收的政策，因此有不少普通人将地亩诡寄在绅衿贡监名下以避差。④ 这样一来，绅衿贡监便成为最大的包揽钱粮中间人，实际的包揽对象往往就是“子孙族户”。而这些子孙族户并不一定居住在同一个村庄之内。

为了彻底解决里甲的问题，朝廷想出的办法是将税收单位从“里甲”改为“村庄”，即清代康熙末年至乾隆年间“顺庄法”的实行。黄雅雯在近期研究中详细考证了清代前期山东地区实行顺庄法的过程，她认为该办法的实施主要是以百姓实际居住的“庄”作为税收登记和征收单位，从而

---

① 康熙《新修莱芜县志》卷2《封域志·编里》，第16a页。

② 乾隆《历城县志》卷43《列传九》，《中国地方志集成·山东府县志辑》，南京：凤凰出版社，2004年，影印本，第4册，第651—652页。

③ 康熙《章丘县志》卷10《艺文志·题革诡寄均徭疏》，第31a—35b页。

④ 关于清代前期士绅税收优免政策的具体措施，可参见萧公权：《中国乡村：19世纪的帝国控制》，张皓、张升译，北京：九州出版社，2019年，第150—167页。

取代了此前的里甲组织，这也形成了山东以“村庄”为基础组织的地方社会。[①] 尽管山东境内各州县实行顺庄法的时间有所差异，但此后出现在县志、族谱或契约等文献中的“庄”或“村”，便不仅仅指代定居地点，更重要的是变成了一个税收的单位。与此同时，清廷又相继实施了固定丁银永不加赋和“摊丁入地”的改革，以至土地成为主要的税收来源。

税收单位由里甲到村庄的改变，也直接影响“门”的意义发生转变。此时，税收不再按照门则高下编审户口，而是根据一庄内人户所有的土地数目计算。顺庄法实行之前，哪怕人口并不居住在同一里内，但还可以按照同一户名和门则缴税。在以村庄为赋役单位的改革之后，居住地成为税收的重要依据。早在明代后期山东境内推行一条鞭法时，于慎行便已说明按门丁编审均徭的弊端，他提出取消门银，并且以地银取而代之。[②] 至清初，山东境内依据户口编订的徭役仅有丁徭一项，雍正四年(1726)摊丁入地之后，则统一将丁银编入地银内征收，而不再根据“门”的高低编审均徭。[③] 由此，“门”的赋役性质被大大减弱。不过，它却作为宗族的内部结构被保存下来，并且继续影响着“门”型系谱在清代的形成。

五、以村庄为中心的分“门”叙事

对于自明代以“门”应差的大户来说，村庄中各户地亩数额的重要性超过了门户的等级，原来的大户必须按照每庄户口所有土地数量进行缴税，这也影响了清代“门”型系谱的编纂过程。在“门”型系谱的宗族中，出现了按照村庄、人丁地亩数量出资的特点。比如莱芜县亓氏，尽管该族在清代雍正四年(1726)重修过一次族谱，但谱序中并未记载具体的修

---

① 关于清前期山东地方社会推行顺庄法的过程，参见黄雅雯：《从“社”到“庄”：清代前期山东寿光县顺庄法的推行》，《清史研究》2020年第2期。

② 康熙《曹州志》卷8《田赋・折中条编法说》，第29b—33a页。

③ 乾隆《夏津县志》卷4《食货志・户役》，第9b—10a页。

谱办法。直至民国十九年(1930)，亓氏一族才有再次刊刻成册的总谱，而此时族人是按照分乡调查人丁亩地的方式筹集修谱资金。① 再比如莱芜县韩氏，在道光四年(1824)族人第一次刊刻族谱时，也是按照“计各户之丁地”的办法征敛工费。②

更明显的例子则是莱芜吕氏，“村庄”的重要性体现在清代吕氏“门”型系谱的形成过程中。吕氏是莱芜地区另一个大姓，人口众多，并且至今存在一些吕氏单姓村落。在莱芜吕氏族谱的记载中，自三世起分为大门、二门、三门、四门和五门。根据目前搜集到的吕氏族谱来看，族人关于宗族内部结构的说法具有一致性。不过，该族也一直以人丁众多、散居各处为由分门修谱。换言之，五大门系谱形成的时间各异，并没有统一的总谱。③

目前可以看到有关吕氏的文字记载大多来自清代，仅有一块明代的《吕氏直兴碑记》收录于族谱，其中记载了吕氏最初迁入莱芜县的入籍信息。④ 此碑是明代莱芜县举人毕如松在途经芹村时撰写。在碑文中，他称吕氏为莱芜县“巨族”，始祖是吕直兴，本为登州府莱阳县人，洪武三年(1370)随父吕信复定居莱芜县，在南宫保九甲入籍，通过占卜的方式选择在芹村建造屋宅和坟墓。虽然我们并不知道明初吕氏究竟登记为何种户籍，但起码可以了解他们的祖先吕直兴是被编户在南宫保第九甲下缴纳赋役。而此处出现的“芹村”，则属于明代莱芜县被称作“街里”的基层组织，在嘉靖《莱芜县志》中记为“禽村”。⑤ 至于吕氏内部是否分门等

① 亓鹏举：《十八世孙鹏举序》，民国十九年(1930)撰，亓贯德：《莱芜亓家》，莱芜市东岳印务有限公司，2013 年，第 113 页。

② 韩书晋：《刊谱记》，《古瀛韩氏族谱》卷 1，第 11 页。

③ 钱杭先生在其近期研究中注意到莱芜吕氏“门”型系谱的形成过程。不过，他在文中主要关注有“门”与无“门”宗族的联宗，即莱芜五大门与滕州吕氏的联合，而关于五大门本身谱系的形成过程则有进一步探讨空间。关于莱芜吕氏五大门历次编纂族谱的时间，可参见钱杭：《分“门”与联宗——读山东〈莱芜吕氏族谱〉》，常建华、夏炎主编：《日常生活视野下的中国宗族》，第 166—167 页。

④ 毕如松：《吕氏直兴公碑记》，《莱芜吕氏族谱 三门谱》卷 1，第 40 页。

⑤ 嘉靖《莱芜县志》卷 2《地理志・街里》，第 8—9 页。

信息，毕如松在碑刻中并未提及。也就是说，明代吕氏并未出现有文字记载的“门”型系谱。

清代前期，莱芜吕氏开始编修纸质族谱，自此出现了以村庄为中心的分“门”叙事结构。吕氏第一次修谱并且出现“门”型系谱记述是在乾隆二年(1737)至三年(1738)，由四门族人共同参与编纂本门族谱，他们在谱序中指出吕氏迁入莱芜的始祖是吕信复，排行第四，在三世分为五大门。[①] 与明代毕如松的碑文相比，始迁祖从吕直兴变为吕信复，并且出现了吕氏分五门的叙事。而四门修谱的实际操作办法更是耐人寻味：

> 传至十一世，生长益繁，人丁愈众，散处四乡，别立坟茔。有觌而不相识者，有数载不及一见者，骨肉疏阔，无以联属。惟我父行克昌者独忧之，率我兄弟行行贵，各庄抄录，询问支派，创成草本，尚未刊发，行贵病笃，其事遂寝。我父每矜其志之可钦，而悯其功之未就，常戚戚于心，以为憾。因又纠合四门之众，十有五人，共襄此事，各支序其各支之宗派，各庄敛其各庄之名字，广搜研索……结社二载，始克告成，刊诸板籍，订纂成本，每家各藏一本。[②]

可见，莱芜吕氏四门族人是以村庄为单位抄录本门支派世系。为使族谱能够顺利刊刻，其中有十五人为主要负责人，并且成立了“社”。“社”是乾隆年间四门族人为修谱成立的组织，这种方式一直被应用到之后的历次修谱。“社”的成立不只便于抄录姓名，更重要的是通过这一组织筹集资金。那么“社”是如何运作的？根据历次修谱信息可知，四门族人首先按照居住地和支系分为若干社。尽管我们不清楚乾隆年间分为几社，但从四修和七修谱序及世系图来看，道光十四年(1834)分 13 社，民国十九年(1930)分 14 社。每个社有一至两名“社长”。乾隆年间编纂族谱时共有社长 17 人，其中多人具有明威将军、生员头衔，因有优免政

① 吕思问：《莱芜吕氏四门族谱序》，乾隆二年(1737)撰写，《莱邑吕氏四门族谱》卷 1，原文无页码。

② 吕淑润：《吕氏四门族谱序》，《莱邑吕氏四门族谱》卷 1，原文无页码。

策，或许他们之前便是一族内税收的负责人。[①] 社长负责征集本社内一个或几个村庄的族人名讳和资金，然后再将诸社族人信息和钱财汇总，最终完成修谱。四门系谱的形成过程可以概括为“村—社—门”，其中村庄是最基本的单位。

与四门编纂族谱几乎同时的，是吕氏三门族人围绕“芹村”建立本门系谱和宗族权威。乾隆三年(1738)，来自芹村的三门族人吕向高撰写《吕氏三门族谱序》，他着重强调了“芹村”对于莱芜吕氏宗族的重要性：“吾家旧世莱阳，洪武三年迁居莱芜。始祖信复墓在南宫，二世直兴徙居芹村，卜茔村西。”[②]在吕向高的这段文字中，出现了吕氏二世祖迁徙芹村，并将祖茔安置在村西的说法。在他看来，正因二世祖将祖茔选在芹村，才使得吕氏族人绵绵不绝地世代传承下去。值得注意，此时记载的始祖墓仍在南宫，即始祖迁入莱芜入籍地，只是二世祖的墓地变为了芹村。同年，四门族人吕思仁撰写四门谱序，其中也承认了芹村在吕氏宗族中“发源地”的地位：“至莱芜，卜居南宫村，始祖墓在焉。二世直兴公善堪舆，生子六人，更卜葬芹村之西阡，碑石俱昭昭可考也。迄今十有余世，始也聚居芹村，继而散居别里。”[③]

乾隆四十五年(1780)，吕氏大门也开始编修族谱。在大门谱序中，他们认同吕氏“三世分五门”的说法。不过，此时不仅未出现二世祖卜居芹村的记述，而且明确提到始祖迁居莱芜的“南宫庄”。除此之外，大门谱序中还出现了吕信复父亲的名字，即“吕大公”。吕大公有两个儿子，长子吕时贤留居莱阳，次子吕信复迁居莱芜南宫。通过大门、三门、四门族谱叙事可以看出，在乾隆年间莱芜吕氏“门”型系谱形成之初，在族人叙述入籍地、迁居地以及始迁祖等重要信息时，或多或少还存在着差异。其中争议聚焦在莱芜吕氏的发源地究竟是芹村还是南宫。

---

① 参见《莱邑吕氏四门族谱》卷3、卷4《世系图》，原文无页码。比如社长吕廷详，字书思，诰封明威将军；社长吕克昌为生员；等等。

② 吕向高：《吕氏三门族谱序》，《莱芜吕氏族谱 三门谱》卷1，第2—3页。

③ 吕思仁：《吕氏四门族谱序》，《莱邑吕氏四门族谱》卷1，原文无页码。

不过，这样的争议随着始迁祖坟墓的迁移而告一段落。此后，在吕氏内部形成了以"芹村"为核心的宗族权威，当然，这归功于"芹村"三门族人的努力。嘉庆五年(1800)，三门族人将始祖吕信复的坟墓从南宫村迁到了芹村。他们的理由是"始祖茔南，河流冲激，前岸倾圮"，不忍心始祖墓有漂泊之患，由三门族长十一世孙吕子智、十二世孙庠生吕肯堂、庠生吕认以及十三世孙举人吕士珍等人发起倡议，太学生吕宾等董其事，按丁出资，将始祖信复墓迁入芹村祖茔，并且在始祖墓前，还立有各门世系的谱碑。移迁之后，举人吕克仁为记录此事撰写始祖墓志。[①] 从这篇墓志中可以看到，参与本次迁墓行动的，主要来自三门内部科举成功的族人。始祖墓的迁入，不仅代表着芹村的地位更加重要，而且说明在其背后有一股强大的士绅阶层力量正在兴起，他们代表着文字与功名，他们运用二者来构建自己的"士绅"身份，树立在乡村乃至全县的权威。自乾隆年间至宣统年间，生活在芹村的三门族人中出现了 9 个举人和 1 个进士。科举的成功，使芹村三门族人开始通过积极编纂本门及推动其他各门族谱编修的方式，提升芹村在整个吕氏宗族中的地位。

在始祖墓迁至芹村后不久，嘉庆八年(1803)，二门创修族谱，在谱序中有二世祖吕直兴"卜居芹村、茔在村西"的记载。[②] 嘉庆十三年(1808)和十四年(1809)，四门和三门分别再修族谱。嘉庆十五年(1810)，大门也开始二修族谱。此时在大门的族谱叙事中已接受了"二世祖卜居芹村"的说法。[③] 除此之外，在另一篇重修谱序中我们可以看到三门在大门族谱重修过程中的主导作用。吕培成是居住在芹村的大门族人，以往多次听同村的三门族人吕士珍说起大门族谱何处有遗漏和错误。在嘉庆十四年(1809)三门族谱告竣之后，三门族人又以"大门系出长支，重修尤为当急"为由，敦促大门重修族谱。[④] 也正是在三门族人的积极倡导和帮

① 吕克仁:《新迁始祖墓志》,《莱邑吕氏四门族谱》卷 1,第 7—9 页。

② 吕肯堂:《吕氏二门未发刻族谱序稿》,《莱芜吕氏族谱 二门谱》卷 1,第 1 页。

③ 吕方顺:《重修大门族谱序》,《莱芜吕氏族谱 大门谱》卷 1,第 4—6 页。

④ 吕培成:《莱芜吕氏族谱 大门谱》卷 1,第 7—9 页。

助下，大门完成了修谱工作。在嘉庆年间大门、二门、三门和四门分别编纂的文本中，通过“门”建立差序格局的观念逐渐形成，在此之后由芹村三门主导的倾向愈加明显。

道光年间，芹村三门族人开始通过参与教育事业，在村内乃至莱芜县树立自己的地位，从而获得了“绅董”身份。“绅董”是指莱芜县内可以参与县政议事的士绅，在一县之内，他们有着极高的权威与声望。[①] 道光三年(1823)，芹村三门“绅董”吕清临协助知县纪淦兴建汶源书院。道光二十二年(1842)至二十四年(1844)，吕清临花费京钱 310 千购买族人的土地大亩一亩三分四厘、住宅一所。不仅如此，围绕芹村祖茔土地形成了吕氏的公共族产，族人制定了管理祖茔土地和树木的条规。[②] 道光十四年(1834)、十五年(1835)和二十九年(1846)，吕氏四门、三门、大门和二门分别再一次完成了修谱。

乾隆至道光年间，大门、二门、三门、四门均有修谱行为，却唯独不见五门编修族谱，那么五门的族谱创修于何时？直至同治年间，吕氏五门才第一次编纂纸质族谱，其过程还受到芹村三门族人的帮助。咸丰五年(1855)，芹村三门“绅董”吕清临的儿子吕传诰中举，并且到济宁州任城县任官。同年，就有同属济宁州的泗水县乡耆吕坤年来到芹村商议联宗之事。次年，又有增广生吕济时再次来到芹村寻旧约。不仅如此，当吕传诰在任城任职期间，还有生员吕心简到学署“叙家人礼”，他认为泗水县吕氏与莱芜县吕氏“如出一辙”。至于为何泗水族人属于五门，泗水县吕济时在谱序中解释了此次联宗的过程：

我族祖居莱芜芹村，自前明迁于泗水，北临泗村，相传数世，皆

① 吕遵善：《岁进士候选训导景叠吕公传》，《莱芜吕氏族谱 三门谱》卷 1，第 105—106 页。

② 参见《道光二十二年十月初十地契》《道光二十三年正月地契》《道光二十四年二月地契》，三份地契均由藏于山东省济南市莱芜区大芹村吕氏族人家中；《道光九年护林条规碑》，笔者在田野调查中收获此碑碑文拓片，碑文内容如下：“族公议：一禁止林内推车、挑担、牧牛，故违者罚钱；一禁止盗伐林树，被护者视树株大小责；一禁止私用公土，南岭坡、公土厂一段，原□□祖茔添土使用私取者，按车数多寡罚；一禁止采取树头；一看林人不用心守护、包庇故放纵，按事情节轻重责罚。皇清道光九年岁次己丑十月立。”

知出自五门，而实不知五门之始祖为何人也。且分门别户，散处者不一，其村国良叔恐日久支派难分，于嘉庆二十五年，公立谱碑，以垂不朽。以计夏祖为迁始祖，以上者无可考。及道光元年，泗河冲出桥碑，万历八年所立。上有司智祖名，下有计夏、计汤、计禹、计文、计武、计双、计才祖名，是于计辈以上幸得一据者也。而思祖以上列祖何名，与在莱芜之始祖何名，依然茫无可据。①

从上述引文中我们很明显看到跨县族人如何进行联宗。泗水族人相传出自五门，是否有可靠证据未可知，甚至其始迁祖是谁也不确定。但确定的是，泗水族人于嘉庆二十五年(1820)开始建立谱系，只不过那时还没有纸质族谱，仅是将世系图刻在石头上的"谱碑"。同治十年(1871)，三门族长命十五世吕辉临、十六世吕明章赴泗水商议修谱事宜。同治十一年(1872)，五门族谱自此创修。可以看出，在五门族谱的编纂过程中，芹村三门也起到主导作用。

莱芜吕氏自乾隆至同治一百多年间的修谱活动显示，"门"型系谱的形成过程并非一蹴而就，而是以村庄为中心，形成了分"门"叙事的特点，由此产生了吕氏宗族的"门"型系谱。其中，获得功名、有一定经济基础的士绅拥有书写文字的特权，因此可以制造宗族话语。与此同时，他们也成为了村庄的领导者，这在赋役征收单位变为村庄之后显得尤为重要。由于地方上实际负责收税的是每个庄的领袖，故谁拥有村庄的话语权，便可以获得掌握土地和税收的管理权。在清代山东，当"门"不再是税收单位，却可以成为族人建立宗族和村庄权威的基础。

余　论

"门"型系谱是一种重要的世系学实践类型，研究此类系谱的形成过程，可以帮助我们理解山东乃至华北宗族和区域社会的形成。在今天仍

① 吕济时：《吕氏五门族谱序》，《莱芜吕氏族谱 五门谱》卷1，第3—5页。

然被认为是宗族分支的“门”,其实是一些人群在不同历史阶段进行联合的结果。通过对明清时期山东“门”型系谱文本的解读,可以揭示这一过程。山东“门”型系谱文本的表现形式主要为纸质族谱,包括总谱和门谱,族谱中的记载和文本本身的形成过程之间存在着差异。当我们剥离族谱的层层叙事之后会发现,山东地区宗族组织中的“门”型系谱并非自然分化的结果,而是一个被不断层累的历史过程。因此,“门”的起点,应该是“门”这一结构和话语被制造的时间,而不应简单依靠族谱文字记载得出“某某世分某几门”的结论。同样,在研究华北其他地区宗族组织时,也应该注意剥离族谱记载与实际历史过程之间的区别,从而发现宗族叙事的叠加过程。

在这种叠加过程中,我们可以了解山东乃至华北宗族的特点。根据对总谱或门谱编纂时间的总结可知,“门”型系谱文本的形成集中在明代中期和清代前期,并且均与两个时期发生在山东的赋役改革有关。第一次变化出现在明代中期,此时人丁事产较多的大户往往通过分“门”的方式应对繁重的差役。大户分“门”应差的出现,意味着“门”是一个赋役单位,并且被官府运用到明中期的均徭改革中,即按“门”的高低编审需要缴税的户口。与此同时,大户也根据“门”的单位建立宗族。当大户中出现差役分配混乱和争端时,便通过“宗族”的办法厘清门户次第。可以说,“门”型系谱主要产生自明代的赋役大户。清代前期,“门”的意义随着新的赋役改革而发生变化。朝廷将税收单位从“里甲”改为“村庄”。至此,村庄不仅是定居地点,而且成为一个税收主体,原先按照“门”则纳税的办法发生了改变,“门”的赋役性质被减弱。不过,它却作为宗族的内部结构被保存下来,并且形成了以村庄为中心分“门”叙事的系谱编纂过程,“门”成为区分宗族内部差序格局的结构。

明清时期山东“门”型系谱的形成,说明大户分“门”是山东宗族的特征之一。即明代大户作为应差的“门”,成为他们最初构建宗族的组织形式。清代,“门”成为宗族的内部结构,并且一直延续至今。这也可以解释在山东地区为何有的宗族是“门”型,而有的却没有分“门”。

值得进一步讨论的是，赋役中的户内分“门”现象不仅发生在明代山东，在华北其他地区的文献记载中也有所体现。比如嘉靖末年河南归德府在编审均徭时，便明确记载了户内分门与编审门则的依据：“户头某人，地若干顷，丁若干户。丁某，地若干亩，丁几丁。逐一分析，户内分门，门则三等九则，地多而优者为上上门或上中门、上下门，编审重差，地少而力乏者为中上门、中中门、中下门或下上门、下下门。”①在万历年间河北保定府，不仅有户下分“门”的情况，在文献中还记载了一“门”内是如何进行收税的：“每甲以田粮最多者为甲头，甲内人户粮多者为户头，户内有分门者，立门头，户小则止。每岁征收之时，各头管催本门本户银两，而会其数于甲头。”②可见，“门”是在户和甲之下的单位。负责一“门”税收的人被称为“门头”，“门头”将收到的税汇总于甲头，小户是不分“门”的。在山西，虽然目前笔者未发现有关赋役中户下分“门”的具体记载，但是在明代中后期的文水县也是通过“三门九则”编审均徭：“以门则之粮石定徭银之多寡，亦列为三等。”③这说明“门”的高低仍然是审订均徭的重要依据。不过，与山东情况类似的是，在河北、河南等地方志记载的户内分“门”中，虽然均是赋役大户，但户籍的性质究竟是哪一种，文献并无说明。与此同时，目前学者有关河南、山西宗族的研究显示，在河南归德地区具有军事背景的世家大族中是存在“门”型系谱的，而在明清时期山西也有基于里甲赋役制度形成的“户族”，其实质是一个基层社会的赋役共同体。④

同样是基于对山西族谱和宗族的研究，钱杭先生从世系学角度出发，提出了“门”型系谱的特点与适用范围，即“门”是一个小于“族”、大于

① 顺治《归德府志》卷4《田赋志》，第16a页。

② 万历《保定府志》卷19《户役志·涞水县》，第42b页。

③ 天启《文水县志》卷3《赋役志·丁赋》，第5b—6a页。

④ 参见李永菊：《从军事权贵到世家大族——以明代河南归德府为中心的考察》，《河南大学学报（社会科学版）》2013年第4期；王绍欣：《祖先记忆与明清户族——以山西闻喜为个案的分析》，《历史人类学学刊》2010年第1期。

“房”的包容性范畴。[①] 而笔者从赋役角度对“门”型系谱的研究发现,这一宗族的新起点很可能是从负责收税的“门头”一级出现的,此处的“门”虽然是小于户的单位,但在功能上与其类似,均为税收单位。这一税收单位到了清代之后逐渐具有了宗族内部结构的意义,并与传统宗族分支“房”表现出了不同的凝聚力,由此出现了钱杭先生提及的另一种世系学实践类型。不过,明代华北赋役中的“门”与河南、山西等地宗族组织中“门”型系谱的关系,不同种类户籍与“门”型系谱的形成,以及清代出现在这些地区的赋役改革对“门”型系谱的形成和发展有何影响等问题,则有待进一步深入研究和讨论。

基于明清时期华北赋役制度探讨宗族组织,尤其关注具有特点的“门丁银”制度与基层社会组织机制的关系,有助于加深我们对不同区域社会的理解。也因如此,“门”型系谱是研究华北宗族及区域社会形成所不可或缺的重要组成部分。

---

① 钱杭:《沁县族谱中的“门”与“门”型系谱——兼论中国宗族世系学的两种实践类型》,《历史研究》2016 年第 6 期,第 53 页。

起起伏伏:清末民初天津社团活动蠡测*

李学智　迟　慧

清末民初,中国政治局势几经重大变化,与此相伴,反映民众社会参与状况——热情上升或趋于冷漠——的民间社团活跃的程度也起起伏伏。笔者拟对此时期天津民间社团活动起伏变化的经过及个中缘由作一考察,疏漏谬误之处,祈方家赐正。

一、清末社团活动的活跃与停顿

清末十年,天津各界人士组建了多种民间社团,积极开展社会改良活动,成为此时期天津社会生活的重要现象。

天足会是清末天津建立较早的民间社团,天足会的活动,成为清末社会改良活动中令人关注的一景。缠足这一在中国延续了近千年、严重戕害女子身心的陋习,终于受到致命的冲击。

[作者简介]李学智,天津师范大学历史文化学院教授;迟慧,天津理工大学马克思主义学院讲师。

* 本文原发表于《天津师范大学学报(社会科学版)》,2019年第5期,此次收录有修订。

1903 年 1 月,刘孟扬创设独立天足社[①],不久改名公益天足社。公益天足社“专以劝诫以后的妇女不准再缠足为宗旨”[②],并规定,入社不需缴纳任何费用;不但家有妻女者可以入社,及时尚未娶妻或已娶妻而尚未生女者亦可入社;入社后,“家中妇女已缠足者概置不论,未缠者不准再缠,缠未成者即速解放”;社友间“有互相纠查之权,如查有不遵守本社章程者,可公同议罚”。[③]

公益天足社积极开展活动,其组织规模和社会影响不断扩大。1903 年 3 月,参加者仅 20 余人,至 4 月参加者即达 30 多家,张慰臣等人还在河东十字街设立了分会,“名曰公益天足社支部”,社友达 20 余人。[④] 到 1905 年,入社者达到 130 多家。[⑤] 公益天足社积极的宣传活动,加之借助刘孟扬《大公报》主笔的有利地位,使戒缠足活动取得了积极、显著的效果。[⑥]

时至 1911 年夏,天津各界人士又组建了天津县天足会,又称津邑天足会。至 9 月中旬,入会者已达 194 人。[⑦] 天津县天足会有比较完善的组织机构和工作机制,正副会长之外,会内设置劝导、筹款、编辑、庶务等股各司其职,协同开展活动。天足会定期开会,每次开会均先由会长报告天足会工作进展情况,商议、决定会中各种问题等。如 1911 年 8 月 27 日的会议,先由会长陈蔗圃报告天足会近来各项工作进展情况,并讨论决定了多项会务;请画家绘制缠足之苦、天足之便的图画,印制发行;发

---

① 《广告·独立天足社》,《大公报》,1903 年 1 月 20 日。刘孟扬(1877—1943),字伯年,天津人,回族,清末秀才。曾被英敛之聘为《大公报》主笔。1905 年后创办《商报》《民兴报》《白话晚报》等。曾任天津南段巡警局值日所保长,直隶稽征局局长,直隶省磁县、永年和天津等县知事。

② 《附件·请遵饬劝戒缠足》,《大公报》,1904 年 1 月 5 日。

③ 《来函·公益天足社改订详细章程》,《大公报》,1903 年 3 月 16 日。

④ 《本埠·纪天足社》,《大公报》,1903 年 4 月 1 日。

⑤ 《附件·公益天足社刘孟扬敬告众社友》,《大公报》,1905 年 5 月 3 日。

⑥ 当时天足社的参加者一般为有家室的成年男性,虽其一人报名,实为代表此一家人加入。故报刊报道参加者的数字时,其量词时或用“人”,时或用“家”,本文所用皆为当时报道所用的量词。

⑦ 《本埠·职员会纪事》,《大公报》,1911 年 9 月 19 日。

放天足会徽章；各劝导员分赴各女学堂，劝说放足；等等。① 为了更有效地进行宣传，天津县天足会还举行全体会员参与的“围城马路巡行演说会”。第一次巡行演说于 10 月 11 日举行②，并决定以后每月 20 日巡行演说一次，且“周游小街曲巷”③，以扩大影响。

阅报社则是以开启民智为宗旨的民间社团。清末天津建立了多个阅报社，为启迪民智、开通风气发挥了积极作用。天津最早的阅报社，当数 1905 年初设立的西城阅报社。7 月，又出现了益智阅报社、启文阅报社、日新阅报社等。阅报社内备有多种报刊以及一些书籍，“任人入观，不取分文”④。其中，启文阅报社设立于东马路一品茶楼附近，地理位置优越。其章程主要内容包括：各种报纸，阅毕仍放置原处；阅报时不得信口吟哦、高声喧笑；报内常有精细图画，阅者不得裁割携去；不得在原报纸上动笔批写；等等。⑤ 其种种规则体现了创办者欲以现代文明社会规则引导公众的良苦用心。启文阅报社开办后，往阅者甚多，并赢得众多社会人士的好感和赞助，多有各方人士捐款，赠送报刊、书籍，甚至有人“赞借楼房”⑥，以示支持，产生了广泛的社会影响。

鉴于吸食烟卷人数日益增多，给民众健康带来危害，郭东潮、汪贡廷等人发起戒纸烟会。其章程规定：本会“以劝导戒吸纸烟，保护身体为宗旨”；“凡同志者无论贫富老幼皆得入会为会员”。1911 年 10 月 1 日，戒纸烟会在三条石天津自治研究总所召开成立大会，并推举确定正副会长和各部职员。⑦ 报名入会者踊跃，至 10 月底，入会者即有 380 余人。⑧ 此外，当时天津总商会坐办李星北、商业研究所所长杜小琴等商界人士

---

①《直隶 · 津邑天足会开职员会纪事》，《大公报》，1911 年 9 月 2 日。

②《本埠 · 天足会职员会纪事》，《大公报》，1911 年 10 月 16 日。

③《本埠 · 天足会之游说》，《大公报》，1911 年 10 月 14 日。

④《本埠 · 阅报社出现》，《大公报》，1905 年 7 月 5 日；《本埠 · 又一阅报社》，《大公报》，1905 年 7 月 13 日。

⑤《本埠 · 启文阅报社规则》，《大公报》，1905 年 7 月 22 日。

⑥《天津启文阅报社丁未十二月出入款项造具清册呈览》，《大公报》，1908 年 3 月 27 日。

⑦《本埠 · 戒烟会纪事》，《大公报》，1911 年 10 月 4 日。

⑧ 笔者据《大公报》“本埠”“来函”栏统计，此期间入会人士有曹少堂、杜竹轩等 381 人。

认为,“此举不但挽回利权,更能有益卫生”,9 月中旬开会时,积极推动“商界戒食纸烟事”,多人当场立誓戒食纸烟,并愿担任劝导工作。①

一些有识之士希望借助体育训练养成国民的尚武精神,改变国人孱弱不堪的形象,救国强种。1910 年 12 月 21 日,天津绅商各界人士以“提倡国民体育之举不容缓也”发起的天津体育社召开成立大会,此会“以健身卫生为工夫,以保家保国为要义”。②《天津体育社章程》规定:本社以招收本埠士农工商及其子弟练习体操、强健身体、振作尚武精神为宗旨;社员以年在 20 岁以上 40 岁以下,身家清白、品行端正者为合格。③ 体育社于 1911 年初招收了第一期学员,开始进行训练,以南开中学迤南之地作为训练操场。

1911 年 3 月清政府学部提出组织体育会,通过体育训练“养成国民健全之体格”④。清政府的倡导,地方官员也给予支持,使得天津体育社受到各界人士的关注与赞助,捐款、捐物者不绝⑤,报刊舆论对体育社的训练及各项活动也有相当多的报道。⑥ 1911 年 11 月至 1912 年 1 月,天津红十字会举行的几次野战救护演习,均邀请体育会加入其中。

此外,清末时期天津还曾有一些民间社团建立并开展活动。如游学会、天津普通体育社、北洋万国改良会等,兹不一一赘述。上述清末天津民间社团,虽其宗旨及活动内容、形式各异,但其建立和活动的开展均出于各界人士对开启民智、改良愚昧的社会习俗的愿望和热情,使天津社会生活显现出些许温情和新的气象。

辛亥革命爆发后,南方诸省的武装起义给北方社会带来重大影响,“其慌乱尤甚者除北京外厥惟天津。连日以来风声鹤唳,一夕数惊,官商

---

①《本埠·戒食纸烟热》,《大公报》,1911 年 9 月 13 日。

②《来件·天津体育社禀巡警道宪转详督宪咨部立案禀文并批》,《大公报》,1911 年 1 月 25 日。

③《专件·天津体育社章程》,《大公报》,1911 年 2 月 18 日。

④《要闻·学部提倡体育会》,《大公报》,1911 年 3 月 21 日。

⑤《关心桑梓》,《大公报》,1911 年 4 月 21 日;《来函·热心公益》,《大公报》,1911 年 7 月 4 日等。这些报道及来函均列有捐款、捐物人名单及数额、物品。

⑥《本埠·体育社纪事》,《大公报》,1911 年 4 月 2 日;《本埠·参观野操》,《大公报》,1911 年 5 月 13 日;《本埠·体育社纪事》,《大公报》,1911 年 5 月 16 日。

眷属纷纷迁徙，大都奔避上海，以为狡兔之窟。即本地士绅商亦多移居租界，甚且有昼伏夜动者。……遂令士不敢安于校，工不敢安于肆，商不敢安于市，……且鉴于庚子之苦相率作楚囚之泣，或则裹粮秣马准备逃难之谋，而赴官商各银号提取存款、换兑现圆，成群结队，如潮而至”①。10月下旬，“市面恐慌日甚一日，复为沪市各埠影响所及更觉吃紧”②。

进入11月，社会恐慌所及，“河北经纬路各公馆搬往租界者去其大半”，而“今日起事、明日起事”的传言不断，“于是河北及城内之住户居民纷纷搬往租界及四乡者更复途为之塞。而经纬路一带至此几无人迹矣”。③ 11月8日，各界人士以本埠大局岌岌可危，在天津县议事会集会，“公同组织维持公安会”。会议公举张伯苓为会长，张氏“广征大家意见”，与会者纷纷发言，提出各种维持“地方公安”的办法。④

天津地方当局一方面发布“安民”告示，称天津周围各处安谧如常，让民众“各安生业，勿轻听谣言，徒自纷扰”⑤，一方面加强了对天津的控制，宣布戒严。但革命党人在天津建立了多个机关开展革命活动，并策划了1912年1月29日晚分兵数路攻占直隶总督衙门、天津巡警道署、天津督练公所以及铁路、桥梁等交通设施和电报、电话等通讯机关的武装起义。⑥

在这种情势之下，人们的关注集中于政治变动，困于各种事件的纷扰，上述各种社团多停止了正常活动。如戒纸烟会虽其日常事务“仍照常办理”，但每个月的例行职员会“暂行停开”⑦，其正常活动陷于停顿。在11月5日天津县天足会会议上，会长陈蔗圃提出，“当此变乱之际……人心惶惶”，是否暂停开会，请女劝导员也暂且停止活动，虽多人主张继

---

①《言论·为本埠人心慌乱正告大吏与居民》，《大公报》，1911年10月29日。
②《本埠·维持市面》，《大公报》，1911年10月30日。
③《闲评二》，《大公报》，1911年11月11日。
④《维持会纪略》，《大公报》，1911年11月10日。
⑤《本埠·督示安民》，《大公报》，1911年11月12日。
⑥ 这一起义因误发起义信号，各路武装行动不一，虽经激烈战斗但终告失败。
⑦《本埠·职员会暂停》，《大公报》，1911年12月13日。

续开展活动,但实际上此后天足会的职员会还是停开了两个多月。① 设于旧城内仓门口民立第一两等小学堂内的法政讲习社,“自各省兴兵以来早已停讲”②。此时期难以见到各种社团活动的消息,与此前形成明显反差。

二、民初社团活动的再度活跃与重趋沉寂

1912 年 2 月,南北议和成功,天津各界人士以各种方式庆祝中华民国的建立,表达对南北统一于民国的欣喜之情和对民主共和制度的热情向往。2 月 24 日,北洋女师范学堂、北洋高等女学堂,以及京师女师范学堂与其附属女子小学堂等校师生,共同举行了中华民国女子庆祝共和会。手持小幅五色旗和写有“庆祝共和万岁”小旗的各校学生组成的队伍,在各学堂校旗的引导下环绕旧城东南西北四条马路举行提灯游行,游行队伍一路“口唱爱国歌,沿途施放鞭炮”③。2 月 25 日晚,各界人士在广东会馆集合,举行提灯会庆祝共和统一,“周行河北及各租界”④。随着社会生活逐渐恢复常态,因政局变动而停止的各种社团活动也重趋活跃。

4 月 27 日,天津县天足会刊登广告,通告 4 月 28 日下午,天足会在东马路宣讲所召开“本年第一次”全体会员大会,“研究重要问题”,请“全体会员暨各界热心人士届时一准惠临,共谋进行方法”⑤。此日的大会决定,嗣后旧历每月第一个星期日仍在宣讲所开例会一次,研究天足会进行方法。此后,天津县天足会恢复了正常的活动,5 月 11 日在东马路宣

① 《本埠·天足会纪事》,《大公报》,1911 年 12 月 14 日;《本埠·天足会纪事》,《大公报》,1912 年 1 月 19 日。

② 《本埠·讲习社将开》,《大公报》,1912 年 5 月 7 日。

③ 《庆祝会志盛》,《大公报》,1912 年 2 月 25 日;《来函》,《大公报》,1912 年 2 月 28 日。1912 年 2 月 12 日是旧历辛亥年十二月二十五日,2 月 24 日为壬子年正月初七日,中间的十余天人们在过传统新年,当难以举行公共集会。

④ 《本埠·提灯会志盛》,《大公报》,1912 年 2 月 26 日。

⑤ 《广告·热心天足者鉴》,《大公报》,1912 年 4 月 27 日。

讲所召开了大会,除本会会员外,“各界来宾颇形踊跃”①。5月初,法政讲习社的主持者宣称,“现已大局敉平,应即照章开课”,以前主要宣讲君主立宪政体的宪法,设置的“功课门数繁多”,现已多不适用,故研究简化课程,“专注重共和宪法及社会学、经济、财政等”②,法政讲习社也恢复了活动。

9月初,戒纸烟会恢复活动并决定更名为“中国国民直隶戒纸烟会”,以便扩大范围,且函请各界代表人士劝导民众入会。③ 其后报名入会者多人,其中以旅居津门的湖广闽浙人士居多。戒纸烟会以原先设置在南市某地的报名处多有不便,将办事地点移至法租界大中华邮政局附近一院落内。④

与此同时,津门各界人士还建立了许多新的社团。新建立的社团与清末那些社团相较,其值得关注之点在于,民初建立的这些社团活动的主要内容,或进行民主共和思想的宣传,或宣讲法律知识、鼓吹建立法治国家,或进行经济、教育等社会科学知识的宣传,等等,旨在以此启迪民众,推动民主共和制度的建立和现代社会思想的普及。这些社团的组织、活动方式明显分为两类,一类是以阅报演说为主要方式,宣传共和民主思想与制度,对民众进行思想启蒙;一类则以伸张民权,监督政府,推进民主共和制度的施行为宗旨。

第一类社团主要有启民阅报演说会、开文阅报社、义勇阅报社、夏季讲演会、阅报演说会等。1912年3月13日,启民阅报演说会的发起组织者曾栋臣、刘锡三、王槐荪等人“审查章程,公推职员”⑤,商议进行方法。3月16日,启民阅报演说会假西门内美以美会开成立大会,与会者20余人。曾栋臣报告成立阅报演说会的宗旨称:本会“以启发国民知识,倡导

① 《来函》,《大公报》,1912年5月12日。
② 《本埠·讲习社将开》,《大公报》,1912年5月7日。
③ 《本埠·戒纸烟会复现》,《大公报》,1912年9月7日。
④ 《来函》,《大公报》,1912年11月11日。
⑤ 《本埠·组织演说会》,《大公报》,1912年3月2日;《本埠·定期开会》,《大公报》,1912年3月14日。

共和思想为宗旨”,故定名为“启民阅报演说会”。会议推举曾栋臣、吴桂五为正副会长,刘锡三等9人为演说员,议定暂以每星期一、三下午2点至4点为演说时间。① 其简章主要内容为:本会“以阅报演说启发同胞最新知识,倡导共和思想为宗旨”;“本会会员中以有新知识及政治、法律之观念者,皆可听其自认为演说员”,会外团体或个人有愿入本会演说者,“须先报告其讲题,与本会宗旨相同者方能登台演说,作为特别演说员”;职员会每两周一次,大会每三个月举行一次。此外,演说会“更备有各项报章,凡识字者均可任便阅览”。② 3月30日,启民阅报演说会正式开幕,“中外各界来宾异常踊跃”。首由会长曾栋臣报告本会宗旨,随后“成美学堂十余人合唱共和凯歌”。然后,演说员刘锡三、徐汇川分别演说“共和大义及共和国民应负之责任”。演说毕,“复唱爱国新歌,众皆鼓掌”。之后张伯苓登台,对发起成立此会者的“热诚”大加赞扬并发表演说。然后天津《民报社》李仲韬演说,解释此会定名“启民”二字的含义,称“共和人民有平等之权利”,通过演说活动可启发民众,“使人民趋向共和思想”,以挽救时局。演说会至六点方结束。③ 5月10日下午,启民阅报演说会举办特别演说会,到会者200人,首由阎华庭演说目下社会之心理及趋向,次由天津《民报社》李仲韬演说国家与人民之关系,以及人民应享权利、应尽义务等。演说完毕,会长曾栋臣称下届仍开特别演说会,“务望各界同胞来会入听,共襄盛举”④。启民阅报演说会规模较大,活动频繁,引人关注。

义勇阅报社建立于4月间。此阅报社由西沽公理教堂会正徐汇川主持建立,4月28日晚举行第一次特别演说大会。徐汇川首先说明设立义勇阅报社的重要意义,然后请张伯苓进行演说。张氏认为,“中华民国建设须以道德为基”,在演说中痛切直陈专制制度之种种弊端,提出“人

---

① 《本埠·演说会成立》,《大公报》,1912年3月17日。
② 《本埠·演说会简章》,《大公报》,1912年3月21日。
③ 《本埠·演说会开幕》,《大公报》,1912年4月2日。
④ 《本埠·演说会纪事》,《大公报》,1912年5月26日。

人须敦道德，肩义务，群策群力，共挽颓风，而为铁血革命家之后盾”。听讲者700余人“群相鼓掌”。①

建立于7月间的夏期讲演会，关注的问题则更为广泛。此讲演会章程称：“本会以利用暇暑从事学问，阐发理术，宏深造诣为宗旨”，邀请各学科专家担任讲演，内容包括“美国共和之精神、英法地方自治谈、法律精义、经济概论、西洋教育、地方工程卫生、社会学”等。夏季讲演会自当年7月16日开讲，至暑假期满日停止，讲演时间为午后2时至5时。②

此外，还有几个以阅报演说为内容的社团也在筹备或酝酿成立，开展活动。2月下旬，尤先舫、阎华庭等人发起组织游行演说会。其宗旨宣称，中国已成为中华民国，“必须化除南北意见，融合汉满回蒙藏五族成为一大团体，合力共作，以图国利民福”③。2月27日，河东小关开文阅报社诸发起人开会，审核该社所需各项目经费并研究一切进行方法。④ 4月间，刘兰轩、龚云波等人亦发起建立了一个阅报演说会。此阅报演说会“昼则阅报，夜则演说，以启发人民知识为宗旨”⑤，不日开办。

以伸张人民权利，促进共和政体为宗旨的社团中，天津公民会最为令人瞩目。3月31日，天津公民会召开成立大会，到会约300人。大会选举钟世铭为会长，王守恂、阎宏业为副会长，并选定评议、调查等各部职员。公民会是以学界人士为主发起、组成的社团，但其各部职员绅学工商各界亦均有人入选。⑥《公民会章程》的主要内容为：“本会以监督政府，促进共和政体之完成为宗旨”；“凡中华国民赞成本会宗旨者皆得为本会会员”；“凡会员宜因其地位能力之所及考察关于共和政体之各种问题，随时报告本会以备鼓吹进行”；“本会附设公民讲习社，专讲美法共和

① 《本埠·演说会纪事》，《大公报》，1912年5月1日。
② 《本埠·讲演会简章》，《大公报》，1912年7月15日。
③ 《本埠·组织演说会》，《大公报》，1912年2月26日。
④ 《本埠·阅报社会议》，《大公报》，1912年2月28日。
⑤ 《本埠·演说会出现》，《大公报》，1912年4月28日。
⑥ 《本埠·公民会出现》，《大公报》，1912年3月26日；《本埠·公民会纪事》，《大公报》，1912年4月2日。

宪政,会员得随意入社听讲";等等。公民会的会场设于仓廒民立第一小学堂,事务所则暂假东马路劝学所。[①] 其会附设有公民讲习社并计划创办《公民报》,公民讲习社定于5月17日开讲,但《公民报》因一时经费难筹,后决定暂从缓办。[②] 5月5日公民会开会,雷振声、刘觐臣等相继演说,其内容为"共和国进行手续",之后商议本会各项进行事宜。[③] 5月17日公民会开会讨论外省人在本省任官职问题。会议提出,"以前外省人在本省服官,腐败者极多。今既共和,宜即改良,不可再用外省人员。如本省举人,应由本会担负完全责任"。但讨论多时,未能得出解决的办法,决定以后再开会续议。[④]

此外,这一时期组建的这类社团还有直隶公会、直隶民会、四乡自治公会等。1912年3、4月间,直隶公会、直隶民会相继建立,此两会均"以巩固共和基础,伸张人民权利为宗旨"[⑤]。7月12日,四乡自治公会召开成立大会,会员到者60余人。会议选举李学曾为会长,杨泽濡、苏士选为副会长,并选举出评议员、调查员、交际员、庶务员、会计、书记等。[⑥]

相形之下,这一时期建立的以从事社会改良为宗旨的社团相较清末则大为减少。1912年6、7月间,曾栋臣、王槐荪、刘锡三、刘栋臣等人发起建立改良实进会,其会以"实行改良家庭婚丧礼式,矫正风俗并提倡教育、慈善事业,增进人民道德知识,扶持社会进步"为宗旨[⑦],并拟在会内设置婚丧、家政、进德、教育、新剧、济贫、医术、体操、音乐、编辑、演说等部以推进各项会务进行。[⑧] 8月21日,诸发起人开会,决定改会名为天

---

① 《专件·公民会章程》,《大公报》,1912年4月3日、4日。

② 《本埠·公民会启事》,《大公报》,1912年5月14日;《本埠·公民会茶话》,《大公报》,1912年4月23日。

③ 《本埠·公民会开会》,《大公报》,1912年5月7日。

④ 《本埠·开会原因》,《大公报》,1912年7月23日。

⑤ 《本埠·民会出现》,《大公报》,1912年4月5日。

⑥ 《本埠·会员选定》,《大公报》,1912年7月14日;《本埠·续举改期》,《大公报》,1912年7月18日。

⑦ 《本埠·组织实进会》,《大公报》,1912年7月9日。

⑧ 《本埠·组织实进会》,《大公报》,1912年7月18日。

津风俗改良会,"以先从改良婚丧礼式为入手"①。

民初天津这种社团重新活跃的情况并未能持续较长的时间,由于民初政局动荡,社会生活纷扰不断,社团活动很快重趋冷寂。

民国南北统一后,以袁世凯为首的北洋军阀官僚控制了民国中央政权,蛮横任性,翻云覆雨,各种影响国家稳定、社会安宁的事件纷至沓来,政局动荡,政党林立,各种社会政治力量纷争搅扰,这一切给社会造成剧烈震荡,民国建立带给民众的欣喜和对国家前途的热望,随着国家政治局势变迁而趋于冷漠与失望。人们看不清国家的前景,各界人士对于社会改良及各项公益事业的热情明显下降,各社团活动趋于冷寂的结局实难避免。

首先是京津保士兵哗变使天津商民蒙受重大损失,给社会生活造成剧烈震动。1912 年 2 月 29 日夜间发生的北京兵变很快波及天津,3 月 2 日晚 9 点多钟,"北京乱兵到津,由新车站起沿路放火抢掠,直至估衣街、宫北一带,骎及东南城角。交通断绝,电话不通,但见火势蔽天,枪炮之声不绝,半夜以后尚未熄灭"②。随后天津即处于戒严状态,"官绅会议维持办法,除警道加添岗警及探访局、保卫局、体育社、水团、商团加添军火,一律戒严外,并由官家发给各商号手枪五千枝、快枪五千枝,又由商号联合自行在本埠某洋行购买现货手枪四千枝,以资自行防御"③。有评论称:"自共和宣布以来,官绅士商民各界今日开会、明日开会,曰庆贺共和也;今日提灯、明日提灯,曰庆贺共和也,是真能点缀升平矣",而曾不几日,"演出此等惨剧,此果谁之责欤!"④"北方自庚子以后地方糜烂,元气大伤,经十年之生聚招徕,始能有此现象。然革命事起以来,金融阻滞,商业凋残,已有朝不保夕之势,乃战局甫定,惨祸横加,此端一开,后

① 《本埠·改良会成立》,《大公报》,1912 年 8 月 22 日。

② 《本埠乱耗》,《大公报》,1912 年 3 月 3 日。此后,《大公报》,以《×纪乱后之余闻》为题连续刊载 10 篇报道,对兵变详情和造成的损失连续进行了详尽报道。

③ 《津邑戒严》,《大公报》,1912 年 3 月 3 日。

④ 《闲评》,《大公报》,1912 年 3 月 6 日。

患曷已！”[①]此后，天津总商会及各界人士为索取赔偿，挽回兵变所造成的损失，与有关方面进行了长时期艰苦的交涉。同时，直隶都督改委，南北达成的协议被放弃，其后直都人选纷争不已，几度变换；而直隶省议会忽而筹备改选，忽而宣称解散，纷扰不已。民初政治局势的种种乱象对天津社会生活造成严重危害——政局动荡，社会不稳，人心厌倦，社会改良活动无从进行。

对于民初的种种乱象，有评论描述为：“忽而改举总统，忽而争议国都，忽而国旗招飐，忽而瓦砾纵横。同一都督，忽而推举，忽而攻讦；同一军队，忽而文明，忽而野蛮；同一人物，忽而操莽，忽而华拿。……陆离光怪，如观电影戏，一刹那间现出无数幻景。”[②]“观现今时局，有最可虑之一事，则稍有骨气之人不愿与闻国事，而殃民无耻之徒弹冠而来，以肆行其把持权位之故智是也。且今之贤者，不惟不愿投身政界也，即代表民意之参议员亦相率去之若浼焉。是岂共和成立国民皆存厌世思想欤。”[③]

此时期，当局者对于民间社团的社会参与也抱有警惕与保留，对其建立与开展活动持消极乃至压制的态度。前述尤先舫等人组织游行演说会上报当局准予备案的呈请，4 月被警道驳回，其理由是“查本埠情形，兵燹之后人心浮动，倘有兵民于演说宗旨稍有不合，该会难免不滋生事端，即各州县地方逃兵土匪尚未一律肃清，到处演说亦有未便”[④]。

由于民初这样的政治和社会状况，上述恢复活动或新建的社团，除体育社外[⑤]，其活动多未能持续下去，许多社团活动进行数次或一段时间后逐渐归于无声无息。如戒纸烟会在 1912 年 9 月积极筹备恢复活动，

---

① 《言论·敢问政府何以回复北方秩序》，《大公报》，1912 年 3 月 7 日。

② 《闲评》，《大公报》，1912 年 3 月 14 日。

③ 《闲评》，《大公报》，1912 年 3 月 16 日。

④ 《本埠·立案未准》，《大公报》，1912 年 4 月 24 日。

⑤ 天津体育会成立后，由天津警务负责人杨以德兼任社长，官方的参与乃至把控程度较高，进入民国后也一直受到警务当局的控制，执行警务当局分派的一些任务。1923 年天津警察厅将体育社改组为南区警察署第六分驻所，专门负责南开一带的“布岗巡逻”任务，天津体育社方宣告结束。参见《杨处长拟改组体育社》，《益世报》，1923 年 8 月 25 日；《增设南六区之经费问题》，《大公报》，1923 年 12 月 6 日。

更名为中国国民直隶戒纸烟会，计划重新开展活动①，但此后并未见其后续活动具体如何进行。启民阅报演说会、天津风俗改良会、公民会等②，均存在数月不等后遂不再闻其声息。

三、政治局势与民众社会参与

清末天津民间社团的纷纷建立与积极开展活动，与清廷推行“新政”及“预备立宪”而形成的政治局面有重要、直接的关系。庚子惨祸与《辛丑条约》的签订，使清廷已无法再照旧统治下去，被迫实行“新政”，在经济、法律、教育等领域实行一系列变革，乃至实施“预备立宪”，开始进行君主立宪的政体变革。

1902 年 5 月清廷发布上谕，派沈家本、伍廷芳主持修订现行律例，“按照交涉情形，参酌各国法律，悉心考订，妥为拟议。务期中外通行，有裨治理”③。自 1903 年起，《奖励公司章程》《商人通例》《公司律》《各级审判厅试办章程》《集会结社律》《大清刑事民事诉讼法》《大清新刑律》《民律草案》(由于辛亥革命爆发，《民律》未及审议颁行)等先后制定颁行。在上述修律制法过程中，各律例均不同程度地吸收了某些近代西方法律原则，成为“中国传统法律现代转型的关键举措”④。清廷对政府机构也做了若干变革，如 1906 年改总理衙门为外务部及设立商部(后改为农工商部)、巡警部、学部、民政部、度支部、陆军部、法部、邮传部、海军部、军

---

① 《来函》，《大公报》，1912 年 11 月 11 日。

② 公民会的情况比较复杂。民初全国多地建有公民会，天津公民会自 1912 年月 3 月建立后曾一度比较活跃。1912 年 10 至 11 月间，有人提出公民会是否并入民主党的问题，公民会特为此事召开会议，此议被否决。此后公民会仍继续存在并开展活动。参见《公民会通函》，《大公报》，1912 年 11 月 1 日；《公民会仍旧》，《大公报》，1912 年 11 月 10 日。时至 1913 年 5 月 28 日，《大公报》仍以《广仁堂访闻录》为题，报道了天津公民会“联合各机关接办广仁堂”一事。

③ 《清实录・德宗实录》卷 492，“光绪二十八年四月(丙申)”条。

④ 李在全：《清末修律制法述略》，《兰州学刊》2017 年 7 月。

咨府、审计院等,清廷的政权机构也开始向现代社会转变。①

1902年8月清廷颁布《钦定学堂章程》,1904年1月又颁布《重订学堂章程》,详细规定了各级学堂章程及管理体制,以法令形式要求在全国推行。与普通学堂并行的还有专业教育,包括师范学堂及各类实业学堂,在学制上自成系统,一套完整的学校制度随之建立。1905年9月,清廷谕令"立停科举以广学校",延续了一千余年的科举制度宣告废除。随后设立学部,专管学堂事务,并推出奖励出国"游学"的各项办法。清末教育领域的变革,特别是新式学堂的建立、发展,使中国教育在结构与功能方面均发生重大变化,对中国教育的发展产生了广泛深远的影响。

1903年9月,清政府设立商部,倡导商民创办工商企业。随后,颁布了一系列工商业规章和奖励实业办法,如《钦定大清商法》《商会章程》《铁路简明章程》《奖励华商公司章程》《公司注册章程》等。这些章程规定,允许自由发展实业,奖励兴办工商企业,鼓励组织商会团体。清末奖励工商实业的这些章程和做法,客观上对"中国民族资本主义工业的迅速发展,起了一定的作用"②。

清末新政的实施,促进了工商业资产阶级和新型知识分子阶层的初步形成,也营造了民众参与社会改良的社会氛围。有论者认为,如果说清末新政整饬吏治与行政改革方面多为表面文章,"那么在练新军、兴实业、变革教育体制方面还是颇有实效的,出现了一些前所未有的新气象"③。而1906年9月开始的"预备立宪",使清王朝的"新政"进入了变革政治体制的阶段。随着各省咨议局、资政院的建立以及地方自治的推行,各地民间社会的政治热情高涨。"立宪派和绅商学子认为,不待人民之请求,中国的专制政治就迈进预备立宪时期,即向民主宪政过渡的新

① 侯宜杰:《二十世纪初中国政治改革风潮——清末立宪运动史》,北京:人民出版社,1993年,第82、83、91页。

② 施仁章:《清末奖励工商实业政策及其影响》,《中国社会经济史研究》1982年第2期。

③ 郭世佑:《晚清政治革命新论》,北京:中国人民大学出版社,2010年,第90页。

时期，‘诚古今未有之盛举’，仍然热烈欢呼，张灯结彩，敲锣打鼓，开会庆贺。”①

在清末的社会变革中，天津无疑走在前列。1902年8月之后，袁世凯以直隶总督兼北洋大臣的身份，在天津推行“北洋新政”，包括组建现代警察机构，维持社会治安秩序；完善市政管理机构，进行市政建设；推行地方自治，兴办教育，整顿金融，鼓励开办近代工业，开发海河以北的新市区；等等。② 天津在发展工矿企业、修筑铁路、创办巡警、狱政改革及开办新式学堂等方面，都颇见成效，有一些社会改良举措走在其他地区之前。此外，天津在筹办地方自治方面，也有积极的表现。1906年8月，天津即在袁世凯的主持下设立了“以准备地方自治为宗旨”的天津府自治局，制定了《天津府自治局章程》，以“为他日立宪先声”。1906年9月清廷发布上谕宣布“仿行宪政”后，天津由政府官员与绅商学各界人士组成的自治促成会，制定了《试办天津县地方自治章程》，于1907年3月颁布。③ 之后分别于1907年8月和1908年8月建立了天津县议事会、天津县董事会，为各界人士参与地方社会事务提供了政治保障和便利条件。

上述清廷及天津地方当局各项变革的推行，营造了推动民间社团从事社会改良活动的政治环境。以天足社为例，改革缠足陋习，维新派人士虽曾著文疾呼，或奏请禁止，但社会反响有限。1902年2月，清廷颁布劝戒缠足上谕称：“汉人妇女率多缠足，由来已久，有伤造物之和。嗣后缙绅之家，务当婉切劝导，使之家喻户晓，以期渐除积习。”④此后，南北各地“不缠足”宣传与天足活动渐次兴起。⑤ 1902年6月《大公报》创办后，

① 侯宜杰：《清末国会请愿风潮》，北京：北京师范大学出版社，2015年，第2页。

② 罗澍伟：《近代天津城市史》，北京：中国社会科学出版社，1993年，第218页。

③《天津府自治局章程》，《大公报》，1906年9月2日；《天津府自治局文件录要初编》，天津府自治局，1907年印制。

④《清实录·德宗实录》，卷492“光绪二十七年十二月（丁巳）”条。

⑤ 杨兴梅：《以王法易风俗：近代知识分子对国家干预缠足的持续呼吁》，《近代史研究》2010年第1期。

即连续刊载文章,宣传不缠足的好处,讲解放足的具体办法,推动天足活动。在这些因素中,清廷上谕的推动力量无疑最为有力,天津县天足会在进行游行宣传活动时,走在队伍前边的"会长会员诸君三四十人声称奉旨不缠足",其后随大旗一面,将清廷发布的禁缠足谕旨书之于上,并挨户散发禁缠足谕旨。[①] 又如,1911 年 3 月清政府学部提出组织体育会,通过体育训练"养成国民健全之体格"[②],清政府倡导,加之地方官员的支持,使得天津体育社受到各界人士的关注与赞助,体育社一经成立,其训练活动即得以比较顺利地展开。

如此,当历史的脚步进入 20 世纪之时,清廷陆续推行的各项新政,虽并未改变其专制政治的本质,也难以挽救其没落衰亡的命运,但毕竟使清廷治下的中国社会出现些许生机与进步。其时天津各界民众建立各种社团,积极开展改良活动,使社会生活中显现出某些积极的趋向。所谓"北洋新政",所谓"模范之区",或并非俱为虚言,以致若干年来"近代中国看天津"的喧呼不绝于耳。

清王朝覆亡,民国建立,且南北实现了统一,中国政治发生了巨大改变。随着《中华民国临时约法》及《国会组织法》《选举法》等的颁布,中国迈开了从王权专制政体向现代民主共和国家转型的步伐,天津各界人士纷纷组建宣传民主共和思想的演讲类社团,以及监督政府、伸张民权类社团,积极开展活动。这表明当时天津民众中蕴含着要求实行民主共和制度的思想和愿望。

但是,如上所述,在以袁世凯为首的北洋军阀官僚集团掌控北京政府后,民初的中国政局很快陷于一种动荡状态,而天津受到直接且严重的影响,人们对社会混乱无序心怀不满与疑虑,对国家的前途忧心忡忡。其中一个后果即为民间社团的活动在一度恢复且活跃之后,很快便归于沉寂。

---

① 《本埠·天足会之游说》,《大公报》,1911 年 10 月 14 日。

② 《要闻·学部提倡体育会》,《大公报》,1911 年 3 月 21 日。

传统士绅与近代慈善

——北京政府时期窝窝头会述论

梁家振

清王朝被推翻后，随着北京政府时期政府救助机能的弱化，社会秩序开始由军绅、官绅和绅商等传统地方精英主导和重建。反映在对社会弱势群体的救济层面，也改变了以往由政府直接出面实施的状况，而是采取以民间救济为主，政府为辅的救济模式。窝窝头会便是产生于清末民初的民间慈善组织，其活动轨迹基本与北京政府时期相吻合。然而，学界对于北京政府时期的慈善救济研究，与南京国民政府时期相比本就较为薄弱，对于窝窝头会这一临时性的慈善组织，更是少有关注。[①] 笔者发现，许多戏曲界艺人在回忆性的著述中，总会混淆窝窝头会的性质，把窝窝头会看作义务戏的一种分类。于建刚认为："义务戏，从性质来看，可以分为救济同行的'搭桌戏''窝窝头会'、赈济灾荒的'义赈戏'和慈善性的募捐戏。"[②]从现已掌握的有关窝窝头会的史料来看，这似乎是一个误解。著名的京剧琴师徐兰沅在《精忠庙与窝窝头会》一文中回忆道：

[作者简介] 梁家振，河南大学历史文化学院在读博士。

① 关于窝窝头会的成果有：肖瑞宁：《民国社会慈善事业的遗珠——北京临时窝窝头会》，《北京档案》2017 年第 3 期；郭常英、梁家振：《民国初年北京窝窝头会及其义演考析》，《中国高校社会科学》2019 年第 3 期。

② 于建刚：《中国京剧习俗概论》，北京：文化艺术出版社，2015 年，第 209 页。

“关于临时窝窝头会，就是每年临近春节时，名演员集中唱两天戏，将收入的钱作为救济贫病老残的以及生活苦的艺人，使他们能顺利度过春节，因名为临时窝窝头会。”[①]这类回忆性论述的不实之处在于，都没有将窝窝头会看作慈善组织，而是仅仅将它放在了义务戏的范畴，认为窝窝头会是义务戏的一个分类。本文旨在整理以往报刊、资料以及论著的基础上，进一步耙梳史料，试图从窝窝头会的参与群体出发，深入考察窝窝头会的筹款和救济活动的运行方式，分析慈善义演在筹款过程中所起到的作用，论述窝窝头会的组织特征和社会功效等问题，进而推动学界对北京政府时期慈善事业的深入关注和相关研究的发展。

一、缘起：窝窝头会的产生

清末民初的北京作为全国首都，人口数量庞大，清王朝被推翻后，大多数旗人失去了生活保障而沦为贫民，1914 年“北京市有贫困人口 96 850 人，占总人口的 11.95%”。[②] 到了 1928 年，据北平市社会局的精确统计数据，北平市人口共有 1 329 602 人，而极贫者为 182 386 人，次贫者为 52 414 人，合计约达到 17%以上。[③] 正当此时，京畿附近又连年遭逢水旱灾荒，加剧了贫困人口数量。根据 1919—1927 年报刊所报道的消息来看，窝窝头会的发起时间以冬季为主，然而这些年份所对应的灾荒，多为夏秋之际所遭逢的水灾或旱灾。其原因在于，灾荒固然当时就会产生大量的灾民，但是与灾荒相伴产生的后果，是当年庄稼歉收，因此在后续时段里会持续产生数量巨大的灾民，这些灾民总是带着家里仅剩的粮食向人口密集、经济发达的大城市迁移逃荒，通过人口迁移和乞讨的形式生存，1924 年窝窝头会被发起的重要原因即为“本年顺直水灾

① 徐兰源口述，唐吉整理：《徐兰沅操琴生活》，北京：中国戏剧出版社，1958 年，第 121 页。

② 北京市地方志编纂委员会编著：《北京志·综合卷·人民生活志》，北京：北京出版社，2007 年，第 474 页。

③ 张研、孙燕京主编：《民国史料丛刊》第 734 册“社会·社会救济”《北平特别市社会局救济事业小史》，郑州：大象出版社，2009 年，第 5 页。

浩大，披灾难民流落京师者亦较往年为多”①。这便是夏季遭灾，而秋冬季节北京城内贫困者尤多的原因。人们在遭逢天灾人祸后，京畿临近各县灾民会习惯性地涌入首善之区的北京寻求救济，这样一来，外来人口就增加了北京城区的生存压力，连年战乱北京政府本就呈现出财政窘态，必然难以承受庞大贫民数量不断增加所带来的社会压力，需要依靠民间团体实施救助以稳定社会秩序。北京乃至直隶地区在民国年间灾荒不断，窝窝头会作为救济贫困的慈善组织，便在此社会背景下应时而生了。

窝窝头会究竟起源于何时，至今已难以考证，根据时人夏仁虎的笔记所载：“窝窝头会者始于清末，慈善团体之一也。京师贫民抟黍屑蒸而食之曰窝窝头。此会专为救济贫民，故以名焉。”②另外，根据1918年《京话日报》上的一则广告提道：“临时窝窝头会成立已经六载。”③基本可以推断出，该会的成立时间应该是1912年冬季。关于窝窝头会的发起人，笔者通过整理史料，发现有“陈启沅”“陈启元”“程启元”三种提法。第一种是在较早的回忆性著作《精忠庙与窝窝头会》一文中有着详细而具体的描述：“关于这个会的发起，大约是在1926年左右，由北京琉璃厂赏奇斋古玩店的掌柜陈启沅（是一位京剧爱好者）联络了张彬舫、何卓然与梨园界的名演员共同兴起的。”④即窝窝头会的发起人为“陈启沅”；窝窝头会的发起人为“陈启元”的这一说法源于静观在1921年1月14日《申报》上发表的一篇报道《纪北京窝窝头会》，报刊记载“该会之由来最初发起人为陈启元”，“近则最初发起斯会之陈氏，已作古人，而今年北方大灾，难民来集于京师内外城者至众，无衣无食，情尤可哀，乃由陈氏通知数次集议，公推钱能训、江朝宗、陆定三人继主斯会，俾本年会务不至因陈氏

① 《临时窝窝头会今日开成立会》，《京报》，1924年9月18日，第3版。
② 夏仁虎：《旧京琐记》，北京：北京出版社，2018年，第184页。
③ 《临时窝窝头会公启》，《京华日报》，1918年11月24日，第1版。
④ 徐兰源口述，唐吉整理：《徐兰沅操琴生活》，第121页。

之亡而中断”[①]等语。那么是否由于报刊上的名字写法不同呢？然而在进一步史料钩沉的过程中，却并未发现同时期北京地区有“陈启沅”或“陈启元”其人，经过查证，这两种说法，窝窝头会的发起人无论是“陈启沅”还是“陈启元”，其可信度都是有待推敲的。第一种说法认为窝窝头会是陈启沅在1926年发起的，但是根据《申报》的报道，陈启元必然早于1921年之前便曾发起了窝窝头会，两则史料在论述窝窝头会的发起时间方面便已发生了冲突，若《申报》中的陈启元在1921年前便已经逝世，又如何在1926年发起窝窝头会呢？不仅如此，从1921年到1926年，在《申报》《京报》《顺天时报》等报刊上皆有关于窝窝头会的消息被大量报道，中国近代史确实存在着一位著名慈善家陈启沅[②]，即著名的近代企业继昌隆缫丝厂的创始人，然而其生卒年份是1825—1905年，早在1905年便已逝世，与《申报》上所言“近则最初发起斯会之陈氏，已作古人”，即陈启元系近年来才逝世的报道明显不符，另外，陈启沅的活动地区是广东而非北京，所以陈启元和陈启沅并非同一个人，两则史料必然至少有一则有误。

于是，笔者进一步翻阅史料，尝试着查阅了北京当时报刊中与发起人相关联的北京琉璃厂赏奇斋以及组织者的消息，找出了第三种说法，也就是窝窝头会发起人这一问题的最终结论：北京琉璃厂赏奇斋的古董商人既非“陈启沅”也非“陈启元”，而是程启元。据《顺天时报》报道：“临时窝窝头会执事人程启元、王得胜、张彬舫、任润山、何卓然等君，特约名伶王又宸、俞振庭、贯大元、郝寿臣、小翠花、余幼琴等，拟于旧历十三十四两日，假天乐团演唱夜戏。”[③]另外，《京报》上的一篇报道也表明了办理窝窝头会的是程启元，“北京历年办理慈善之举，惟有每年冬令已故程君

① 《纪北京窝窝头会》，《申报》，1921年1月14日，第7版。

② 夏征农、陈至立主编，熊月之等编著：《大辞海·中国近现代史卷》，上海：上海辞书出版社，2013年，第187页。

③ 《演剧筹款济贫》，《顺天时报》，1919年12月27日，第7版。

起[启]元办理窝窝头会为最著成效"[①]，而程启元在1920年去世的这一信息，也从侧面证明了这一则报道与《申报》上的"陈启元"确系同一个人，只是出现了笔误。笔者猜测，或许由于《申报》的创办地是在上海，而窝窝头会的发起地是在北京，异地之间对于具体情况不甚了解，所以出现了相似口语发音上的误差，也可能是因为《申报》作者的笔误，阴差阳错地将"程启元"写作"陈启元"。事实究竟如何，现已无从考证，总之，窝窝头会的发起人确为琉璃厂赏奇斋的古董商人程启元无疑。

1920年，窝窝头会的创始人程启元去世，但是窝窝头会并没有随之消失，该会的继任者仍然将赏奇斋作为代收捐献物资的常设地点。"自今岁程君逝世后，该会业已涣散，现在江君宇澄、张君彬舫鉴于今年荒旱，京师贫民较往年加多，若专仰粥厂恐未普及，兹拟仍尽程君初旨，赓续办理窝窝头会，其地点仍在琉璃厂中间赏奇斋为会所。"[②]在此之后，窝窝头会的组织者虽然时有不同，但是每年冬季，北京出现大量贫民的时候，便会被"临时地"发起；更为难得的是，窝窝头会从1912年出现到1928年消失于公众视野，贯穿了整个北京政府时期，在当时的首善之区北京，切实发挥着其救济贫苦大众的作用。

二、传统士绅：窝窝头会的组织成员

随着1920年程启元去世，江朝宗、张彬舫、杨润斋等继任者延续了窝窝头会的慈善救济事业，正因北京地方官绅与绅商广泛参与，其规模也大为扩大，在北京社会救济过程中起着重要作用。笔者耙梳该会主要组织成员及其身份，整理如下：

---

① 《演剧筹款济贫》，《京报》，1920年11月16日，第6版。

② 《演剧筹款济贫》，《京报》，1920年11月16日，第6版。

表 1　1919—1924 年窝窝头会部分组织者

年份	主要组织者
1919 年	程启元、王得胜、张彬舫、任润山、何卓然等
1920 年	江宇澄(正会长)、陆慎斋(副会长)、杨润斋(经理)、张彬舫、任润山、何卓然等
1921 年	江宇澄、杨钦三、袁俊亭、刘子波、李达三、申静轩、陆慎斋、熙宝臣、乌泽声、张彬舫、乐荫苏、刘竹溪、年泽川、茹养源、丁厚斋、英子敬、春芳洲、杨伯清、戴正一、杨曼青、王丹忱、丁善丞、贺寿民、石博泉、李永明、任润山、李士园、颜慎夫、何麟阁、杨玉堂、傅文卿、俞振庭、李翰臣、戴兰生、何卓然、杨润斋
1922 年	杨钦三、袁俊亭、张彬舫、丁厚斋、贺寿民、杨润斋、刘铁夫、俞振庭、赵鹤舫、杨玉堂、何麟阁、任润山、何卓然
1923 年	王懋宣、潘丹亭、杨钦三、袁俊亭、申静轩、张彬舫、孙晋卿、乐砥舟、李实枢、杨伯清、年泽川、赵鹤舫、田政臣、丁厚斋、陆慎斋、杨曼青、丁善丞、延少伯、汪侠公、贺寿民、李毓如、戴正一、王丹忱、杨润斋、俞振庭、高文倾、平季安、戴澜生、王小楼、何卓然、李瀚臣、任润山
1924 年	杨钦三、任润山、何卓然、李瀚臣、鲍墨林、王远亭、吴阔亭等

资料来源:1919—1924 年《顺天时报》《京报》《晨报》等。

经过考证,当时报刊上所刊载出的窝窝头会主要组织成员,包括政府官员、商人、报界编辑还有戏界艺人等广大群体,他们多为北京的地方名流,其中不乏军绅、官绅与绅商,所谓“绅”,就是当时正在担任或曾经担任过政府官员的地方豪绅,或有权力,或有势力,在传统封建社会,这些人构成了社会管理的核心力量,因此具有一定的实力和公信力来组织窝窝头会。

其一是以江朝宗、杨钦三、李达三为代表的军政界群体。最为知名的是江宇澄,即北洋时期著名的政客江朝宗,此人长期在北洋政府担任要职,还曾经担任过国务院代总理,杨钦三和李达三都曾经担任过京师警察厅的总监,能够获得政府方面的支持,可以为窝窝头会的募捐和赈济活动提供政治上的保障。除此之外,值得关注的还有长期担任醇亲王府管事人的张彬舫，张彬舫作为醇亲王府管家，虽然自己并未在政府担任要职，但是“与军政大员都有相当密切的往来，特别是和奉系方面的张作霖、张景惠、汤玉麟等，都是盟兄弟”①。在1912年以后，清王朝灭亡，醇亲王几乎很少有社会活动，相反的，张彬舫凭借其特殊身份，几乎成为醇亲王府的代言人，具有复杂的社会关系网络，是典型的本土性地方士绅。

其二是以程启元、杨润斋、袁俊亭和任润山为代表的商人。程启元和杨润斋是师徒关系，两人都是窝窝头会的主要人员，程启元创设了窝窝头会，而杨润斋作为赏奇斋的继任经营者，任窝窝头会的经理。袁俊亭曾担任京师总商会会长，任润山曾担任旅店行商会会长。任润山系窝窝头会的最初发起者之一。1924年10月，冯玉祥发动北京政变，时任会长的杨钦三，由于政治上属于直系而被捕，“既因助曹被国民军拘禁缧绁中，致会员等失去领袖无处募捐巨款，遂使慈善事业陷于停顿中”②。11月，任润山继任会长，作为窝窝头会的主要组织者，任润山始终为了推动贫民的慈善救济事业发展而奔走于各方，“对于社会公益各事，极为热心，勇往直前，殊如窝窝头会、梨园公益会暨其他种种义务戏，奔走帮忙，以期奏功”③。在1928年2月，竟然因积劳成疾而去世。商人群体的参与，扩大了窝窝头会的经济来源，他们不仅奔走于社会各界联系筹款事宜，还是直接的捐款人、慈善家，在捐款征信录上不仅有这些商人所在行业的捐款，还有他们自己的捐款。商人群体近代以来参与慈善活动，是值得关注的社会现象，如在征信录上多见琉璃厂的其他商人捐款，虽然所捐数额有限，但是聚沙成塔、集腋成裘，在社会动乱不断、灾祸连年的年代，他们也在以自己的微薄收入帮助社会其他贫困群体。

其三是以陆慎斋、何卓然、乌泽声为代表的报界人物。陆慎斋是程

① 溥佳：《1924年溥仪出宫前后琐记》，《文史资料选辑》编辑部编：《文史资料选辑》合订本第12卷，北京：中国文史出版社，2000年，第231页。

② 《窝窝头会停顿，穷人之大不幸》，《顺天时报》，1924年11月15日，第7版。

③ 《敬悼任润山君》，《顺天时报》，1928年2月18日，第5版。

启元去世后的继任副会长，笔名陆哀，是民国初年著名的报刊记者，北京著名刊物《群强报》的创办人和总主笔，同时也是一名京剧爱好者；何卓然，又名何德铨，是民国时期的著名报人，曾担任《实事白话报》的总编辑，还曾任北京戏界艺人的管理机构精忠庙的管事人①；乌泽声则曾经担任过《大同报》《国华报》《每日新闻》和《新民报》的社长。窝窝头会的义演募捐消息、救济贫民具体过程以及捐款者征信录都由报界人士撰稿并在报刊上公开发表，使窝窝头会的慈善行为得到广大社会的关注和监督。事实上，报人群体的参与，一方面通过报刊媒体对窝窝头会的发起做了宣传，另一方面也方便了组织者对于当时社会舆情的把握，提高了窝窝头会办理慈善事业的公信力。

其四是以俞振庭和王小楼为代表的戏界艺人，这也是窝窝头会总以演出义务戏的形式筹款的重要原因。自清末民初以来，伴随着近代民主与平等的观念和社会近代化潮流的传播，戏界艺人开始广泛地参与到社会慈善救济活动。由于历代以来，戏界艺人的社会地位普遍不高，被称为伶人，他们热心公益一方面是本着侠义心肠，对贫寒群体感同身受，具有极强的社会认同感，另一方面，也是为了积极改变自身固有形象，以获得社会认同为手段来提升社会地位。“伶人参与慈善义演，逐渐为自身群体重塑了新的社会认知和社会形象。”②在窝窝头会的感召下，梨园公会同人踊跃参与其中，以 1919 年底为例，窝窝头会组织义演的过程如下：“临时窝窝头会执事人程启元、王得胜、张彬舫、任润山、何卓然等君，特约名伶王又宸、俞振庭、贯大元、郝寿臣、小翠花、余幼琴等，拟于旧历十三十四两日，假天乐园演唱夜戏”，此次义演“班底为斌庆社”，难能可贵的是，艺人们参加窝窝头会举办的演出皆为义务演出，不收取演出费用，“一切角色均系纯粹义务”。③ 戏界艺人的义演行为增加了窝窝头会

① 王卫平、赵晓阳主编：《近代中国的社会保障与区域社会》，北京：中国劳动社会保障出版社，2013 年，第 337 页。

② 岳鹏星、郭常英：《晚清都市空间中的慈善、娱乐和社群认同——以慈善义演为视点》，《广东社会科学》2017 年第 5 期，第 141 页。

③《演剧筹款济贫》，《顺天时报》，1919 年 12 月 27 日，第 7 版。

的募款数额，扩大了窝窝头会的慈善资源。王小楼是东安市场吉祥园的老板，他积极地提供义演场地，常常不收场地费用，“吉祥园主王小楼愿在该园演窝窝头会义务戏，微费不收，同人极感其德”。

以济贫为主旨的慈善组织自古有之，但是慈善家群体的形成是中国慈善救济事业步入近代以来所呈现出的明显特点，“近代慈善家群体的形成，将原来分散的、各不关联的善人善士相联络起来，形成一个交际广、能量大的社会组织网络”[①]。窝窝头会虽然产生于近代社会，但是与江南地区相比，因受到北京地区经济水平与政治环境的影响，窝窝头会的组织者群体呈现出明显区别于江南地区慈善机构的地方性特征：早在“丁戊奇荒”之际，江南地区的绅商群体就通过办理慈善活动的具体实践，形成了固化的江南善士圈，“江南的乡绅或绅商拥有雄厚的经济实力来组织开展慈善救助活动；相对与此，北京城则因其强大的政治功能而形成了大批官绅人员，他们利用自身与政府的便利关系来从事慈善活动，从而构成北京地区慈善事业发展的重要特色”[②]。窝窝头会便是在这种经济上相对落后，而政治功能强大的社会背景下，具有典型地方性特征的慈善组织，组织者大多是来源于北京都市社会“军政警商各界”[③]的官绅与善士，受到传统的华北地区精英文化影响，在组织关系上仅仅是以济贫为目的松散而非固化的合作关系。诸如世界红卍字会、中国红十字会以及华洋义赈会等慈善机构，早已超越了地域的限制，呈现出全国联动甚至全世界范围内相互救济的态势。与之相比，窝窝头会却因救济贫困的组织目的和组织者群体的地方性特征，在组织关系上相对松散，其规模也仅仅限于北京内外城郊区域而并未扩大至跨区域范围。

窝窝头会因组织者身份和组织活动过程中的相互合作，与北京其他慈善机构产生了耦合式的互动（注：耦合式互动是指互动两个主体有一

---

① 周秋光主编，周秋光、曾桂林、向常水、贺永田等著：《中国近代慈善事业研究》，天津：天津古籍出版社，2013 年，第 76 页。

② 王娟：《近代北京慈善事业研究》，北京：人民出版社，2010 年，第 194 页。

③ 《窝窝头会散放各区之玉米面》，《益世报》，1921 年 12 月 25 日，第 7 版。

定的人员交叉或经费联系[①])。如窝窝头会的前后两任会长程启元和江朝宗,他们同时也是龙泉孤儿院的组织成员,早在1912年,程启元就作为龙泉孤儿院的办事人之一,与道兴和尚一起到上海发起义务戏筹款活动。“兹因龙泉孤儿院办事人道兴、程启元、张古峰,因该院经费拮据,到沪募捐经费。”[②]江朝宗甚至一度担任龙泉孤儿院的名誉董事。此外,江朝宗曾经担任悟善社的社长,1921年发起窝窝头会时,其义演筹款活动,便是“特请悟善社转约名角多人”[③]完成的。窝窝头会与世界红卍字会之间,曾有经费上的联系:1927年1月18日、19日演义务夜戏筹款两日,1927年5月27日、28日、29日演出义务戏三晚,这两次义务戏演出都是由北京临时窝窝头会和世界红卍字会联合组织的,特别是5月27日至29日这三日的演出,前两晚售票所筹资金归窝窝头会,用于购买玉米面救济贫民,而第三晚售票得资则“悉归世界红卍字会翻修道院之建筑费”。[④] 1931年,窝窝头会之义务戏票款共收入2 537元,其中便有世界红卍字会的捐款1 000元。[⑤] 窝窝头会与其他慈善组织间通过联合与互动,在一定程度上扩大了义演活动的影响力,同时也强化了二者的慈善功能。

在梨园行业,艺人们极重义气,年末封箱歇业前的演出往往最为精彩,“梨园行年例封箱,而对于封箱前后又有大义务戏”[⑥],故戏界艺人对于年末之际的义演活动尤为重视,几乎能够全体参与,“梨园行人声誉最巨者,莫不上台献艺,竭其义务”[⑦]。1912年由谭鑫培、田际云、俞振庭、余淑琴等发起的正乐育化会,与窝窝头会的性质极为类似,该会也于年

---

① 蔡勤禹:《国家社会与弱势群体——民国时期的社会救济(1927—1949)》,天津:天津人民出版社,第210页。

②《商办新舞台》,《申报》,1912年12月6日,第12版。

③《窝窝头会演戏筹款》,《晨报》,1921年1月7日,第6版。

④《第一台义务夜戏,窝窝头暨红卍字筹款》,《顺天时报》,1927年5月26日,第7版。

⑤ 刘文峰、于文青主编:《北京戏剧通史(民国卷)》,北京:北京燕山出版社,2001年,第473页。

⑥ 民国时期文献保护中心、中国社会科学院近代史研究所编:《民国文献类编·文化艺术卷》,北京:国家图书馆出版社,2015年,第904册,207页。

⑦《万绿点红:临时窝窝头会之义务戏》,《顺天时报》,1921年1月8日,第5版。

末举办义演救助梨园同行贫苦艺人,“每届年终,诸名伶为救济伶界贫户起见,例演义务戏一日。收入戏资,完全充赈”①。窝窝头会与梨园行会之间,有着千丝万缕的联系,这里不得不提到俞振庭,他也具有多重身份,既是窝窝头会的组织者,又是斌庆社的社长,同时还是正乐育化会的副会长,集窝窝头会的发起者、组织者、演出者和捐助者于一体。1921年旧历腊月二十五、二十六日窝窝头会的义演,便由俞振庭主动在戏界艺人中发起:“因近日天气严寒,无衣无食之贫民时有冻饿身死情事”,此次义演,将“所得票价全数捐助窝窝头会以救济贫民”,该会会员张彬舫、任润山等人“在泰丰楼开欢迎会议商进行手续”。②

正因窝窝头会和梨园行会年终义演的形式相同、时间相近,甚至被时人相提并论:1922年腊月,“名伶等由旧历廿四日至廿六日,连夜在第一台演育化会、窝窝头会义务戏,均极踊跃从事”③。事实上,二者因目的不同,有着明显的区分,廿四日系正乐育化会为救济同业贫寒艺人而发起的义务戏,“今年已由正乐育化会商请京中名伶,定于二十四日(星期六)晚间在第一舞台演义务一夜”,而廿五、廿六日的义演却由窝窝头会所发起,“窝窝头会义务戏,已定于二十五日、二十六日两晚,亦在第一舞台奏演”。④ 窝窝头会和正乐育化会之间常常联合举办义务戏的筹款活动,二者既有共同的组织和演出人员,又有共同的筹款形式和救助人员,二者都将演戏筹款作为救济贫民的主要筹款方式,正乐育化会既然是梨园的公会组织,窝窝头会发起义演的过程必然与之有着密切的联系,二者为了救济北京贫民人士渡过难关的共同目的,完成了民国时期北京慈善事业的一项盛举。

---

①《伶界之义务戏》,《顺天时报》,1919年1月21日,第5版。
②《伶界义举济贫》,《顺天时报》,1922年1月16日,第3版。
③《第一台之三晚义务戏》,《顺天时报》,1922年1月26日,第5版。
④《星期六晚第一舞台之好戏,筹款救济伶界贫户之义务戏》,《京报》,1922年1月19日,第7版。

三、慈善义演:成效显著的筹款形式

慈善义演是近代以来新兴的慈善筹款方式,早在 20 世纪初便被北京的社会精英普遍运用于慈善救济。窝窝头会的创始人程启元便是一名京剧爱好者①,主导了窝窝头会以演戏的方式筹款。事实上,每年只要窝窝头会在报纸上发布募捐启示,便随之刊有慈善义演的消息,义演的类型以戏剧表演为主,同时也有相声、说书、魔术、杂耍等曲艺表演。

表 2　1919—1927 年窝窝头会部分义演的地点及演出内容②

<table>
<tr><th>时间(旧历)</th><th>演出地点</th><th>主要演出内容</th></tr>
<tr><td>1920 年 2 月 2 日(腊月十三日)</td><td>天乐园</td><td rowspan="2">京剧、幻术、单弦、特别技艺</td></tr>
<tr><td>1920 年 2 月 3 日(腊月十四日)</td><td>天乐园</td></tr>
<tr><td>1921 年 1 月 8 日(冬月三十日)</td><td>第一舞台</td><td rowspan="2">京剧</td></tr>
<tr><td>1921 年 1 月 9 日(腊月初一日)</td><td>第一舞台</td></tr>
<tr><td>1922 年 1 月 22 日(腊月廿五日)</td><td>第一舞台</td><td rowspan="2">京剧</td></tr>
<tr><td>1922 年 1 月 23 日(腊月廿六日)</td><td>第一舞台</td></tr>
<tr><td>1922 年 12 月 6 日(十月十八日)</td><td>第一舞台</td><td>京剧</td></tr>
<tr><td>1923 年 1 月 7 日(冬月廿一日)</td><td>第一舞台</td><td rowspan="2">京剧</td></tr>
<tr><td>1923 年 1 月 8 日(冬月廿二日)</td><td>第一舞台</td></tr>
<tr><td>1923 年 1 月 20 日(腊月初四日)</td><td>吉祥园</td><td rowspan="2">京剧、大鼓、相声、双簧</td></tr>
<tr><td>1923 年 1 月 21 日(腊月初五日)</td><td>吉祥园</td></tr>
<tr><td>1923 年 2 月 4 日(腊月十九日)</td><td>吉祥园</td><td rowspan="2">京剧、双簧、相声、大鼓</td></tr>
<tr><td>1923 年 2 月 5 日(腊月二十日)</td><td>吉祥园</td></tr>
</table>

① 徐兰沅口述,唐吉整理:《徐兰沅操琴生活》,第 106 页。

② 此表据 1919—1927 年《顺天时报》《京报》《晨报》等相关信息综合编制。

续 表

时间(旧历)	演出地点	主要演出内容
1923 年 12 月 2 日(十月廿五日)	吉祥园	京剧、大鼓、单弦、戏法、对口相声、秦腔剧、时调小曲、滑稽大鼓
1923 年 12 月 29 日(冬月廿二日)	庆乐园	京剧
1924 年 1 月 10 日(腊月初五日)	吉祥园	京剧、大鼓、双簧、单弦、戏法
1924 年 1 月 11 日(腊月初六日)	吉祥园	
1924 年 1 月 12 日(腊月初七日)	第一舞台	京剧
1924 年 6 月 21 日(五月廿日)	第一舞台	京剧
1924 年 6 月 22 日(五月廿一日)	第一舞台	
1925 年 1 月 18 日(腊月廿四日)	吉祥园	京剧、双簧、相声、戏法、文明大鼓、西河大鼓
1925 年 12 月 27 日(十一月十二日)	开明剧院	京剧
1927 年 1 月 18 日(腊月十五日)	第一舞台	京剧
1927 年 1 月 19 日(腊月十六日)	第一舞台	
1927 年 5 月 27 日(四月廿七日)	第一舞台	京剧
1927 年 5 月 28 日(四月廿八日)	第一舞台	
1927 年 5 月 29 日(四月廿九日)	第一舞台	

该会发起义演的过程,常由组织者与戏界艺人磋商进行,如 1922 年,窝窝头会的组织者于"阴历十一月初五在德兴堂宴请北京全体艺员,谈论演剧筹款",经过商议,"决定冬月廿一、廿二日演出事宜"。最终该年窝窝头会为救济北京贫民所筹得款项,便以义演所得为重要来源,"所得赈款以保定作寿及第一舞台演戏为收入之大宗"①。仅此两天义演所筹之款,就已"不下数千元"。据该年窝窝头会的征信录可知,当年收到了至少五场义演的捐款:收斌庆社在吉祥园演戏售票洋三百九十五元三角;收安乐园、振华园、中华园、合意轩在三庆园演坤书售票洋三百元零

① 《临时窝窝头会成绩》,《京报》,1923 年 1 月 11 日,第 7 版。

二角;收全体坤角在第一舞台演戏售票洋四百六十元零六角;收富连成社在吉祥园演戏售票洋九百六十九元一角;收奎德社在庆乐园演戏售票洋一百四十元零七角;收新新世界、城南游乐园捐助入门券共二千张合售大洋三百八十六元五角五仙。仅义演售票金额便有大洋约 2 650 元之多,演出过程中的临时捐款也为数不少,由此可见,义演筹款金额占据了善款总数相当大的比重。① 更为难能可贵的是,在义演这种大众娱乐筹款手段的影响下,社会人士普遍关注到窝窝头会这样一个慈善组织,进而关注到生活于社会底层的贫民,扩大了该会慈善事业的影响力。

以 1922 年为例,该年收到社会各界捐款(包含 1921 年结存款项大洋 289 余元),共计有大洋 16 459 元 2 角 2 仙 5 厘、辅币 3 709 角 5 分、玉米面 25 417.5 斤、小米 550 斤。② 捐款者众多,广罗社会各界人士,个人捐款者有曹锟、冯玉祥、杨钦三为代表的军政要员,也有俞振庭、王小楼、孙莐卿为代表的戏界艺人,还有张彬舫、乐砥舟、赵鹤舫等绅商富豪等。有的商人为提高企业知名度,以商号的名义捐款,如南洋兄弟烟草公司、长春堂、马玉山糖果公司等,还有一些社会机构也参与捐款,如电灯公司、中国银行等。其中最为值得关注的是,窝窝头会的筹款活动得到了许多政府高官、督抚要员的大力支持。1923 年底,《顺天时报》的一则报道罗列出当年窝窝头会赞成人名单:“冯检阅使、靳将军翼青、聂将军炜臣、鲍将军庭九、汤将军铸新、吴巡阅使、王将军子铭、陈将军秀峰、薛总监松坪、刘京兆炳秋、王督办兰亭、王师长幼甫、杜司令慎臣、张统带昆山、边议长洁卿。”③其社会背景如下表:

---

① 《北京临时窝窝头会征信录(癸亥年度)》,全国图书馆文献缩微中心,2015 年。

② 《北京临时窝窝头会征信录(癸亥年度)》,全国图书馆文献缩微中心,2015 年。

③ 《本京临时窝窝头会募集捐款》,《顺天时报》,1923 年 11 月 22 日,第 7 版。

表 3　1923 年北京窝窝头会部分支持者身份背景

文中称谓	姓名	曾经担任职务或军衔
冯检阅使	冯玉祥	陆军巡阅使、上将
靳将军翼青	靳云鹏	内阁总理、陆军总长、上将
鲍将军庭九	鲍贵卿	陆军总长、黑龙江省督军兼省长、吉林省督军兼省长、上将
汤将军铸新	汤芗铭	海军中将、教育部次长、湖北省长
吴巡阅使	吴佩孚	直鲁豫两湖巡阅使、直系首领、上将司令
陈将军秀峰	陈光远	江西督军、京津警备副司令、鉴威上将军
薛总监松坪	薛松坪	北京市警察总监
刘京兆炳秋	刘炳秋	京兆尹(京兆尹公署行政长官)
王督办兰亭	王兰亭	大总统秘书
王师长幼甫	王汝勤	长江上游总司令、陆军第八师师长
杜司令慎臣	杜锡珪	海军总司令、瀛威将军
边议长洁卿	边守靖	顺直议会议长、创办恒源纱厂

与此同时,他们也切实成了窝窝头会的捐款者,1920 年底,时任京畿警备总司令的段芝贵捐玉米面一万斤,刘子波统领代募玉米面二万斤。①1921 年底,当时的曹仲珊巡阅使(曹锟)捐玉米面二万斤,鲍贵卿将军捐大洋一百元,吴子玉巡阅使(吴佩孚)、汤铸新将军(汤芗铭)、杜锡珪司令、边守靖议长各捐大洋五十元。②

通过梳理这些军、政、官绅的身份地位及其社会背景,可以得出一些结论:他们几乎无一例外的归属于直系的派系阵营,而 1920—1924 年,北京政府的当政者正是直系领袖;窝窝头会的支持者不乏政权组建者,也有地方督抚大员,然而,更为值得关注的人员构成是已经下野的老派军阀,如江朝宗、靳云鹏等人,他们此时虽然已经处于下野状态,但是积

① 《天乐园义务戏之结果》,《顺天时报》,1920 年 1 月 8 日,第 5 版。
② 《窝窝头会捐款之踊跃》,《顺天时报》,1921 年 11 月 25 日,第 7 版。

蓄了大量的财富，或进驻于商业，依靠特殊的社会关系获得了巨大成功。自古以来，中国的传统观念就讲究名利双收，他们在获得“利”的同时，也希望通过参与慈善活动获得社会民众间的“好名声”。此外，当政者支持窝窝头会办理慈善事业，除了真正想要帮助穷人外，还有维护地方治安的目的：“俾得一般贫民受惠给，而暗中亦保护地方治安，此为一举两得之善举。”①但无论其初衷如何，毕竟从客观上推动了窝窝头会的发展，提高了社会关注度。

正是有了这些政府高官的大力支持，才使窝窝头会在社会上具有巨大的影响力和公信力，为筹募经费和救助贫民提供了便利。民国自初建以来在全社会范围形成了浓厚的慈善社会风尚，“诸艺员热心公益，踊跃从事，上星期六及星期两晚观剧之拥挤，为从来所未有，亦可见社会人士对于慈善事勇往直前也”②。无论是从理论上还是政策上，民国时期政府都表现出对于民间慈善事业大力支持的倾向性。孙中山先生在民国建立之初便提出民生主义理论，表达出关注民众生活状况的政治倾向。政府还制定奖励慈善事业的相关法令，“1914 年 8 月，北洋政府颁行《义赈奖劝章程》，鼓励社会各界捐款赈灾，达一定数额者由政府予以奖励”③。这些都为民国时期的慈善事业发展提供了积极而良好的发展空间，正因民国社会上热衷于慈善事业之风尚，故每年窝窝头会成立时，社会参与也十分积极踊跃。

窝窝头会在最初的发起义演筹款、救助北京贫困穷人渡过难关过程中，切实起到了应有的慈善功效，但是发展至后来，却因政府当局巧立名目，强迫戏界艺人演戏筹款，并借助义演活动中饱私囊，导致演出过于频繁，引起戏界艺人的普遍不满。“最近临时窝窝头会，又藉口筹款，迫令各班停演，演唱义务戏三日，所派戏码，皆为各班靠为穿衣吃饭之重头戏，其时并有伶界败类，勾引披掇，因此伶界人物，苦痛异常，不从则有种

---

① 《本年之窝窝头会》，《京报》，1921 年 11 月 24 日，第 6 版。
② 《今年窝窝头会义务戏之成绩》，《顺天时报》，1923 年 1 月 11 日，第 5 版。
③ 王卫平、黄鸿山、曾桂林：《中国慈善史纲》，北京：中国劳动社会保障出版社，2011 年，第 36 页。

种危险，从之则自己饭碗，不久则全为义务戏砸破，故近日伶界各行人物，无不怨声载道云”①。考察窝窝头会举办义演之初衷，本就是帮助贫民，即使艺人们热衷于慈善，但改变不了戏界贫寒者十之八九的社会现实，兼以义演系纯粹义务，不取报酬，所以频繁的义务戏演出使得大多数戏界艺人苦不堪言。“兹闻伶界方面，以义务戏筹款，从前原为窝窝头会及本界失荣帮忙，每年初只演两次。以后奉直鲁军阀，入京后利用高压力量，强迫演唱。以后每年义务，多时至十次演唱，唱后各戏园营业，非半月后，不能恢复。”这还引发了戏界艺人大规模反对演义务戏的情况，“在梨园公会开会时，各角一律反对，千余人呼声震天，并痛骂各名角，不应以我们饭碗，供讨好阔人之用”②。可见，即使是公益性初衷的义演，这一极具良好社会意义的慈善活动，也需要社会机制与政府法令的规范和制约，否则就会变质。

窝窝头会的义演活动发轫于民初而根植于北京，是一种具有强烈近代性本土性的慈善救济行为。近代以来的慈善义演是作为一种筹款的手段被运用于整个社会的各种慈善救济事业之中，与戏剧行业艺人依靠演义务戏救济同行的传统义演行为具有明显的区别，前者的侧重点是将义演看作筹款的“方式”和“手段”，后者则是着眼于“筹款”，而表演恰恰是艺人收入来源，所以就被当作筹款的方式。两者的差别构成了义演从行业内部慈善行为发展为全社会范围慈善行为的重要转折。窝窝头会较为活跃的1919—1928年，中国正处于传统社会到近代社会的转型期，这一时期的义演也理所应当的成为社会转型时期的产物③。第一，从义演的目的看，窝窝头会并非梨园行业内部的相互救助，而是将救济范围扩大到整个北京的贫困者，将演出娱乐与社会需求相结合，此时义演的

① 《梨园界义务戏之发达(无名氏寄)》，《顺天时报》，1928年4月13日，第5版。

② 《伶界对于义务戏之办法》，《京报》，1928年9月14日，第6版。

③ 朱从兵在《慈善义演性质的确定与可能的三重悖论》中谈道，慈善义演近代化转型具有以下特征：“义演主体的多元化、义演场地的固定化、义演受众的大众化、运作过程的公司化、收入分配决策的民主化、捐赠比例的最大化、慈善理念的近代化、义演形式的多样化”；“有经纪人或中介人组织的义演，多为从传统到近代的过渡性义演”。

受众既有观众又有受救助者，前者以观剧达到娱乐目的，后者以接受救济以实现生存目的，可谓寓善于乐。第二，从义演的参与者看，义演的组织者和演出者渐趋分离，虽然组织人员中也有戏界艺人①，但是他们的参与仅仅是以戏界的代表人身份出面组织演出事宜，演出结束后款项交由窝窝头会分发赈济，二者在慈善程序上有着明显的分工。即便如此，窝窝头会仅以第三方的身份组织义演活动，依然没有发展成为公司化运行的慈善组织，这一点也说明窝窝头会的义演行为介于传统向近代的转型之中。第三，从义演的内容看，虽以京剧为主，却又明显超出了单一性的戏剧演出范畴，兼有其他曲艺类演出节目，从而增加了义演的吸引力，扩大了观众基础。然而，义演内容虽具备了多样化的特征，但总体上义演形式仍为传统演出形式，并未加入电影义映、音乐会、游艺会等更具近代化特征的义演类型。总之，窝窝头会及其义演因组织者和演出者分离、受众范围扩大以及丰富的演出形式而具有明显向近代化转型的特征，但其仍是一种本土性的慈善行为，无论是参与者还是受众都没有超出北京的区域范围，与世界红卍字会和中国红十字会这类全国性的慈善机构相比，窝窝头会因其本土化的救济范围和救济贫困的单一目的而具有时代局限性。

四、社会救助：公平合理的赈济方式

窝窝头会历年的发起过程，通常由组织者在报刊等社会大众传播媒体上刊登年关将至、该会为救助穷人筹募物资的消息，代收捐助财物的地点常设于北京琉璃厂的古玩店赏奇斋。窝窝头会每年筹款所得达数千元至万余元不等，其中一部分资金来源于组织者向社会各界善士募款，另一部分为义演票款及演出过程中的募捐所得。窝窝头会每年向贫民散放玉米面和小米达到数十万之巨，但由于当时北京贫困人口基数太

① 如俞振庭，既以窝窝头会组织者身份发起义演，又以戏界艺人身份成为演出者。

大，所以每人只能领到大约二三斤米面，只能做几顿窝窝头度过春节，这也是称其为窝窝头会的原因。

从窝窝头会的发起时间看，该会具有临时性的特征。因其目的即为救济贫民渡过年关，故发起的时间总固定在春节之前，这一点明显区别于传统善堂善会。“临时性慈善救助指向因突然变故而发生困难的人进行短期救济”①。北京乃至直隶、河北地区在民国年间灾荒不断，1912 年（民国元年），“入夏顺、直一带发生本世纪以来最大的水灾”。1913 年（民国二年），“直隶因永定河、大清河、运河先后决溢，‘淹毙人口约二三千人’”。1917 年（民国六年），“直隶灾情最重，夏秋之际，永定、大清、南运、北运、拒马、潮白、箭杆等河因大雨先后泛滥，灾区 100 余县 17 646 村，灾民 560 余万口”。1920 年（民国九年），“京兆（原顺直地区）、直隶、山东、河南、陕西、山西 5 省 1 区，继光绪‘丁戊大祲’之后发生‘四十年未有之奇荒’”。②需要阐明的是，慈善组织应对灾荒的反应时间，相对于灾荒发生的时间具有一定滞后性。窝窝头会的发起，总是根据当年灾荒情形和实际社会需求而发起，具有相当的临时性，这样的组织形式适应了社会慈善活动的急迫性需要。当然，发起时间总在腊月，更为根本的原因是窝窝头会发起的目的，即救济都市社会中产生的贫苦穷人，帮助他们渡过年关，通过慈善的手段实现社会资源再分配，以达到缓和社会矛盾、维持社会秩序，是救助贫困而非直接地赈济灾民。根据 1919—1927 年报刊所报道的消息，窝窝头会的发起时间以冬季为主，然而这些年份所对应的灾荒，多为夏秋之际所遭逢的水灾或旱灾，其原因在于，灾荒固然当时就会产生巨大人口的灾民，但是与灾荒相伴产生的后果，是当年庄稼歉收，因此在后续时段里会持续产生巨大数量的灾民，这些灾民总是带着家里仅剩的粮食向人口密集、经济发达的大城市迁移逃荒，通过人口迁移和乞讨的形式生存，1924 年窝窝头会被发起的重要原因即为“本年

① 王卫平、黄鸿山、曾桂林：《中国慈善史纲》，2011 年，第 142 页。

② 李文海、林敦奎、周源、宫明：《近代中国灾荒纪年》，长沙：湖南人民出版社，1990 年，第 336—337 页。

顺直水灾浩大，披灾难民流落京师者亦较往年为多”[①]。这也是夏季遭灾，而秋冬季节北京城内贫困者尤多的原因。

经过各方努力，当筹集到足够的善款后，便开始进入慈善救济的阶段，即实施具体的救济活动：购买粮食和统一发放。如果说窝窝头会的组织者在设置代募点和发起义演筹募钱粮环节，还能够以个人身份自发性的通过慈善组织单独开展各种活动，那么在发放粮食以实施具体救济这一环节，则与政府行为密不可分，特别是北京政府时期的京师警察厅与下辖各区警署，几乎是窝窝头会实施救济活动的直接承接机构。民国时期，以京师警察厅为代表的北京政府机构广泛地开展各种慈善活动，并且收效巨大，而北京临时窝窝头会对于贫困人员的救助，与政府的施粥活动可谓相得益彰。较之以往开设粥厂施粥的救济活动，窝窝头会之救济活动最具特色的就是将筹得款项代购为粮食、印制面粮票券和划分贫困级别有差别地散放粮食等措施。窝窝头会每年所筹募之粮食几乎都达到数十万之多。旧历 1920 年底，发放米面 262 051 斤[②]；旧历 1922 年底，共发放小米 731 石(每石 156 斤)，玉米面 197 954 斤，合计 311 990 斤[③]；旧历 1923 年底，分为三批发放：第一批发放玉米面 159 842 斤[④]，第二批向京西一带旗人发放小米 53 630 斤[⑤]，第三批向极贫之户发放玉米面 87 515 斤，向生活贫困(极贫)之警察发放小米 11 108 斤[⑥]，合计 312 095 斤；旧历 1924 年底，大约发放米面 22 万斤[⑦]；旧历 1927 年底，共散放米面 265 178 斤[⑧]。详表如下：

---

① 《临时窝窝头会今日开成立会》，《京报》，1924 年 9 月 18 日，第 3 版。

② 《窝窝头会收支总结》，《京报》，1921 年 2 月 16 日，第 6 版。

③ 《窝窝头会散放米面》，《京报》，1923 年 1 月 20 日，第 5 版。

④ 《窝窝头会散放米面》，《顺天时报》，1924 年 1 月 16 日，第 7 版。

⑤ 《京西一带放赈，窝窝头会广种福田》，《顺天时报》，1924 年 1 月 28 日，第 3 版。

⑥ 《窝窝头会又放赈》，《顺天时报》，1924 年 2 月 20 日，第 7 版。

⑦ 《窝窝头会放面详数》，《顺天时报》，1925 年 1 月 12 日，第 3 版；《窝窝头会放面近闻》，《顺天时报》，1925 年 1 月 18 日，第 7 版；《窝窝头会放面续闻》，《顺天时报》，1925 年 2 月 1 日，第 7 版。

⑧ 《北京窝窝头会赈济八旗贫民，散玉米面四万余斤》，《顺天时报》，1928 年 1 月 14 日，第 7 版。

表 4　1919—1927 年窝窝头会部分年份发放米面的数量

时间(旧历)	数量(斤)
1920 年	262 051
1922 年	311 990
1923 年	312 095
1924 年	约 22 万
1927 年	265 178

资料来源:据 1920—1927 年《顺天时报》《京报》《晨报》等相关信息综合编制。

窝窝头会之所以在筹得足够善款后,不直接将钱款发放给贫民,而是用于代购玉米面或小米,再发放给贫户,是因为大灾之年,粮食常会紧缺,有些不法商人借机哄抬物价,或者以缺斤短两和在粮食中掺入杂物的方式从中渔利。为避免这种状况,保证救济的效果,窝窝头会成员往往会制订出详细的筹办方案,有时还会登报征求社会意见,以期尽善尽美。1922 年,因当年玉米面价格上涨,该会在对于粮食的质量和价格加以甄别,择优选取货源采购的基础上,委托会员从外地代购小米。"今年玉米面价值又高,每拟设法改良,趋赴他处购运","拟选择妥实会员持款赴丰镇,改购小米运京"①。再印制具有面值的票券,有计划地发放粮食。"京师临时窝窝头会,昨印刷二斤一张玉米面票三万张,托由提署警厅在各粮店代购玉米面六万斤,并令粮店在面票上加盖于印,缴回该会,以备定期散放"②。印制面票的行为明显地区别于明清之际的传统善堂善会救济方式,保证了分发粮食时的秩序,避免了不必要的混乱。

对于贫困灾民的赈济,京师警察厅不仅帮助代募粮食和印制面票,还负有调查贫困人口和发放粮食之责。以 1922 年底窝窝头会的救济活动为例,"该会委托外左三区署长宋德臣,分与内外城各区署派员调查各

① 《北京窝窝头会启事》,《顺天时报》,1922 年 12 月 14 日,第 7 版。
② 《窝窝头会购面济贫》,《晨报》,1921 年 1 月 31 日,第 3 版。

该境内贫民多寡，酌核散放”[①]。值得注意的是，虽然在这里用了“委托”一词，但并不意味着人口调查活动是窝窝头会对京师警察厅下达的指令，而是借助了京师警察厅的调查成果，“北京人口调查自清末宣统年间开始，由内、外城巡警总厅进行总监督，1912 年北洋政府成立以后，由京师警察厅负责在北京继续进行人口调查，警察成为调查人口的常设执行人员”[②]。自民国初建以来，京师警察厅便已开始关注北京的贫困人口问题，将北京划分为内外城郊共计 20 个区署，按照区署对贫困人口加以详细地统计，并制定出相应的标准。“民国三年(1914 年)，京师警察厅对贫民进行了统计并拟定贫困标准。以两人家庭每天的收入不超过 25 个铜板(相当于一年 66 枚银元)，四口家庭每天收入不超过 35 枚铜元(相当于一年 93 枚银元)列为贫困人口。”[③]1922 年底，窝窝头会在救济贫民的活动中与京师警察厅的联系密切，究其原因，很大程度要归功于窝窝头会的组织者杨钦三。当时，杨钦三既是窝窝头会的会长，同时也是京师警察厅的督察长，在京师警察厅具有较高的地位。当然，窝窝头会作为慈善组织救济贫民，与京师警察厅加强冬防、维护北京治安，二者都从客观上实现了维护社会秩序的目的。窝窝头会的救济活动，往往会依据北京人口的贫困状况，明确划分出极贫和次贫两等，对他们进行有差别的救助。“据内外城二十区署所查之详数，分为二种，极贫者共 17 741 户，共人 72 651 名口；次贫者共 5 993 户，共人 26 336 名口”，共向 20 个区的贫民拨放小米 731 石(每石 156 斤)，玉米面 197 954 斤，米面合计 31.2 万斤。按照发放的规则，“极贫者每人应领平米一升面二斤，次贫者每人仅得面二斤而无米，以昭公允”。[④] 这样一来，按照筹集粮食总量和贫困人口的数量，首先在总体上做出了有效的规划，避免了粮食分配不均的情况，最大程度上救助了更多的穷人。

---

① 《窝窝头会进行之计划》，《顺天时报》，1922 年 12 月 21 日，第 7 版。

② 丁芮：《管理北京：北洋政府时期京师警察厅研究》，太原：山西人民出版社，2013 年，第 179 页。

③ 北京市地方志编纂委员会编著：《北京志・综合卷・人民生活志》，第 474 页。

④ 《窝窝头会成绩》，《京报》，1923 年 1 月 20 日，第 5 版。

结　语

北京窝窝头每年冬季所筹募之粮食几乎都达到数十万之巨，为了救助贫苦穷人和维护社会秩序而对社会产生了巨大的积极影响。通过义演的方式筹款，以发放票券和有区别的救济方式进行慈善活动，并且有详细的征信录登于报刊公示，表明窝窝头会是近代以来信息公开透明的创新型慈善组织，但是，其救济行为仅仅限于单纯的发放米面，因此仍属于传统型的消极救助范畴。生活于北京都市的官绅商善士圈发起者群体的身份，戏剧界艺人义务演出，政府的重要作用，以及社会各界的鼎力参与，使得窝窝头会成为根植于中国近代社会文化转型时期，并且具有重大历史贡献的慈善组织，它所表现出的地方性、创新性等特征都成为其研究价值所在，理应成为近代社会史、慈善史的重要课题。然而，恰恰因为该会产生于北京政府军阀强人统治时期，所以其社会活动受到政府及传统士绅的影响较大，在一定社会背景下，民间组织只能作为政府行为的补充，却难以改变政府的意志。北京政府时期的窝窝头会义演活动，是在政局动荡和社会秩序混乱的社会背景下，北京都市圈里的绅商善士以及戏界艺人怀着慈善之心，为救助穷人而进行的积极尝试。但少数人的意志改变不了民国以来政局动荡所带来的当局腐败行为，使义演渐渐地沦为北洋军阀当局剥削戏界艺人的手段，曲解了慈善活动的本意和初衷。即使在南京国民政府成立后，设立了北平市特别社会局，制定了《监督慈善团体法》等相关慈善法律加以规范，但依然改变不了动荡的社会政局给百姓带来的伤害。慈善活动只有在稳定的社会政局中得到良性运行时才会发挥其最大的社会效应。

一战华工历史论述的语境变迁与意义重建*

张　岩

“一战华工”是个现代的称谓，意指第一次世界大战期间，英、法、俄三国为补充自身人力短缺，来华招募的数十万男性劳力。① 在历史上，该类华工则多被称作“参战华工”或“欧战华工”。由于俄国在十月革命后退出战争，此后提及一战华工多指英、法两国政府招募的、在西线战场工作的约 14 万名华工，亦可称为“西线华工”。本文讨论的“一战华工”仅指“西线华工”。

目前，虽然学界围绕一战华工已积累了不少成果，但主要侧重“历史本身”，诸如一战华工的招募与交涉、工作与生活、贡献与影响等方面的

[作者简介] 张岩，南开大学历史学院副教授。

* 本文原刊发于《华侨华人历史研究》2020 年第 1 期，此次收录有修订。

① 关于一战华工数字问题，根据徐国琦教授的研究，西线华工人数约 14 万，其中，英招华工约 94 000 名，法招华工约 40 000 名；另据奥尔加(Olga V. Alexeeva)的研究，俄招华工数字难以明确，俄官方记录仅经西伯利亚铁路进入俄国的华工就达 159 972 名，加上坐船赴俄的华工，人数会更多。见徐国琦：《一战中的华工》，潘星、强舸译，尤卫群校，上海：上海人民出版社，2014 年，第 47—49 页；奥尔加(Olga V. Alexeeva)：《第一次世界大战中的俄国华工：战争的另类受害者》，魏格林、朱嘉明主编：《一战与中国：一战百年会议论文集》，北京：东方出版社，2015 年，第 461 页。

探讨，[①]在“历史论述”方面的研究尚显不足[②]。鉴于此，本文拟针对中国各类与一战华工相关的论述展开分析，阐述这些论述形成的特定语境及特定意义，并着眼于一战华工历史论述的语境变迁，探讨重建当代一战华工历史论述及意义的困境所在。

一、外交政治语境下的华工历史论述

参加一战的想法对于当时贫弱的中国而言包含了一种外交政治上的想象，即为维护和恢复中国自身权益，提升国际地位，提供了可供想象的空间。这种想象促成了一战华工历史的第一次建构。

（一）中国在华工招募过程中主体地位的形塑

英、法两国来华招工始于 1916 年。此时中国尚处“中立国”地位时期，作战一方在华进行大规模的招工难免不带有某种外交敏感性。故此，北京政府对待招工表现殊为谨慎。就起步较早的法国招工而言，时任北京政府税务处督办的梁士诒与法国官方代表密商，采用了民间运作的方式进行招工，具体即由前者成立招工公司——惠民公司——为后者代招工人，双方在 1916 年 5 月 14 日签订了一个民事关系的合同，而北京政府表面上所扮演的角色不过是批准他们之间的合同。[③] 然而，在 1916 年 6 月，袁世凯政府垮台，梁士诒以帝制祸首之名被通缉，之后的政府并未认可与延续袁政府的外交理念与招工政策。1916 年 11 月，伍廷芳就

---

① 相关著作可见本文第三节，此不赘列。

② 保罗 J. 贝利(Paul J. Bailey)的《第一次世界大战中的华工：一段被忽视的插曲，中国外交政策与现代劳工史的演变》(收入《一战与中国：一战百年会议论文集》，第 477—493 页)一文讨论并批评了当代中国在全球化语境之下把一战华工表述成世界和平、东西方文明互动的推动者的做法。与之不同的是，本文从更长的时段系统探讨了中国各类与一战华工相关的论述形成的过程，随语境的变迁，论述发生变迁的历程；讨论了中国当代的华工论述与历史上的华工论述、当代西方的华工论述之间的联系，以及当代华工论述困境产生的历史渊源。

③ 围绕法国招工中、法双方的交涉，详见陈三井：《华工与欧战》，(台北)“中央研究院”近代史研究所，1986 年，第 15—19 页(该书简体版由长沙岳麓书社 2013 年出版)。

任外交部长以后，更是尽可能地让政府处于超然地位，在协约国与同盟国之间不做左右偏袒，即既不禁止招工，开罪于协约国一方，也不介入招工，授同盟国以口实。后继来华招工的英国政府，所订招工合同就未能得到北京政府的批准，因此，英国的招工严格来讲属于“私招”。① 伍廷芳援引国际公法作为政府处置依据。1907 年《中立国和人民在陆战中的权利和义务公约》第六条之规定：“中立国对某些个人独自越境为交战国一方效力的事实不负责任。”②比照此一条规，华工应募前往协约国工作属于不带国家、政府色彩的个人行为，原则上不会构成违反中立的行为，在国际法上确实可以打擦边球。但北京政府出于保护国民的考虑，也并非完全置外人招工于放任不管。1917 年 1 月 30 日，外交部向涉及招工的省份发过一道密令，即“外人来华招工一任人民自由应募，官府不加以干涉”，由地方商会出面代政府办理（主要是议定合同），“表面上虽纯由地方商会办理，而实际上则仍由地方官默为主持”。③ 当然，地方政府在其中所能发挥的作用也是有限的。④

北京政府决定参战之际，一度有意改变其在英、法华工招募过程中保持缄默的角色。1917 年 2、3 月间，北京政府在讨论对德奥参战案时，曾考虑把“供给（或‘补助’）华工”作为中国的一项“参战义务”。⑤ 但主战派内部在中国“参战程度”，即是否出兵问题上发生分歧，对“供给华工”可多大程度上作为“参战义务”的认识也不尽相同。反对出兵的一方认

① 详见张岩：《一战华工招募与中英交涉（1916—1919）》，栾景河、张俊义主编：《近代中国：思想与外交》上卷，北京：社会科学文献出版社，2013 年，第 409—444 页。

②《发驻英施公使函》（1917 年 8 月 29 日），陈三井、吕芳上、杨翠华主编：《欧战华工史料 1912—1921》，（台北）“中央研究院”近代史研究所，1997 年，第 494—495 页；《中立国和人民在陆战中的权利和义务公约》，见郭金才主编：《世界通鉴：影响人类生活的一百个国际公约》，南宁：广西民族出版社，1996 年，第 37—42 页。

③《发沿江沿海东三省各督军省长密函》（1917 年 1 月 30 日），《欧战华工史料 1912—1921》，第 20 页。

④ 张岩：《一战华工招募与中英交涉（1916—1919）》，《近代中国：思想与外交》上卷，第 409—444 页。

⑤《对德奥参战》，张国淦著，杜春和编：《张国淦文集》，北京：北京燕山出版社，2000 年，第 153—197 页。

为，按照中国当时的国情国势，似没有能力出兵远征，只能依靠“供给华工”等方式间接补助战事。① 而力主出兵的段祺瑞则坚称，“华工本已成为事实”，因此，仅把“供给华工”作为参战义务“亦不鲜商量余地”。②

1917 年 8 月，中国政府对德奥宣战，其在中立问题上的顾虑相应消除，作为参战国成员，接下来就不得不考虑如何履行“参战义务”的问题。但最终北京政府也没有遣兵赴欧，且亦未能以政府名义主动派遣或供给华工——仍延续此前的政策，任由英、法两国在华自行招募华工。不过，即使北京政府在招工问题上失之于主动，“一战华工”仍在客观上尽到了中国参战的“义务”。正如曹汝霖回答段祺瑞“以何参战”之问时讲的那样：“华工去了将近十万，虽非正式派遣，总是华工，这亦是武器，为参战的资本。”③

到大战结束前后，为增加外交筹码，争取协约国支持，尤其是当北京政府遭遇协约国对华提出的“参战不力”的指责之际，中国方面开始主动尝试建构其在华工招募过程中主体地位的论述。这些论述的建构形式大致分为以下两个层面。

其一是北京政府开始建构其在招募华工过程中的主体地位。该层面的论述主要立足于北京政府当初默许（未禁止）英、法在华招工这一点。例如，1918 年 10 月 29 日，在大战行将结束、协约国胜利在望之际，北京政府发布了一条《大总统布告》，历数中国自参战以来对于协约国所尽义务，其中有一点便是“允准大批华工前往欧洲尽力于备战之工作”④。此外，也有人就建构该层面的论述献议如下：

> 是中国力助招工往法，即参战之力也，而战场上又实获华工之巨效……或谓此英、法自行招募，我国无与；然当欧战之初，英国曾

① 《对德奥参战》，《张国淦文集》，第 161 页。

② 《段总理宴国会议员》，《大公报》，1917 年 5 月 4 日，第 2 版。

③ 曹汝霖：《曹汝霖一生之回忆》，北京：中国大百科全书出版社，2009 年，第 168—169 页。

④ 《政府公报》第 991 号（1918 年 10 月 30 日），中国第二历史档案馆整理编辑：《政府公报》（影印本）第 134 册，上海：上海书店，1988 年，第 791—792 页。

> 在日本设局招募退伍军人，日政府以日本臣民不能由外人自由招募，下令禁止。我政府不惟不下令禁止，且设局助其招募，即为我国参战之力之一证。[①]

此献议中提及“设局助其招募”，这一内容应指北京政府曾针对华工招募设立侨工事务局之事。实际上，该事务局并没有真正帮助外国招工，其职能只是“监督侨工之招募及保护事务”[②]。

其二是中方招工代理公司——惠民公司——试图建构其在招募华工过程中的主体地位。需要说明的是，惠民公司并非法国起用的唯一招工公司，但却是唯一受北京政府批准招工的中方公司。据对天津惠民公司的调查，其每招募并交付一名华工，就可以得到法方 140 法郎的费用。最终，其所招华工人数达 31 656 人，约占法招华工总数的 79%，占英、法所招华工总数的 23%。[③]

继前述北京政府发布《大总统布告》后，惠民公司代表梁汝成等人随即于 1918 年 11 月 20 日向国务院侨工事务局呈交了一份“办理华工赴欧助力参战实绩”的报告，请求政府予以“奖励”并将惠民公司的事迹“公布”于国人。该报告力图构建惠民公司与北京政府的关系，表明其招工活动并不纯粹是民间商业行为，惠民公司幕后的指使人实际是北京政府。其中写道：

> 民国五年，欧战方兴，梁君士诒、曹君汝霖、叶君恭绰等逆睹潮流之所至，默查友邦之所须，预谋我政府他日国际上地步起见，当秉承政府意旨，密以私人资格，力求所以助我协约友邦战事上之补助者，因思战斗实力以人为本，而吾国人之宜于工作，又为列邦所称，故特创惠民公司，募集工人，为协约各友邦后方工作之举……工人

① 《对于欧洲和平会议之献议》(1919 年 2 月 27 日)，(台北)“中央研究院”近代史研究所藏，北洋政府外交部档案 03－37－007－03－033。

② 《侨工事务局暂行条规》，《东方杂志》第 14 卷第 10 期(1917 年)，第 202—203 页。另一种可能就是指成立惠民公司。

③ 陈三井：《华工与欧战》，第 25—29 页。

助战事业得以完成，不辱政府前此特命本公司进行之初意，中外皆以为我国助力参战之惟一显著事实，我大总统布告亦以此事明示中外，同人虽备尝困辱，犹得于沈沦晦昧之日一望天光，可胜悲喜。[①]

此时，梁士诒业已被取消通缉并重回北京政治舞台，招工之事无疑是他政治上的加分项。之后，梁汝成又进一步将梁士诒等人提出的招募华工参加一战的构想概括成“以工代兵”参战策略，成为论证中国在华工招募过程中主体地位的关键证据。[②] 笔者并不否认这一策略的真实存在，但认为梁汝成的描述夸大其词。按梁汝成的说法，梁士诒等人至迟在1916年初[③]便已预测到德国的败局，因此，应与协约国一方站队。但这一预测的依据却难以让人信服，就1915—1916年初大战的形势而言，交战双方正处相持状态，胜负难分，战争的结果实难预料。[④] 另外，值得注意的是，“以工代兵”的描述当中却没有提及曹汝霖的名字。这可能与五四运动之后曹汝霖名誉扫地有关，而曹汝霖在自己的回忆录中也没有提及自己参与过为政府办理招工的筹议。[⑤] 在上述报告提出时，曹汝霖正代替梁士诒担任交通银行的总理，因此上述报告将曹列入其中，难免给人以趋炎附势之感。

惠民公司不仅试图建构其与北京政府的关系，还强调公司自身的国家身份，间接重建了中方在招募过程中的主体地位。第一次世界大战结

① 《政府公报》第1023号(1918年12月2日)，中国第二历史档案馆整理编辑:《政府公报》(影印本)第136册，上海:上海书店出版社，1988年，第40页。

② 凤冈及门弟子编:《三水梁燕孙先生年谱》(上)，上海:上海书店出版社，1990年，第299—300页。

③ 1916年1月，法国招工团已来华招工，5月4日即与惠民公司签订招工合同。见《华工与欧战》，第15—16页。

④ 丘吉尔曾经回忆道，假如德国1917年不发动无限制潜艇战，就能够在当年“满意地媾和”。可见梁士诒在1915—1916年初就能预测大战的结局是不能让人信服的。[英]温斯顿·丘吉尔:《第一次世界大战回忆录》第三卷，刘精香译，吴良健、吴衡康校译，海口:南方出版社，2002年，第679页。

⑤ 曹汝霖仅提道:“当欧战紧急之时，法国公使康悌曾与梁燕孙(注:梁士诒)密商，以法国人工缺乏，拟招华工赴法，不加入战事。燕孙以华工出洋，恐招物议，遂设惠民公司，秘密进行。”见《曹汝霖一生之回忆》，第197页。

束后，作为“战胜国”的中国，举国上下莫不欢欣鼓舞。惠民公司这时也附和舆论形势，举办了一场庆祝协约国胜利的茶会。茶会的邀请发起人为梁士诒、叶恭绰等。茶会召开前，惠民公司在报刊登载了一则告示表明茶会召开的目的，即该公司“倡募华工，涉险赴欧，间接助我，卒收今日效果，际兹庆祝”①。1918 年 11 月 23 日下午，茶会召开，与席的中外各界人士计有一千余名。公司总理李兼善在开会词中讲道：

> 我协约国既得最后胜利，敌人现已签字降服，故与诸君开会庆贺。想彼德人肆其如狮如虎之野心，欲以战力霸全球，终归失败。此等事势所至，吾辈早已预知……回想一九一六年之时，吾辈即创办华工赴欧事业。维时中国政府尚守中立，德奥抗议，异论纷纭，横逆之来，毅然勿顾。惟其受苦愈多，愈以显吾辈对于法国政府，对于我协约友邦尽心助力之热诚。我公司既首开大帮华工赴欧尽力于备战工作之端，遂有踵而继起者至今约共十余万人。其所资益于欧洲战场之历史，迭承中外嘉许，兹不赘言。惟望我协约友邦对于我国之工商实业日益相助而已。②

可见，这次庆祝活动主要针对的是工商界人士，旨在推动协约国帮助中国的工商实业，其中自然包括交通系控制的铁路和交通银行。故而李兼善并未强调惠民公司与北京政府的关系，而是将惠民公司定位为中国工商界的代表。

此外，惠民公司就其招工缘起还提出过另外一套论述。1918 年 3 月，该公司出版了一本《华工赴法》的报告，称国家贫困的原因在于游民过多，而招募华工正是减少及改良国内游民的捷径，游民出国之后可以学习西方先进技术、赚取外汇、见识欧洲文明，获利颇多，此即惠民公司名称的本意，即“纯为国民谋生之计”而设。③ 这套说法究竟是游辞巧饰，

① 《惠民公司举行庆祝茶会》，《益世报》，1918 年 11 月 15 日，第 2 版。
② 《惠民公司庆祝会》，《大公报》，1918 年 11 月 24 日，第 6 版。
③ 惠民公司：《华工赴法》，1918 年，第 1—2 页。

还是确有其意，实无从考证。但此说遮蔽了其盈利的目的。

综上而言，受当时国内政治与国际形势的影响，北京政府在华工招募过程中并未能充分发挥主动性。最初，梁士诒一派的招工活动虽说间接代表了政府，但自 1916 年 6 月北京政府与梁士诒做出切割之后，梁的招工活动也就变为私人行动。大战结束前后，北京政府与惠民公司对各自在招工过程中所发挥的重大作用的论述，既出于对国家利益的争取，也不免源于对自身利益的关注。这些论述在一定程度上重构了中方，包括政府与民间组织在招工过程中的主体地位，为日后华工史的叙述提供了多重可能。

（二）华工之参战角色的形塑

1917 年 8 月，中国政府对德奥宣战之后，赴法华工的身份客观上发生转变。他们不再仅是附属于招募国的契约性质的劳力，而是变成中国派往协约国的"参战代表"。到大战结束，中国获得战胜国身份后，华工更被认为是国家的"功臣"。华工参战角色的论述也由此产生。有关华工参战角色的建构主要着眼于两个层面，即华工的应募动机及他们对国家的贡献。

就华工的应募动机而言，大多数华工选择出国是为了自身和家庭的生计，并不存在协助协约国战争事业与承担中国参战义务的主观意图。① 但在中国参战以后，华工不仅被认为，且自认为是中国的参战代表。在表述上，华工的应募动机被上升到了国家层面。其中较为典型的例子是一首写于战后的《华工出洋歌》，它将华工的应募动机描述如下：

> 人人有，父母弟兄，夫妻与子女，天性恩情，亲与故，乡党与宾朋，却如何，外国做工……（英、法两国）因战争，无人种田地，请我国，助一膀臂。我国大总统，有心无力，多内乱，兄弟如仇敌。众同

---

① 张岩：《光环之下的个体世界：一战山东籍华工应募动因考述》，《华侨华人历史研究》2015 年第 2 期。

胞，大家尽知，欧美文明国，是我友谊，最应当，发兵来救济。无奈何，文武官吏，爱国心不足，眼多近视贪私利，无人顾公义。我工人，冒险而至，一为众友邦，二为自己，中华人，最爱好名誉。①

不仅如此，基督教青年会的一份宣传材料也存在相似的说辞："吾国人民亦素怀急公好义之热忱，识此为维持和平之必要，刻不容缓。是以不畏强御，不顾危险，抛妻子，别父母，亲历海洋，远越异域……尽力为联军助战。"②这类表述大抵是参与华工教育的知识分子为了塑造华工的国家意识与民族意识而提出，当然，也不能否认某些华工在国外接受一定宣传和教育之后③，认识到所从事工作的重要性与神圣性，由此会自发地产生如上论述的可能。

围绕华工对国家所作贡献而建构的论述主要涉及华工为中国所尽"参战义务"。山东华工蒋镜海在旅欧期间记下了一篇名为《恭颂旅欧华侨诸同胞功德》短文，其中讲道：

我加入战团，宜出师百万，直接交锋，方无愧联军之真相。而华军未至，欧战告终。幸赖我华工侨胞诸先烈，鞠躬尽瘁，大名已成。联盟各国，中原策功，伊谁之力，侨胞其承。诸君虽死，寄于我生。枪林弹雨，不避险踪，杀身成仁，国士堪称。捐躯殉难，勋标烟凌。义气昭昭，明若日星。豪光万丈，气满太空。为国死难，一世英雄。魂挽祖国，闵岳亦同。试执天下而相问，无负尔之耿忠。④

追溯蒋镜海旅欧的心路历程，不难发现，他在赴欧之前并不存在对个人工作与国家利益关系的考量⑤，但在中国参战以后，蒋镜海把自己从事的工作与国家的"参战义务"联系起来，从而把对自身角色的认识上升

① 威海市档案局藏，229-001-0298。
② 驻法华工总青年会编：《驻法华工队青年会事业略说》，Paris：Herbert Clarke，1919年，第9页。
③ 北京政府教育部就曾试图对华工施加此类教育，见傅增湘：《侨工须知》，1919年，第58—59页。
④ 《蒋镜海笔记》，此笔记由蒋镜海嫡孙蒋德山先生收藏。
⑤ 其应募动机只是为了赚钱养家，如其在笔记中写道："十块洋（注：每月安家费）合京钱廿余吊，我家中有几口能度光阴。"

到了国家层面。

在中国举国庆祝协约国胜利的氛围之下，华工对国家和世界所作贡献也为社会舆论所肯定。11月16日，蔡元培在天安门广场发表了“劳工神圣”的演讲，对华工的贡献大加称赞：“我们四万万同胞，直接加入的，除了在法国的十五万华工，还有什么人，这不算怪事，此后的世界，全是劳工的世界呵！”①

中国得以列席巴黎和会及此后在华盛顿会议上收回部分利权，某种意义上不能不承认是拜华工参战所赐。梁士诒年谱曾引述梁汝成的说法，称：

> 民国七年十一月，欧洲停战协定。八年一月开和会于法国凡尔赛宫。各参战国定以出兵人数之多寡为列席发言权。我国于六年虽经对德宣战，而在场各国，受日本挑动，指中国未出一兵。宣而不战，应不下请帖，不为设座；盖日方意于和会中独霸远东权利也。尔时（巴黎和会召开前夕——引者注）陆征祥以前任外长资格，在欧洲声言：“于外长任内，准法使康悌照会，批准惠民公司华工出洋；欧战时在战线中之华工二十万人，掘战壕，搬炸弹，制枪子，无论在后方、前线，华工均奋勇当先。中国何负于协约？”侃侃抗争。各国代表皆为色动，遂定下帖设座之议。至民国十年，华盛顿会议，陆征祥、顾维钧二氏（此说不确，此时陆已经退出外交舞台——引者注），为中国争回国格，亦以二十万华工为武器也。②

除梁汝成以外，华工代表也有过类似的表述，此不赘列。③ 然而，究竟中国代表在巴黎和会与华盛顿会议上有无提及一战华工？1919年1月13日，在和会开幕前夕，北京政府专门向和会代表陆征祥电达了一份参考书，列述了中国尽力欧战的事实，以备参会代表在和会提出意见时

---

① 蔡元培：《劳工神圣》，《新青年》第5卷第5期（1918年），第438—439页。

② 《三水梁燕孙先生年谱》（上），第301—302页。

③ 《山东欧战华工之呼吁电》，《大公报》，1923年6月14日，第6版；《山东欧战华工之呼吁电》（续），《大公报》，1923年6月15日，第6版。

参考。该参考书关于华工部分表述如下：

> 欧战以来，我国派赴欧洲之华工为数甚夥。在法之华工，归英国管理者约十五万人，归法管理者约四五万人（两数据均不确——引者注）。此等华工所以补助协约国人力之数甚大，盖此等人物并非全为寻常之劳励者，其中有各种手艺之机器匠，战线后方各项制造事业皆有华工参与。其间又因从事工作身罹死亡者甚多，在受敌人飞艇之攻击或在敌人炮火之下其所尽之责任几同于作战之兵士，此吾国所尽力于工业者。[①]

此部分内容与梁汝成的表述多有不同。

在正式公开的档案记录中，中国代表在巴黎和会上提及华工的部分目力所及仅有以下一条：陆征祥向北京汇报会议状况的一则电文中提到，1919 年 1 月 25 日，和会所议五项议题中有一条涉及“规定劳动家之法律”，而中国却被限制列席讨论，为争取参与此项国际劳动立法，陆征祥于是辩称，“中国工人在英、法方面工作不下十五万人，战事结果，华工间接出力不少，应请加入”。[②] 遗憾的是，此番辩论并未能影响和会的结果。以上梁汝成与华工代表之所以强调华工的外交贡献，实际具有特定的指向：前者是借华工来展现梁士诒等人的贡献，后者则是为了呼吁政府安置归国华工。

在 1919 年召开的巴黎和会上，作为战胜国的中国实则遭遇到了“战败国”的待遇，当人们从战胜的喜悦中清醒过来，华工所作贡献也就不再为社会舆论所热捧。正如鲁迅所讲：“我们那时的所以入战胜之林者，因为曾经送去过很多的工人；大家也常常自夸工人在欧战的劳绩。现在不大有人提起了，战胜也忘却了，而且实际上是战败了。”[③]

---

① 《政府电致陆使之参考书，我国对于欧战尽力之经过》，《大公报》，1919 年 1 月 14 日，第 6 版。

② 《法京陆专使电》（1919 年 1 月 25 日），中国社会科学院近代史研究所《近代史资料》编辑室主编：《秘笈录存》，北京：中国社会科学出版社，1984 年，第 70—71 页。

③ 《补白》，鲁迅先生纪念委员会：《鲁迅全集》第三卷，北京：人民文学出版社，1973 年，第 104 页。

二、社会革命语境下的华工历史论述

巴黎和会中国外交的失败，是对国人外交政治迷信的挫败；以五四运动为标志，中国开启了社会革命（包括国民革命、社会主义革命）的时代。社会革命语境下的华工历史论述比较典型的例子有以下三种：

（一）反军阀语境下的北京政府暗卖华工说

"一战华工"当中不乏致力于反对北洋军阀势力的革命人士，其中典型的代表就是吴世英。吴世英，湖北武昌人，毕业于法政大学，曾参与武昌起义。后借英、法招募华工之机出走欧洲。1921 年 7 月，孙中山在广州政府召见吴世英（吴三民），拨助其千元经费，并"面受方略"，在上海成立驻沪参战华工会，以招待归国华工，接受"党化训练"，参加革命运动。① 这就注定了该会的宗旨便是如此。驻沪参战华工会为法国"旅法华工会"的国内改组机构，由吴世英担任评议长。② 截至 1923 年初，该会会员已经发展到 18 000 余名，并且在南京、汉口、杭州、潮州等地都设有支部。③

驻沪参战华工会成立不久，就在报刊发表了一篇宣言，公开指责北京政府的种种"罪行"，呼吁国人"自决互助"，在北京政府与西南政府之间做出选择。④ 1921 年 12 月，梁士诒上台组阁担任国务总理后，孙中山随即于次年 1 月 9 日以大总统名义下令通缉梁士诒等人。驻沪参战华工会这时在报刊登文"痛骂"梁士诒，称梁士诒的招工行为实为"暗卖"华工，并对之表示"深切痛恨"。另外，当驻沪参战华工会听闻华工某代表向北京政府侨工局请援之后，更是反对称："参战同人既为北庭暗卖，是

---

① 黄季陆主编：《革命人物志》第 2 集，（台北）中国国民党中央委员会党史史料编纂委员会，1969 年，第 185—186 页。

② 《参战华工会通电释谣》，《申报》，1923 年 1 月 28 日，第 14 页。

③ 《驻沪参战华工会分设支部》，《申报》，1923 年 1 月 18 日，第 13 页。

④ 《参战华工会对内宣言》，《申报》，1921 年 10 月 28 日，第 14 页。

北庭显然为吾侪之仇敌,反对犹恐不及,岂有乞援之理。……似此行为为北庭利用,毁坏同人名誉是可断言。”需要说明的是,驻沪参战华工会反军阀立场坚定,但并不存在反帝的取向,反而认为法国政府对待华工至优,且允许华工加入军事范围,因此对之还心存感激。①

(二) 反帝语境下的帝国主义压迫、背叛华工说

1925 年 5 月,上海发生了震惊中外的“五卅惨案”,并由此掀起了反对英、日帝国主义的运动。这时,《晨报副刊》②连载了一篇名为《巴黎和会中之华工》的文章,其所描绘的如同是另外一个时空中的“五四”场景。大致内容如下:

在和会召开的前夕,华工们听闻和会五国代表已将中国划入三等国之列,且英、日正图谋由日本代替中国与席和会,当即召开“紧急会议”。会议的临时主席宣称:“我们华工,做了几年苦工,替他们流血,替他们舍命,怎么没我们的发言权,没我们的出席代表权,日本人要替我们派代表……我们要死力抵抗!”在此号召之下,几十万华工“举代表,办通电,游行演讲”,“大演其‘华工胜利’之剧”,不达目的誓不甘休,“几乎把一幕‘巴黎会议的和平剧’闹成‘欧陆再战的全武行’”。为控制华工们的这一爱国举动,英、日联手在五国会议上提出此案。随后,那些“为公理奋斗的华工”被关进了所谓的“阳世地狱”(关押华工的破营房)里面。即使囚禁其中,华工爱国热情仍未泯灭,依旧“分团分组的开起会来”。如其中有人讲道:

> 我们中国牺牲了几十万生命,来替他们打仗,我们虽没有什么大功,总算作工成绩还不错,并且最后的胜利,还是我们华工舍去生命夺来的,把德国的子弹、粮台焚烧了,才有今日,那末我们纵不要

---

① 《驻沪参战华工会通电》,《申报》,1922 年 4 月 22 日,第 13 页。

② 《晨报副刊》的母报《晨报》是依附于北洋军阀的,因此,《晨报副刊》在政治立场也不会带有明显的反军阀色彩。

> 报酬，名义上也要感谢我们一下才对呀，现在这会议是和平会议，也是出力各国的庆祝会，为什么把我们出几十万华工的中国，竟列到英属国的后头呢？

会议最后由各团选出代表前去请愿，结果不但未获允准，反而加大了对华工的戒严。在此境况下，便有华工发起“敢死队”“刺客队”，通过行刺列强的代表或宰相，以“使他们知道中国政府虽弱，这些穷工人还是不弱”。于是刺客队与壮勇便趁夜溜出以举大计。但迟迟未见发出动静，或许已被抓获。随后，所有华工都被运至马赛遣送回国。轮船行经日本时，华工坚决不买他们的东西，甚至“几百人一齐撒尿”轰走商贩。①

这个故事显然存在杜撰的成分。文章特意描写了华工的爱国举动以及英国和日本对华工的虐待与镇压，实际隐喻的是日本伙同英国制造的五卅惨案，以此号召工友再次团结起来，进行反帝爱国的运动。

1931 年，日本在中国东北发动了九一八事变，中国政府随即以日本违背 1922 年华盛顿会议签订的《九国公约》等项国际公约，向国联提出控告。在此背景之下，“一战华工”又一次被提起。该次有关华工的论述主要围绕华工与《九国公约》的关系展开。1932 年 12 月 1 日，《申报》登载的一则消息称：

> 参加欧战之华工签约全权代表梁汝成，为力争《九国公约》信用来京，访美、法两使，述二十余万华工参加欧战，死亡失踪者不下六万余人，以碧血换来之《九国公约》，今已为日本破坏无余。法为直接援助国，美为《九国公约》盟主，若不援引公约严厉制裁日本，则美、法威信何在。两使对梁陈述颇注意，已请梁用书面陈述，俾转达本国政府。②

---

① 赵信天：《巴黎和会中之华工》，《晨报副刊》沪案特号（1925 年），第 63—64 页；《巴黎和会之华工》（续），《晨报副刊》第 1220 期（1925 年），第 31—32 页；《巴黎和会之华工》（续完），《晨报副刊》第 1221 期（1925 年），第 37—39 页。

② 《华工签约代表梁汝成访英法两使》，《申报》，1932 年 12 月 1 日，第 8 页。

然而，美、法等国并没有采取实际行动制止日本的侵略。1935年，梁汝成又向国民政府建议设立"一战华工纪念塔"，将《九国公约》镌刻塔上，以此"警告列国，使其负疚神明"。[1] 到1937年抗战全面爆发前后，有关华工与《九国公约》的论述再次被人提起。白蕉在1937年发表了一篇名为《世界大战中之华工》的长文，写到文末，他对于时势不无感惧地叹息："今三十万华工赴欧参战，以碧血换得之《九国公约》且被撕坏矣，我人倚赖国联，国联其能坚持之乎？"[2]虽然这种论述把华工与《九国公约》联系在一起显得比较牵强，却反映了中国对待西方态度的转变。然而，当时国民政府并不认可以上说法，指出华工虽然参与协约国重要工作，但在休战后此工作业已结束，《九国公约》是在此之后签订，因此二者不存在直接的联系，梁汝成的提议"设想迂远，无甚意义"[3]。

（三）反帝反军阀语境下对华工命运、境遇悲剧性的揭露

反帝反军阀话语下的华工论述主要出现在20世纪60年代，老华工白宝纯在1965年出版的家史便是最好的例证。[4] 该书是为呼应"千万不要忘记阶级斗争"的号召，展现劳动人民对剥削阶级、压迫阶级的控诉特意撰写的。在这种语境体系之下，华工成为劳动人民这一阶级群体的代表，而当时代表中国的北京政府以及英、法两国政府则被视为与劳动人民对立的阶级。"华工招募"因此被认为是帝国主义与北洋军阀两个反动阶级合谋贩卖劳动人民的行为。[5] 对此，白宝纯讲道：

> 几个帝国主义国家为了抢夺殖民地，正在进行火拼。以德国为首的"同盟国"和英、法、俄等国组成的"协约国"大打出手。他们逼

① 《外交部致行政院秘书处》，1935年2月23日，(台北)"国史馆"藏，《留法参战华工救济(三)》，020-990600-3116。

② 白蕉：《世界大战中之华工》，《人文(上海1930)》1937年第8卷第9/10期，第67—68页。

③ 《外交部致行政院秘书处》，1935年2月23日，(台北)"国史馆"藏，《留法参战华工救济(三)》，020-990600-3116。

④ 白宝纯口述，高锴等整理：《六十年悲欢》，北京：中国青年出版社，1965年。

⑤ 《六十年悲欢》，第18页。

着本国老百姓打仗还不够，又卑劣地串通我国反动的北洋军阀政府，用黄金、英镑贿赂我国的官僚买办，诱骗大批华工出国去给他们当炮灰。①

学术界也出现了相同的看法。蔡夏认为，梁士诒“以工代兵”策略是“旨在牺牲中国人民”的“向帝国主义输诚效劳”的政策，背后实际隐藏着“企图诱骗广大劳动人民为帝国主义战争服劳役、充炮灰”，“赚取高额酬金，大发横财”的“罪恶目的”。② 应该说，在华工的组织管理方面，英、法两国政府和中国北京政府都存在严重的问题，对于这些问题产生的原因，从社会分层方面进行解释和揭露，有一定的道理，但完全以阶级对立视之，也不免过于简单。

这类论述对帝国主义罪恶形象的刻画尤为深刻。如书中一例，对于那些因逃跑而被编入“囚犯队”的华工，英国工头不仅专挑重活累活让他们干，而且为折磨他们，还使用了“狠毒的刑罚”。③ 所谓的“西方文明”也被彻底唾弃。白氏讲了一个故事：一位名叫刁庆祥的学生“以为外国人文明”，“只要能上趟外国，就好比身上镀了一层金”，于是报名充当华工翻译，到了国外才体会到“帝国主义有什么文明？光会哄骗人、剥削人、压迫人、打骂人、屠杀人”。④ 显然，这些观点把资本主义的野蛮性、罪恶性做了深刻的揭露，同时也把资本主义的两面性、资本主义国家之间关系的复杂性做了简单的否定。

三、当代改革开放语境下的华工历史论述

进入改革开放时代之后，革命话语在社会话语体系当中的一元性地位逐渐瓦解，中国重新融入世界，对西方文明与资本主义价值有了全面、

---

① 《六十年悲欢》，第 18 页。

② 蔡夏：《第一次世界大战期间在法国服军事劳役的华工》，《历史教学》1963 年 8 月。

③ 《六十年悲欢》，第 22 页。

④ 《六十年悲欢》，第 26—27 页。

深入的认知。经历这样一个转变，有关华工历史的正面论述也就没有理由不被接纳——只是存在在何种意义上、何种程度上被接纳的问题。华工历史所呈现的中国现代化、国际化的元素，尤其是它所创造出的东西方文明直面接触的机会，①和改革开放的现实可以直接对接，华工历史由此展示了更加深远的历史意义和直接的现实意义。

对一战华工历史意义的重新发现，应该说是由西方官员、学者及华人华侨首先敏感地意识到的。以法国侨界为例，他们自 20 世纪 80 年代就发起一战华工纪念活动。1988 年 11 月即一战停战 70 周年纪念之际，华裔融入法国促进会促成了一次隆重的华工纪念仪式。这次仪式上，法国总统代表、邮电和航天部长保罗·基莱斯不仅为华工纪念铜牌揭幕，且向两位健在的华工颁发了法国级别最高的勋章——“荣誉军团骑士勋章”，成为一战华工纪念史上具有里程碑意义的事件。国内《人民日报》对此次纪念活动进行了报道，并引述基莱斯的一句致辞，称此次活动“是向第一次世界大战中为法国阵亡的华工致敬，亦是对一项遗忘的补偿”②。基莱斯的致辞说明法国官方承认了华工对法国历史所做贡献。此种侧重华工的族群象征意义的表达，有益于提升法国华侨华人的历史地位，促成华裔进一步融入法国，增进他们对自身身份的认同，而对当时的中国而言也不乏积极意义，从华工的国家象征意义层面，它可以被解读为改革开放以来中国国力及国际地位提升的表现，也是中法友谊加深的象征。③ 此后，法、英、比等国纪念一战华工的活动以及官方针对一战华工的讲话层出不穷。特别是在 2018 年一战结束一百周年之际，1 月 8 日，法国总统马克龙在西安大明宫的演讲中特意向一战中支援法国的华

① 此即徐国琦《文明的交融：第一次世界大战期间的在法华工》(北京：五洲传播出版社，2007 年；修订版名为《为文明出征：第一次世界大战期间西线华工的故事》，2017 年)一书的核心观点。

② 《里昂车站立铜牌，纪念参战华工，法国政府致敬意，授勋历劫骑士》，《人民日报》，1988 年 11 月 29 日，第 6 版。

③ 早在 1987 年，《人民日报》曾发表一篇记者凭吊华工墓园的文章，称华工墓园是“旧中国国势孱弱、民不聊生的千古不泯的印证”，此时不乏外国人前去悼念，是中国“国力的不断强盛以及中法交往增加”的表现。《亡灵节 吊华工墓》，《人民日报》，1987 年 4 月 5 日，第 7 版。

工致敬，称他们是法国“危难时刻的兄弟”。① 11 月 11 日，在由法国官方举办的一战结束百年纪念仪式上，一位华裔女孩朗读了华工翻译所撰回忆录中的一段文字，进一步显示华工是一战纪念不可忽视的因素。举凡这些纪念与讲话，主旨都在追认华工为西方国家做出的历史贡献。毫无疑问，西方国家领导人的表态得到了中国官方的积极回应和肯定。②

西方学者对一战华工历史的关注更早一些。1973 年，俄克拉荷马大学博士生尼古拉斯（Nicholas John Griffin）在参考英国陆军部、殖民部、基督教青年会等机构档案的基础上撰写了学位论文《1916—1920 年英国军队对中国劳工的使用——所谓“原装进口”的范围和问题》③。更多的学者投入对一战华工历史的研究也是在 80 年代之后。2013 年，英国学者格雷戈里（Gregory James）出版了一本专著《一战华工（1916—1920）》④。中国学者从事一战华工研究的主要是在海外。1986 年，台湾学者陈三井利用“中研院”所藏北洋政府外交部档案，法国外交部、陆军部等方面所藏档案出版了《华工与欧战》。现任教于香港大学的徐国琦曾在 1999 年撰成其哈佛大学博士学位论文《纯真年代：第一次世界大战与中国寻求国家认同》⑤，并在此基础上出版了专著《中国与大战：寻求新的国家认同与国际化》⑥，其中的一个章节即涉及了一战华工。之后，他于 2007 年出版了专著《文明的交融：第一次世界大战期间的在法华工》，

---

① 来自法国驻华大使馆网站：https://cn.ambafrance.org/法国总统在大明宫的演讲，2019 年 8 月 6 日访问。

② 中国外交部发言人在一次例行记者会上，就利用“欧洲领导人也意识到当年华工为欧洲的和平做出了巨大的牺牲”，证明欧洲国家与中国存在加强合作的意愿。《2018 年 11 月 14 日外交部发言人华春莹主持例行记者会》，外交部网站：https://www.fmprc.gov.cn/web/fyrbt_673021/jzhsl_673025/t1613056.shtml，2019 年 8 月 7 日访问。

③ Nicholas John Griffin, “The Use of Chinese Labour by the British Army, 1916—1920: The ‘Raw Importation,’ Its Scope and Problems,” Ph. D diss., University of Oklahoma, 1973.

④ Gregory James, *The Chinese Labour Corps* (1916—1920), Bayview Educational, 2013.

⑤ Guoqi Xu, “The Age of Innocence: The First World War and China's Quest for National Identity,” Ph. D diss., Harvard University, 1999.

⑥ Guoqi Xu, *China and the Great War: China's Pursuit of a New National Identity and Internationalization*, Cambridge: Cambridge University Press, 2005. 中译版：徐国琦：《中国与大战：寻求新的国家认同与国际化》，马建标译，上海：上海三联书店，2008 年。

于2011年出版英文专著《西线战场的陌生人:第一次世界大战中的中国劳工》[①]。马骊编著的《一战华工在法国》亦于2012年出版。[②]

比较来看,西方学者侧重从西方的历史脉络讲述一战华工历史,而陈三井教授与徐国琦教授则侧重以中国为中心探讨这段历史,特别是关注中国在华工招募过程中的作用以及华工对中国的贡献。两位学者均认为:其一,中国政府在华工招募过程中发挥了主导性作用,即华工赴欧系由中国政府派遣,依据便是上述梁士诒的"以工代兵"策略;其二,华工为战后中国提升国际地位、争取国家权利做出了贡献。徐教授更是进一步从中国的国际化的角度,探讨了华工在中国寻求新的国家认同以及国际化中的贡献,认为华工是"中国放眼走向世界、参与国际社会的先行者"。[③] 2009年,中央电视台制作并播放一部以华工主题的纪录片——《华工军团》,主题即参照徐教授《文明的交融》中的相关论述,其对华工评价道:"(华工)扮演的角色,并不是普通劳工,而是北洋政府外交斡旋的赌注,他们对未来一段时间内中国的政局和国际地位,居然会产生难以估量的深远影响。"[④]该片上映时间正值纪念五四运动九十周年,故着重强调了华工与五四运动之间的联系,认为华工"和北京、上海的青年们,同样是五四运动的先驱者"。[⑤]

综观80年代之后,改革开放语境之下中国学者有关一战华工的论述,似乎全面接续了北洋时期外交政治语境之下的华工历史论述,并且大有成为主流之势。但是,社会革命语境之下的华工历史论述或与之类似的论述并没有销声匿迹,其微弱声音还是从海外发出来的;两种论述之间的冲突显而易见。例如,巴斯蒂教授特别强调,华工的经历并没有

① Xu Guoqi, *Strangers on the Western Front: Chinese Workers in the Great War*, Cambridge: Harvard University Press, 2011;中译本:《一战中的华工》。

② Ma Li, *Les travailleurs chinois en France dans la Première Guerre mondiale*, Paris: CNRS, 2012.

③《为文明出征:第一次世界大战期间西线华工的故事》,第9页。

④ 中央电视台《探索·发现》栏目:《华工军团》,合肥:安徽教育出版社,2012年,序言。

⑤《华工军团》,第3页。

改变他们的“集体角色与集体命运”,他们不过是历史的次要角色,并且在各种重大历史事件中,他们“不知不觉地被当成了工具”。[1] 保罗·J.贝利认为,一战华工的历史“不应该用来支持那些宏大叙事下夸张中国的过去及当前全球互动的伟大意义”。[2] 华工归国之后的历史境遇,是华工历史不可缺少的组成部分,华工命运悲剧性的一面,即使是立足于外交政治语境的学者也同样承认。例如,陈三井强调华工为国家做出了巨大的贡献,同时也指出华工在归国后没有得到“政府应有之恤悯与社会各界广泛之同情”。[3]

需要厘清的一个问题,华工历史贡献论与华工个体境遇悲剧论的矛盾是由历史本身造成的,还是由历史论述造成的?笔者认为,外交政治语境下的华工论述自身就带有与生俱来的矛盾,这种矛盾源自华工的客观贡献与主观意图并不尽能统一;政府在华工招募及归国安置的过程中有所缺位或失位,如果强调政府在“供给”华工参战方面具有远见卓识与华工对于国家的贡献,何以政府在华工招募过程中置身事外,在华工归国之后不予妥善安置?20 世纪 40 年代一则评论梁士诒年谱的短文讲道,梁氏一生“最贻人口实者,为洪宪筹安、华工参战两事”,“编谱者于后事则谓凡尔赛和会中国所以得争回国格,端赖华工赴法一节。而于此二十万华工之遭遇,则只字不提;不教而战谓之弃民,乃云可争国格,亦善于说词者矣”。[4] 社会革命语境下的华工论述侧重华工个体的主体性表达,无疑又使以上矛盾进一步扩大。

---

① 巴斯蒂:《华工归国:为世人留下什么遗产》,马骊编著:《一战华工在法国》,莫旭强译,胥弋校,长春:吉林出版集团有限责任公司,2014 年,第 468 页。

② 保罗·J. 贝利(Paul J. Bailey):《第一次世界大战中的华工:一段被忽视的插曲,中国外交政策与现代劳工史的演变》,《一战与中国:一战百年会议论文集》,第 483 页。

③《华工与欧战》,第 190 页。

④《图书介绍:三水梁燕孙先生年谱(凤冈及门弟子编)》,《中法汉学研究所图书馆馆刊》1945 年第 1 期,第 161 页。

结　语

一战华工是探讨历史上中国与外部世界联系的重要题材，在中国当代语境之下，该题材的现实意义愈显突出。加之受上述海外相关纪念与研究的影响，一战华工在国内逐渐受到重视。近年来，海外三本华工著作《华工与欧战》《一战华工在法国》《一战中的华工》陆续引入大陆出版，两部华工纪录片《华工军团》《潜龙之殇：一战中的华工军团》分别于2009年与2016年在央视上映，一座华工纪念馆于2020年在威海落成。新语境下中国重建一战华工论述面对的困境仍然是隐含在两类论述——外交政治与社会革命——之间的内在张力。而要消除这种张力，或许可以从社会史或有学者提议的中国劳工史①的角度回避外交政治语境进行论述，但要直面这种张力，还是应把握其形成的历史渊源，即历史上两类论述建构的过程与存在的问题，设法平衡华工的客观贡献与主观意图、个体境遇之间的矛盾，这是当前建构一战华工新论述应该注意的问题。

① 保罗 J. 贝利(Paul J. Bailey)：《第一次世界大战中的华工：一段被忽视的插曲，中国外交政策与现代劳工史的演变》，《一战与中国：一战百年会议论文集》，第493页。

抗战时期河南沦陷区民众生活初探

谢晓鹏

1937 年卢沟桥事变爆发后，随着日本侵华战争的不断扩大，河南各地陆续卷入战火，豫北、豫东、豫南、豫西等地先后沦陷。至 1944 年年底，大致形成了占全省面积约 50%，占全省人口约 64.8%的沦陷区①。日伪政权宣称河南沦陷区"生活安定""市面繁荣"，是民众"安居乐业"的"王道乐土"，那么当时河南沦陷区的民众（尤其是中下层民众）生活究竟如何呢？过去学界对此问题研究得还不够②，有较大的探讨空间。笔者主要依据当时的报纸报道、伪政权档案、当事人回忆等文献资料，拟从以

［作者简介］谢晓鹏，郑州大学历史学院教授。

① 《河南省敌我友活动地区面积人口统计表》，《解放日报》，1945 年 2 月 4 日，第 2 版。

② 关于抗战时期沦陷区民众生活的研究，目前学界已有一些研究成果。如巫仁恕《劫后"天堂"：抗战沦陷后的苏州城市生活》（台大出版中心，2017 年），系统探讨了苏州沦陷后的城市生活；谢荫明、陈静《沦陷时期的北平社会》（北京：北京出版社，2015 年），专章介绍了沦陷中的北平市民生活。这方面的主要论文有：岳谦厚、翟一帆《日本占领期间太原市民的日常经济生活》（《民国研究》2013 年秋季号），李沛霖、经盛鸿《沦陷时期南京的人口变迁和市民生活》（《南京社会科学》2014 年第 10 期），丁芮《隐忍的反抗：董毅〈北平日记〉中的北平沦陷区生活》（《天津师范大学学报（社会科学版）》2019 年第 1 期），李趁基《抗战时期沦陷区城市青年的日常生活——以两位沦陷区青年的日记为中心》（河南大学硕士学位论文，2019 年）等。而关于河南沦陷区民众生活的研究，目前仅见张俊英《抗日战争时期河南沦陷区农民徭役负担考》（《平顶山师专学报》1999 年第 3 期）及《河南沦陷区农民负担浅析》（《平顶山师专学报》2003 年第 6 期），这两篇论文分别对抗战时期河南沦陷区农民的经济负担问题进行了初步的考证和分析，为我们了解河南沦陷区农民的经济生活提供了一定的参考。

下三个方面对此问题作初步探讨。

一、物质生活的严重匮乏

(一) 生活必需品的普遍短缺

日伪统治时期,河南沦陷区受战争影响,生活必需品普遍短缺,物价飞涨,严重影响了河南沦陷区民众的日常生活。据伪河南省公署机关报《新河南日报》报道,1939 年 11 月,"开封市米面爨料之价格,数倍于往昔,已迭志本报。目下各赤贫灾民,虽未食树皮树根野菜,而在此米珠薪桂之际,既不能坐以待毙。而粥厂尚未开办,窝窝票均未开始散放,于无可如何之中,近以各友邦商界开设之食品店制豆汁豆腐所余之豆渣,价值甚贱,且可充饥,群争赴各友邦商店内购买。每日早晨五六点钟天尚未明时,各贫民均起床赴各商店购买。各该商店门首购买豆腐渣之人,拥挤异常,贫民生活之痛苦,实属可怜"。那么,情况稍好一点的家庭生活怎样呢?"又查得本市一般次贫各户,因为米面昂贵,无法维持生活,在省垣既无平粜厂,每日两餐均用四等面汤煮白薯,借以充饥,免致饿毙。"至于生活燃料,"本年之柴,每斤竟售至价洋二分,亦可谓奇昂,一般贫民,乃多赖于各酒馆内造酒之酒糟,酱醋铺造醋之醋糟,以之晒干代替柴草。即此两端,足征开封市之贫民,对于吃烧均属困难"。[1] 同年 12 月,该报记者对开封市偏僻小巷进行了调查访问,从中可见贫穷市民的日常生活状况。该记者称:"汴市的住户,断炊者甚多,尤其是在偏僻小巷中,更可看见一般穷人们忍饥受饿,锅不冒烟,眼睛中流出了热泪,情况是多么可惨呢?……他们住的是一间一间的小茅屋,或年久失修的瓦房,哪一间都不能遮蔽风雨,残颓墙垣,只有二三尺高,颇显出凄惨荒凉的景象。"其中一位 60 多岁的老翁接受该报记者采访时说,他们"住在这个地方的人家,都是做小本经营的,哪一天赚的钱都不够吃,杂面馍都吃

---

① 《朱门酒肉臭,路有冻死骨,贫民生活备极可怜》,《新河南日报》,1939 年 11 月 11 日,第 3 版。

不饱，一天吃一顿饭，饥一顿饱一顿，每天到街上去捡点烂白菜叶，垃圾箱中去捡拾木屑当柴烧，衣服典当干净了！"①1940 年 1 月 26 日，该报又对开封市贫民的生活状况进行了报道，称："本市目下面粉每袋售七元，或六元八角，行面每斤价洋一角七分五厘，杂面每斤价洋一角四分，劈柴每斤一角五分，一般贫民在此生活程度轩昂中，颇难维持生活现状。幸花生饼每斤售洋一角，腹中饥饿，食几片花生饼，细嚼烂咽，颇能充饥，每人每日食饼无多，喝几杯开水，即可渡[度]过一日。本市此种贫民埋头苦受，殊堪恻悯，即此足觇本市社会经济之一斑。"②更有甚者，1943 年初，豫东睢县"以年荒岁歉，一般逃荒贫民有纷纷拔食二麦幼苗以之充饥等情"，以致该县伪知事不得不布告民众，"所有二麦以及豌豆等苗，一律禁止拔食，倘再故违，定予惩除"③。另据邢幼杰(字汉三，曾任伪河南省公署宣传处处长、《新河南日报》社长、伪新民会河南省总会事务部长等要职)回忆："一九四二年下半年，由于水、旱、蝗、汤四害并臻，加之日军推行治安强化运动的严重破坏，沦陷区的农副产品及小手工业产品因而锐减，市场商品，供不应求，物价随而不断上涨。……到一九四三年春农产品青黄不接时期，缺粮现象极为严重，各地农村，饿殍遍地，惨不忍睹。即在省会开封，面粉和粮食也不易买到。"④

至于穿衣，贫苦百姓能省即省、得过且过，这造成当时的估衣生意很难做。以开封为例，据 1940 年 4 月 26 日的《新河南日报》报道："目下天气温暖，棉衣脱去，改服单夹衣服之际，各估衣业似应当有一番生意，不料目下各估衣商店，各估衣摊之生意，仍异常迟滞。细究原因，乃由于春荒严重，一般人糊口维艰，穿衣服一节，得过且过，不但不敢添置新衣，即购买估衣，亦得省且省。一般寒士及贫苦之人，多半将棉袍棉袄内之棉絮取出，改制夹衣，由夹衣然后再改为单衣，照此敷衍下去，只图糊口充

① 《生活程度高昂声中僻街小巷访问记》，《新河南日报》，1939 年 12 月 17 日，第 3 版。

② 《生活程度轩昂中花生饼充作食粮》，《新河南日报》，1940 年 1 月 26 日，第 4 版。

③ 《睢县方知事关怀民食，布告民众禁食麦苗》，《新河南日报》，1943 年 2 月 10 日，第 3 版。

④ 邢汉三：《日伪统治河南见闻录》，开封：河南大学出版社，1986 年，第 179 页。

饥,故各估衣生意迟滞,殆有由矣。”①该报还报道称:“际兹百物昂贵声中,燃料亦感缺乏,家庭中所需用点灯之煤油,价格亦告昂腾。现下鹰牌煤油每筒[桶]十七元,零售每斤六角四分,每两四分半,一般人多点花生油之灯,藉资俭省云。”②可见,当时一般贫民家中照明不仅用不起电灯,而且连煤油灯也不敢用。

食盐作为民众生活必需品,在 1944 年沦陷后的豫西严重短缺。据报载:“豫西现在食盐奇缺,到了几百元一斤,因为河南开始时,盐务局就将食盐尽集洛阳,不令分散,敌人到了以后,更囤积不卖,人民苦极,但却也无可如何。”③再以日伪控制的西平县为例,据记载:“日、伪政权滥发纸币,在西平当时通行的伪币有‘联合票’‘储备票’两种(‘联合票’指伪华北临时政府所设中国联合准备银行发行的纸币‘联银券’,‘储备票’指汪伪政府中央储备银行发行的纸币‘中储券’——引者注),加之日、伪人员掠夺,造成物价飞涨,工商凋敝,一斤盐需要 30 斤小麦,致使群众常年不得食盐者十之六七。”④

由此可见,在当时的河南沦陷区,生活必需品的短缺成为一种普遍现象,应该说这既是日本侵华战争长期持续的产物,也是日伪当局推行经济掠夺政策的结果。

(二) 日渐成为常态的物价上涨

日伪统治时期,河南沦陷区因频繁的灾荒、持续的战争及日伪当局滥发纸币等,导致严重的通货膨胀,物价上涨遂成为人们生活中的一种常态。据 1939 年 9 月 8 日的《新河南日报》报道,当时日伪统治下的开封城,“物价昂贵,各货飞涨,米、面、柴薪、洋货、布匹等,种种货价,均较去

① 《本市估衣生意迟滞》,《新河南日报》,1940 年 4 月 26 日,第 4 版。
② 《煤油昂贵,贫民燃灯困难》,《新河南日报》,1940 年 4 月 26 日,第 4 版。
③ 《豫西敌寇动态:征工派款修筑城池》,《新华日报》,1944 年 10 月 30 日,第 2 版。
④ 西平县志总编室:《日本侵略军侵占西平暴行》,管仁富、霍宪章主编:《民族记忆——中原抗战实录》第 5 卷(下),郑州:中州古籍出版社,2015 年,第 932 页。

岁相差一倍有余，致使民不聊生，生活困难，达于极点”。关于物价飞涨的原因，该报分析认为，一方面“系今夏雨水过大，乡间多水，一般乡下人进城卖面卖柴不便；关于洋货、布匹等类，据闻亦系交通不便，来货缺少，价格因之上涨”；另一方面“乃一般奸商从中操纵所致，奸商只知牟利，不顾民生，动辄即以货物奇缺为借口，乘机渔利，抬高市价，不顾民瘼，殊属可恨”。① 同年12月6日，《新河南日报》以《粮价飞涨民不聊生》为题发表评论，称：“今岁之粮价，若以客岁相较，竟高出一倍有奇，劳苦市民之生活，更为艰窘万分，终日难得一饱，豆腐渣……之类，已成为市民之普通食粮。”“刻下时届严冬，而本市（指开封市——引者）又无粥厂之设施，一旦大雪飘摇，朔风刺骨，穷苦市民，饥寒交迫，如何能渡[度]此三冬之生活耶？”“况今岁灾区扩大，灾民众多，遍野哀鸿，待振孔急，有的灾民竟以树皮草根充饥，聆悉之下，不胜伤感耳！”②不仅粮价飞涨，各种杂货价格也暴涨。据1940年2月22日的《新河南日报》报道，当时开封市“各种杂货，如纸张、红白糖、粉皮条以及一切杂货之类，一律暴涨，以现在各种货物之价值，比较年前行市，均涨高四分之一有奇”③。一般百姓生病多服中药，但在物价普涨之下中药也不例外。1940年10月18日该报还报道，开封市“中药店近日因各药缺乏，所有各种草药，无不一律涨价。目下各吃药住户向中药店取药，因药价较上半年已涨三分之一……故本市近月来患疟疾者，一般贫民，对于吃药辄大感困难，凡属患病之家，签[佥]云无钱吃药，中药店任意涨价，只好座[坐]以待毙”④。另据邢幼杰回忆：“1943年春，开封及全省各县物资供不应求，物价上涨，人心波动，不仅人民生活大感困难，也影响着日伪政权的统治。……由于物资供应日益困难，货币也无法大量回笼，行政命令难以生效。到1943年冬，人民的生活必需品用高价也难以买到。伪政府改用征收实物办法，勉强维

① 《物价暴涨，民不聊生，亟盼当局平抑物价，以维民生而安人心》，《新河南日报》，1939年9月8日，第3版。

② 运勤：《粮价飞涨民不聊生》，《新河南日报》，1939年12月6日，第3版。

③ 《杂货行市暴涨》，《新河南日报》，1940年2月22日，第4版。

④ 《中药价值高涨》，《新河南日报》，1940年10月18日，第3版。

持公教人员的最低生活，一般市民，只有靠自己在饥饿线上挣扎了。1945年8月日本投降时，开封的各种物价，较沦陷初期上涨5倍，有些商品根本无法买到。”①

严重的物价上涨，导致民众生活的极端贫困化，行乞讨食之人不断增多。据1939年12月28日的《新河南日报》报道：“今岁生活程度高超，粮价飞涨，一般劳苦市民，因难持生计之故，沦为乞丐者，颇不乏人。”②1940年5月10日，该报又报道了伪省城开封因物价上涨，致使市面生意萧条、乞丐往来如梭的状况，称：“本市各商店除关于衣食两项生意，尚属茂盛外，其余奢好品、化妆品、游艺品、贵重金属、古玩家画、人参药店、书籍文具等商店生意，均异常萧条，一二小时间恒未见雇主光临，而乞丐则来往如梭，陆续不断，殊令各商店中无法应付。倘能如往年办理教养局、栖流所专收养乞丐，似不至再有如许多之乞丐来往也。”③实际上，如果日伪大肆掠夺、滥发纸币的政策不变，即使开设有教养局、栖流所等慈善机构，也不可能根本改变“乞丐往来如梭”的局面。同年10月18日，该报刊载“特写”，比较细腻地描述了当时开封市内乞丐沿街乞讨的悲惨生活。文章写道：“在各街巷中，每日均能见到衣服褴褛之讨饭者，年岁高迈者亦复不少，发眉皆白，挨户求怜，其惨苦之情状，殊令人伤感耳！到夜深更阑时，仍能见到不畏寒风的穷人，在马路上喊叫，但是有谁可怜呢?”“他们扶老携幼，往来的游巡，悲惨而凄切的乞讨声，令人发出同情而悱恻的心理……‘日走长街，夜宿古庙’是乞丐们的生活方式，他们的工作带是繁华的街道，偏僻的小巷，每一个来往的行路人，都是他们有所希冀的目标，同时，每一个行路人，也有给他们失望的可能，失望尽管失望，但决不会予他们气沮。他们终日的荡流着，无时无刻不断的呻吟，求

① 邢汉三：《日伪统治时期的河南金融》，毛德富主编：《民族记忆——中原抗战实录》第3卷，郑州：中州古籍出版社，2015年，第133—134页。

② 《乞丐饥寒交迫匍匐道旁》，《新河南日报》，1939年12月28日，第3版。

③ 《市面生意萧条，乞丐往来如梭》，《新河南日报》，1940年5月10日，第4版。

乞，无时无刻不在悲苦，失望，然而生活的逼迫，他们是不得不如此的。”①

当然，河南沦陷区日伪当局出于维护自身统治秩序的需要，也采取了一些稳定物价的措施，如设立物资物价处理委员会、公定粮食价格、严禁私自涨价、严惩囤积居奇、稳定币值、调剂金融等，甚至还一度实施了所谓的“低物价运动”。据邢幼杰回忆：“一九四三年四月伪省长田文炳就任时，正值粮荒严重，他立即贴出布告，规定粮食公定价格，严禁私自涨价及囤积居奇，违者查明严惩。开封市伪第二区区长家中开有磨坊，积存小麦超过规定标准被查出，小麦两万斤被没收，另外罚金三万元，其他受罚的人也还不少，尽管伪省署曾采取一些措施，物价上涨问题，始终没得到根本解决。”②另据报载，伪河南省物资物价处理委员会自 1943 年 9 月改组以来，“推行统制物资物价诸般业务，不遗余力，为整备统制物资物价下层机构，拟设道市县分支会，并拟定强化同业公会组织及整理小卖商店等办法，再为调剂物资需供、统制物资交流，拟定重要物资输出入许可取缔及一般物资输出入申报等办法，均已着着计划，付诸施行。最近又为减低河南省境内一般生活必需品价格起见，拟定低物价运动周间实施计划方案，训令开封市、商邱、新乡、彰德等处商会遵照办理，以期完遂战时下之物价政策，而便促进华北新建设，达成兵站基地之重大使命。料想实施该项运动，定能收到减低物价之实在效果”③。然而，“物价上涨的主要原因是通货膨胀，生产萎缩，是由于日本大量人力物力，投入太平洋战场，华北财政拮据，乱发纸币，超过市场需要，这些病根不除，物价上涨势难避免”④。

---

①《米珠薪桂声中贫苦人生活维艰，街头巷尾乞丐增多，哀怜之声震荡耳鼓》，《新河南日报》，1940 年 10 月 18 日，第 3 版。

② 邢汉三：《日伪统治河南见闻录》，第 179 页。

③《减低生活必需品安定民生，实施第一次低物价运动》，《新河南日报》，1943 年 11 月 14 日，第 2 版。

④ 邢汉三：《日伪统治河南见闻录》，第 179—180 页。

(三) 战时体制下的“捐献运动”

日本是一个资源相对贫乏的国家，难以满足长期战争的需要。太平洋战争爆发后，日军不仅深陷中国战场不能自拔，而且与英美等西方大国开战，战线拉得过长，战争消耗极大，各种军用物资，特别是金、铜、铁、锡、铅等金属都很缺乏。于是，华北日军决定向沦陷区民众搜刮物资，以供给日军所需，维持侵略战争。而伪河南省当局则打着开展“捐献运动”的旗号，不遗余力地支持和配合日军对沦陷区民众的搜刮活动，严重地干扰和影响了沦陷区民众的日常生活。据邢幼杰回忆，在河南沦陷区，“开始时责成各级新民会，发动献铜献铁运动，虽是三分动员，七分强制，但收效不大，不能满足日军要求，及凶相毕露，改用抢夺方法，拼命搜刮民间金、铜、铁、锡、铅等金属，一网打尽。新民会青年团是抢夺主力，警察应尽力协助，这是日军头目的规定。但在河南沦陷区各地推行时，青年团力量薄弱，难以推动，改由警察唱了主角”①。在开封，这种战时体制下的“捐献运动”开展得最频繁。伪开封市公署“基于协力大东亚战争早日完成，尽力担当兵站基地华北动员之重大使命”，于 1942 年 6 至 9 月和 9 至 12 月曾分两次开展献纳废铁运动，“颇获显著之成绩”。1943 年 1 月，伪开封市公署又开始举办碎铁铜回收运动。② 2 月，伪开封市公署“为拥护参战，击英灭美，进而表现汴市二十万市民之爱国兴亚激昂热意起见，特继第一次献纳铜铁运动之后，赓续举办第二次献纳金属废品运动”，并印制了大批的《为献纳废金属告民众书》，分发全市，以造声势。③ 11 月，伪开封市公署又专门颁布了《开封市收集铜类实施办法》，其规定如下：

1. 凡属铜类，不问其为机关团体或一般商民，均得分别情形收

---

① 邢汉三：《日伪统治河南见闻录》，第 132 页。

②《市署协力大东亚战争，举办碎铁铜回收运动》，《新河南日报》，1943 年 1 月 22 日，第 2 版。

③《二十万市民爱国意志昂扬，献纳二次铜铁极踊跃》，《新河南日报》，1943 年 2 月 25 日，第 2 版。

集之。

2. 收集方法分献纳、收集两种，机关及公共团体以献纳为原则，一般商民则以定价收买之（每公斤〈二十八两〉定价一元五角），不分铜类。

3. 收集数量本市为三万公斤（以度量衡秤为准）。

4. 收集时事前召集各关系机关团体及市商会、市属各区首脑会议，说明真义并出示布告，使一般民众澈底了解。

5. 实施收集之际，应唤起市民热心协力，其收集成效卓著者应予呈请褒奖，但借端扰民或舞弊者亦应严加责惩。

6. 收集资金由本署在省款项下垫支之。

7. 献纳收集期限自即日起至十二月半以前必须收足指定数量，列表呈报。

8. 中央各官署及公共团体献纳数量除依照规定献纳外，其全体公务员献纳以遵照条文规定数量收集之。

9. 各机关及公共团体公务员既已献纳，得免除其住民担负。

10. 各商店及住户既以给价收集为原则，其应担负数量由市署分令各会、区分别规定，但特殊营业者如娱乐场、烟馆等，得斟酌情形加重其负担或劝导使其献纳之。

11. 收集铜类、献纳铜类收据格式由本署印制、颁发之。

12. 各机关、团体、会、区献纳或收集之铜类，应分批交由本署仓库保管，听候省令处理；其市属各机关及会、区，应将收集情形及数量分别列表连同单据呈报，以凭转报。①

按照上述实施办法，伪开封市公署会同伪省会警察署担任分配收集事务，实际执行过程中主要靠伪省会警察署。于是，伪省会警察署长周秀庭为讨好日本人，亲率署内官兵，强收市民铜器，并非“以定价收买

① 《开封市收集铜类实施办法》（1943 年 11 月 26 日），河南省档案馆藏，伪河南省公署档案，M0010－002－00095－010。

之”。当时,“打铜巷内以铜器制作为业的小手工厂,几乎被抄了家,致使数以百计的人,生活陷于绝境。不少市民家里祭祀祖先的香炉、蜡台等物都被没收,弄得民怨沸腾”①。

至于河南沦陷区其他各县,情况与开封类似,大都召开了铜类“献纳”会议,并有“献纳”数量等要求。如伪新乡县公署规定“献铜数量,为(一)万四千公斤。各机关献纳分一、二、三等:一等三十公斤,二等二十公斤,三等十公斤;公共团体(如宗教会),分一、二、三等:一等五公斤,二等三公斤,三等一公斤;各级公务人员,分简任、荐任、委任三等:一等五公斤,二等三公斤,三等一公斤;商民献纳,每公斤发价一元五角,但特殊营业不给价,(如娱乐场、烟妓馆)价款由县署筹发,限十一月末献纳三分之二,十二月末全数纳齐。如有大量献纳者,由县署或呈省公署嘉奖;如有不协力依数献纳者,由县呈省公署惩处之”②。再如伪柘城县公署“献纳铜数量为四千公斤,除由各洋行代购一千三百八十公斤外,下余由商务会及各区分担,计每处应担任五百四十公斤(代县署公务员收买在内),限于十二月二十五日以前全部收齐。如有大量献纳者,由县署嘉奖;如有不协力依数献纳者,惩处之”③。然而,这些地方实际执行起来并不认真,原本规定的“献纳”实则就是“抢夺”。当时,“各县抢夺情况,凡有警察机关的地方,较开封有过之而无不及。经过反复抢夺,民间所有各种金属,大部均被抢走,埋藏在地下的也很难幸免。在抢夺民间金属时,借端敲诈群众的也时有所闻”④。

1943 年以后,随着日本侵华战争及太平洋战争的不断扩大,日军的战争消耗随之进一步增大,日伪战时体制下的捐献运动开展得更加频繁,沦陷区民众“捐赠”物品的种类日渐增多。在河南沦陷区,不仅铜、铁等战略物资属于民众的“献纳”范围,而且飞机(通过“捐款”)、残茶(用作

① 邢汉三:《日伪统治河南见闻录》,第 97 页。
② 《献纳铜铁完遂圣战,新乡各机关决定分担数量》,《新河南日报》,1943 年 11 月 3 日,第 3 版。
③ 《柘城县召开铜类献纳会议,讨论分担办法限期缴纳》,《新河南日报》,1943 年 11 月 19 日,第 2 版。
④ 邢汉三:《日伪统治河南见闻录》,第 132 页。

马料)等都成了所谓“捐献物”。1943 年 1 月 28 日,《新河南日报》发表社论,声称:“为策应国民政府对英美宣战的伟大举措,特自本日起发起国防献金运动”,“其劝募标准每人一角起码”,主要在开封市范围内募集。“劝募的方式,由市民自动输将,本社将每日收到之数公布报端,一俟积有成数,即呈缴省库转由华北政委会呈交国府献纳也。”该社论最后强调:“总而言之,在战时体制下,我们应尽的责任,固然是有钱出钱力,无钱出人力,但如何方是有钱,如何才是无钱,却无固定的范畴。大宗的钱财不必论,每人一毛钱,我想任何人皆可以出得起。如连此区区之数,再吝而不与,那便是对国家不忠实,对东亚不忠实,十足的一个反动分子!”①在所谓“国防”献金运动中,献机运动则是变相的“捐款”运动。同年 7 月 10 日的《新河南日报》报道竟扬言:“开封市献机运动委员会展开献机以来,由于市总会(指伪新民会开封市总会——引者注)辅导之下,省垣二十万民众,已深切体认中国兴衰存亡,端在一举,故决心击灭英美之理念,豪气如云。目睹此表现国民实质参战之伟举,不甘后人输将者极呈踊跃。顷悉,新民、快乐、国民三家娱乐场,前为响应献机运动以忠国爱亚之精神,曾自动于所售票面,附加献机捐,藉资赞助……三方合计,共献金洋二千零八十二元三角云。”②10 月 30 日,该报又报道宣称:“华北各地民众团体……在新民会支援下,结成华北民众团体献机运动委员会,从事华北一亿民众之献机运动。河南民众首起响应,在新民会领导下,为在实质上充分表现捍卫国家之决意,与在决战体制下应负之使命起见,大规模掀起献机运动,发动以来除前转解者外,复献纳万七千四百余元之多。尤以豫北各地连年灾荒、民不聊生,竟以节衣缩食之精神,踊跃输将贡献国家,诚吾人所当钦佩者也。”③此外,残茶作为军用马料也成为河南沦陷区民众“献纳”的对象:“新民会河南省总会,为实现决战体制下之废物利用起见,特举行会务职员残茶献纳运动,搜集残剩茶

① 《本社发起国防献金运动》,《新河南日报》,1943 年 1 月 28 日,第 2 版。

② 《汴垣献机风起云涌》,《新河南日报》,1943 年 7 月 10 日,第 2 版。

③ 《豫北民众节衣缩食,献机捐款踊跃输将》,《新河南日报》,1943 年 10 月 30 日,第 2 版。

叶，以备供作军用马料。兹悉自日昨展开以来，各会务职员，献纳极为踊跃云。”①该会“先由全省千余会务职员本身作起，以本民众遵循之途径，乃倡起残茶献纳纸烟节约等物质节约具体之事项。前曾汇集残茶三十五公斤，向清水部队献纳，已志本报。昨复通令管下各市道县总会，自明年一月一日起一体认真实行云”②。伪开封市公署也不甘落后，于 1943 年 12 月初旬，“发起献纳废茶运动，一般学生及市民，深悉其运动之意义，皆被前方军士流血的波浪，激励了爱国的热忱，不出二旬时间，竟超五十五公斤之巨数，已于本月二十九日，如数献到省府，转献盟军（指日军——引者）。预卜来月献纳数量，定能达到相当数字云”③。

自 1943 年 12 月起至 1944 年 1 月末，伪河南省政府鉴于“铁类为重要军需资材之一，当此大东亚战争之际，为达成兵站基地之任务”，又在河南沦陷区各市县强推了“废铁献纳”运动，并专门制定了《废铁献纳要纲》。该要纲具体规定了献纳废铁之种类、献纳数量、献纳责任者、收纳机构、运输方法、惩奖办法等，并强调指出：“全省政军会民一致努力，倾注所有力量，积极搜集，踊跃献纳，借表爱国家、爱东亚之热忱。”④

总之，日伪的战时捐献运动尽管打着“捐献”“献纳”等冠冕堂皇的旗号，实际上是对沦陷区民众的盘剥和掠夺。当然，这也遭到了一部分民众的抵制。据赵隐侬对开封沦陷期间的回忆：“予见一汽车夫而兼营修理业之张某，以有乡谊故，某日遇之于朋友座中，谈及有人代敌收买铜铁事时，张即愤然曰：此辈殆无心肝，不当齿诸人类；我有钢铁数千斤，已深埋地下，任其锈烂，不能售之敌人，使其运回造弹，转而打我中国人，云云。此君不识一字，而其思想言行，乃能符合天人之道，可见忠义尚存天

---

① 《废物利用一致决战，省总会发起残茶献纳运动》，《新河南日报》，1943 年 12 月 11 日，第 2 版。

② 《献纳残茶节约纸烟，领导国民奋进决战，省总会通令管下切实遵行》，《新河南日报》，1943 年 12 月 31 日，第 2 版。

③ 《爱国热忱充满全市，市署昨献残茶五十五公斤》，《新河南日报》，1943 年 12 月 31 日，第 2 版。

④ 《关于发送废铁献纳要纲的公函＋废铁献纳要纲》（1944 年 1 月 17 日），河南省档案馆藏，伪河南省公署档案，M0010 - 002 - 00102 - 012。

地间。”[①]由此可见，在当时的河南沦陷区，面对日伪当局的政治高压和欺骗宣传，还是有民众敢于抵制日伪的战时“捐献”运动。

二、精神生活的空虚苍白

（一）无奈无助的烧香拜神

日伪统治下的河南人民，不仅物质生活艰辛，而且精神生活空虚。在无奈无助的生活中，只好寄希望于烧香拜神，祈求神明保佑自己早日脱离苦海。日伪当局为加强自身统治的需要，也鼓励、劝导人们烧香拜神，试图借助神祇的力量维持其统治秩序。1939 年 6 月，伪河南省公署在其控制区颁发崇祀武庙乐章，宣称：“案奉临时政府令，据内政治安两部会呈拟定各地方祀武庙祝词乐章，请附武庙祀典之后，颁发各省市地方敬谨遵用。至各省市原有关岳庙者，即就便改缮；未设有关岳庙者，自行限期筹款创建，或就废庙改缮此项关岳庙，惟指民国四年后所设关岳合祀之庙而言。其他各城乡故有专设之关庙岳庙悉仍其旧，听人民自由崇奉，不得借词强迫改缮。”[②]1940 年 2 月，《新河南日报》报道：“陈留县知事伊承熙为复兴庙寺，改正民心，及恢复旧有道德起见，特商同驻县友军协力募捐，重修该县之城隍庙。友邦须籐部队，慨捐五百元为最多数外，其余公私俱有乐捐者，现已大功告竣。殿内设有日华战殁皇军各部队英灵牌位，上月七日伊知事与顾问率同所属职员及各绅士等，逐日参拜，凡城村老幼男女，莫不踊跃参加膜拜云。”[③]可见伪陈留县集资修庙的政治目的明显，尤其是对侵华日军战死者的祭拜，更凸显了沦陷区民众被迫做亡国奴的可悲。另据报道，1944 年，“敌寇进入洛阳之后，到处烧杀奸淫。为了麻醉人心起见，把香烟冷落的城隍庙重新装修，叫老百姓

---

① 赵隐侬：《梁园沦陷前后》，毛德富主编：《民族记忆——中原抗战实录》第 3 卷，第 291 页。
② 《省署令发各县崇祀武庙乐章，关岳庙改缮武庙》，《新河南日报》，1939 年 6 月 15 日，第 3 版。
③ 《陈留伊知事集资修庙，友邦部队慨捐巨款》，《新河南日报》，1940 年 2 月 17 日，第 3 版。

前去烧香。把‘洛阳’的名称改成‘福阳’，表示从此得福之意”①。另外，“敌人为了推行愚民政策，提倡各种迷信会社。河洛中学已经停办，已改为‘县城隍府’，并迎城隍爷入府。迎城隍之日，敌伪官吏亲率乡愚，锣鼓喧天，丑态令人作呕”②。

伪省城开封的情况更为典型。据《新河南日报》报道：“开封旧俗，每届旧历年正月，自初一日起至十六日止，各善男信女，几无日不往庙中烧香。自冯玉祥毁坏庙宇后，烧香之风始熄。近年来，省当局提倡恢复庙宇，注重神教，崇尚祀典，一般善人遇到新年，仍旧恢复已往成例。例如初七日祭火神，初八日祀东岳，初九日朝龙亭，初十日十一日赴边村及干河沿等处赶会烧香，转瞬即到上元灯节，各善人们，除拜年以外，即是赴各庙内烧香，忙得不亦乐乎，其虔诚之意，无以复加。本年烧香之风，较前几年尤盛，签[佥]云中州为中邦福地，迭经事变，开封均未遭遇糜烂，一因上神保佑，二因烧香行善之人过多，三因善有善报，毫厘不爽，种种言语行为，虽属涉及迷信，然均赖旧道德观念为之维持，尚属可嘉。”③当时开封民众烧香拜神风气之盛，由此可见一斑。

抗战时期，在日伪残酷统治下的开封等地，贫苦百姓不仅烧香拜神成风，而且把早日摆脱痛苦日子的希望寄托在城隍身上。城隍即守护城池之神，是中国宗教文化中普遍崇祀的重要神祇之一。城隍出巡，又称出会，是我国传统的宗教节日形式。古时，城隍神每年都要亲自外出巡查，放福于民，这时老百姓要抓住这个机会申冤鸣屈，为自己造福筑福。因此，每逢城隍出巡，所经路段百姓争相路供城隍，祈求城隍保佑自己好运平安、身体健康、诸事遂愿。抗战时期，在日伪残酷统治下的开封等地，百姓更是把早日摆脱痛苦日子的希望寄托在城隍身上。1942 年 4 月的《新河南日报》，连续报道了开封城隍老爷出巡的盛况。该报记者生动地描写道：“城隍老爷们……只见手拿折扇，满面春风，坐着忽闪闪的八

① 《敌寇侵陷后的洛阳》，《新华日报》，1944 年 8 月 19 日，第 2 版。
② 《中原杂讯》，《新华日报》，1944 年 12 月 8 日，第 2 版。
③ 《善男信女新年烧香忙》，《新河南日报》，1940 年 2 月 17 日，第 3 版。

抬大轿，金钺玉斧朝天镫，前后簇拥着，粗细乐气[器]吹打着，再搭着似麝非麝的檀香缭绕着。嘿！神气十足，耀武扬威，咱们的城隍老爷们，这个时候真是抖尽了威风，摆尽了场面。各街口鹄候的观众，又是人山人海，途为之塞，其情其景，实我大开封市二十余年未有之奇观也。”“咱们的城隍老爷这一出巡不打紧，可惊动了不少的善男信女，瞧吧。在出巡的前几日里，附近乡村里面的村姑长妇们，早已打扮得花滴滴、俏丽丽，套上了自家的老牛车，驰进城里来烧香礼拜了。还有那邻近的县份，也竟然有着所谓善男信女们，或觅车或步行络绎不绝的赶至本市，都恭候着城隍老爷大驾的出巡，并且咱们的城隍老爷，其威灵也真的能使人们悦服。”①从该报的报道我们不难看出，日伪统治下的开封民众对城隍的虔诚崇拜，这也从一个侧面反映了沦陷区民众把尽快脱离苦海的希望寄托在神灵身上。

（二）频繁举行的祭祀活动

在河南沦陷区，日伪当局出于维护其统治秩序的需要，提倡所谓“东方文化道德”，推行所谓“王道政治”，要求沦陷区民众尊礼重道、崇拜先贤，于是频繁举行各种祭祀活动，如祀孔、祀孟、祀武、祭河神等典礼，其中最主要的祭祀活动是每年春季和秋季都要举行的祀孔活动。这些祀孔活动仪式隆重，参加人员众多，上至伪河南省公署省长，下至一般伪省署职员，乃至普通百姓代表，都要按照规定的时间、地点、礼仪、程序参加，不得违背。为此，伪省署每次都要下达训令，要求相关单位和个人遵照执行。这里以 1940 年伪省署给伪省立博物院下达的《关于仲春祀孔的训令》为例，内容如下：

> 为训令事，查三月十五日即夏历二月初七日为本年仲春上丁祀孔之期，凡我僚属自当敬谨举行、用申崇拜。至圣先师阐扬圣教之至，所有本届春丁与祀人员一律着用乙种礼服，行跪拜礼，一切礼

① 俊士:《春光明媚，万人空巷，城隍老爷出巡志胜》，《新河南日报》，1942 年 4 月 9 日，第 4 版。

仪、乐章、祭品等项悉遵成案办理。本省长推崇儒宗至虔至诚，春丁祀典躬率全体职员与祀，其承祭、分献、纠仪、司祝等官业经另令派定。各员与各其他执事人员暨与祀人员，一律于三月十四日即夏历二月初六日午后二时赴文庙参加演礼，翌晨六时隆重举行，敬谨将事。如有失仪迟误者，应由纠仪官呈明交付惩戒。除分别函令外，合亟令仰该院遵照，并饬属遵照为要，此令。①

1942年3月25日为春丁祀孔之日，伪河南省公署颇为重视，“仍沿照每年成例，隆重祭祀。为祭式礼序之严肃，已于昨日下午二时在文庙预行演礼，届时省长以次各厅长（应为‘处’——引者注）长官，省署科员以上职员，本市（伪开封市——引者注）各机关股长以上，红卍字会长，各报社、通讯社社长，各主任街长，儒学会全体，各学校师生全体，以及其他各机关各法团人员，均皆参加，演礼仪式颇严肃。今日昧爽六时，举行祭祀，陈省长及各厅处长官五时许即恭诣致齐所，全体参加人员亦陆续前往，夜色沉寂之街市，一时车水马龙，情况颇极热烈云”。② 在伪河南省公署的示范和带动下，河南各地伪政权也照例举行了相关的祀孔活动。据报载，当年3月25日，“商邱县各机关团体，为崇慕先贤起见，特于是日晨五时在文庙内隆重举行祀孔典礼，由豫东道王道尹任主祭官”。同日，日伪统治下的清化县、沁阳县等地也举行了春丁祀孔活动。③ 同年9月11日，在新乡县城内文庙举行了秋丁祀孔典礼，“由豫北道尹边壮猷氏主祭，郭知事陪祭，以及与祭各机关、团体，计到有豫北道公署、县公署、新民会、税务局、契税局、银行、商务会，及各中小学、警备队、警察所，以及各机关全体职员，约千余人参列之下，敬谨开始祭典。道尹以下各与祭人员均身着礼服，行三跪九叩之礼，以中国古有祭典之方式，顺序隆重举

---

① 伪河南省公署：《关于仲春祀孔的训令》（1940年3月6日），河南省档案馆藏，伪河南省公署档案，M0010-001-00031-001。

② 《春丁祀孔大典今在文庙隆重举行》，《新河南日报》，1942年3月25日，第2版。

③ 《春丁祀孔盛典，商邱隆重举行》，《新河南日报》，1942年4月2日，第3版。

行，历一小时许，祭孔礼成”[①]。与此同时，秋丁祀孔大典也在日伪统治区的汲县、修武、获嘉、淇县等地大张旗鼓地操办[②]。

对于每年两次的祀孔活动，一般民众有何切身体会呢？在开封沦陷期间，伪河南省立开封初级农林学校学生吴凯参加了1940年的秋丁祀孔活动，他后来的回忆非常生动形象，现摘录如下：

> 记得1940年秋，伪省公署当局曾组织一次隆重的祭孔活动。农林学校全体师生奉命参加祭孔。典礼前一天，学校下了三条命令：(1) 全体学生住校；(2) 沐浴；(3) 不准房事。那一夜同学们都集中在教室里过夜，没条件睡，大家也根本睡不着，三五成群地谈笑嬉闹，觉得祭孔很稀罕，一定好玩。但大家谈得最多的是不准房事这一条命令。当时大家都是十三四岁的青少年，没有一个结过婚的，哪里来什么房事，引得大家哄笑不止。
>
> 大约是五更天，同学们整队出发，由老师领着徒步去文庙。到时，大成殿前早已熙熙攘攘，三牲祭品整整齐齐地摆放殿前，香烟缭绕。典礼开始后，什么主祭官、陪祭官、赞礼（司仪）等一些长袍马褂的人物一一就位。我们学生排在最后边，也是一人一个拜垫。首先宣读祭文，然后就是随着赞礼的吆喝声，跪下、叩首、叩首、再叩首、起立；跪下、叩首、叩首、再叩首……反反复复，无休无了，叩了不少头，弄得精疲力竭，腰酸腿疼。最初觉着好玩，磕头记着数，数着数着，就数不清楚了，大家记的数互相都对不起来，反正磕了好几百个头，才算完事。[③]

（三）“热闹”一时的集团结婚

为节约人力物力，支援日本发动的“大东亚战争”，伪河南省公署以

---

① 《尊崇至圣，景仰先贤，新乡举行秋丁祀孔》，《新河南日报》，1942年9月15日，第3版。

② 《秋丁祀孔大典各县隆重举行》，《新河南日报》，1942年9月23日，第3版。

③ 吴凯：《开封沦陷期间的第一所中学》，毛德富主编：《民族记忆——中原抗战实录》第3卷，第187—188页。

提倡“新风”为名，曾在河南沦陷区一些地方举办过所谓“集团结婚”，并专门制定了《河南省各市县集团结婚办法》，以规范集团结婚的程序和礼仪。关于该办法出台的背景和目的，1943 年 2 月 16 日的《新河南日报》声称：“本省省长陈静斋氏为整备决战体制，励行勤俭节约，以期澈底革新战时人民生活计，所有一切设施而谋简素化。鉴于中国礼俗在此非常时期，为适应战时体制，实有改善之必要，并为尊重婚礼、提倡俭约起见，陈氏特令省署主管科室（民政厅行政科及企划室）拟定市县集团结婚办法，以便裁决施行。各该科室当经缜密考虑，制定办法多条，复经陈氏决裁后，业于日昨通令所属各市县遵照办理，提倡实行，以资革新礼俗，而行俭约。”①该办法规定：“本公署为改进习俗、提倡检[俭]约、尊重婚礼起见，特举办集团结婚”；“凡本省居民举行结婚均得申请参加集团结婚典礼”；“本省集团结婚典礼暂于每年春秋两季由各市县公署举行，并以各该地市长或县知事证婚，但有特殊情形得将举行次数随时增减之”；“凡参加集团结婚典礼者，应由男女双方合缴婚典礼费国币拾贰元于各该地市县公署”；“凡愿参加集团结婚者，应先期至各该地市县公署填写领状，具领保证书及申请书，申请核准后方准参加”；“各市县公署对于申请参加集团结婚人经调查公布后，在七日内如不发生其他异议者，即由该署发给登记证，届期凭证参加结婚典礼”；“每届举行集团结婚典礼日期及地点，由各该地市县公署先期公布，并通知各主婚人及结婚人”。另外，该办法还附有《各市县民参加集团结婚须知》，对参加集团结婚申请书、新郎及新娘礼服、亲友观礼券、全体合影等，都有具体规定。②

据邢幼杰回忆，“在开封市举行过几次集体结婚，每次参加的以伪职员为多。民政厅拟定的办法很详细，穿什么衣服，哪些亲属参加，举行些什么仪式，均有具体规定。每次举行时，还通知报社记者参加，日本人去

① 《省署制定集团结婚办法，颁发各市县署遵照实行》，《新河南日报》，1943 年 2 月 16 日，第 2 版。

② 《河南省各市县集团结婚办法》（1943 年 2 月 4 日），伪《河南省公报》第 347 号，1943 年 2 月 24 日。

看热闹的也不少”①。在举办集团结婚之前，伪开封市公署通过报刊进行宣传动员。据报载：“开封市公署，以值此东亚解放建设之期，为革新国民生活，提倡节约运动，废除以往婚礼繁俗起见，决于今春在省垣举办开封市第一届集团结婚，刻正由该署筹备中，闻婚礼费极为节俭，凡一般公务人员，均可率先参加，以示楷模云。”②日伪统治下的河南其他地方，也有举办集团结婚者。如伪商丘县公署“为正风矫俗解除民众痛苦，励行战时节约起见，拟提倡发起集团结婚，已饬该署民教科参照各省市集团结婚办法，拟定各项章则，并饬该署宣传室向民众宣传，俾期民众明了集团结婚之优点，踊跃参加”③。

集团结婚作为近代从国外传入的一种新生事物，可谓洋味十足，虽经各级伪政权的鼓噪宣传和精心策划表面上热闹一时，但在当时灾难深重的河南沦陷区，其推行效果实属有限，远未在民众中普及。正如邢幼杰所说，“每次参加的以伪职员为多”，一般平民百姓只有望“洋”兴叹的份。所以，《新河南日报》只在 1943 年初有过一些宣传报道，此后这类报道就很少见到了。

三、“生活安定”的虚幻假象

日伪统治下的河南沦陷区社会，一般被日伪宣传机构和舆论喉舌描述为“生活安定”“市面繁荣”、民众“安居乐业”的“王道乐土”。如 1938 年淮阳沦陷后，很快建立了伪县政权，《新河南日报》就此宣称：“淮阳为豫东要枢，自县政复活后，由于该县顾问中妻三省氏之指导有方，及县长苗德垢氏之黾勉努力，各项政治均有长足进步。全县民众七十万人，除新黄河西南岸小部地区，为党军（指国民党军队——引者）所盘据，人民

① 邢汉三：《日伪统治河南见闻录》，第 104 页。

② 《提倡节约革新国民生活，市署举办首届集团结婚》，《新河南日报》，1943 年 1 月 19 日，第 2 版。

③ 《提倡战时节约，商邱筹举集团结婚，县署正草拟各项办法》，《新河南日报》，1943 年 2 月 25 日，第 3 版。

仍复遭受蹂躏外，其大部县公署所统治之区域，治安均已恢复，人民均获安居乐业。不但前受党军宣传欺骗因而外逃之居民，均已陆续归来，其在新黄河西南方党军统治下之人民，因不堪党军之其扰，亦多渡河东迁。淮阳城内之人口，事变前不过四万，今已增至六万余，市面之繁荣，可见一般[斑]。”①另据邢幼杰回忆，“一九四二年，是日本在河南沦陷区的统治者最为意满志得的一年。经过第二、三次治安强化运动的推行，沦陷区的抗日力量削弱了，地方治安好转了，伪政权也较前巩固了。日军当权者为着演丑表功并进一步恫吓中国人民，举办了县政展览会，在会上展出各县伪政权的‘宏伟业绩’”。该展览会“经过两个多月筹备，在开封展出了十天，以后又在豫东商丘，豫北新乡、安阳作了巡回展出。每次展出时，各机关职员，各学校师生，均必须集体参观”。②

那么河南沦陷区的真实情况怎么样呢？我们先看一下 1939 年 12 月 6 日《新河南日报》的相关报道吧。该报的“本报特写”比较生动地描述了当时开封劳苦市民的生活状况，现摘录如下：

> 际此粮价奇昂，生活程度高超的环境下，唯有一般劳苦阶级的穷人最难过了！
>
> 所谓“穷者”，即家境贫困是也。终日受尽了千辛万苦，才能拿血汗换来微少的代价，如拉洋车的，及荷篮提筐的小本经纪人，率皆是这样，每天饥一顿，饱一顿，仍得埋着头向前苦干，咬着牙关，忍着饥饿，努力向前奋斗。若要是懒惰下去，终日分文难得，更要闹出大的饥荒了！
>
> ……
>
> 在夏天的时候，穷人们还比较好过以[一]点，最怕的就是现在的冬天。看这两天的天气，尚且是天公有眼，来体恤这些饥饿的人。一旦天气阴霾，怒吼的北风，好像是小刀子一样刺入骨肉，穷人们那

① 《淮阳治安完全恢复，各项新政长足迈进，全县民众安居乐业》，《新河南日报》，1939 年 5 月 6 日，第 3 版。

② 邢汉三：《日伪统治河南见闻录》，第 104 页。

[哪]有很厚的棉衣，最好的是穿一件千补百纳[衲]的薄棉袄，冷的[得]又受不了，腹中又无饭，实在难以与这无情的冬天来斡旋了！

况且今年的灾民尤多，贫民尤广，在偏僻小巷，街头庙角里，到处都可以看见了蓬头垢面的穷人。妇女们怀里抱着小孩，哇哇……直哭，但是他的慈母腹内缺少饭食，那[哪]里会有充分的乳汁，去供给她的婴儿，眼眶中的热泪，一点一点的望下滴，心内好似刀割一般的难受。命运不佳，被恶劣的环境抑压着，殊唤奈何乎?!①

1940 年 1 月 30 日(农历腊月二十二日)，该报又刊载“特写”，对比了开封的富人与穷人在年关迫近时的不同境况。“有钱的人们，当然是大批购买年货，甚至于整扇的猪肉买回家中，做卤肉，盐[腌]咸肉，以及鸡鸭鱼类，各种海菜，大大的购买预备过肥年，雇成衣匠做成崭新的衣服。到了年关的时期中，吃香的，穿光的，多么快乐啊！”“穷人们，遇见了这样生活高超的时光，根本生活上就发生了困难，就是今年的物价增高，较去年相差一倍有余，无论是粮食、布匹、棉花、木柴，种种价格，无不飞涨。一般劳苦人，在平常的时候，每天所换来的代价，即难维持生活，饥一顿饱一顿，苦渡[度]岁月，被逼无奈，典当衣饰，借维目下生计，遂致闹成债台高筑，告贷无门了！”②这真应了那句老话“穷人过年如过关”。

为更深入地了解沦陷区民众生活的实情，我们还是引用一下邢幼杰的回忆。他说：“一九四二年，是日伪统治下自然灾害最严重的时期。各县广大人民，都陷入水深火热之中。加之以日军推行治安强化运动中的残酷破坏，绝大多数人民生活都陷于绝境。‘饿殍载途，嗷鸿遍野，易子而食，拾骸作薪’，正是当时残酷情况的写照。”③而伪河南省当局不但不设法救济灾民，反而肆意加重税收。“当时的沦陷区，仅有开封市及豫北

---

① 《生活程度高超中劳苦市民生活素描：咬紧牙关忍饥受饿，当干卖尽难维生活》，《新河南日报》，1939 年 12 月 6 日，第 3 版。

② 《旧历年关迫眉睫，穷与富的面面观：有钱人大批购年货，贫穷人仍啼饥号寒》，《新河南日报》，1940 年 1 月 30 日，第 3 版。

③ 邢汉三：《日伪统治河南见闻录》，第 105 页。

豫东共四十二县，依社会生产力及人民收入水平而论，每年税收，已远远超过人民负担能力。各县用费的开支，远较省款为多，人民因苛捐杂税而陷于破产，自所难免。”①另外，伪省财政厅还通过不断提高各种税率，残酷压榨人民。据邢幼杰回忆，“一九四二年后，税收机关，借口物价上涨，税率不断增高。当时物价上涨，固属事实，但在四二年至四四年夏，税率上涨的速度，往往超过物价上涨的速度，这样，就给商民增加了更多的负担。有时还从提高税率之日起，补增过去数月税款，闹得民怨沸腾，财政厅也不予置理”②。

实际上，所谓沦陷区“生活安定”、民众“安居乐业”，背后实为日伪势力的高压、恐怖政策下的统治。制发良民证即是日伪当局为维护其统治秩序、保持“生活安定”而采取的基本措施。日军占领开封后不久，即由伪开封市政公署发布公告，宣称：“为布告事，照得此次宣抚班制发良民证一事，乃为保护善良百姓，严防宵小奸宄，维护本市治安起见，爱民至深，用意至善。凡我良善民众，有此良民证佩带在身，不但出入可以自由，并免将来良莠不分之危险，关系各个人之身家性命，至重且巨。要知此项良民证所费无多，所关甚大，本市民众均须一律缴款候领，万不可观望违抗。倘若吝此区区二分五厘之金钱，将来一经查出无证之民，定必从严究办，追悔无及。为此剀切晓谕各界民众，务各凛遵，迅速缴款候领，万勿徘徊观望，自贻伊戚，切切此布。”③1938 年 9 月，伪开封市公安局特发布公告，宣布“兹定于本月十三日一律佩带”良民证，饬令“各分局派警会同街长，赶速挨户散发，务于十二日办理完竣”，并强调“本市城关居民，往来街衢，如不佩带，经警查出送局究办”。④ 此外，在开封沦陷期间，“凡敌所设机构和城门有岗兵站立者，群众经过，必使脱帽致敬，否则，岗兵可用刺刀捌帽。因有被捌伤及头面者，故无论冬夏过岗兵位时，

① 邢汉三：《日伪统治河南见闻录》，第 108 页。

② 邢汉三：《日伪统治河南见闻录》，第 110 页。

③《市政公署布告市民，一律备价领良民证，勿吝小款而贻大害》，《新河南日报》，1938 年 8 月 28 日，第 2 版。

④《十三日起良民证须一律佩带》，《新河南日报》，1938 年 9 月 12 日，第 2 版。

均不戴帽，以防危险及受辱”[1]。河南沦陷区其他地方的情况，与开封大致类似。据报载：“鬼子占了汲县后，那不顾廉耻、出卖中华民族的狗东西——维持会，就发出了良民证。良民证是这样的。有良民证时，才可通行，否则受鬼子的毒打与屠杀，每人均得将良民证挂在袖子上……”[2]沦陷后的嵩县同样如此，“在政治方面，根本没有人身的自由，出入县城，要持良民证，没有良民证或被坏人诬告，即有杀身的危险”[3]。可见，做了“顺民”“良民”的沦陷区民众，只能是没有人身自由的“亡国奴”。

为认清日伪统治下河南各地所谓“生活安定”及“市面繁荣”的实质，这里再以日伪统治下的安阳为例，看看 1941 年 1 月的《新华日报》是如何描述日军铁蹄下的安阳城：

> 敌人总在喊“安阳城里繁华了”，好似“东亚新秩序”的一个有力说明。但是，安阳是怎样“繁华”呢？饭馆、澡堂、妓院增多了，白面公司增多了，敌人美其名曰“洋行”的赌博场增多了。譬如在高阁寺内外附近，赌声不绝，昼以继夜，输赢每在千元以上，伪警局抽赌捐，每月抽到六百元，新市场也变成了大赌博场。同时，敌人不准商人停业，不许迁移，在这样情形之下，安阳“繁华”了。
>
> 六河沟的煤矿、广益纱厂、大和恒面粉公司、打包厂，都被敌人无代价地强行侵占，大和恒的经理张某媚敌以求保守，但是敌人是不可怜他们的！现在煤矿里工人与纱厂里工人，暴敌压迫他们，工作时间尽量延长，工资尚不足维持最低限度的生活，而受到更残酷的剥削。
>
> 商人同样难以维持，敌有贸易统制局调查各家商店，赔钱时不许呈报歇业，如果歇业只许空身走，不许运走资本、商品。有很少赚钱的商店，但敌人一套把戏，就玩得商家赔个落花流水。……

---

① 郭宣文：《日军侵占下开封见闻录》，《河南文史资料》1993 年第 3 辑，第 195 页。

② 詹田螺：《沦陷后的汲县》，《河南民国日报》，1938 年 6 月 14 日，第 2 版。

③《日寇侵入嵩县后的血腥统治罪行》，管仁富、霍宪章主编：《民族记忆——中原抗战实录》第 5 卷(下)，第 941 页。

农民生活更不堪设想，现每亩地纳赋税在七八元以上。在虫灾水灾交织的今年，每亩地秋收全部价值只三元左右，敌更散发烟种，诱种大烟。敌人所设的捐税更是惊人，有牲畜捐、屠宰税、粮捐、斗捐、棉捐、木石捐、煤捐、牙帖、苦力捐、津汁捐、报捐、资本捐、营业税、盐税、统税。除去一些可以想明白的以外，笔者须加以解释："斗捐"是买卖粮食过斗须纳捐；"牙帖"是牙税；"苦力捐"是专让劳动者纳的，挑运水、土、青菜、煤，须纳"苦力捐"；"津汁捐"是"粪"捐；"报捐"也更普遍，强迫每家订报四份，计在十元以上，并强迫买汉奸书籍杂志，每月须在二十元以上。

敌在侵占区强迫每保出壮丁，并捕捉儿童。在城内造"户口册"、"良民证"，强迫照像[相]。现在姑娘走娘家，须呈请伪公安局批准。在一区实行农村登记，调查每户收入、支出、赢余、柴、草等物，想进一步剥削。

今春开运动会，强迫人民参加，到场男女皆裸体，仅腰中围布一块。去年在天宁市[寺]放粮，到群众甚多，未放成时，即打死三人。同时借放粮调戏良家妇女，至于暴行更难统计。……

在城里假名成立小学并恢复师范，实则将日语列为必修科，进行奴化教育。……①

两年多以后，《解放日报》也对安阳城的民众生活进行了报道。该报称："敌伪军与一般敌占区民众生活，普遍恶化，所谓敌占区的'繁荣'，只能从伪新民会的'俱乐部'找到。安阳这类组织，如设妓院、烟馆、赌场，不分昼夜，赌徒云集，每日进出款项廿万元以上。场主每日抽头，即达两万多元。敌伪军官、士兵、地痞、流氓，长[常]川出入其所，赌徒衣服铺盖，一卷卷送进当铺，有的连机关枪、手枪和自行车，亦输得精光。现在城里盗窃之风，也随之猖獗。妓院在前街的共百多家，嫖客们因争风吃醋，打的头破血流。两个伪军官，曾因而丧命。敌伪建立妓院的'新秩

① 顾秋：《铁蹄下的安阳》，《新华日报》，1940年1月26日，第2版。

序'，特按敌伪等级职位高低，排定出入时间序列，其'繁荣'只见于此。"①由此可知，日伪的所谓"繁华"和"繁荣"，只是建立在沦陷区民众受苦受难、生活恶化基础上的畸形现象。

抗日战争进入1944年以后，虽然日伪在中国不少地区的统治开始由盛转衰，但在河南沦陷区的统治更趋强化，人民仍然生活在水深火热之中，这里试举几例以证之。柘城县伪保安队队长张映辰，依仗其侄张岚峰的权势，欺压百姓，胡作非为。1944年其父死时，派粮派款，发丧用的孝布、麻全向群众摊派。当时柘城流行这样的民谣："柘城沦陷哟，万民坠狼窝，日寇心狠毒，阎王是'债坡'。要不完的粮，样样税收多。发丧要孝布，连麻也要着。草料劈柴都得送，群众咋能活。"②1944年5月，许昌沦陷后，日军控制了县城，局势逐渐稳定下来。当时外出逃难返回许昌的少年刘宗禹后来回忆说："5月上旬，便有许昌城里来的人送口信：逃难的人开始返城了。尽管县城已是日寇的天下，家还是要回的。但捎口信的人警告：(1) 回城时手里最好拿一方小'太阳旗'；(2) 进城见了日军岗哨要鞠躬；(3) 年轻妇女要打扮得像老婆婆，衣裳越脏越好；(4) 千万别穿灰色、草绿色衣服；(5) 家门口要用白布挂一小幡，上写'良民'二字；等等。我好像从此尝到了当亡国奴的滋味。"③这就生动地再现了河南沦陷区民众生活的实情，并揭穿了所谓日伪统治区"生活安定"的画皮。

综上所述，抗战时期的河南沦陷区，在日伪当局的政治高压、经济盘剥和精神奴役下，一般民众不仅物质生活严重匮乏，与非沦陷区民众相比没有明显改观，而且长期处于殖民者压迫下的亡国奴地位，使其精神生活空虚苍白。总之，日伪统治下的河南沦陷区社会，绝非"生活安定""市面繁荣"、民众"安居乐业"的"王道乐土"，其所谓"生活安定"只是一种虚幻假象，而所谓"王道乐土"也只是一种欺骗宣传。

---

① 《敌伪军生活恶劣，安阳烟毒盗劫盛行》，《解放日报》，1942年9月5日，第2版。

② 《汉奸恶霸——张映辰》，管仁富、霍宪章主编：《民族记忆——中原抗战实录》第5卷(下)，第1035页。

③ 刘宗禹：《许昌沦陷侧记》，毛德富主编：《民族记忆——中原抗战实录》第3卷，第339页。

现代城市的发展路径

京奉（北宁）铁路与资源型城镇唐山的近代变动

江　沛　李海滨

唐山是随着开平煤矿的创建和京奉（北宁）铁路的通行，由一个孤陋无闻的村庄逐步成长为一个著名工矿业城镇的，一个因铁路带动沿线矿产资源开发并促使工矿业城镇新兴和发展的典型案例。以往学术界对唐山城市的研究，集中于对其崛起产生重要影响的几个早期现代化大型企业以及革命斗争史、工人运动史等，尤其关注开滦煤矿在唐山近代工业体系的形成及其市政建设中的促进作用。[①] 近来，一些学者在探讨铁路与华北内陆市镇形态演变的关系时，对京奉（北宁）铁路与唐山城市变动的关系进行了专门论述，将其确定为“唐山模式”，描述和归纳了这种模式的形成动因、发展阶段及主要特征，以之为个案揭示出近代新兴工矿业市镇变动的基本路径：即在铁路与矿产资源生产的合力推动下，形成新兴城镇及其功能区形态的演变。[②] 然而这种一般意义上的探讨，并不能完全说明铁路在新兴工矿业城镇形成与发展中的表现形态及作用

［作者简介］江沛，南开大学历史学院教授。李海滨，中国铁道博物馆前门馆馆长。

① 冯云琴：《工业化与城市化——唐山城市近代化进程研究》，天津：天津古籍出版社2010年；阎永增：《开平矿务局与近代唐山的兴起》，《唐山学院学报》2007年第5期。

② 熊亚平：《铁路与华北内陆地区市镇形态的演变（1905—1937）》，《中国历史地理论丛》2007年第1辑。

机制，尚有可以再探讨的余地。本文旨在通过对京奉(北宁)铁路与近代资源型城镇唐山间的变动关系进行更为细致的探讨，以期对“唐山模式”有所补充和深化。

一、互为动力的开平煤矿与唐胥(唐津)铁路

唐山地处冀东平原，北倚燕山，南临渤海湾，东望山海关，西护京津，周边矿产资源丰富。清同治年间，它只是隶属滦州开平镇的一个名为乔头屯的荒僻乡村，“居民除务农外，多从事采煤及烧窑业”①，沿袭土法，产量不丰，利润微薄。光绪二年(1876)，直隶总督李鸿章委派上海轮船招商局总办唐廷枢赴直隶开平一带勘察煤铁矿物储藏状况，由此拉开了创办开平矿务局的帷幕。此后，由于开滦煤矿的开采，原来仅有村民百余户、约2000人的乔头屯，因居民及商号增多，不久改为乔屯镇，因乔头屯北有座山叫唐山，同时也命名为唐山。② 直至光绪八年(1882)，开平煤矿各井口、井底全部落成，采用较先进的近代技术设备采煤，资金雄厚，又有国外工程技术人员的支持，首次使凿井、掘进、采煤、通风等形成系统工程，率先在提升、通风、排水等环节使用了以蒸汽为动力的机械设备，改变了千余年来的传统手工采煤方式。光绪二十四年(1898)，开平煤矿100余里的矿井里，均采用电汽灯照明，拉煤的骡车也改为了电汽车。③采煤作业的机械轰鸣声与运输的汽车鸣响声，打破了该地传统村落的宁静。

相比传统的手工采煤，机械采煤导致产量大增，需要寻找更为广大的煤炭消费市场予以支撑。为解决煤炭的运输问题，开平矿务局于光绪七年(1881)修建并开通了中国第一条标准轨距铁路——唐胥铁路，不仅实现了开平煤矿的机械化运输，也揭开了近代中国铁路运输新时代的帷

---

① 《唐山之经济近况》，《中外经济周刊》第213号(1927年5月28日)。

② 于文成：《唐山市概况》，唐山市公署秘书室1942年印行，第2页。

③ 吴弘明编译：《津海关贸易年报(1865—1946)》，天津：天津社会科学院出版社2006年，第196页。

幕,进而带动了铁路和机车制造的发展。次年,开平煤矿煤炭开采突飞猛进,在竞争中使日本煤炭进口大为减少,有 6 万吨上等煤出窑并销售天津等地。① 开平煤炭对天津的运销是主要渠道,光绪八年(1882)达到 8 185 吨,难以满足天津工业、船舶及民用的需求。光绪十四年(1888)唐胥铁路通车天津后煤炭销量大增,铁路延伸天津、矿区岔道增多,刺激开平煤矿每天出产增至千吨,光绪二十三年(1897)开平矿务局共产煤炭 53.8 万吨,发展至林西矿、马家口矿 3 处矿区;次年产量增至 73.2 万吨。② 光绪十七年(1891),销往天津的开平煤炭猛增至 95 552 吨,10 年间增长 10 余倍,光绪二十四年(1898)再增至 139 803 吨。③

随着唐胥铁路的修筑和运营,光绪八年(1882),铁路东端建成唐山火车站(今建国路市场东南侧),包括正线、装卸线各 1 条和 10 余间站房,专营唐山至胥各庄间以煤炭为主的客货运输,是中国第一个从事客货运输的车站;光绪三十三年(1907),因采煤地基塌陷,原车站西移 1 公里,建立新火车站(即今唐山火车站)。④ 至 1934 年,唐山站是唐山车务段内的最大车站,设备较完善,新站专供办理旅客运输之用,所有站台、天桥、岔道、候车室、办公室等设备一应俱全,客运甚为繁盛。

唐胥铁路修筑期间,开平矿务局在胥各庄建立了唐胥铁路修理厂,成为近代中国铁路机车车辆工厂的嚆矢。该厂初期有 40 余名工人和数间简陋厂房,车床以手摇为动力,以检修机车和车辆为主要任务。3 年后,矿务局在唐山西马路占地 400 余亩,把修理厂从胥各庄迁到唐山,并更名为唐山修车厂;光绪十二年(1886),唐山修车厂被开平铁路公司收买,实行厂矿分管;此时,芦汉铁路华北部分路段、津京铁路、津榆铁路的火车头多购自美国,但车辆已由唐山、山海关两个工厂制造。光绪二十

① 吴弘明编译:《津海关贸易年报(1865—1946)》,第 126、127 页。

② 吴弘明编译:《津海关贸易年报(1865—1946)》,第 186、191 页。

③《中国旧海关史料》编委会编:《中国旧海关史料(1859—1948)》,北京:朝华出版社 2001 年,第 34、45 页。

④ 靳宝峰、孟祥林:《唐山市志》,北京:方志出版社,1999 年,第 1467 页;河北省唐山市地方志编纂委员会编:《唐山市志》第 1 卷,北京:方志出版社,1999 年,“大事记”,第 26 页。

三年(1897),唐山修车厂已造出载重24吨的货车200辆,载重30吨的货车100辆。光绪二十五年(1899)又在铁道南面购地400亩另建新厂,俗称南厂。京奉(北宁)铁路"所有行车器具,俱由此制造"。①光绪二十九年(1903)建成,原修车厂陆续迁入新址;1907年京奉铁路贯通后,更名为京奉铁路唐山制造厂,生产能力为年产机车10辆、客车30辆、货车400辆,是当时中国年生产能力最大的铁路工厂。② 随着铁路延伸与运量增加,工厂规模与设备水平不断扩大与提升,职工日益增加,在京奉铁路附属企业中首屈一指。该厂早期的产品,除供京奉铁路使用外,还供给京张铁路和京汉铁路芦保段使用。宣统元年(1909)统计,上述3条铁路的使用车辆中,有369辆客车、3 168辆货车在唐山工厂制造。1912年,南京临时政府设立交通部后即要求:"京奉、吉长、京张三路所用各种车辆,皆在唐山工厂制造";翌年交通部又提出:"唐山工厂制造的客车,质量不低于从法国、比利时购买的同类车,而头等车造价较外购低13%,三等车造价低40%,要扩大唐山工厂的造车能力、减少利益外流。"③1927年前后,该厂规模扩大,雇用3 000名工人,"该路一切机车悉由该厂自行制造,并兼代修理该路各项机车"。④ 20世纪30年代初,在国有铁路系统中,它是"规模最大,人员最多,设备最好,技术最精,唯一能制造、修理各种机车、客车和货车的工厂"。⑤ 该厂的修建和发展,是唐山工业文化的一种象征,唐山由此成为京奉(北宁)铁路的"技术总部"。⑥

为适应铁路建设的需要,光绪二十二年(1896),北洋官铁路局总办周调卿经北洋大臣王文韶批准,创办了铁路学堂;聘请英国人史卜雷教授为总教习,校舍原在山海关,名为"山海关北洋铁路官学堂"。庚子之

---

① 吴弘明编译:《津海关贸易年报(1865—1946)》,第191、185页。

② 河北省唐山市地方志编纂委员会编:《唐山市志》(第1卷),北京:方志出版社1999年,第26页;阎永增:《开滦矿务局与唐山近代工业体系的初步形成》,《经济论坛》2003年第22期。

③ 参见政协唐山市委员会编:《唐山名厂》,北京:红旗出版社1997年,第46页。

④ 《唐山之经济状况》,《中外经济周刊》第213号(1927年5月28日)。

⑤ 参见政协唐山市委员会编:《唐山名厂》,第46—47页。

⑥ [日]东亚同文会编:《支那省别全志》(第18卷·直隶省),东亚同文会,1920年,第356页。

役中,英、俄军队侵占山海关,校舍被俄军强占,学堂被迫停办。光绪三十一年四月(1905 年 5 月),督办铁路大臣袁世凯以“铁路为交通要政,条理繁重”为由,命令关内外铁路总局着手恢复铁路学堂,并选定滦州开平镇原开平武备学堂为校址。同年 8 月,决定在唐山建校;10 月,在唐山西郊征地 190 多亩建立了校舍。此后数十年内,该校先后更名为唐山路矿学堂、唐山铁路学校、唐山工业专科学校、交通大学唐山分校、第二交通大学、交通大学唐山土木工程学院、唐山工程学院等。[①] 作为近代中国著名的高等工科院校之一,培养了大批专门人才,如竺可桢、茅以升、林同棪、赵祖康等著名科学家;同时,它的创办和发展既是唐山工业发展的产物,又为唐山工业发展增添了一抹浓重的科技色彩。

为便于行旅的通行,一些铁路桥梁相继修建。光绪七年(1881)在唐山矿南门附近修建双桥里铁路桥;光绪十五年(1889),建双桥里京山铁路桥;[②]光绪十八年(1892),当铁路向东延伸到滦河畔,修建跨河桥梁便成为当务之急。由于修桥工程极为艰险,清政府聘请的英、德、日外籍工程师知难而退;中国工程师詹天佑勇承重担,采用了“气压沉箱法”,建成桥墩,并于两年后使滦河大桥按期竣工。它是近代中国第一座大型铁路桥梁,成为唐山城镇工业发展进程中的重要标志。[③]

唐胥铁路的修建、展筑及其附属企业或事业的创办,不仅带来了唐山交通运输事业的革新及城镇景观的初步形成,也促进了开平煤矿规模的扩张和产量增加。唐胥铁路开通后,“运煤之车络绎于途,产煤之区开采不竭,且煤质既佳而价值又廉,销路极为繁盛”,“向本肃萧”之该处,“现已成为大市落矣”[④]。光绪十四年(1888)该路通车至天津后,“石灰产销骤行猛增”。[⑤] 在开平煤矿和京奉铁路的拉动作用下,“各大小工厂先

---

① 张树云主编:《近代唐山风云录》,石家庄:花山文艺出版社 1994 年,第 24—25 页。

② 王克勤:《唐山城市建设志》,天津:天津人民出版社 1992 年,第 292 页。

③ (清)杨文鼎、王大本等纂修:《滦州志》(卷十・建置志),光绪二十四年(1898 年)刊本,第 75—78 页;

④ 《开平近闻》,《申报》1882 年 2 月 28 日。

⑤ 白眉初:《中华民国省区全志》(第 1 册),北京求知学社 1924 年,“直隶省志”,第 35 页。

后成立,突飞猛进……”①。光绪十五年(1889),开平矿务局创办了当时全国最大的细棉土厂,即后来的启新洋灰有限公司。该厂距离唐山车站仅有二公里,厂内铺有铁轨直通京奉车站;1930年代初,每年由唐山站运出洋灰约为100至150万桶,②其原料购置多仰赖于京奉(北宁)铁路。该厂主要附属企业——启新瓷厂创办于1924年,是中国第一家使用成套机械化设备、采用近代工业管理方法生产陶瓷的工厂;其生产的卫生器皿、铺地缸砖、电气磁料等产品也通过该路运销各地,如1934年运出2 140吨。③ 缸窑业由唐山往东,沿京奉(北宁)铁路分布,并以该路为界分为西缸窑、东缸窑;所产缸粗瓷器、砖瓦水管及日用陶瓷等经京奉(北宁)铁路行销至东三省、山东、河北各地,尤以东三省销数最多。经营此业的商号或货栈有三合局、瑞生局、全顺局、永兴局、全信局、永成局等共7家;其所用原料石膏自山西太原经京绥、京奉(北宁)铁路转运而来。④唐山华新纱厂位于徒河东岸,有专用岔道直通唐山车站,长度为1 250英尺,其所购用的棉花及出产的货品多经该路运入或输出,如1934年运到唐山站数量计有纱4 300件、布8 000件,共重1 703吨;旺季每月平均运出160吨,淡季每月平均运出80吨;运达车站为天津及前门两站,再分别转运平汉、陇海、津浦沿线各站销售。⑤ 至20世纪20年代,唐山已有大小厂矿数十家,“以开平煤矿、铁路工厂、启新洋灰公司和华新纺织厂四大企业为骨干,包括若干能源、水泥、交通运输、纺织、陶瓷、耐火材料、机械在内的唐山近代工业体系初步形成”⑥。

由上可知,由于自身条件和历史机遇,唐山随着中国现代化的启动而崛起,并发展成为中国北方重要的新兴工矿业城镇。开平煤矿在洋务运动中煤炭急需的历史机遇下应运而生,成为唐山近代工业体系的先声

① 陈佩编:《唐山市事情》,新民会中央总会,1940年,第46页。
② 北宁铁路管理局:《北宁铁路沿线经济调查报告书》,1937年,第1214页。
③ 北宁铁路管理局:《北宁铁路沿线经济调查报告书》,1937年,第1215页。
④ 《唐山之经济近况》,《中外经济周刊》第213号(1927年5月28日)。
⑤ 北宁铁路管理局:《北宁铁路沿线经济调查报告书》,1937年,第1217、1248页。
⑥ 闫永增:《开滦矿务局与唐山近代工业体系的初步形成》,《经济论坛》2003年第22期。

和源头;它的创办和扩张带动了交通运输事业的发展,即唐胥铁路的修建和展筑及其附属企业或事业的创设;同时,铁路的进步反过来使煤炭的运输能力大为提高,促进了开平煤矿的进一步发展。煤矿与铁路的相得益彰,为唐山的水泥、陶瓷、纺织、机械等相关工业提供了难得机遇和巨大动力,最终促使唐山由一个荒僻村庄迅速崛起,发展成为"烟突林立,铁路四达,顿呈工业发达之相"的新兴城镇,①由此奠定了其在中国近代工业化进程中的重要地位。

二、矿路结合底定近代唐山空间形态

与唐山近代工矿企业和交通事业的发展相伴而行的,是其人口的增加、商业的繁盛、城镇空间格局的变动和范围的拓展,从而构成了近代唐山城镇的基本形态。

清同治年间,唐山附近的乔头屯只是一个默默无闻的小村落;开平矿务局创办前夕,仅有居民数十家。② 开平煤矿创办后,来自广东的技术人员和来自河北、山东等地的矿工不断增加;铁路通至天津后,"开平矿务局使役的工人,从二千五百人立即增为三千五百人。与铁路使役的工人合在一起,约为一万人。附近的百姓因此而得生路,这不能不是交通机构发达所带来的福利"③。1912 年,开平、滦州两矿合组后,矿工在万人以上。1920 年,开滦矿区工人增至 19 000 余人,其中 30%为里工,多来自周边乡村;70%为外工,主要来自山东、直隶南部,亦有来自河南省者。④ 20

① 《昌黎北戴河汉沽调查报告(续)》,《直隶实业丛刊》第 1 卷第 7 期(1923 年 7 月 25 日)。

② 参见《唐山商务分会申述该镇兴起原因及保甲善政》1912 年 11 月 27 日,载天津市档案馆等编:《天津商会档案汇编》(1912—1928)(上),天津:天津人民出版社 1992 年,第 449 页。

③ [日]中国驻屯军司令部编:《二十世纪初的天津概况》,侯振彤译,天津市地方志编修委员会总编辑室,1986 年,第 52 页。

④ 唐山市地方志编纂委员会编:《唐山市志》,北京:方志出版社 1999 年,第 789 页;开滦矿务局史志办公室编:《开滦煤矿志(1878—1988)》第 2 卷,北京:新华出版社 1995 年,第 137—138 页。

世纪20年代，唐山“居民约廿五万人，强半属于工界”①。随着唐山工业发展及商业繁盛，人口持续激增，1926年秋季时，城镇共有10 342户，47 623口，其中以客户最多，计有9 985户，44 853人，占城镇人口94%；土著305户，2 534人，仅占6%。② 1935年底，唐山城区中外居民达77 864口，其中在开滦煤矿劳动者约5万人，占全市人口的大半。③ 唐山近代工矿业的发展，吸引着周边地区及山东、河南等地人口持续向唐山流动与集中，于此可见一斑。

工矿企业的发展、交通运输的便利以及人口的增加为近代唐山商业的兴起与繁荣创造了条件。

前近代时期的唐山几无城镇商业可言，仅有居民百余户，人口不足两千，有商号数家，均系小本经营，村落设有集市，以农历每月初四、初九为集日，届时各村农民前来赶集，进行交易，销售极为冷落。④ 随着开平煤矿及其他企业的创办和发展及唐胥铁路的开通和展筑，这些工矿业产品及冀东各县物产的运销渐以唐山为集散地，特别是为这些企业员工服务的饮食及日用百货行业日渐兴起和发达，使唐山成为货物云集、商旅骤增之地。至20世纪20年代，唐山交易量大者首推烟煤、焦炭、洋灰、砖瓦、陶瓷、器皿、棉纱、杂粮等，棉花、花生、干鲜果品等交易亦不少，多经京奉铁路运销外埠或海外；冀东各地的农副产品也多汇集于此后再转运他处。例如，韩城新军屯出产的苇席由胥各庄及唐山站装车运销东三省，每年由唐山运出百余车，约2 000余吨。⑤ 进口货物以杂粮、面粉、布匹、纸烟、木材、杂货为大宗。输入的面粉均在天津购买，由津上船运至塘沽，再由塘沽装火车运至唐山，或在天津面粉公司买妥后交其代办上

---

① 柴森林：《唐山的过去、现在、将来》，《河北省立第四中学校校刊·唐山号》，天津义利印刷局，1930年，第53页。

② 《唐山之经济近况》，《中外经济周刊》第213号(1927年5月28日)。

③ 北宁铁路管理局：《北宁铁路沿线经济调查报告书》，1937年，第1247页；[日]宫本通治编：《北支事情综览》，“满铁”总务处资料课1936年版，第23页。

④ 刘秉中：《唐山文史资料》(第15辑·昔日唐山)，1992年，第86页。

⑤ 《唐山之经济近况》，《中外经济周刊》第213号，1927年5月28日，第2—3页。

火车直接运唐。1927 年前,唐山每年要从他处输入杂粮 30—50 万石,来源分为由奉天输入的东路货和由京津输入的西路货,以东路货较多,由京奉铁路运来。此外,唐山所需碱、洋烛、煤油等日用品大多或全由该路输送。①

在城镇商业中,生活服务及日用百货行业的发展较为明显,其"门市以布匹、茶食、杂货、粮店、油酒等商业最为发达;其专供工人日用饮食娱乐等事之小本经营,尤为繁盛"②。光绪二十年(1894 年),刘凯元开设的"同成号",成为唐山首家规模较大的商号,它借助津榆铁路之便,从天津购进洋广杂货销售;又开设隆义粮栈,分南、北两号,南号设在新火车站,北号设在老火车站,便于运送粮食。其后,五金商店、粥铺、绸布庄、照相馆、杂货店、熏鸡店、猪肉铺、蔬菜店等相继开设。③ 随着城市的扩张,唐山涌现出一些规模较大的商号,以隆字、永字和瑞字三大商号最为著名,尤其是隆字和瑞字商号的开办,与唐山近代工矿业和交通运输业的发展有密切关系。随着商号开设日益增多,成立商会成为商界避免恶性竞争、平衡利益的普遍要求。光绪二十七年(1901)唐山镇商会成立,之后几易其名,1929 年称为河北省唐山商会,1938 年 1 月唐山正式建市后,称为唐山市商会。商号增多和行业发展,也同时促成了同业公会的诞生。一些较大规模商号的所有者纷纷挤入商会或同业公会的领导机关,如"隆"字号创办人刘凯元及"永"字号创办人刘统一,先后担任唐山商会会长。商会和同业公会的成立,是近代唐山商业发展的重要体现,也是商界领袖发展商业、维护同业利益的重要活动舞台。④

20 世纪 20 年代,唐山已是初具规模的工业城镇,也是冀东一带物资的重要集散地。来往客商日益增多,铁路以北商号林立,拥挤不堪,商人摆摊售货开始向铁路以南即"小山"一带的旷野地区转移。1934 年,大千

① 北宁铁路管理局:《北宁铁路沿线经济调查报告书》,1937 年,第 1260、1268—1269 页。

② 《唐山之经济近况》,《中外经济周刊》第 213 号(1927 年 5 月 28 日)。

③ 刘秉中:《唐山文史资料》(第 15 辑・昔日唐山),1992 年,第 107—108 页;刘建亚、苑玉成主编:《唐山市商业志》,中国人民大学出版社,1992 年,第 46—48 页。

④ 闫永增:《试论近代唐山商业的兴起和发展》,《江苏商论》2006 年第 2 期。

房产股份有限公司在临近老车站的“小山”上修建了“大世界”商场，商场建有相互连通的东、西两楼：东楼开设了大戏院、电影院及百货、服装、食品等30多个摊点；西楼开设了饭庄、皮影院、评剧院等。之后，多家旅馆、饭馆、澡堂在附近地方陆续开业。这样，以“小山”为中心，向四外辐射形成了唐山的商业和娱乐区。① 1934年前后，唐山较大的旅馆计有5家，分别为裕丰、经州、北洋饭店及交通、远东两旅馆，均分布于新、旧车站及“小山”附近；客栈共有8家，分别为悦来、大通、天泰、长发、双盛、四合、双发等，均分布于新车站。②

与铁路紧密相连的还有货栈业。由于工矿业发展致工人激增，该地自产粮食不敷食用，需从外地输入，粮栈遂成为唐山货栈业中一个重要构成类型。如1927年，唐山新、旧火车站附近计有“粮栈10家，均兼营货栈业。其中以隆义栈、瑞信栈、永恒栈等4家资本为最大，每年运到唐山之布匹、杂货价值在200万元以上。除在本地批售外，并转销附近各乡镇”；该处的批发商“以瑞生成号为最大，专售绸缎、布匹，每年营业多至50万元”。③ 1934年前后，该处货栈有20余家，其中隆义栈、瑞信栈、永德栈三家仍以运销米粮为主，所购米粮可销至唐山周边七八十里以内的地方；其他粮店均向以上三栈转买。仅隆义栈一家而言，其所经营各业，高粱来自山西，销出约4万包，合计4000吨；黑豆来自京绥沿线及廊坊落垡，约售出3万包；小米来自廊坊落垡一带，约销出2万包；绿豆及芝麻来自山西，约销出1万包；芦席来自附近各地，约有二三十车，多转销关外；酒曲每年运出150吨；毡鞋每年运销关外的数量为载重20吨的货车40辆。④ 其他货栈如新明货栈、公成煤栈及北玉兴等甚至有岔道直达唐山车站，转运货物极为便利。

由上可知，近代唐山商业的发展是以满足工矿区的消费为主旨，特

---

① 刘秉中：《唐山文史资料》(第15辑·昔日唐山)，1992年，第109页；刘建亚、苑玉成主编：《唐山市商业志》，北京：中国人民大学出版社，1992年，第49—50页。

② 北宁铁路管理局：《北宁铁路沿线经济调查报告书》，1937年，第1269—1270页。

③《唐山之经济近况》，《中外经济周刊》第213号(1927年5月28日)。

④ 北宁铁路管理局：《北宁铁路沿线经济调查报告书》，1937年，第1270页。

别是与工矿企业员工相关的服务业迅速兴起，有力促动了近代唐山商业的繁盛。同时，铁路开通为这些工矿业产品、农副产品及日用消费品的运输提供了通畅渠道，改变了商品流向，唐山成为冀东地区物资的重要集散地和商旅云集之所，与国内外市场的经济联系得到了强化。显然，近代工矿业与铁路运输的结合是唐山商业繁盛的重要的促进因素，如唐山著名的“隆”字与“瑞”字商号的创办与发展均是以服务工矿区为旨归，以经营粮食、杂货等生活用品来起步，其栈房多设在唐山新火车站或老火车站的紧挨或邻近之地，以沾铁路运输的便利；旅馆、客栈、货栈等行业的分布与栈房的布设相雷同。另外，铁路在唐山近代商业中心的转移和重构中作用突出。京奉(北宁)铁路不仅成为近代唐山商业分布的空间“坐标”或依据，也是其商业繁盛的一种维系和保证。

近代工矿业与铁路运输的紧密结合，促使唐山形成了以工矿业为主、商业为辅的经济格局，并使其迅速成为冀东地区的工商业重镇，即使丰润、滦县等县城也望尘莫及；与此同时，唐山城镇商业的发展对周边城镇的经济造成了不同程度的吸纳，导致冀东地区的政治和经济中心的转移。例如，距离唐山仅 18 里之遥的稻地镇，近代以前曾有辉煌历史；鸦片战争后，洋广杂货的输入，令该镇手工业饱受冲击，商店关闭歇业；民国时期，该镇商业更受唐山商业的侵夺而无从发展。① 又如榛子镇，民国年间洋货大量涌入，加上京奉铁路沿线经济崛起，古镇日渐凋敝，店铺相继倒闭。② 侪城镇在 1929 年前较繁盛，加入商会的商号有 48 家、钱桌 180 多家；1930 年后歇业者日多，市况渐趋衰落；至 1937 年初，仅剩商号 10 余家，钱桌全已关闭。开平镇商业不振的原因，与各镇相同，即受地方不靖、花会滋扰以及唐山、马家沟商业侵夺的影响。③ 随着唐山周边传统商业城镇不同程度的衰退，商业后来居上的唐山，逐步取代卢龙和开平

① 政协唐山市委员会编：《唐山名镇》，红旗出版社，1997 年，第 127 页。

② 刘建亚、苑玉成主编：《唐山市商业志》，第 299 页；北宁铁路管理局：《北宁铁路沿线经济调查报告书》，1937 年，第 1447 页。

③ 北宁铁路管理局：《北宁铁路沿线经济调查报告书》，1937 年，第 1446、1449 页。

成为冀东地区新的经济和文化中心。另一方面，唐山商业的繁盛对于天津的依附性较强，不仅因为唐山许多工矿企业的总部均设于天津，如开滦矿务局、华新纱厂等；各工厂的原料供给和产品销售也多依赖天津，如开滦矿务局的煤炭，主要供应天津，或由塘沽及秦皇岛出口；启新洋灰公司产品运天津消费或者转销他处；启新磁（瓷）厂的釉土和颜料、纱厂所需棉花均多由天津供应；唐山每年输入的粮食、面粉、杂货等大部分日常生活用品也来自天津；故而，唐山素有“小天津”之称。①

三、矿路影响下的唐山人口增长与功能区初构

近代工矿业与铁路交通的出现与发展，促进了唐山城镇人口的增加及商业的繁盛，推动唐山的街市及空间范围的不断扩展，城市景观与结构亦有所改观。

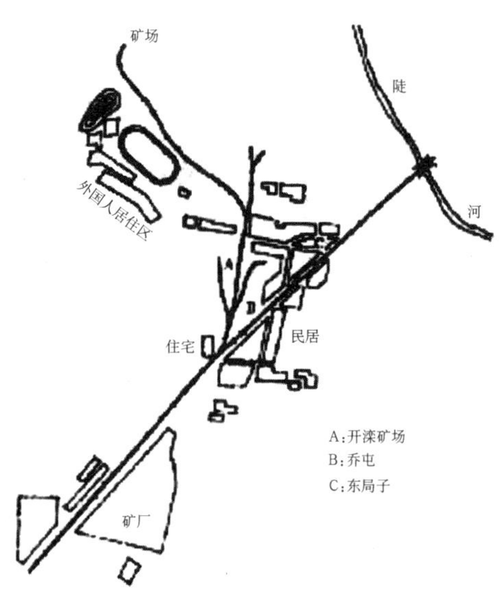

图 1　1919 年唐山城镇的形成及空间示意图

资料来源：刘金声、曹洪涛：《中国近现代城市的发展》，北京：中国城市出版社，1998 年，第 207 页。

① 白眉初：《中华民国省区全志》（第 1 册），北京求知学社，1924 年，“直隶省志”，第 35 页。

唐山原为荒凉乡村,开平矿务局成立的翌年,乔头屯正式建镇,始成聚落。随着开平煤矿的发展及唐胥铁路的延展,带动和刺激了矿区周围其他工业、商业的兴起,促进了唐山早期街道、镇容的形成。由于开平煤矿最初雇用的工人多来自广东和山东,因同乡关系聚居一起,形成广东街和山东街;开平矿务局为方便矿工日常生活,在矿务局和车站间建房售货,附近乡民及外来商贩也向东局子、老车站一带云集,摆摊售货。一段时间后,这些商贩为求经营便利,纷纷于此搭棚建屋,扩建门脸,逐渐形成东局子街、老车站街、兴隆街、乔屯大街;以商品聚散或交易种类命名的街道也相继出现,即鱼市街、粮市街、柴草市街、北菜市街等一批早期街道。这样,以开平矿区为中心的厂矿、商店、居民、市政等所建的房屋连成一片,街道纵横,四通八达,形成了唐山早期的概貌。① 在这些街道上,众多商号相继涌现,包括粮食、绸缎、中西药、五金、染料、饮食、理发、旅栈等行业。至20世纪初,唐山城镇形态初具规模:沿着京奉铁路的街市东西长约10余里,铁路以北的街市最为繁盛,商贾云集,杂货店、饭店、布铺、钱庄、酒房、油房等鳞次栉比,药材商亦有数家;交通大学、铁工厂、巡警局、矿务局、中国医院、矿务局养病院、铁路工厂学校、新开市街等,檐瓦重叠、甚为壮观,凌驾于内地县城之上。②

20世纪初,唐山成为冀东各县农副产品的集散地,来往商旅与日俱增,于是,在新、老车站之间铁路两侧,树起铁栅,栅栏中间留下三个道口,即南道口、北道口和老道口。这样,以铁路及道口为界将唐山分为路北、路南两区。路北发展较早,店铺林立、房屋丛集,城镇空间只得向铁路以南扩展。起初,只有一些小本商贩及艺人在路南卖货或演戏,随后,饭馆、旅店、戏院、妓院及以粮栈为主的大型商号等相继出现。路南商业的发展,吸引了众多本镇和外县豪绅富户来此开设商号,商店建筑、民房

① 刘建亚、苑玉成主编:《唐山市商业志》,第49页;刘秉中:《唐山文史资料》(第15辑·昔日唐山),1992年,第98—99页。

② 白眉初:《中华民国省区全志》(第一册),北京求知学社1924年,"直隶省志"第36页;[日]东亚同文会编:《支那省别全志》(第18卷·直隶省),东亚同文会1920年,第240页。

增多，使“小山”西南的主要街道——便宜街、东新街、新立街等相继形成。同时，唐山街市向路南的扩展逐渐延及紧邻的村庄，这些村庄与拓展的唐山街市逐渐毗连，与便宜街、新立街等共同构成了唐山路南区的基本街市。① 由上可知，唐山街市的形成与扩展是围绕开平矿区与唐山新、老车站渐次展开的。光绪二十二年(1896)前，街市主要集中在矿区和老车站间，主要街区在矿场北部广东街的东部，沿着老车站附近发展；光绪三十三年(1907)车站南移改为新火车站后，街市又沿原来工人居住区的道路越过该车站向路南扩张并形成新街区，从而奠定了城镇空间的基本形态。可见，京奉铁路实为唐山城镇空间布局与结构的形成和重构的主轴线之一。

随着近代工矿业和交通运输业的创办和发展，唐山逐步走向城镇化；至 20 世纪 20 年代，唐山初步形成了以开滦煤矿、京奉铁路唐山制造厂、启新洋灰公司及华新纺织厂为骨干的工业体系，商业、金融、邮政电信、教育文化等也随之兴起，人口数量不断增加，城镇功能日趋完善，对周边农村经济的辐射作用逐渐增强，具备了建市规模。1925 年，北京政府计划在唐山设市而未果；1928 年，唐山设市的建议再度“浮出水面”，但因受到南京政府颁布的《市组织法》制约未获成功，仍归滦州管辖，附近村庄归属也未有变动。1931 年，经河北省政府批准，将原属滦县的乔屯、城子庄、石家庄、雷子庄、马家屯、佟庄和原属丰润的郭谢庄、陈谢庄、宋谢庄、王谢庄、达谢庄、老谢庄等 12 村划归唐山市管辖。1938 年，伪冀东防共自治政府明令唐山建市，市区范围扩大，东至税务庄，西至大袁庄，南至大夫坨，北至高各庄，增加了周围 30 个自然村及广东大街、粮市街、新立街、便宜街、乔屯大街、沟东大街等 170 条街巷，面积约 74.75 平方公里，市区面积仍约 21 平方公里。1939 年 10 月正式成立市政机构；1940 年，又将附近的山西刘庄、铁匠庄等 18 个村庄划归唐山市；同时，包

① 刘建亚、苑玉成主编:《唐山市商业志》,第 50 页;刘秉中:《唐山文史资料》(第 15 辑 · 昔日唐山),1992 年,第 100 页。

括前12个村庄在内的所有辖区的警务、税务、教育等全部由市政府接管。至此,作为一个完整市政实体的唐山从滦县脱离出来,直接受河北省政府管辖。①

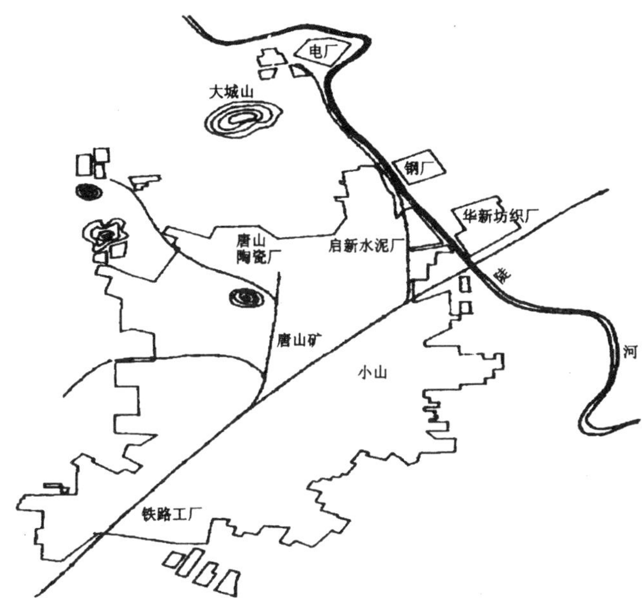

图2　唐山市区发展示意图(1937—1949年)

资料来源:刘金声、曹洪涛:《中国近现代城市的发展》,第208页。

结　语

半个世纪内,唐山由一个默默无闻的乡村迅速崛起成为近代华北的工业重镇,是近代中国城镇化过程中的一个奇迹。唐山的城镇化发轫于开平煤矿的创办和经营,随之带来交通业的变革。开平煤矿在唐山城镇

① 唐山市地名办公室编:《唐山市地名志》,石家庄:河北人民出版社,1986年,第8页;张树云主编:《近代唐山风云录》,第4页;刘秉中:《唐山文史资料》(第15辑·昔日唐山),第90—91页;《唐山市概览》1942年8月,转引自南开大学历史系、唐山市档案馆编:《冀东日伪政权》,档案出版社,1992年,第125页。

化进程中居于首要地位，是唐山近代工业体系形成和城镇化的端点和原始动力；京奉（北宁）铁路在唐山的设站及其附属企业的创办和发展，不仅使唐山拥有便捷交通条件，也便利了工矿企业原料及产品的运送和销售，对于唐山近代工业体系的形成乃至城镇化进程起到了支撑和加速作用。在路矿合力促进下，借助于周边地区其他资源的开采，水泥、陶瓷、纺织等近代工业得以创办和发展，烧窑、石灰等传统民间工业也获得复苏或重生，劳力需求刺激了城镇人口的大增和城镇商业繁盛。显然，路矿联动是唐山城镇发展的最大动因，这是它有别于中国传统城镇的鲜明特质，也是其体现近代意义的关键所在。

京奉（北宁）铁路对于近代唐山空间结构与功能的形成和变动意义重大。在空间结构上，传统城镇依照固有模式建造，一般呈正方形，街道纵横垂直，通常以体现地方权力中心的衙署为核，周围坐落着不同规格的府第和庙宇，这些公堂、府第和庙宇无时不在彰显着权力威严以及对政治秩序的服从；城镇四围建有高大城墙，城镇形态呈现出特有的对称性和封闭性。唐山的空间结构与此迥异，显然缺乏统一的发展规划。① 从外部形态而言，因路矿结合而造成的唐山城镇，体现出明显的不规则性，居民区、矿工住宅区及京奉（北宁）铁路机车厂等，均以矿区和铁路、车站为坐标而分布，形成相对独立的块状（图 1）。其后，启新洋灰公司、德盛窑厂等围绕矿区与车站不断扩展，街市及居民区主要是越过铁路向路南的自然村落发展，从而形成铁路穿越和分割市区的状态，铸成“街市包围矿厂，铁路分割市区”的格局（图 2）。② 近代唐山的空间结构，经历了由相对独立“小块”逐步拓展为一个整体性“团块”的演变过程，尽管这个“团块”内部存在着不同程度的差别。同时，这种空间结构也使唐山比传统城镇呈现出较大的开放性。

在城镇功能上，资源型城镇唐山是由一个传统村落发展而来，缺乏

① 冯云琴：《工业化与城市化——唐山城市近代化进程研究》，第 318 页。

② 董鉴泓主编：《中国城市建设史（第二版）》，北京：中国建筑工业出版社，1989 年，第 237 页。

传统政治因素的支撑,也不如沿海通商城市那样具有持续性的外部刺激,经济职能明显强于政治功能。京奉(北宁)铁路的通行在增强唐山经济的可达性和集散功能同时,形成了对周边城镇经济的吸附作用,这种异动使唐山逐渐成为冀东地区的经济和文化中心;另一方面,通过京奉(北宁)铁路的联通,唐山与天津间形成紧密的经济依存。京奉(北宁)铁路某种程度上成为唐山空间结构和城镇功能的坐标或指南,也使这座新兴的工矿业城镇体现出与传统城镇迥然不同的鲜明特质。

近代天津城市粪业管理与组织*

任吉东

一、生财有道：农耕时代的城市粪溺处理

中国悠久的农业经济传统，使得城乡居民的生活方式，都与农业有着密切的关系。尽管在远离稼穑的城市里，市民的“吃喝拉撒睡”都与农业密不可分，从“入口”到“出口”，农业产物以食物的方式进入人体，又以排泄的方式回归自然，完成从乡村到城市再到乡村的循环，形成一整套能量守恒系统。

“尽管亚洲在地理、文化上都同西方相去甚远，它却于同一时间令人惊奇地开创出与之类似的人的粪便处理方法。这两个地区都用便池或夜壶来积存粪便。二者的不同之处在于对粪便的珍视程度。西方农民很少用粪便作肥料，人们任凭粪便在便池中日积月累，直至装满，人群熙攘之地尤其如此。相形之下，东方的农民则将城镇各处收集来的粪便视为一种重要物品。”①

* 本文系国家社科基金年度项目“多维视野下的华北城市苦力行业与群体研究(1840—1956)”阶段性成果，项目号19BZS125

[作者简介] 任吉东，天津社会科学院历史研究所研究员。

① [美]朱莉·霍兰：《厕神：厕所的文明史》，许世鹏译，上海：上海人民出版社，2006年，第128页。

在传统时期，无论是在中国城市，还是在欧洲城市，粪溺问题都大同小异，是一个令人头疼的难以处理的问题。传统时期西方城市的粪溺处理并不比东方城市高明，甚至还有所不如。虽然早在公元前 6 世纪左右，古罗马时期就已经出现了城市排水系统和下水道建设，但直到 19 世纪前的西方国家“城市居民处理人体排泄物的方式与前人毫无二致，他们经常将这些排泄物从窗口倒到街上……欧洲城市的居民们保留了罗马时代的习俗，将夜壶倒往窗外以处理其‘内物’”①。“人们一如既往地从窗口倾倒便壶：街道成了垃圾场。巴黎人长期惯于在杜伊勒里宫花园‘一排紫杉树下大小便’；瑞士士兵把他们从那里赶走以后，他们就到塞纳河两岸去行方便，于是塞纳河畔既不雅观，又臭不可闻，这是路易十六治下的景象。”②与此类似的是，英国的泰晤士河也成为方便的场所之一。在西欧的早期城市管理中，政府要面对的问题是如何将粪溺置于城市范围之外而不污染人居环境，“中世纪城市处理粪便的方法是把它倒入河中，埋进坑里，或用船运出城外。那个时代人们更看重便利，而不是健康”③。而当河道因之堵塞，城市中各街道“满溢的粪坑发出的臭味连中世纪恢复最快的鼻子都感到刺鼻时，市镇委员会便雇用功弗莫(gongfermor，音译)。这份让人无法艳羡的工作包括把坑中粪便铲到桶里，送到城外将其处理掉”④。

而在东方城市，尤其是在中国，城市的粪溺很早就被农业利用，成为不可或缺的肥料之一。据学者考证：“考我国周代以前，即知利用肥料，以增进地力，汉代汜胜之书曾载‘伊尹作为区田，教民粪种，负水浇稼，区田以粪气为美’。”⑤之所以会选用人粪，是因为“人类每日食粮，均为优品，如六畜之产，五谷之粒，实为动植物界极腴美之部分，故所排泄之粪

---

① [美]朱莉·霍兰：《厕神：厕所的文明史》，第 39 页。

② [法]费尔南·布罗代尔：《15 至 18 世纪的物质文明、经济和资本主义》(第 1 卷)，顾良等译，北京：生活·读书·新知三联书店，1997 年，第 366 页。

③ [美]朱莉·霍兰：《厕神：厕所的文明史》，第 27 页。

④ [美]朱莉·霍兰：《厕神：厕所的文明史》，第 29 页。

⑤ 钟兴正：《中国肥料研究之回顾与前瞻》，《农林新报》第 22 期，1935 年，第 570 页。

尿，亦特加肥美，较刍豢类屎尿，含淡质及磷质更多，而淡磷二质，实为构造动植物之要质，吾人施肥料，即还此质于泥中，供植物之食也。故应用人粪，实优于畜粪，经验与考查均不诬也”①。

这种以人粪作为肥料的农业生产方式使得城市粪溺成为一种商品，这种买卖古即有之，早在唐代就有了以城市粪便为经营对象的行当。据《朝野佥载》卷三载：“长安富民罗会，以剔粪为业，里中谓之鸡肆，言若鸡之因剔粪而有所得也，会世副其业，家财巨万。”②“富人罗会，以剔粪致富，人谓之鸡肆，言跑粪有所得。”③这是典型的以粪致富的个案，罗会将城市中的粪便等收集后再卖出，进行交易并从中获取利润，罗会也以此为业，成为富民。

宋朝的城市规模较唐又有了较大的发展，于是这种以粪为业的规模人数也随之扩大，并出现了市场划分与行业垄断，如吴自牧《梦粱录》记载：“杭城户口繁夥。街巷小民之家，多无坑厕，只用马桶，每日自有出粪人去，谓之倾脚头，各有主顾，不敢侵夺；或有侵夺，粪主必与之争，甚者经府大讼，胜而后已。”④可见当时的粪便收集处理已经竞争激烈，官府也在一定程度上承认了其市场地位和经营权利。

明朝后期来华的葡萄牙人克鲁斯记录了广东的人粪买卖：“甚至人粪也得到利用，需要用钱购买，或用蔬菜交换，并且要上门掏粪。他们要付钱或付相等价值的东西，对方才允许他们打扫厕所。”另一个葡萄牙人费尔南也在书中描述他看到的肥料买卖：“这种交易如此兴隆，以至于有时在某个海港会看到有二三百条船入港装粪，犹如我国海港的轮船装运食盐。”⑤清朝来华的英国人克拉克则在他的旅行记中更是详细地描述了中国利用人粪制作肥料的过程：“这些设施（即厕所）的所有者通过出售厕所收集的粪

---

① 罗世嶷：《人粪之价值及收藏法》，《农学杂志》第3卷第2期，1919年，第2页。

② 《子部·小说家类·杂事之属·朝野佥载》卷三。

③ 《子部·杂家类·杂纂之属·绀珠集》卷三。

④ （南宋）吴自牧：《梦粱录》卷十三，诸色杂货。

⑤ ［葡］费尔南·门德斯·平托等：《葡萄牙人在华见闻录——十六世纪手稿》，王锁英译，海南：海南出版社等，1998年，第194、113页。

便获利很大,他们称其为大粪,广泛用作肥料……经验证明在各种肥料中,大粪是最有用也是最有效的,尤其是细润和油性的土地。中国人广泛使用粪肥也许是中国在土地耕种中比其他国家更少使用牲畜的结果。”①

在上海,“同东亚的习惯做法一样,城市的粪便和垃圾被小心地储存起来,出售给承包商,他们承担运走粪便、并把粪便卖给长江三角洲地区农民的任务,得到少许的酬劳”②。爱德华·摩尔斯在《东方便所》中说:“一进入上海小镇,用扁担挑着敞开着的木桶的男子便迎面而来。他们是大粪搬运工,沿着固定的路线穿过城市。倘若跟随这些掏粪工,你会发现,他们走到附近的沟渠两侧,将木桶里的污物哗啦一声倒入敞舱驳船或另一种船舶里,污满为患时,船只便被牵引到乡间的稻田里。”③“不论他们到哪里,他们一路上不可避免地要碰见粪船、粪坑、粪杓和挑粪夫。”在南京“惠民河的粪市是当时全国最大的此类交易市场之一”④。而在天津,“尿水积满以后,由家仆、人夫等放弃在街上或倒入地沟。粪便则集中起来,从事肥料的制造,把它们运到城外(特别是南门外),暴露在日光之下,做成粉末”⑤。而据《大公报》记载:“报告称津郡春秋二季粪秽出境,每岁约三十万石,每石一百四十斤……查每船运粪平均约三百石,值年景好时,运出船不下八九百只之多,此运销粪秽之大概情形。”⑥直到民国时期,远在山东德州的火车站,都有大量来自天津的粪肥卸下,转运往附近的农村作为肥料使用。

东方城市粪溺的这种处理模式也催生出一个崭新的行业:粪溺业。在宋代称之为“牛粪灰”⑦,而在不同的城市对于该行业有不同的称谓,如

---

① [英]克拉克·阿裨尔:《中国旅行记(1816—1817年)——阿美士德师团医官笔下的清代中国》,刘海岩译,上海:上海古籍出版社,2012年,第152—153页。

② [美]罗兹·墨菲:《上海——现代中国的钥匙》,上海:上海人民出版社,1986年,第189页。

③ [美]朱莉·霍兰:《厕神:厕所的文明史》,第129页。

④ 扎西·刘:《臭美的马桶》,北京:中国旅游出版社,2005年,第78页。

⑤ [日]日本中国驻屯军司令部编:《二十世纪初的天津概况》,侯振彤译,天津市地方史志编修委员会总编辑室,1986年,第330页。

⑥《来函》,《大公报》,1909年11月2日,第6版。

⑦ 全汉昇:《中国行会制度史》,天津:百花文艺出版社,2007年,第46页。

苏州称之为“壅业”，至1949年解放前夕，全市从事壅业者达600余户。在北京，这些收集粪便者称为粪夫，俗语为“打扫茅厕的”“掏大粪的”或“屎猴”。清代末年的北京，粪商已具相当规模，且分为“道户商”和“厂户商”两种，“道夫商”雇夫或自行收集；“厂户商”则开设粪厂，收集并大批出售粪便。天津的粪夫则分为两种，“粪夫的工作，约分为两部分：一种是出去拾粪，一种是在粪厂内晒粪。前一种又可分为二：有的是在路上拾取零粪，有的是专去各住户茅房收粪，俗名‘磕灰的’”。因为“天津人管上厕所叫去茅房。每家有个‘把把桶子’，其内放些灰，大部分是煤球灰。到了晚上，专门有拉灰的，家家都来磕灰”。①

因此在中国的很多城市中，粪溺业成为一种谋生的行业，成为城市经济生活中不可或缺的组成部分，而正是这种粪溺经济，除了能满足农业需要外，还在一定程度上有利于城市环境卫生的维护，粪溺出城下乡避免了其作为废物对环境产生的污染问题，“中国4000年的耕作历史中，若不是很好地利用了人类的粪便，他们在没有矿物肥料可利用的情况下，不可能生存下来，居住环境更不可能避免受到粪便污染”②。因此，在16世纪来华的外国人眼中，中国的城市是很卫生的，城里的街上有专人负责捡拾粪便，“男子们在街上捡粪，如果对方愿意，就用蔬菜或柴作交换购粪。从保持城市良好卫生来说，这是一个好习惯，城市极其干净，因为没有这些脏东西”③。

城市在为人们提供了安全的居住与繁荣的经济外，也必然会产生一系列的社会生活问题。而作为人类基本生存条件的吃喝拉撒，当其处于人口密集的城市中时，也必然会因其规模效应而产生相应巨大的“累加效应”，使得这些简单的问题不再简单，一个人的吃喝拉撒是本能，而一个城市的吃喝拉撒就是一个行业。正是这些行业和群体的存在为居民提供了必要的居住与生活保障，也维护着城市的正常运转。它们默默无

① 施永康：《津门旧事》，北京：解放军出版社，2001年，第163页。

② 邵仲香：《粪夫请愿》，《农林新报》第34期，1924年，第826页。

③ [葡]费尔南·门德斯·平托等：《葡萄牙人在华见闻录——十六世纪手稿》，第37页。

闻,甚至引人反感,但不可一日缺失,始终与城市相兴衰,维持着城市的光鲜亮丽,支撑着城市的机体运行。

二、无为而治:传统时期城市粪业运作

在中国,对于城市粪溺的管理很早以前就有相关的职位和差役,早在周代就有“仆掌五寝之埽除粪洒之事”①。“野卢氏:掌修理,扫除道路,种树及其他道禁;蜡氏:掌掩埋市中尸骸;雍氏:掌沟渠”。这些职责在人们看来当为公共卫生之始,“其开通沟渠,整洁道路,禁不宜之食物鬻于市等,在在皆可以表示其对于公共卫生之注意也”②。《周礼·天官·冢宰》中也记载:“宫人为其井匽,除其不蠲,去其恶臭。”这里的宫人专门负责给周王打扫卫生,清除不洁之物,消除臭气。

到了秦汉魏晋时期,城市中已经普遍拥有了“都厕”,从一系列或传说或演绎的记载中,可以窥见厕所已经在当时非常普遍了:“至于晋侯食麦胀如厕陷而卒,赵襄子如厕执豫让,李斯如厕见鼠,高祖鸿门会如厕召樊哙等,及如厕见柏人,金日磾如厕擒莽何罗,范雎佯死置厕中,陶侃如厕见朱衣,王敦如厕食枣,刘寔误入石崇厕,郭璞被发厕上,刘季和厕上置香炉,沈庆之梦卤簿入厕中,崔浩焚经投厕中,钱义厕神,李赤厕鬼,蒯聩盟孔悝于厕,曹植戒露顶入厕之类,则真溷圊矣。”③从上面的记述可以看出,厕所已经在人们生活中非常普遍,起码在士大夫群体中成为日常生活的基本配置。

唐宋时期此类建筑更加普及,《新唐书·百官志》载:“右校署令二人,正八品,下丞三人,正九品,下掌版筑涂泥丹湮匽厕之事,有所须,则审其多少而市之。监作十人。”④负责管理厕所的乃是九品官员,其重视程度可见一斑。非但如此,唐代法律对于倾倒污物也有相应的惩罚措

① (东汉)郑玄注,(唐)贾公彦疏:《周礼注疏》卷三十一。

② 张锐:《中国市政史》,《中国建设》第5期,1930年,第62页。

③ 《子部·杂家类·杂考之属·艺林汇考·栋宇篇》卷十。

④ 《史部·正史类·新唐书》卷四十八。

施,《唐律疏议》载:“其穿垣出秽污者,杖六十;出水者,勿论。主司不禁,与同罪。”①疏议曰:“其有穿穴垣墙,以出秽污之物街巷,杖六十。直出水者,无罪,主司不禁,与同罪。”这里的“秽污之物”不只是垃圾,也应包括人畜的排泄物在内。这种处罚不仅针对违反者本人,有关管理部门如有失职,也将同样获罪。马可·波罗就曾在其游记中对元代中国的卫生设施叹为观止。至宋朝,京师等繁华之地出现了专业的清理厕所人员,当时的开封府还派专人巡逻督察,防止“闾巷闲人”倒垃圾于沟内堵塞流水。

明清时期也延续了此类措施,只是严格程度有所缓解:“穿墙而出秽污之物于街巷者,笞四十,出水者,勿论。”②“所居自己房屋穿墙而出秽污之物于街巷者,笞四十,穿墙出水者,勿论。”③

但自古以来,“户婚田工钱债事务”在中国历史上常被当政者视为“薄物细故”,“从来不予重视”。“虽然在理论和立法上,城市环境卫生仍属于以‘爱民’相标榜的国家和地方官府的职责范围,但它们由于大都并不直接关乎钱粮与社会稳定这样的大事,所以显然不是国家和官府的施政重点,官府的举办与否,完全要视当政者的道德责任感和行政能力、地方乡贤力量的活跃程度以及地方财力等多种随机因素而定,具有相当大的偶然性。”④“古代国家政府之职务,偏重于消极方面,仅求对外能抵抗敌人之侵略,对内能维持社会之秩序为已足。‘卫生’仅视为个人之必需,不为政府所过问。政府间或有施医舍药之举,亦多视为救济事业,原不具有近代卫生行政之观念。”⑤我国古时虽历代多有医药职官,“但考其职务,则颇似帝王个人或皇室之私人医生,与民众健康无与焉”⑥。

---

①《史部·政书类·法令之属·唐律疏议》卷二十六。

②《史部·政书类·通制之属·明会典》卷一百三十九。

③《史部·政书类·法令之属·大清律例》卷三十九。

④ 余新忠:《清代江南的卫生观念与行为及其近代变迁初探——以环境和用水卫生为中心》,《清史研究》2006年5月第2期,第12—26页。

⑤ 金宝善等编:《卫生行政》,中央训练委员会内政部,1942年,第1页。

⑥《卫生统计》,中央训练委员会内政部编印,1938年,第1页。

因此，例如拉人载货、货物装卸、粪便收集及道路清扫等这些不上台面的工作，在传统中国社会，一向是“自扫门前雪”的状态，完全处于民间社会的自发经营状态，“后世郡县之制不如古者都鄙乡遂之法，设官较少于三代，以故门径闾巷，无有专司之人，而乡民之散处与城市之聚居，地殊而势即不同，因而民居市廛，所在往往失于辟除，而地方遂以恶浊。大城之中，必有通衢数处，所集店户，生意清高，雇人粪扫，挨户醵资，尤不碍手，故官无辟除之令，而民有清理之劳，坦途涉足，意旷心怡，不待掩鼻而过也。所不堪者，市梢城角，出入往来，不少于大街，徒以居者行者，一则托业猥琐，不嫌秽浊，一则一过即去，是以无人为之”①。尤其是明清时期的北方城市，“在李鸿章和清朝其他官员以及19世纪后期天津公益组织的大多数商人组织者看来，城市领导人要通过一些方式保证人民的健康，如确保正常的粮食供应等。国家是没有权力或相应的组织去直接干预人民的健康事务，也不想这样做”②。以致许多城市中此等事务向来处于政府不作为的自发运营状态。究其原因，无非是既无官绩可言，又零散繁杂不易管理，同时也是为了减少行政开支，这些行业逐渐被一些民间力量把控和操作。

虽然天津的粪便交易也称得上是一项大宗买卖，但一向由收粪者自行掏挖、变卖，自行划定市场界限，官府历来不予干涉。一份天津商会的报告称“津郡春秋二季粪秽出境，每岁约三十万石，每石一百四十斤，其价资连上船车脚五百五十文。南运河及西河一带客贩来津购运，有一种游手之人包揽雇船，所谓跑合者是也。凡代雇船一只，有花费洋一元，连谢礼零费须洋二元数角，私相授受，久沿为例。查每船运粪平均约三百石，值年景好时，运出船不下八九百只之多，此运销粪秽之大概情形”③。这种“跑合者”即为中人，也就是没有执照的牙行。

---

① 《城壕建厕说》，《申报》，光绪七年(1881年)十一月十三日，第1页。

② 李晓凤：《美英学者与近代天津社会研究：以1900—1949年的天津社会为研究》，南开大学历史学院博士学位论文，2008年，第8页。

③ 《大公报》(天津版)，1909年11月2日。

这种情况在 20 世纪初有所改变，相对于政府部门的漠不关心，一些士绅和商人企图对此行业加以控制和把持垄断，以便从中牟利。1909 年天津举人张璨文就曾禀请将天津西河运河一带粪船及跑合人所收各费化私为公，充作天津公立中医学堂经费，“查津郡粪船多系于春秋二季运往御河一带，年景好时，其船只约千数上下。向来客贩到津，有跑合人代为购货，从中拿用，每船津钱一千数百文。又有包揽雇船之人，每船需零费二元上下，其船装粪二三百石不等，约计每百石费用合洋一元，如每年销货三十万石，每年进款即有三千元之谱。惟办理此事，一切花费颇难预拟，如招人承揽包办，由本会稽查一切，似觉有效。虽包办一节，不甚正当，然本县各种行市均属包办，此事似亦可权宜办理，至包办年满，办有成效，尽可收回自办。由此则医学堂经费有着，本会执行此事亦不至无效”。而天津总商会则以“该举人禀请各节为当务之急，惟查客贩粪秽，各船农业攸关，若由董事会招人承揽包办，虽由会稽查可期少弊，然仍恐承揽人多方索诈，不免枝节丛生，实于农事不无妨碍。且自庚子以后，各粪厂清除粪秽由居民出资，其数已数倍于前。此次若用人承揽，则粪厂既受制于承揽人，该夫仍须于居民取偿，借端多索，势所必至，于农夫居民两有窒碍，且承揽包办几近把持，似非自治团体所应倡办”①，而最后加以否决。

同年，民人任士奎等又希图设置清洁公司，从中抽收粪船谢钱，天津总商会派员核查后，仍然抱以不支持的态度，认为“该民等无非巧立公司名目，希图把持，且查阅章程又复异常含混，流弊甚多，碍难率准……。当查津中买卖往来，向有跑合人两面撮合，从中得用，似与私收漏规不同，况所得之费亦属无多，此雇船运粪之事固不应由民人专立公司以图把持，即由公家改设公所亦于筹集款项无甚裨益，不若仍听农民船户便宜行事办理，而贫民生计亦可藉以维持”②。

---

① 《大公报》(天津版)，1909 年 5 月 17 日。

② 《大公报》，1909 年 11 月 7 日。

两年之后，又有民人周文义、李香圃等以“在津郡近有无赖之徒控称粪行经纪抽用甚有诓骗银钱逃匿等事”为由，“恳请发给行户执照一纸，在津境内设立保安粪行一处”，并详细列出了监管措施：“身等分布常川，不时稽查并在各河口安设分行，招募妥实之人把卡以杜偷漏，倘有棍徒无故扰乱，即行指名禀请究办，如身等不照所请办理，经人告发确实，亦情甘认罪。至所报公款一项，身等投充后，竭力整顿，能有起色，亦愿禀请酌量加增，以尽义务，断不敢不实心任事，负员赏充之恩。并请颁发告示张贴粪厂及各要冲路口之处，使客周知，如客人来津买货，应先投行言明在某河运货，由行派人带至该河附近粪厂，令客人看货当面议价，以昭公允，俟货买定，客人仍来行报明货价若干，即按价照三分祗收买者之用，随发给行单一纸以便运行，并不扰及厂户。设客人运货出境，行中酌派妥人代雇船只，照料货物，以免匪人从中滋事，倘有客人未知设立粪行，若经旁人代领到厂，该厂应速指客投行，由行再派人带领赴厂，始行交易。如有串客私相交易，一经查出，即将该厂户从重议罚充公。如客人无论车载船运货物出境分行查无行单，以致货单不符者，亦即扭获送案罚办，以儆效尤。所有报款保商，请发执照设立粪行。”并承诺“身等情愿取具妥实铺保，每年报效中等农业学堂银洋一千五百元。按三、六、九月底呈缴，每次交洋五百元，以充底款”。

天津总商会依然如故：“敝会妥议，查大粪一项有关农民播种，向由粪户直接农民买卖，历久相安，今周文义等以报效义阡经费农业学堂经费为名设立粪行，按三分抽用，出自买主，则农民添此一层剥削，收获成本较重，势必加价，流弊颇深，隐患何堪设想。”①

虽然这些企图由于总商会的坚决态度而无功而返，但粪业丰厚利益的诱惑却致使承办这种行业的尝试屡见不鲜。民国伊始，张月桂又递交了《转运粪料公司试办简章》②，号称为购买肥料保护损害起见，成立转运

① 《为周文义等拟设粪行抽用等事致天津商务总会移》，天津市档案馆藏，J0128－002263－001。

② 《转运肥料公司试办简章》(1915年1月1日)，天津市档案馆藏，J0128－002885－025。

肥料公司,举张月桂为经理,经营肥料租船转运事宜,最后仍不了了之。

可以说在传统社会体系下,城市内部有着一套自我消化城市粪溺的办法,而这个办法小部分出于士绅公益运作,大部分出于市场利益驱使,由这支看不见的手自行调配,游离于官府控制之外,既无成法,亦无定式。具有数百年历史的天津也是如此,“1900 年以前,天津没有政府的公共卫生机构,没有市政官员来监督城市的饮水、垃圾或医疗服务”①。

以至于天津日本租界的商业会议所曾专门致函天津商会,询问此事,“在天津城内外粪尿之处分法:一、在官衙直接(派)苦力行扫除否,若有其官衙系何名;二、在官衙门有包办扫除否。三、市居各家自行使令苦力扫除否。在天津城内外对粪尿扫除市民负担:一、前一项之办法官衙支给之经费若干,市民应一月一年纳捐额几何;如此之粪尿空投弃否,或以相当代价下附农否,其价几何。二、前两项办法在官衙其给扫除费用否,给费之际其额若干。包办者有无废除粪尿代价否,包办者包办扫除之时,如不领费用其犹有粪尿之代价否,如有,论月论年,其额若干。三、前三项办法其扫除费几何。天津城内外有一定之粪尿厂否,若有其地何名,干粪之用途并买卖习惯法及价额,制造干粪者与扫除粪尿者其有何等之关系”。② 而天津总商会的回答则为“查天津市粪尿历由贫民扫除制造干粪,亦由若辈自行经理,向来官不过问,并无一定规则”③。

长期以来,天津的粪业一直处于分散经营、各自为政的局面,导致了各种弊病的出现,尤其为人们所诟病的“粪霸”现象,时人多有记载:

> 津之各粪厂捡粪人挨户要钱,由数文至百十文不等,稍拂其意,彼即数日不来,是以各居民无不忍气,不敢与较。今西门内永顺米

① [美]罗芙芸:《卫生的现代性:中国通商口岸卫生与疾病的含义》,向磊译,凤凰出版传媒集团、江苏人民出版社,2007 年,第 50 页。

②《为天津粪便清扫规则应详细示知事致天津商务总会函》(1912 年 9 月 18 日),天津市档案馆藏,J0128-002263-006。

③ 天津商务总会:《为贫民自行扫除粪便等事致日本商业会议所函》(1912 年 9 月 19 日),天津市档案馆藏,J0128-002263-004。

> 局因拾粪人索钱,该米局人与之互有争辩,拾粪人遂纠集同伙多人,各持粪叉粪帚与米局寻殴,嗣经巡捕弹压,始能解散。噫,其事甚小,其臭甚大,人之怕臭,举世同情,无惑乎粪中人倚势作威,而米中人甘拜下风也。①
>
> 磕灰的粪夫每到年节,或届立春、立冬等等小节,或遇下雨下雪,道路泥泞的日子,他们便要借题发挥,向各住户要点零钱,所有这些零钱,粪厂主人分文不取,概归各人自得。②

《大公报》也不断有相关的报道:"南门外太平庄一带粪厂因抗谕不遵,经卫生局传案枷号发县交地方看管,兹闻于初五日粪厂一律罢工,所有官厕及铺户居民等各厕均已粪积如山,行人皆掩鼻而过,未知确否如此,此事该厂等可谓挟官府累及居民矣。"③

而这时候的中国城市在西方人眼中也变得"可怕"起来:"排水设备向来残破不堪,仅由几条贯穿于城里各处、倾倒垃圾的硕大沟渠组成。而所有的沟渠早已淤塞不通,虽然每日都有潮汐涨落,城市的各个角落都弥漫着令人作呕的气味,不过这是对基督徒的鼻子而言,当地人似乎对此浑然不觉。"④如帝都北京,"以我所到过的地方而论,街中虽然未必比北京好到什么地步,然而总不至像北京这样肮脏,满街路都是屎尿"⑤。曾在华传教行医多年的雒魏林(William Lockhart)对上海的卫生状况这样评论:"在外国人看来,它的公共卫生平均水平让人吃惊……城市,沟渠卫生清洁管理条例也没有……此外,下水道系统也非常不完善,排水沟简直成了一个污水池,经常发出阵阵恶臭,污染空气。"⑥在南京"陋习相陈,人民不知公共卫生,随时随地便溺,以致通衢僻巷,臭气四溢,既关

---

① 《闻见录》卷6,第131页,光绪二十七年。

② 刘炎臣:《津门杂谈》,三友书社,1943年,第94—96页。

③ 《大公报》,1906年7月27日。

④ [美]朱莉·霍兰:《厕神:厕所的文明史》,第129页。

⑤ 屯民:《伟大的京都》,《晨报》,1924年12月7日,第6版。

⑥ William Lockhart, *The Medical Missionary in China: A Narrative of Twenty Years Experience*, London: Hurst and Blackett, 1861, PP. 36 - 37.

卫生，亦碍观瞻"①。由于倾倒马桶污秽和洗刷马桶，古代文人墨客笔下的风景名胜之地秦淮河早已成为"南京最污浊之死水"②。而同样在天津"人们有着把尘介污物等几乎是不选场所地随意放置的风气，平常住在海河沿岸的居民是把夜间的污水、尿水等随意倒入海河的"③。清人唐尊恒的《竹枝词》对此讽刺道："水波混浊是城河，惹得行人掩鼻过。更有矢遗满街路，须防鞋上踏来多。④"

"事实上，中国人在这三百年间并没有徒然变得比以前肮脏不卫生……他们仍然善用粪便。"⑤正是由于"善用粪便"，使得东方粪溺处理一直保持原始的城乡交流方式，历经千年而"粪声依旧"，响彻大街小巷的粪车和粪夫的吆喝声在中国城市中持续了好几个世纪。这一具有悠久历史的生产方式，直到 20 世纪 80 年代仍发达兴旺，"据 1976 年统计，全国粪便为农业提供了全部肥料的 1/3 以上。1980 年，中国城市年产粪便 3 300 万吨，其中约 90%被运往农村，流入下水道的不足 10%"⑥。

三、政出多门：近代天津城市粪业治理

在中国，国家政权介入对于粪业等的公共卫生管理是在 20 世纪初才出现的，"卫生机关可说是卫生事业进步发达的一个标志。因卫生机关之设立，而后卫生工作才走上系统化积极化的道路"⑦。

清政府于 1905 年在巡警部警保司内设立卫生科，这是我国公共卫

① 南京特别市政府秘书处编：《南京特别市政府工作总报告》，南京：南京印书馆，1930 年，第 85 页。

② 瑞恒：《卫生部刊发刊词》，《中央日报》，1930 年 6 月 29 日，第 2 版。

③ [日]日本中国驻屯军司令部编：《二十世纪初的天津概况》，侯振彤译，天津市地方史编修委员会，1986 年，第 330 页。

④ 张焘：《津门杂记》，天津：天津古籍出版社，1986 年，第 115 页。

⑤ 潘淑华：《民国时期广州的粪秽处理与城市生活》，(台湾)《"中央研究院"近代史研究所集刊》第 59 期。

⑥ 陈朱蕾、唐赢中：《中国城市粪便的可持续利用研究》，《城市环境与城市生态》1994 年第 2 期。

⑦ 俞松筠：《卫生行政与卫生工作》，《社会卫生》第 2 卷第 2 期，1946 年，第 1 页。

生机构的肇始，1906年卫生科被提升为卫生司，下设保健、检疫、方术三科。民国时期的北京政府，于1912年在内务部下设卫生司，1913年改为内务部警政司卫生科，1916年又恢复为卫生司，1928年撤销原内政部卫生司改设卫生部，“正式之卫生行政，实滥觞于清季。及民国肇造，于内务部置卫生司，总理全国卫生行政事宜。国府奠都南京之后，于十六年四月设置内政部卫生司，旋因卫生行政之重要，乃于十七年于行政院下设卫生部，为全国最高卫生行政机关”①。

1928年前后各城市卫生行政组织概况表②

城市	机关名称	成立年月	职责
南京	卫生事务所	(民国)二十一年	掌理本市防疫保健诊疗化验取缔等公共卫生行政之实施事项
上海	卫生局	十六年七月	掌理全市卫生事项
北平	卫生局	二十三年	
广州	卫生局		
南昌	卫生事务所	二十三年	办理省会卫生事宜
长沙	卫生事务所	二十七年	
福州	卫生事务所		
天津	卫生局		
青岛	社会局第三科卫生股		关于公共卫生及医药各业监督管理等
	公安局第二科卫生股		关于街道清洁卫生警士等
九江	市政委员会卫生事务所	二十四年	关于公共卫生事项
汉口	市政府秘书处第三股		关于公共卫生及医院菜市屠宰公共娱乐场所之设置及取缔事项

① 《卫生统计》，内政部编印，1938年，第1页。

② 内政部编：《战时内务行政应用统计专刊》，内政部刊印，1938年，第17—18页。

续 表

城市	机关名称	成立年月	职责
成都	社会局		卫生行政事项
济南	公安局卫生科		全市卫生行政事项
杭州	市政府卫生科		第一股掌理医药管理传染病管理生命统计等事项;第二股掌理环境卫生及其他
厦门	公安局		公共卫生事项及医院菜场屠宰及公共娱乐场所之设置及取缔事项
包头	市政筹备处		关于市卫生事项
重庆	警察局卫生科		
昆明	市政府卫生课		
汕头	市政府卫生科		
贵阳	卫生事务所		

而在各地城市中,作为通商口岸的天津在1900年至1902年被多国联军的"都统衙门"统治,因此客观上又一次在卫生行政方面走在了全国的前列。"在原来的中国,总起来说南北各地没有听到任何关于卫生设施。直到义和团事变前,天津知县衙门在有死者呈报之时,有关于死者的死亡及埋葬的墓地分配、尸体检验等手续,可视为其卫生制度之滥觞,实际上是从义和团事变之际才开始的……当时受到兵灾之后,天津的街道不干净及杂乱的程度,可以说是不能忍受,所以在都统衙门内特别设有卫生局,以法国军医及日本军医为主任,依靠都统衙门的威力,力行了关于道路及其他的清洁方法。"①

都统衙门成立后,设立了7个常设机构,其中就有专设的公共环境卫生管理机构——卫生局,其对粪业的管理涉及两方面的内容。一是对开设粪厂的商人做出了一些规定,如开设地点必须远离城市居民房屋,必须开设在城外相距民房40丈以外的地方。再次是建立所谓的"官

① 日本中国驻屯军司令部编:《二十世纪初的天津概况》,第322页。

厕”，规范人们的出恭行为。都统衙门规定，不准沿街大小便溺，违者罚洋银一二元不等。到1902年初，都统衙门在市内已建立公厕200余处，公厕的清洁扫除也被人承包，由承包人派专人负责，不准其他人参与其间。“从天津的中国居民角度来看，都统衙门所实行的最具有侵略性的做法——房屋消毒、尸体火化、检查人的粪便、规范排泄行为，以及用化学药物喷洒人体——都是以‘保卫生命’的名义进行的。”①

1902年天津被外国列强交还清政府时，清廷在原卫生局职员的基础上，聘请法国军医梅尼为顾问，以北洋医学堂毕业生为医生，雇中外巡捕80名，夫役200名，组成天津卫生总局。“天津前有卫生总局之机关，系创立于前清光绪廿八年间，关于防疫一事伊时向由外人主持一切；庚子乱后，又由联军派医管理；迨至廿八年七月，始行收回，是为天津设立卫生局之始。”②该局初设于津海关道署，后移天津大王庙。经费来源初来自妓捐，后经袁世凯奏请，以津海关用于直隶军政支出的八分经费移归该局。总局下设第一卫生分局、第二卫生分局、第三卫生分局，另设4处传染病患者收容所。卫生总局的任务负责城厢街道的清扫、厕所粪厂的监管、饮食检验及防疫等事项，“本局之设以保卫民生为宗旨，举凡清洁道路、养育穷黎、施治病症、防检疫症各端……”③。为督促民众服从管理，卫生局有自己的专职巡丁，“津地人烟密，巡丁职务甚多。应募名额难以限定，先暂用八十名，各分为四等，头等一名，二等一名，三等四名，余均四等”④。

此外，袁世凯又仿效西方，在天津率先开办巡警，同样赋予其整治卫生之责。所谓“街衢污秽、食品馁败、防疫救急等事，皆非一人之力所能及，必警察从而干涉始能有济”⑤。由此，卫生总局成为与巡警总局并列

---

① ［美］罗芙芸：《卫生的现代性：中国通商口岸卫生与疾病的含义》，第178页。

② 宋蕴璞：《天津志略》，民国二十年（1931）铅印本，第109页。

③ 甘厚慈辑：《北洋公牍类纂》卷25，《天津卫生总局现行章程总纲》，京城益森印刷有限公司，光绪三十三年（1907）印，第1825页。

④ 甘厚慈辑：《北洋公牍类纂》卷25，《天津卫生总局现行章程总纲》，第1825页。

⑤ 《论警察之功用》，《大公报》，1906年8月19日，第5版。

的机构，直接隶属于直隶总督。

1907年卫生局与巡警局协商制定了《天津扫除科章程》，规定“扫除科由卫生局督率筹办，由巡警局节制稽查。凡关扫除科事宜，有禀详上宪及示谕居民者由两局共同商定会协办理”。其中特别提出“巡警人数众多，凡卫生巡捕照料未周之处，巡警应协助实力办理；居民在街泼水及小巷粪溺者晚间为甚，巡警与卫生巡捕应一体稽查，严行禁止”。① 天津的卫生行政进入了卫生机构和警政机构共管的“双轨制”阶段。在两局的努力下，天津城市环境卫生取得一定进步，据当时的日本人观察：“对属于个人的义务扫除部分，卫生局的巡捕会同各所辖巡警局之巡警，交互监视其进行扫除。”②而在“天津交还后，巡警更加整顿，道路更见清洁，实出人意料之外”③。

总的来说，“卫生总局的事务是：对每户每人强制实行门前及门后四周的清洁法，以及实施道路清洁法。巡警总局发现违反卫生局规则者，以及门户或道路不清洁的事实时，立即行文给卫生局，使之注意于去掉这些问题”④。其中，在有关城市粪溺的事宜上，卫生局与警察局虽有职务重叠，但也各有侧重。卫生局以开办公厕，收取厕租为主，警察局则以监督卫生为主，前者多为定点，后者多为流动性。

1908年后随着巡警管理卫生事务的日本模式逐渐兴起，清朝政府批准执行了巡警道官制，“专管全省巡警、消防、户籍、营缮、卫生事务”，而天津南段巡警总局又开设了“卫生警察”，卫生局与巡警总局的矛盾因事权交叉开始显现。而所属部门之间的纠纷和冲突也日渐增多，而到了1911年2月直隶警务公所成立，其下属部门“卫生科”分管环境卫生、饮食卫生、医药和巡警卫生，直接导致了与卫生局的矛盾激化。“凡关卫生之事件，卫生局以巡警不能视察有碍治安，巡警局以巡捕不能扫除放弃

---

① 甘厚慈辑：《北洋公牍类纂》卷25，《天津卫生总局现行章程　天津扫除科章程》，第1834页。

② 中国驻屯军司令部编：《二十世纪初的天津概况》，第23页。

③ 《译件》，《大公报》，1902年9月22日，第8版。

④ 日本中国驻屯军司令部编：《二十世纪初的天津概况》，第324页。

责任,互相推诿,路政因之败坏,致各处堆积秽物,徒有名而无实。”①1912年为了节省经费,卫生局被一分为二,一部分并入工程局,大部分并入了警务公所,成为下属的卫生科,改称防疫总处。

然而时移势易,在20世纪20年代,日本模式的卫生警察制度遭到质疑。1928年南京国民政府建立后,中央设卫生部,各省有卫生处,市则为卫生局,同年天津设特别市,重新实行了卫生局建制,“卫生行政即经设有专局,先后派员接收,前警厅之卫生科及北洋防疫处所有卷宗册籍,统移归卫生局保管”。但是清道夫仍留归公安局管辖,设立清洁股于总务科下,以督导各区清洁队之工作。并且由警察学校特别训练卫生警察若干名,对有碍公共卫生的市内不洁公厕,不时建议市府加以改善。其中,公安局清洁股负责督促检查街道的清洁,卫生局负责医疗、饮食、水质检测、卫生检疫等公共卫生管理事宜。

卫生局与警局的废立频繁对天津卫生事业产生了消极影响,据《帝京新闻》报道,卫生局夫役平时打扫各街巷污秽已属懈怠,自议裁卫生局后,打扫夫及土车更难得一见,以致大街小巷污秽不堪。② 而卫生行政机构的归属反复充分体现了此时政府对卫生行政认识的模糊,这在中央和地方莫不如是,“卫生行政事务,由科而司,由司而科,又由科而司,然后由司而部,尔后又由部而署;在归属上,先是属巡警部,后又改为民政部,之后又忽属内务部,忽属于行政院,忽又归于内政部,其间变更反复无常,不止一回。实因此时期当政要员对卫生行政角色认识上较为模糊,对于卫生事务之权责定位,其范畴为何?应有何层次的职权?一直不能确定”③。

① 《北洋近事片片录》,(上海)《民吁日报》,宣统元年八月二十,第5版。

② 《卫生局注意》,《帝京新闻》,宣统二年十二月十三,第7版。

③ “国史馆”中华民国史社会志编纂委员会:《中华民国史社会志》,台北:三民书局,1999年,第541页。转引自黄冬英:《近代武汉环境卫生管理研究(1900—1938)》,华中师范大学硕士学位论文,2009年,第20页。

四、安内攘外:粪夫组织的结构功用

除了政府成立专门机构给予治理,在20世纪30年代,粪业系统内部也开始出现了相应的组织加以约束和规范,“查津市工商荟萃,人烟稠密,而粪业应环境之需要,遂肩起扫除粪便、维护卫生之重责,既负此责任,必须有坚强组织,优良指导,方克稍尽厥职”①。但是粪业行业的特殊性,它有提供肥料的经济属性,也有保持公共卫生的公益属性,因此和管理上的多重性一样,衍生出一种行业两套组织的局面,“本市粪业团体共有二处,一为天津市清洁业职业工会,一为天津市肥料业同业公会。以上两会过去均有相当历史,就字面上观察,前者似属于工,后者似属于商,然实际两会内容则颇有近似之处。肥料业同业公会会员多系粪厂厂商,其会员数目因未整理尚难明了,至职业工会过去计拥有会员贰佰五十余人,多系南市及刘庄一带粪业份子,此外,本市粪业在上开两会均未加入者亦颇不少”②。

其中,最先成立的是天津市清洁业职业工会,1928年成立③,1930年因时局关系暂停活动,1931年又召开第二次成立大会,1937年七七事变后自行停止而团结未散,但仍暗中活动,“工作未受伪组织任何支配”。其会员“全市除在官府旧有承办清洁区,未行参加天津市清洁职业工会外,其余全市凡扫除运晒之贫民生计职业者,先后均皆自动参加登记,参加会员均系粪夫,亦有雇用工人数名,专以经营粪场为业者”。

另外一个组织肥料业公会成立于1930年10月1日,“于民国十九年

---

① 《为发起组织粪业职业工会事致天津市政府呈》,天津市档案馆藏,J0002-002060-001。

② 《为肥料业清洁业分别成立工会事致胡局长的签呈》(1946年),天津市档案馆藏,J0025-005709-010。

③ 另有一说是民国二十四年(1935)十月由张学贵等发起组织,经市党部许可,并在社会局立案。

在前市党部登记许可”①。1935 年 11 月改选，主席委员为马振声②，有常务委员 2 名，执行委员 8 人，后备委员 3 人。③

据记载：

> 该业在津埠约有五百余家，已加入公会者五十余家，资本较大营业者最多者，均未加入。其会员最高资本额千元，最低者二三十元，最高营业额二三千元，最低者三四百元。该业专运除秽粪，以培养田园易资，补偿扫除工价，并不营他项业务。据该会称，舶来品有肥田粉一种，每年入口约值数十万元之巨，但一般农民用者不甚踊跃，故所受影响尚小。本业全盘盈亏，须视农村收获如何，丰收之年，营业定佳，否则当然衰落，本年营业较往年略佳。本业现只缴纳厕所捐，概不负担他种捐税云。④

1939 年底的一份调查显示，该会资金总额达到 42 849 元，使用人数 586 名。⑤ 1941 年因原有职员不足半数再次改选，当时已经发展到会员 170 家，出席代表人数 146 人，选举出新任会长王金亭。⑥ 在王金亭的带领下，1942 年公会会员商号发展到 264 家，人数达 1 050 名。到 1948 年，会员人数又增加到 334 家。在附后的会员名单中，我们可以发现，不仅会员的人数有所增加，而且会员的资本数额也比以前有所增加。

一提到诸如粪夫这样的苦力组织，就不得不涉及苦力帮，都市苦力是在近代中国都市从事重体力劳动的雇佣劳动者，主要包括码头夫、人

---

① 《天津市百货杂货糖业香业闽粤杂货采办批发业肥料业西药业等同业公会总登记表》(1945 年 11 月 11 日)，天津市档案馆藏，J0025 - 005094 - 005。

② 马振声，字子扬，年五十九岁(1937 年)，河北省宝坻县人，出身军界，曾任光绪二十三年新建陆军右翼第二营哨官，天津警察北段区官及肥料业公会常委，时任玉丰恒经理。

③ 《本会当选委员名单》(1937 年 3 月)，天津市档案馆藏，J0128 - 001438 - 013 。

④ 天津市地方志编修委员会办公室、天津图书馆编：《〈益世报〉天津资料点校汇编(三)》，天津：天津社会科学院出版社，2001 年，第 509 页。

⑤ 《为送会员及职员名册等事致市商会的函(附名册)》(1939 年 12 月 28 日)，天津市档案馆藏，J0128 - 001438 - 004。

⑥ 《为送职员会员名册事致市商会的呈》(1941 年 11 月 27 日)，天津市档案馆藏，J0128 - 001437 - 011 。

力车夫、粪夫、清道夫等。在近代工会产生以前，都市的劳工团体“只有行会，只有帮口，只有中国式的秘密结社”。与手工行会存在于手工业劳动者中的状况不同，都市的帮口普遍存在于“不要求熟练技术的企业或企业的工种”，即都市苦力之中，习惯称作苦力帮。

在《经济科学大词典》中，苦力帮的概念为手工帮外（手工的熟练者）的工人团体，其主要成分为搬运工人、从事于矿山业的半熟练工人以及从事于近代机械工业的工厂工人的部分。在《辞海试行本》中苦力帮解释为解放前我国城市中苦力劳动者（无须手艺的劳动）或无固定职业的游民的封建行会。清代在漕运船只和重要码头流行；五口通商后，各地城镇特别是大商埠更盛行。苦力帮从事装卸、扛抬等搬运劳动，无须有技术，且多是临时雇佣，劳动者工作和收入极不稳定，须要互助，又须要防止外人加入竞争，于是产生封建强制的垄断行帮。苦力帮并不是全部同行的组织，通常以反动帮会（青、红帮等），或以地段，或以籍贯分成各个帮派，各有疆界。各帮派彼此时常发生野蛮械斗。帮派内部实行封建把头对劳动者的残酷剥削和奴役。国民政府时代，形式虽加改变，实质还是一样，且被反动分子操纵，新中国成立后才在民主改革过程中彻底消灭。

根据学者的定义，苦力帮是非技术劳动者的团体，与熟练工人组织的手工帮不同，无师傅与徒弟的关系，除头目外，各劳动者都处于同一的地位。头目代表他们交涉工作及收取工钱，把其中几分之几自取，几分之几则贮藏着作因疾病或他事而不能工作者的生活费、扶助废疾者费、给死者葬仪费，余下的才分给各劳动者。其帮规是不成文的，新入帮者须得帮内人的介绍及保证，加入时送介绍者及帮中有力者若干礼物，并开设小酒宴。加入后便不许在别帮工作。①

20 世纪 30 年代中期，研究者吴泽指出：“简单地说，苦力帮就是出卖苦力的劳动者具备团体组织之谓，望文生义的就知道，其应具备的条件，

① 全汉昇：《中国行会制度史》，天津：百花文艺出版社，2007 年，第 168 页。

第一是自由出卖苦力的劳动者的组合团体，同时呢，具有一定规则的团体组织，如手工业行会制度的所谓帮规等严密规定，才成为苦力帮，因此我们可以看到，这个苦力帮的问题是伴随着资本主义生产方法而俱来的产物。”①

客观地说，截至目前为止，人们对都市苦力帮知之不多。1920 年，在《新青年》上刊载的《上海劳动状况》一文中，李次山就感叹：“看不出他们团体究竟怎样组织。”30 年代对苦力帮深有研究的吴泽也认为，“对其内部组织，现在还不能知道”。不仅如此，都市苦力帮的产生时间也难以确证，只知道大概“始自北宋”。都市苦力帮的产生机制大体上与农村久已存在的“工帮”可能存在某种渊源关系。“工帮”是农村农民组织，有两种类型：一种是营业式的，“组织人数不多，十人以上即可成立，其中有一个头目”，农忙时以备农家雇用，工人所得之工资与头目作比例的分配；一种是合作式的，是“农忙时之一种临时组织，其组织多半是以一村为单位，本互助合作之义，互相轮流帮忙，亦不计工资”。流入都市后，农民极有可能将农村中的许多劳动生活习惯引入新的劳动生活中，这其中就包括“工帮”。

据对近代劳工很有研究的骆传华在 20 世纪 20 年代的分析，都市苦力帮“内中组织，各处亦均大同小异”，其组织结构呈梯状形态。位于梯状中、上部的是大大小小的帮头。苦力帮帮头的叫法因地而异，如工头、包工头、把头、头目、夫头、头佬等。位于梯状底部的是为数众多的苦力劳动者，他们的“地位全然平等”。帮头通常“多半为了追求私利，从本乡纠集一群人，合成一个帮口，由他出面谈判，把一帮人受雇于人，干一点零活”。帮头或工头所控制的苦力人数，多少不一，一般有几十个。

而在近代工会性质的团体组织兴起后，苦力帮也逐渐被取代，但两者的基本职能和功用并没有多大的变化，只是后者的官方性质更为明显，“清洁公会的主要任务，是传达政府的指示，促其实践，并代表粪厂与

---

① 吴泽：《都市劳动问题中“苦力帮”刍论》，《现代评坛》第 18 期，1937 年。

官方交涉联系”①。

首先，与苦力帮一样，不论是肥料业公会还是清洁业工会，其最重要的任务是守着势力范围而作营业上的保护，这是行会独占事业之精神的表现。在对内方面，公会担负着协调解决内部矛盾的责任，这集中反映在对粪道的经营权上。

在传统时期，粪夫们依据沿袭已久的“粪道”来划定各自工作的区域和界限，至于“粪道”的来源，则众说纷纭。在北京，“过去若干年中，粪夫掏取住户的粪便卖钱，对住户来讲不需要固定何人，但在粪夫同业之间彼此相遇不免因利益争吵。直至清康熙年间，粪夫互相间定出办法，就是根据某人常掏某处划出了疆界，分出了地段：这股道归张三，那股道归李四，此即所谓‘粪道’的由来”②。另一种说法是“远在清乾隆年前，由‘街道厅’规定四城城外的粪厂子掏粪的范围。办法是：划出城门附近的城内几条街道、若干胡同，由某某粪厂经常掏运粪便，又在这范围内的僻静处所，指定他们设立公厕（当时叫‘官茅房’），由他们掏粪……以后城内、市区中心各地段，也都划出‘粪道’，分由城外各厂派工掏运”③。天津亦是如此，“每个粪夫收粪地点，具有一定地盘，范围预先划定，不得互相侵占”④。这些“粪道”，“粪厂经营多属世袭，不让别人……经营方式是各拉主户，按时掏取，如某家新盖房舍争先联系，并备置木桶放于厕所，取得掏粪权利，不许旁人侵夺”⑤。以天津南开区为例，该区居民粪便的20%由下水管道排出。其余由私粪商雇工掏挖：一是粪霸，他们把持大部分粪道、公厕，雇工剥削、垄断粪价，称霸一方；二是一般粪商，占有部分粪道、公厕，雇工剥削；三是个体劳动者，占有少量粪道、公厕，本人参加掏、晒粪劳动。私粪商均立有字号，在工商局领有营业执照，凡属私粪

---

① 《天津市担粪工人调查》，中华全国总工会编：《工会工作参考资料》，北京：工人出版社，1950年。

② 金祥瑞：《旧北京的粪夫与粪阀》，文安主编：《清末杂相》，北京：中国文史出版社，2004年，第118页。

③ 北京市政协文史资料委员会选编：《风俗趣闻》，北京：北京出版社，2000年，第353页。

④ 刘炎臣：《津门杂谈》，第95页。

⑤ 中华全国总工会编：《搬运工人工会工作参考资料》，北京：工人出版社，1950年，第37页。

商占有的粪道,公厕即据为私产,可任意租卖或传给子孙;有的私粪商嫁女,将粪道作为嫁妆陪送,粪商所雇掏粪工人,多数是来自山东,河北等地逃荒到天津谋生的。①

由于历史的原因,粪道的划分方式十分模糊,直到新中国成立前,天津的粪道也没有完成统计,粪夫之间的争执也从未停止。这类纠纷历来是"有力者胜之",而在公会出现后,自然也就成为调解的平台和机构。

1948 年 4 月,以李万江为首的 14 名粪夫共同联名上书清洁业职业工会,"窃查会员等之旧有灰粪主户,计昇平里、大沽路恩庆里、久安里、绍兴道增祥胡同大土地庙、蔡家胡同西、天庆里、福林里、同聚里等处一带数十处,向为会员等负扫除拉运责任,藉资生活,十数年来人所共认,毫无纠纷可言"②。而有张静轩等突然声称承包六区粪污,禁止其他人扫除,导致他们失去生活来源。而就在第二天随之发生了双方的抢粪斗殴事件。清洁业职业工会在接到李万江等人的呈报后,对该区进行了调查,并将调查结果和意见上交有关部门,后经过调解,矛盾得以化解。

当然,也有挟公会而欺粪夫者。1938 年肥料业同业公会向天津市卫生局呈报要求调查取缔河东堤道外亚东戏院东面空地上建立的私厕,声称私厕干扰到 20 余步外的公厕营业,而一个月后,公厕的主人马振声——此时的肥料业公会会长,也修书卫生局要求取缔该处私厕,其借助公会以势欺人的意味不言而喻。

而在对外方面,粪业则担负着来自外来经济势力和国家政权的双重压力。"匹夫无罪,怀璧其罪",粪业的巨额利润吸引着无数觊觎的目光,而粪业本身弊病,如"民夫私自分段经营,漫无统系,住户既感不便,工役待遇亦苦"③等问题,也致使政府方面多次加以规范整顿,但遭到粪夫的反对,"关于津市清洁合作社,前曾有人组织呈请市府核准,嗣经全市粪

① 南开城市建设管理志编辑委员会:《南开城市建设管理志》,南开城市建设管理局志编辑委员会,1996 年,第 233 页。

② 《处理粪污事项》第四册,1948 年,天津市档案馆藏,J0056-1-000936。

③ 《粪业组织将有变更,清洁总所请求承包》,《大公报》(天津版)1936 年 11 月 26 日,第 6 版。

夫水夫等反对，故迄未成立”①。到了1936年，“近有市民郝某等十余人，具呈市府，拟仿各特区办法，在各警区组设清洁总所一处、分所三十九处，建筑秽水亭及秽粪囤场，设置车辆器具，每月向官府缴纳报效若干元，市府已将所拟简章预算等件，令饬公安局案研讨云”②。又有周子清、杨清宇等备资十数万元之巨款，企图组设天津市地方清洁所。

为此，肥料业同业公会会长马振声不得不代表粪夫群体向天津市商会提出交涉，“为数万粪夫将要绝生，实因周子清一手扼死存亡攸关。查津市粪土向由数万贫苦无告之民拾运清除，转售供作肥料，藉为养生，相沿数百余年，由来颇久，而全市商铺居户亦素依仗以重清洁，咸称便利。在各商铺以及各居户既无苛索之扰且有卫生之益，在粪夫获利虽微而养活家小实众，是以数万贫民依赖粪土相互为命。今周子清等备资十数万元之巨款，组设天津市地方清洁所，藉口改善粪夫待遇，此纯系蒙蔽上听，从中牟利，不言自喻。先前觊觎此种事务者，不避风潮，不顾祸害，冒渎朦求，幸历任官府洞察其奸，未予批准，以致渠等伎俩难伸，欲望未果，所以终未甘心，此次又拟再张害群利己之本，希图扼死贫众以解欲利，市长不能因一二人之私欲，断送数万人之生活”③。

而在天津沦陷后，一些日本商人也妄图借机对粪业进行渗透。早在日租界成立之时，就有日本人宫琦假借中国商人名义承办日本租界掏粪事宜，据中国粪商李子清交代：“旧日租界之粪便，本人于民国三年即开始承办，彼时系由日人万太成立卫生会，由家叔李松泉承办。至民国十七年，租界成立保净科，将取粪事务，包给谢文清、崔雅亭承办（谢崔二人仍转包与本人）。”④

当日军占领天津全境后，一些日本商人又将触手伸向了更多区域，

① 《清洁合作社，市民请求组织》，《大公报》（天津版），1936年11月23日，第6版。

② 《粪业组织将有变更，清洁总所请求承包》，《大公报》（天津版），1936年11月26日，第6版。

③ 《为周子清等组织天津清洁所事与天津市商会来往函》（1937年10月7日），天津市档案馆藏，J0128-008998-001。

④ 《处理粪便事项》（第一册），天津市档案馆藏，J0056-1-0934。

“本会同业杨玉波、刘桂林来函，报称近来突有外人无理侵占肥料业权利，到处强行清除粪便并任意向粪户勒索，致使我业粪夫不能遵守常规，前往各户作业。或有过问者，破口便骂，继则相挞。最诧异者，该外人等一日有向粪户讹索数次者，有数日不清除一次粪便者……查肥料业同人致力斯业，率皆世之相传，举家人等通赖之残喘生活，莫不各知自爱，若干年来既无可嘉之处，亦无大过失，今一旦被人占去，举家老幼将何以生存？查此种行为，殊属非是，长此以往，不特损害肥料业同业之生计，即津市社会治安亦感受其影响”。在诸多侵占粪户者中赫然有“滨田穗助”等日本商人，其侵占多达 230 户。[①]

公会对外的另一任务就是代表本行业向官府进行交涉，尤其是在近代天灾人祸频发的背景下，更显得重要和必要。一方面是希望在受灾后减免捐税，另一方面则是抵制日常摊派的苛捐杂税，这在天津沦陷后尤为突出。

1937 年天津沦陷后，由于战乱和驻军，粪业也随之陷入了停滞之中，“此次事变损失繁多，如西营门内四座坟公厕现为驻军防地，该处交通断绝，已无行人来往，因之无粪可收”[②]。“自津变以来，肥料一项致以停业。”[③]而城市的清洁工作又不能荒废，“各厕所仍应扫除以重卫生，而每日所拾之粪，因无处归纳，黑夜之间均向河沟抛弃，不然到处皆粪”。加之战乱导致粪夫避乱回乡，“旧有工役因变回籍，招雇乏人，损失奇重”[④]。当时的卫生局局长侯毓汶给天津市治安维持会委员长高凌霄的一份调查报告中也承认很多粪厂“事变后既未收粪又无晒晾之所，营业完全停顿，所称营业赔累，确系实情”[⑤]。而且“继之雨水连绵，又将粪地淹没成渠，迄今大水汪洋，晒粪无地更为失业”。据当时的肥料业公会统计，受

---

① 《为制止外人侵占肥料业权力致天津市商会函(附被侵占者姓名单)》(1941 年 10 月 7 日)，天津市档案馆藏，J0128 - 007995 - 001。

② 《关于公厕租户请缓纳租款呈文》(1937 年 10 月)，天津市档案馆藏，J0001 - 000360 - 003。

③ 《关于粪户请免捐呈文》(1937 年 11 月 6 日)，天津市档案馆藏，J0001 - 000360 - 007。

④ 《关于粪户请免捐呈文》(1937 年 11 月 6 日)，天津市档案馆藏，J0001 - 000360 - 007。

⑤ 《关于公厕租户请缓纳租款呈文》(1937 年 10 月)，天津市档案馆藏，J0001 - 000360 - 003。

淹的粪厂达418亩，直接损失达5万余元①。为此，天津市肥料业同业公会于1937年呈请："职会前奉卫生局通告限期催缴厕租一案，当经两次请求展期，将职会各会员共计十人困苦情形为钧会陈之。自津变以来，肥料一项致以停业，继之雨水连绵又将粪地淹没成渠，迄今大水汪洋，晒粪无地，更为失业，且各厕所仍应扫除以重卫生。而每日所拾之粪，因无处归纳，黑夜之间均向河沟抛弃，不然到处皆粪，非但每日雇工赔累，而且旧有工役因变回籍，招雇乏人，损失奇重。而本次事关本市收入，职会各会员再有一丝之力，亦必竭诚立即遵缴，何敢故意迁延自取责罚。"②天津市清洁业公会李殿臣等也先后呈同前情。最后当局方允许延期交纳。

日军占领后成立了伪政权天津市地方治安维持会，维持会制定公布了天津市污物扫除暂行规则，其中规定了："各户之粪溺由卫生局监督粪夫承办收集之；公共厕所由卫生局设立或由卫生局招商承办。"③首任伪卫生局局长侯毓汶上任伊始就颁布了公厕管理六项办法，对全市的粪厂和公厕进行检查清理，"查公共厕所便溺之人甚多，最应注意清洁，倘若肮脏不堪，气味熏蒸，殊与公共卫生大有妨碍。本局成立后，经派员将全市公厕逐一调查，其有损坏不整设备不完或不扫除及滥贴广告者，自应严加整顿，以肃市容而重清洁。当已规定简便易行之整顿办法六条，限各公厕租户一体遵行。如果办理得法，著有成效，经本局查明属实，准其免交厕捐三个月，以示鼓励；若仍旧任意玩视，不加整理，本局为保障公共卫生计，即将厕所租户取消，转租他人，以资整顿"④。

但其中的"免交厕捐三个月"被当时的治安维持会否决，"免捐一节，

---

① 《本市各粪厂被淹损失择要表》，天津市档案馆藏，J0001-000360-026。

② 《关于粪户请免捐呈文》（1937年11月6日），天津市档案馆藏，J0001-000360-007。

③ 《为抄发修正天津市污物扫除暂行规则致社会局训令（附规则）》（1937年10月20日），天津市档案馆藏，J0025-2-000 037-006。

④ 《关于整顿全市公厕通告申请备案给市治安维持会的呈》（1937年9月17日），天津市档案馆藏，J0001-000624-001。

事关本市收入，应先行呈准方得实施，从速更正，勿得免除”①。不仅如此，为扩大税源，成立伊始的维持会决定对粪业征收铺捐，而在此之前的1937年4月份天津市行业捐税调查中，粪业“系劳工性质，对于缴纳捐税并不繁多，所有会员应纳之捐税只有厕所捐一种，其外概无负担，亦无苛捐杂税”②。针对这创举性的“铺捐”，山东淄川县人、粪商孙景云就在一份呈状中诉苦：“粪夫一业本系贫苦无告之人自食其力以维持生活，至贱至秽，迨无逾此，终日所得无几，糊口尚苦不足，更何论于养家，所以自古代以至民国多少年来，曾无勒令粪夫交纳铺捐之成例，要知粪夫交纳皮、铺捐实出创举，并无可根据之章则，倘使势在必行，亦应厘定办法，分别等第，布告全市一体遵行，再，津市以内，并无粪厂，积粪之所，皆在四乡焉，与津市无干。”③

1938年伪天津国税管理署又推出了征收个人所得税的敛财方式，使得粪商们叫苦不迭，“敝会各会员完全系劳工份子，凡设立粪厂所用资本每个人最多不过二十元，仅备购买粪倶而已”④。肥料业同业公会主席马振声也一再声称：“查本会自成立以来因本业素为清苦各粪户均无力纳资，轮流公推一人担任会内职务，系义务，并无薪金，至所属各粪户雇用劳动者为担粪夫，每人每月除供给粗糙伙食外，每人工资仅三四元之代价，对于纳税义务，查厘定章程不敷纳税资格，且本业向来异常清苦，为社会所公知。”⑤

1941年当局更推出了商业营业税，要求粪商们和其他商人一体交税，天津特别市肥料业同业公会会长马振声为此辩解道：“本会所属同业

① 《关于考查公厕租户如整顿确有成效卓著者将另行呈请核奖致津治安维持会的呈》（1937年9月27日），天津市档案馆藏，J0001-000624-003。

② 《为报捐税名称事致天津市商会函》（1937年4月21日），天津市档案馆藏，J0128-007456-010。

③ 《关于责令粪夫缴纳铺捐以制止致维持会的报告》（1937年12月9日），天津市档案馆藏，J0001-000113-001。

④ 《为报会员所得税报表事致天津市商会函（附该表）》（1938年2月14日），天津市档案馆藏，J0128-007851-002。

⑤ 《为查无纳税资格事致天津市商会函》（1938年3月5日），天津市档案馆藏，J0128-007895-042。

各户皆为粪夫组合而成，乃天然所产之肥料，非豆饼、麻酱、肥田粉、羊毛绒之类也，所称肥料公会者，不过较粪业名称美闻而已，所有会员率皆愚蒙不文之人，终日只知与大粪为伍，再谈资本寥寥无几，徒赖劳动之力耳。上等者伙友数名，粪车数辆，下等者全家数口不分老幼，群起操作，或担桑条箕篓，或背竹枝粪筐，晒粪储粪，整日不息，静待四乡农人前来购买，一手接钱一手交货。所得劳资即随时支用，仅能糊口，焉有盈余，目不识丁，似难立账。更查同业各户皆称某某粪场，如张家即称张家粪场，李家即称李家粪场，近有称某字号者，乃系整顿公会划一设计，并无匾额，亦无铺捐，仅与卫生局厕所租金月纳一元或二元，又特别一、二、三各区有清洁费之征收，每月缴给该管警察分局数元不等，除外再无任何花销。惟查粪土无税，古有明训，今者又无铺捐作为根据，其缴纳营业税一则，应如何办理之处，理合备文上呈，伏祈鉴核指示。”①

总体而言，作为社会底层行业组织，天津的粪业行业一直在官方默认的自由范围内，以商农两便的方式自主经营发展，与同为苦力而横行一时声名显赫的码头工人组织相比，其组织的力量并不是十分凸现，就连会长也承认：“职会自成立公会以来，经年许久，可云毫无利益于同业，且以肥料业名义，范围广大不易策谋，以致同业家藉题观望，裹足不前，所有入会者除数家粪商外别无其他，名不符实，几年来实无成绩可言。”②

而在天津沦陷后，粪业一方面因为战乱和天灾损失惨重，又接二连三地受到伪政府方面的各种苛捐杂税重重剥削，面临行内和行外觊觎利益者的侵占和欺压，使得天津市粪业从业者内外交困、举步维艰。在这之中，两个组织表现出不同的作为，既有愤而抗争，采取不合作态度者，“（民国）二十六年七七事变，惟天津市清洁业职业工会自行停止而团结未散，仍暗中活动，工作未受伪组织任何支配……按经代表等不畏死之

① 《为纳营业税事致天津市商会来往函》(1941年6月11日)，天津市档案馆藏，J0128-007926-029。

② 《为核复解散肥料业公会另组粪业公会事给天津市商会的训令》(1939)，天津市档案馆藏，J0128-001435-001。

精神，暂停止工作之清洁业职业工会之旧名义抵抗之”[①]。肥料业公会的常务董事四人，董事十人及候补董事五人也先后离职[②]。也有为虎作伥、肆意压榨同行者，天津市清洁业职业工会主席屈恩普就声称：“敌伪时期，有王金亭等乘机以日伪之势，压迫少数粪职业人，巧立名义，组织肥料业同业公会，明为同业谋福利，而事实则不然，假公会名义联络日本技术武官，勾结经济局第四科林国之，拟议章则垄断自肥，剥夺粪职业人之权益。”[③]这些因素无疑也自然造成了沦陷时期天津城市粪业整体的混乱，“查本市对于粪夫运粪时间及居民在街巷便溺者，以往均有限制及禁令。迨至沦陷期间，不惟僻街小巷粪土堆积，而每日自晨至夕，无时不见粪车或肩担往来通衢，不但有碍卫生，且为传染之源。更有无知粪夫为要挟居民金钱，动辄数日不予清除，相沿成习”[④]。

结　语

当胡同变为马路，当四合院变成了小洋楼，人们不得不改变包括排泄在内的行为习惯和行业方式，以适应日新月异的城市，这就是所谓的生活文明，而粪业行业的变化恰恰直观地折射出这种城市生活文明的转变进程。

在传统的城市生活图景中，粪夫游走在城市的大街小巷，从城市的千家万户中收集起粪便，或从街道上拾起城市居民随地便溺的产物，源源不断地从四面八方运至粪厂，再经由粪船销售至城郊乡村，这套系统在中国的城市中运行了数千年，不仅造就了城市粪溺处理的固定模式，

---

① 《为核复解散肥料业公会另组粪业公会事给天津市商会的训令》(1939 年)，天津市档案馆藏，J0128－001435－001。

② 《为送改选报告表等事市各业公会监选委员会的函(附名册等)》(1941 年 10 月 27 日)，天津市档案馆藏，J0128－001437－009。

③ 《为撤销敌伪时期所组织肥料业工会等事给屈恩普等的批》(1947 年 12 月 9 日)，天津市档案馆藏，J0025－005709－014。

④ 《为限制运粪时间禁止街巷便溺的提案》(1947 年)，天津市档案馆藏，J0025－004861－004。

也培养出传统行业的行为惯习。

西方文明伴随着殖民暴力呼啸而来，以西方公共卫生为标准，在净化城市环境的过程中建立起一系列相关机构和组织制度，在传统与现代的博弈中建立了一套中西合璧的“西体中用”城市生活新方式，既有着西方城市公共卫生的框架，也有着东方粪溺经济的内容。它不仅影响了传统粪溺业的运作方式，也深深地改变了在这个旧框架下沿袭日久的行业组织。近代粪夫组织的建立既是传统行业向近代文明转型的产物，也是粪夫群体在面临国家政府、社会舆论等压力下的抱团取暖。同历次文明冲突与融合一样，以公共卫生为名义的城市环境治理作为一种新的文明形式输入并楔进中国的文化母体，也面临着一个适应、生存和发展的问题，而它又与近代的行业变迁、国家建设与帝国入侵等纠合在一起——深刻地反映出这个转型时期特有的时代主题：既有传统行业重新定位洗牌的整合与重组，也有东西方文化在社会生活层面的全方位接触与碰撞，更有国家和社会之间悄然发生的一次控制与反控制的争锋与博弈。

时至今日，中国又处在另一个城市文明化的进程中，各行各业也在不断地进化蜕变，其产生的冲突与改变仍在不断发生并日益改变着我们的生活方式，今天的我们也必然会像先人那样在阵痛和振荡中逐渐适应和完成自我向城市现代人的转变。

1945—1949 年天津城区的水业、水价与水政

朱东北

古代城市发展更多有赖于区域经济的推动，来自国家政治的塑造十分有限。只是在人口聚居规模不断扩大以后，国家的管控与治理的延伸才得以凸显。到了明清时期以后，华北城市被“水井”“井口”分割，形成了鲜明的街巷、胡同文化，取水一直是居民区与外部环境联系的纽带。在居民利用河水、井水的时期，水价并不会成为城市生活的一个紧要问题。20 世纪后，自来水工业化转型完成后，水价开始跃升为居民生活重要的公共问题。特别是到了民国时期，自来水与市民生活日益紧密，以自来水为中心的城市公用事业直接触及市民的日常生活，甚至影响制度、观念与习俗的形成。自来水不但迅速转换了城市公共商业运营和市民生活方式，而且给社会制度和思想观念带来了全新的社会基础，对于理解华北经济变迁提供了一种更加深入的研究视域。

现有研究集中于商埠城市接受近代化生活方式的考察，关注水业的更新换代，老城区与租界区的差异，尤其关注传统的水铺水夫与依赖工业技术的自来水公司之间的关系。近几年开始跳出对自来水本身的考察，逐渐注意自来水引发的社会变迁，认识到自来水经营趋利性与公益

［作者简介］朱东北，天津理工大学马克思主义学院讲师。

原则之间的冲突，往往酿成影响全市的抗议风潮。更有研究开始考察自来水供水体系出现后，水价与水质开始成为新的社会矛盾焦点，再现饮水卫生观念、健康知识对日常生活的影响，揭示西方卫生技术与本土舆情与文化的互动。可见，由一种物质观念引入转而进入由此引发的多重社会关系的内在变革，将为自来水社会变迁研究提供进一步拓展的空间。①

在王朝国家的社会管理体制下，饮水来自私营水铺，水价随市场行情起落，并没有真正意义上的"公用事业"，因此缺乏真正意义上的公营行业。对于近代城市变迁而言，自来水提升了城市饮水品质，清洁、卫生与便捷等现代理念随之普及，民国时期使用者激增，自来水开始成为华北市民"一时不可缺少"、又"接通万象"的变革因素。在新兴的自来水市政运营关系里天津水业社会日益形成。源自公与私、新与旧的对立属性及利益诉求，他们组成了一张既紧密联系又各自为利的内部关系网。唯有自来水价格管制的出现，才开始成为近代市场价格总体平稳与城市民生的最后保障。在盘根错节的生产与供需关系中，制订与调控水价开始成为一个影响着区域经济社会变迁进程不可或缺的问题。

到了抗战胜利后，天津自来水事业开始呈现出多种业态交错的格局，提供了能够完整考察水业社会中各方经济属性与关系动向不可多得的窗口。自来水价调控成为城市管理的主要活动后，水价标准的确立，工、商、政、民的利益会商的形成，不仅代表着华北城市近代化达成的程

---

① 相关研究有刘海岩：《20世纪前期天津水供给与城市生活的变迁》，《近代史研究》2008年第1期；王煦：《1912年—1937年北京公用事业发展中的市民维权活动》，《北京社会科学》2008年第6期；王强、萨日勒：《"利益"与"公益"的困惑：自来水与近代北京城市卫生近代化》，《兰州学刊》2011年第2期；杜丽红：《知识、权力与日常生活——近代北京饮水卫生制度与观念嬗变》，《华中师范大学学报(人文社会科学版)》2010年第4期；熊远报、周志国、成淑君：《清代至民国时期北京的卖水业与"水道路"》，《城市史研究》，天津：天津社会科学院出版社，2012年；曹牧：《近代天津工业化供水与水夫水铺的转型》，《历史教学(下半月刊)》2015第9期；沈辛成：《生活污水系统在上海公共租界的形成——兼论公共卫生研究中的现代性误区》；《史林》2019年第1期；[美]罗芙芸：《卫生的现代性——中国通商口岸卫生与疾病的含义》，向磊译，南京：江苏人民出版社，2007年等。

度，也持续影响着盘根错节的民间社会内部关系。因此，除了市场经济、物质文化与制度观念的观察视角外，如何通过水业社会关系来稳定城市生活成为最大研究价值所在。在此期间，自来水行业如何协调城市变迁中所面临的东西方观念差异？水业社会如何在区域社会变动中谋求各自的经济利益？地方政府在面对复杂的自来水社会时如何推进其制度理念？市场与政府定价的合轨机制又如何形成？如此等等，值得讨论。有鉴于此，本文不局限于天津自来水价格的波动问题，而更多是借水价探讨其背后经济社会生活的历史变迁。

一、自来水的引入与政府接收

天津自来水供应来自于租界区。起初，英商创办自来水厂，确定了两家运营的模式，一是英租界工部局自来水厂，二是私营的济安自来水有限公司。在为数不多的国计民生行业中，自来水占有举足轻重的地位。直至战后，天津市郊区“共有水井（包括洋井）有一二四九眼，其中供饮食用的有二六八眼”。城市中心区和租界区，“大多都是用自来水”①。与河水、井水相比，自来水水质最优，逐渐成为市民饮水首选。

由于饮水为民生之首，历届政府无不确保自来水供应。1945 年 10 月，天津复原渐次完竣后，天津市公用局接收旧租界水厂改称“天津市公营自来水厂”，继续供应第一、第十区住户饮水。② 天津市公用局局长张锡羊兼任经理③，董宝桢任副厂长，主持水厂运营，共有“职员七十七人，工人一三一人”。市营自来水厂仍不足以供应全市居民用水，天津市公用局又接收民营济安自来水厂。天津市党部主任时子周任董事长，财政局李金州任官股董事，顾味儒任总经理。由于事关市民生活便利，天津

① 《是谁垄断本市的水业》，《天津市周刊》第 2 卷第 8 期，1947 年 4 月 19 日，第 7 页。

② 《本市六大公用事业概况（上）》，《天津市周刊》第 7 卷第 1 期，1948 年，第 6 页。

③ 张锡羊，张伯苓次子。1946 年 8 月，天津市公用局局长王锡钧因接受舞弊案被查，张遂由人事处长转任公用局局长、公营自来水厂经理。1948 年下半年，辞去本兼各职。参见《公用局长由张锡羊代理》，天津《大公报》，1947 年 8 月 31 日，第 5 版。

市沿用所属济安水厂的芥园水厂、西河水厂与第六区水厂，继续供应旧市区住户饮水。

按照城区水源地布局，天津公私水厂供水格局形成，共有自来水厂六部：(1) 芥园水厂；(2) 赤峰道水厂；(3) 杜鲁门路水厂；(4) 西北角水厂；(5) 威尔逊路水厂；(6) 多伦道水厂。① 几乎垄断了大部分自来水供应，“市营者供给用水百分之十五，此外百分之八十五由济安公司供给”②。出于供水安全考虑，接收后的市营自来水厂、济安自来水厂完全由天津市政府掌控，由公用局直接管辖。

需要指出的是，自来水厂并非政府部门。为监控自来水生产，1946年1月27日，天津市成立自来水业产业工会，马纯藜任理事长。③ 第一分会包括“芥园水厂工人之一部，其余一部则与西北角威尔逊路、赤峰道等水厂合组”。最后，杜鲁门路水厂组织第二分会。为避免协调滞碍，第一分会面呈社会局劳工行政科科长杨乐田，“即速派员调整”④，以利水政。接工会呈请后，社会局出于稳定城市秩序考虑，初步确定了稳定供水与联络水业的两项办法：一是提高员工生活补助。4月24日，社会局与自来水工会第一分会商讨结果是，市府准备自来水厂员工薪资“基本金四万元”，每人“底薪加一六〇倍，面粉两袋”⑤。二是整理基层工会。健全系统成为当务之急，应由社会局专人负责，依照法令划清各厂，力争“包括该业全体工人”，建立“分会组织”。

在这个背景下，1946年5月22日，社会局劳工行政科李祖伟奉令整理该业工会为三个分会、三个直辖支部。分别是芥园水厂分会(第一分

---

①《为报送选举结果请备案事致济安自来水产业工会第一分会批(附呈章程)》(1946年1月19日)，天津市档案馆藏，社会局档案401206800－J00025－3－005539－003。

② 天津市政府：《天津市政府卅五年下半年度施政报告》，天津：天津市政府1947年编印，第5页。

③《为筹备就绪举行成立大会派员参加事致社会局呈(附章程等》(1946年1月27日)，天津市档案藏，社会局档案401206800－J00025－3－005539－004。

④《为增加会员薪金事致胡局长的呈》(1946年4月27日)，天津市档案馆藏，社会局档案401206800－J00025－3－005796－001。

⑤《为济安自来水工会第一分会请求增薪事致胡局长签呈》(1946年5月25日)，天津市档案馆藏，社会局档案401206800－J00025－3－005796－002。

会），会员 260 人；杜鲁门路水厂分会（第二分会），会员 80 人；赤峰道水厂分会（第三分会），会员 135 人。直辖西北角水厂支部，会员 40 人；直辖威尔逊路水厂支部，会员 14 人；直辖多伦道水厂支部，会员 25 人。[①] 到 1947 年 4、5 月间，第一分会会员 253 人[②]，第二分会会员增至 117 名[③]。自来水业产业工会会员共计 579 人。[④] 直到 1947 年底，该工会有 4 个分会，2 个直辖支部，会员有 589 人，全部为男性会员。[⑤]

由于在自来水供应链条上，水厂工人关系产水稳定，自来水业产业工会成为水业交涉不可或缺的部分。然而，从最初的反应看，天津市政府对此不甚了了。工会理事长马纯藜待基层分会健全后，旋即向市政府申诉：自来水厂工人自身生活虽微，却事关全城饮水，亟须"自六月份起，调整工人职务津贴，并发给面粉一袋，增加底薪二十元"。应工会之请，公用局局长张锡羊确定"职员基本数五万元，加成一百六十倍，工人基本数四万六千元，加成二百六十倍"，"职员、工人统另加发面粉两袋"。1946 年 8 月 2 日，市公用局重订新办法，8 月中旬，市政府重新核定，经第 46 次市政会议决议："该厂员工生活，自不致因粮价波动而受影响，甚属合理。"[⑥]

因自来水产、供事关成本价格，进而影响市民生活，加之工会屡次申诉，市府、公用局对工会提议尽量抚慰，其目的在于通过划一公、私两厂员工待遇，稳定其生活，保障自来水业运营。虽在交涉中水厂公、私性质

---

① 《为调整自来水业工会及组织系统列表致胡局长签呈》（1946 年 5 月 22 日），天津市档案馆藏，社会局档案 401206800 - J00025 - 2 - 003485 - 001。

② 《关于自来水业工会芥园水厂分会选举会员代表情形致胡局长签呈（附选举名单）》（1947 年 5 月 15 日），天津市档案馆藏，社会局档案 401206800 - J00025 - 3 - 005456 - 025。

③ 《为监选自来水业工会第二分会会员代表事致天津市社会局胡局长签呈》（1947 年），天津市档案馆藏，社会局档案 401206800 - J00025 - 3 - 005457 - 013。

④ 《为报自来水业产业工会人数事致社会部的代电》（1947 年 5 月），天津市档案馆藏，社会局档案 401206800 - J00025 - 3 - 005559 - 043。

⑤ 天津市政府统计处：《民国三十六年天津市统计总报告》，天津：天津市政府统计处 1948 年编印，第 39 页。

⑥ 《为调整自来水厂职工待遇给市公用局的指令（附发调整标准一份）》（1946 年 8 月 23 日），天津市档案馆藏，市政府档案 401206800 - J00002 - 2 - 000 941 - 024。

各异,但自来水产业工会理事长马纯藜十分注重维持待遇均等,以达安定之生活之意。例如,济安自来水公司是股份制公司,与普通员工不同,高级职员与董事会关系密切,薪金待遇拥有特权。8 月 27 日,马纯藜得知公司将“暗增高级职员二十余人薪金,增为三十余万元”,特代表工会向公司经理顾唯如商谈。市政府收悉后,为保持待遇一致,提出应“详查注意”商谈动向,公营水厂与济安自来水公司隶属于公用局管辖,张锡羊则提出两厂员工“待遇办法,不便两歧”①。尽管自来水产水暂时可以勉强维运,而市场价格失范则给予天津自来水市政运营带来更大的难题。

二、零售水业的私营垄断

因天津城区水源稀缺,自来水供应在政府介入之外无不依赖于私营,不仅取水归属于私人店铺,销售、运送之零售业也有世袭垄断之风。随近代卫生观念的形成,自来水逐渐取代河、井生水,零售业愈加繁盛。②20 年代后,先是支引水管,再承包“井口”,开设水铺,供应全市百分之八十居民用水。③ 出于供水便利,天津“水铺有六八一家,水夫七一五一人”,“以零售自来水为生计之市民约二万人”④。“在水管放水时,人则呼之为掌柜的;在挑送水时,人则呼之为挑水夫;在拉水时,则呼之为水车夫,其身份并无店主与伙友之分。”⑤掌柜、水夫同时加入职业工会的水铺十分普遍。

据公用局统计,第三、四、六、八等区为水商供水区,人口稠密,接近

---

① 《为自来水厂十月份起调整员工待遇致市政府的呈(附调整标准表一份)》(1946 年 11 月 5 日),天津市档案馆藏,市政府档案 401206800-J00002-2-000 942-029。

② 从分布看,海河东 113 户,海河西 401 户,东局子 8 户,老西开 15 户,王庄子 34 户,特一区(旧德租界)29 户,特三区 23 户,旧法租界 9 户,旧意租界 2 户。参见《是谁垄断本市的水业》,《天津市周刊》第 2 卷第 8 期,1947 年 4 月 19 日,第 7 页。

③ 李绍泌、倪晋均:《天津自来水事业简史》,《天津文史资料选辑》第 21 辑,天津:天津人民出版社,1982 年,第 47 页。

④ 《为拟订公营售水站增设书事致市社会局的函(附计划书及意见等)》(1948 年 8 月 1 日),天津市档案馆藏,社会局档案 401206800-J00025-2-002831-009。

⑤ 《标准水桶,市府决照原议实行》,天津《大公报》,1947 年 9 月 3 日,第 5 版。

“全市人口的百分之五十以下，且多生活困难，经济拮据”[①]。在这些固定的居住区，水铺往往作为私有财产而继承，垄断之风由来已久。在天津建城以后，“卖水”无可避免地带有“占利”性质，肆意加价时常出现。零售水业纷乱不一，水价随之高低不均，“河北一带，一小茶壶的开水需要一百元，南市也许就要二三百元”[②]。价格居奇，有利可图，又与基层市侩文化相融合，逐渐形成城区“水阀”“水霸”现象。[③] 对此，主管水业的社会局劳资行政科杨乐田调查即表示：天津“水业情形特殊，其经营者亦多系半资半劳性质，虽雇用少数工人，本身亦从事劳动，且资本较少”[④]，“水夫有的是水铺掌柜雇用的，有的是自己独立从水铺里卖水挑送给住户，在贱买贵卖之下，谋点利润”[⑤]，这就造成了零售水价的法外空间。

与依赖外国技术的水厂不同，零售水业与天津地方民情的关系更加紧密。1928 年，国民党进入天津后，最早在零售业成立了水业职业工会，会员既有水铺铺主，也有水夫。抗战胜利天津复原前，天津市社会局批准备案水业工商团体有三个，分别是水业职业工会、水车业职业工会以及水商同业公会。抗战后，由于市政府刚刚接收，不谙地方情形，遂暂时批准备案。虽然零售水业团体完成近代转型，但“性质”参差，意见不齐。如 1946 年 4 月 5 日，天津市社会局召集水业职业工会、水商同业公会商讨价格。由于尚属首次议价，沿用了传统水业惯用的“挑”计量，水铺门市售水每挑二十元，水铺或挑夫送水，“每挑另有脚费十元，共计每挑三十元”[⑥]。但实际价

---

① 《为解散水业纸业工会事与社会局往来函(附诉愿函件)》(1948 年 8 月 14 日)，天津市档案馆藏，社会局档案 401206800 - J00025 - 3 - 005656 - 019。

② 《是谁垄断本市的水业》，《天津市周刊》第 2 卷第 8 期，1947 年 4 月 19 日，第 8 页。

③ 水铺生意兴旺时，形成水业“四霸天”：东霸天李余三，独霸河东大直沽一带；南霸天王朝荣，独霸南市一带；西霸天穆贤怀，独霸西门外、西头一带的水铺 20 多处；北霸天牛汝厚，独霸河北一带。其中，以东、西两霸势力最大，非经他们的许可，不能开设水铺。参见王华棠主编：《天津——一个城市的崛起》，天津：天津人民出版社，1990 年，第 182 页。

④ 《为查本市水业团体各工会的特殊性将来自应加以调整事致农业经济科的往来函》(1946 年 7 月 2 日)，天津市档案馆藏，社会局档案 401206800 - J00025 - 3 - 00 148 - 028。

⑤ 《是谁垄断本市的水业》，《天津市周刊》第 2 卷第 8 期，1947 年 4 月 19 日，第 7 页。

⑥ 《自来水价格定为每挑二十元》，《益世报》，1946 年 4 月 6 日，第 4 版。

格远高于此。起初，每十加仑自来水“不过才要三十七元”，而“水铺卖一挑水（顶多七八个加仑）需要二百元左右，要是水夫挑送的恐怕五六百元也不止”①。4 月 17 日，水车业职业工会理事长朱成义即致函社会局提议两点：(1) 水车业职业工会多系送水夫组成，利益攸关，为何水车业工会不得参加会商；(2) 水价二十元，获利几近“十八倍”，“岂非暴利”。②

中心城区零售水业卖水方式特有的复杂性，也加剧了政府主管官署的分歧。社会局胡梦华即认为：“如不准（工会）成立，掀起风波，必致影响治安及市民饮料。”③天津复原之际，便形成了“先恢复，再调整”的方案，待局势稳定后，再求劳资分开。然而“劳资混合”已成积习，所代表利益多有歧见，因关乎“社会秩序与民生的安定”，卫生局第四科金华国有畏难情绪，认为“会员份子复杂，良莠不齐，监督指挥不易”④，应先行调查整理，再由卫生、社会两局议定办法，以求妥善处理。

1946 年 7 月 20 日，天津市政府召集社会局、警察局、公用局、工务局、济安自来水公司会商，以求“一劳永逸，彻底解决市民饮水问题”⑤。8 月 12 日，社会局第四科科长姚金绅提出具体办法：济安自来水公司应设“供应处”，其利好有：(1)“公家无消耗公帑之虞”；(2)“公司发展其营业”，推进自来水市政；(3)“水铺包商仍可为贫苦市民、老弱无力者，供给饮水，于挑夫并无重大影响”。然而，这种做法仍然存在隐患：一是水价“难免悬殊”⑥，二是水铺“必将起而反对”⑦。

① 《是谁垄断本市的水业》，《天津市周刊》第 2 卷第 8 期，1947 年 4 月 19 日，第 8 页。

② 《为自来水价格是否暴利事致天津市政府社会局的呈》(1946 年 4 月 17 日)，天津市档案馆藏，社会局档案 401206800－J00025－3－001250－001。

③ 《为查本市水业团体各工会的特殊性将来自应加以调整事致农业经济科的往来函》(1946 年 7 月 2 日)，天津市档案馆藏，社会局档案 401206800－J00025－3－00148－028。

④ 《为肥料业清洁业分别成立工会事致胡局长的签呈》(1946 年 5 月 24 日)，天津市档案馆藏，社会局档案 401206800－J00025－3－005709－010。

⑤ 《为召开会议商讨自来水供应处办法事给警察局公用局工务局济安自来水公司的函》(1946 年 7 月 20 日)，天津市档案馆藏，社会局档案 401206800－J00025－3－001250－023。

⑥ 《为筹设供应处事给济安自来水公司的训令(附原签呈)》(1946 年 9 月 4 日)，天津市档案馆藏，社会局档案 401206800－J00025－3－001250－014。

⑦ 《自来水供应无问题，济安出水较战前增一倍》，天津《大公报》，1946 年 8 月 7 日，第 5 版。

实际上，济安自来水公司早有此类计划，在水管接通不足情况下，仅接入“井口”，进而就近售卖，也被称之为“井口售水制”，市政府“供应处”之议只是这种旧制的翻新。自来水公司“不得不设法利用旧有的水铺去替他们销售自来水，甚至不收水费来争取水铺，等到人们对于自来水习用了，(自来)水铺也加多起来了，为了限制水铺过多营业易于发生冲突起见，水商和公司便划定势力范围”，即在 500 英尺以内，除该公司注册之水铺外，不安设新自来水管，不另装水铺表，如有告发，“公司得依法处置”。①

然而，铺设水管的水铺与自来水公司达成一致后，水铺独占经营供水进一步加剧了用水畸态，富户价低，穷户价高。在送水区域，“水霸”习于旧日风气，蛮横异常，“简直是水的独占专利者，也更是天津社会的托拉斯”②。至 1946 年 9 月 16 日，济安自来水公司上呈称：设立井口难免“用户安装水管者，日渐增多，各水铺相继林立”③。对此，社会局调查认为，“水霸”“水阀”确为城区水业特有现象，他们多是“市井人物”，不仅哄抬水价，阳奉阴违，而且煽动同业抗拒法令。10 月 9 日，水业工会代表就检举三区六家水铺，其中，河东小石道之王四水铺及河北金家窑大公馆胡同之张存芳水铺最为猖獗。④ 由此，零售水业的垄断固然在一定程度上便利市民饮水，但其独占属性也成为自来水业最大毒瘤。

综合以上“实情”，社会局胡梦华认为应“妥商办法”⑤，从源头上统筹水业，再图变革。10 月 12 日下午 3 时，社会局、警察局、公用局与济安自来水公司会商办法，以“尽利为至要”为根本之策，具体方案是，先于“水商较少、市民取水不便地区，酌量恢复井口”，其后“逐渐推行”，以先“便

---

① 《是谁垄断本市的水业》,《天津市周刊》第 2 卷第 8 期，1947 年 4 月 19 日，第 8 页。

② 《是谁垄断本市的水业》,《天津市周刊》第 2 卷第 8 期，1947 年 4 月 19 日，第 8—9 页。

③ 《是谁垄断本市的水业》,《天津市周刊》第 2 卷第 8 期，1947 年 4 月 19 日，第 8 页。

④ 《为查不法水铺抬高水价查办上报事给三区公所训令》(1946 年 10 月 9 日)，天津市档案馆藏，第三区公所档案 401206800 - J00032 - 1 - 000309 - 049。

⑤ 《为筹设供应处赴济安公司查复情形致天津市政府秘书处的函》(1946 年 9 月 21 日)，天津市档案馆藏，社会局档案 401206800 - J00025 - 3 - 001250 - 025。

利市民之取用，后无妨水商之售卖，并筹并顾”[①]。井口选定后，社会局“召集水商（同业）公会、水车夫工会负责人”，通告各会员“协助推行”[②]。然而，考虑到“消防管道关系重要，未便利用”，天津市府最后确定“供应处暂时“无设立之必要，应从缓议”[③]。

尽管如此，社会局仍认为应力求“变通办理”，“自应早日促其实现”[④]。实际上，在城区边缘地带筹建供应处固然可以借地方商人之力推进市政变革，但仍然困难重重。供应处不仅面临消防对接、材料施工等现实局限，而且其本质上只不过是扩大自来水的商业运作，这不仅对于根深蒂固的传统水业垄断无济于事，而且往往因为固有的盈利模式，无法跳出对增加水价的依赖。因此，在此种商业运作日益扩大的天津自来水供应体系里，事关供水稳定的自来水厂员工的生计考量与大多数市民的生活便利的矛盾往往会不断激化，逐渐演变成天津城市近代化愿景的障碍。

三、员工生计与市民生活的折冲

1946 年底，杜建时升任天津市市长即宣誓：“全市每一个角落、每个市民的日常生活，都能达到‘安’‘便’‘足’的最高境界”[⑤]，尤其是“市政设施，须特别着眼于工商经济，使一切工商业能够在安定环境之下，日趋健旺，能够在金融活泼之下，日即繁荣”[⑥]。在其倡导之下，11 月 5 日，张锡

---

① 《为商讨筹设自来水供应处事给警察局公用局的函给天津济安自来水公司的训令》（1946 年 10 月 11 日），天津市档案馆藏，社会局档案 401206800 - J00025 - 3 - 001250 - 027。

② 《商讨恢复井口制售水会议记录》（1946 年 10 月 12 日），天津市档案馆藏，社会局档案 401206800 - J00025 - 3 - 001250 - 008。

③ 《为改定恢复井口制售水等制社会局的指令》（1946 年 10 月 2 日），天津市档案馆藏，市政府档案 401206800 - J00002 - 3 - 002904 - 012。

④ 《为筹设自来水供应处改为设立井口售水制事给济安自来水公司的训令》（1946 年 11 月 20 日），天津市档案馆藏，社会局档案 401206800 - J00025 - 3 - 001250 - 019。

⑤ 《本府施政方针》，《天津市政统计月报》第 1 卷第 4、5 期合刊，1946 年 10 月，第 5 页。

⑥ 天津市政府：《天津市政府卅五年下半年度施政报告》，天津：天津市政府秘书处 1947 年编印，第 1 页。

羊草拟了自来水员工十月份薪金调整标准，呈报批准。11 月 9 日，杜建时特别指令公用局，自来水业员工待遇关乎社会民生，不可与其它行业等同，“不得率尔(自行)核准”[①]。

事实上聚焦于自来水法定价格问题，产水者之生计与用水者之民生源自彼此对立的诉求取向，不乏矛盾之处。对于此种两难，杜建时着重考虑先行统筹调配米、面、煤等生活物资，采取多种联动措施，待市面平稳后，物价波动自当迎刃而解。然而，与其他公用事业价格调控相似，由于物资的调运缓慢，为保障民生安定，政府法定价格遂势在必行。如张锡羊就曾指出：生活物价大起大落之下，水、电价务须以煤、面价格为基，以上涨的比例为准，“每涨落五百元，则每百加仑水价涨落二元”[②]。

之所以以煤、面价格作为自来水价参考，在于两种物资均是自来水厂运营的必需品。1947 年 1 月以来，煤、电价格上调，自来水市政运营成本自然提高。为避免自来水公司停运，天津市长杜建时指令胡梦华注意水价波动，尤应指导水业工商团体，遵照法定水价，“随时督饬各商，切实遵照，不得私行增价”[③]。1 月 20 日，考虑到民生艰难，临时参议会决议：“值百物腾贵之际，公营事业自不宜增价，如不得已必须加价时，亦不得超过原价百分之五十，以免刺激物价”。[④]

恰在此时，法定水价的呼声甚高。自来水用户“率多贫苦市民，血汗所获不足以养其家”，况且水价“极不一致，民众早已啧有烦言”[⑤]。因此，自来水产业工会即向社会局呈请政府核准水价。与此同时，第二区保民方文义也极力呼吁：“本市水铺及担水夫对于用水住户态度蛮

① 《为自来水厂十月份调整员工待遇给市公用局指令》(1946 年 11 月 9 日)，天津市档案馆藏，市政府档案 401206800－J00002－2－000 942－030。

② 张锡羊：《公用事业价格》，《益世报》，1948 年 5 月 21 日，第 5 版。

③ 《为调整水商水夫售水价格事致天津市政府社会局的指令》(1947 年 1 月 14 日)，天津市档案馆藏，社会局档案 401206800－J0025－3－001148－047。

④ 《济安自来水增价不得超过原价之半》，《益世报》，1947 年 1 月 21 日，第 4 版。

⑤ 《为水车工人职业工会收回检定水桶公定水价成命事致杜市长的呈(附会议记录一件办法说明书一件成本计算单一件计算公式一件原呈文一件)》(1947 年 9 月 16 日)，天津市档案馆藏，市政府档案 401206800－J0002－3－002893－047。

横，随意增加”，请政府“即予惩办，以儆刁顽”①。在此舆情波动背景下，自来水市政如何实现统筹变革已经成为天津市紧要之事，整理水业势在必行。

1947 年 2 月 6 日，为获得合理的零售水价，天津市府又召集水业职业工会、水商同业公会会商。据统计，此时市面零售水价分别为“水铺售给水夫每担五十元，水铺售给用户每担八十元”。经此次会商后，自来水价“增为一百二十元”②，以十加仑计，“住户自取每担二百元，水铺售给水车夫每担一百三十元，水车水夫送售用户每担均为三百五十元”③。由此可见，天津市公用局期望通过微调，稳定水夫生活，尽可能在减少百姓用水负担的同时，保障水业兴旺。

然而，这个提价方案仍无法实现稳定从业生活与保障市民利益的平衡。因天津市自来水厂处于供水体系的源头，2 月 12 日，自来水产业工会理事长马纯藜上呈市府称：工人生活无法维系，“温饱不足，叫苦呻吟”，应谋救济之策。经过磋商，自来水产业工会居于“谋求会员福利之立场，一再向济安（自来水）公司要求改善”，济安自来水公司干脆公开账目，“煤、电费用消耗大半”④。在工会表达水厂员工利益诉求同时，正值国民政府颁布的《公务员待遇调整办法》下达市政府。借助此次自来水工会呈文、中央法令实施之机，公用局局长张锡羊也提请改善员工待遇，“基本数改为九万元，加成数改为八百倍”⑤。

① 《为界内水铺不按公价售水予以取缔的提案》（1946 年 11 月 1 日），天津市档案馆藏，社会局档案 401206800－J00025－3－004861－046。

② 《为调整水价执行事致天津市水商业同业公会水业职业工会水车业职业工会的训令》（1947 年 2 月 6 日），天津市档案馆藏，社会局档案 401206800－J0025－3－001148－048。

③ 《为水车工人职业工会收回检定水桶公定水价成命事致杜市长的呈（附会议记录一件办法说明书一件成本计算单一件计算公式一件原呈文一件）》（1947 年 9 月 16 日），天津市档案馆藏，市政府档案 401206800－J0002－3－002893－047。

④ 《为自来水前途堪虑迅谋补救方策致社会局呈》（1947 年 2 月 12 日），天津市档案馆藏，社会局档案 401206800－J00025－3－003630－001。

⑤ 《为自来水厂调整职工待遇致杜市长的呈》（1947 年 2 月 24 日），天津市档案馆藏，市政府档案 401206800－J00002－2－001115－020。

在此期间，马纯藜再次提议："自来水为津市公用事业主要部门，关乎社会秩序，系于市民生活，为建国计，为社会安宁计，惟朝夕对各厂员工劝慰忠告实情，藉以消弭不幸之工潮。"尽管如此，"员工被生活所迫，离去他就"，无可避免。为扩大影响，维护权益，自来水业工会又派人到社会局面呈，并分赴公用局、警察局、市政府、参议会请愿。对此，社会局胡梦华表示赞同："自来水厂虽系民营，但关乎公用事业，水价既不可增加，而员工生活确成问题。"①

事实上以面粉时价每斤 700 元为准，自来水厂员工工资"支俸二百元之职员，与市属机关同俸级之职员所得相等，支俸二百元以上者，则较同俸级之职员待遇为低，两百元俸级以下者则较市属机关职员待遇为高"②。1947 年 3 月 19 日，提高自来水员工待遇的提案经市政会议第 75 次例会决议通过。经各方呈请后，自来水员工与市属机关职员拥有同等待遇。天津市公用局慨言：相对于他业工人，"他们是不用管理的，从不作无理的要求，但有理就一定坚持"③。尽管自来水员工待遇提高巩固了社会秩序，但在物价高涨之下，所增加的待遇又演变为新一轮"增价"风波转嫁到市民身上，引发了更为深层次的利益博弈。

四、水价调控问题的劳、资、政会商

自来水不仅改变了住户的用水方式，也形成了水价调控为中心的官民互动，结果是水业经济结构也随之从私人经营向公用事业转变，劳、资、政利益关系成为不可或缺的组成部分。作为政府不断提倡卫生饮水观念的产物，自来水既是生活必需品，也是相关行业的必要物资，不断高涨的水价成了公共交涉的焦点。1947 年初，自来水厂员工待遇提高不

---

① 《为自来水前途堪虑迅谋补救方策致社会局呈》(1947 年 2 月 12 日)，天津市档案馆藏，社会局档案 401206800 - J00025 - 3 - 003630 - 001。

② 《为调整自来水厂员工待遇给市政会议的提案(附员工所得比较表一份)》(1947 年 3 月 11 日)，天津市档案馆藏，市政府档案 401206800 - J00002 - 2 - 001115 - 021。

③ 《本市六大公用事业概况(上)》，《天津市周刊》第 7 卷第 1 期，1948 年 5 月 1 日，第 7 页。

久，新一轮水价也公布实施，如以百加仑计，凡政府机关、团体、水铺为370元，而普通用户为400元。新水价一经通告，大、小用水商户运营成本骤然增加，合理水价如何订立遂成为牵动各方的紧要问题。

1947年3月，澡堂业、旅店业受到影响最大。澡堂业同业公会一再申诉“用水即卖水”，澡堂与水铺同，且与普通用户异，此次改订水价，“澡堂业贩卖之水量比较水铺有多无少，反而价格为高，不合情理”①。此外，北辰饭店、交通旅店提出，“与水铺、澡堂性质相似，其（运营）方式无非代公司间接向顾主销售自来水”②。天津市商会收到同业公会陈情后，即刻转告济安自来水公司，要求“让免”。对于此种民间声音，自来水公司也有所回应：“此次水价虽属增加，但较诸一般物价，仍属最为低廉，亦为各方所公认。”自来水公司也做出让步，“勉将本年一月份追加部分减让，以期两全”。③

增价风波愈演愈烈表面上是调控不利所致，其实是水价背后之商业利益在助推。市场价格居高不下，加之水业团体积极呈请，公用局局长张锡羊主张将法定水价视为“中心工作”，依靠会商方式，贴近民生实况，提升政府定价的效力。4月15日，社会局、公用局共同召集各方会商，参加者有自来水厂副厂长陈静澜，水业职业工会傅文生（王文韶代），水车业职业工会朱成义（范中五代），水商业同业公会刘仁甫等。此次会议重在依据每人（车）日工作量与薪金，估算法定水价：（1）水铺售给水夫，每担130元；（2）水夫送给用户，每担400元；（3）水夫售给用户，每担400元。由于出席人多为代理人，加之缺乏精确方法，此次会商效果有限。

此后，官民会商成为调控水价的首要环节。1947年4月25日，张锡

① 《为济安自来水公司违法加价请另行议价事致天津市商会呈》（1947年3月24日），天津市档案馆藏，天津商会档案401206800－J0128－3－008467－001。

② 《为向济安自来水公司交涉追加水价事致天津市商会函》（1947年3月29日），天津市档案馆藏，天津商会档案401206800－J0128－3－008467－003。

③ 《为旅店业公会请交涉追加水价事与济安自来水公司的往来函（附本会致旅店业公会函）》（1947年4月4日），天津市档案馆藏，天津商会档案401206800－J0128－3－008467－004。

羊再次召集水业各方来局会商厘订“合理”水价。参加者有自来水厂副厂长陈静澜，社会局谢天职，警察局萧研展，公用局统计主任吕懋仁，水业职业工会傅文生，水车业职业工会朱冠英，水商业同业公会刘仁甫，等等。此次会议改变了估算方法，确定加仑、英寸等英制度量。水桶标准尺寸定为“甲、桶口直径十三寸六；乙、内径桶长十一寸二；丙、底直径十二寸一”。若以此水桶送水，每十加仑水价为 350 元。①

4、5 月间，“天时渐暖，用水剧增，贫苦市民实不堪负担”②。为消减民怨，扫清来自独占利益团体的反弹，自来水价格成为会商的重中之重。4 月 29 日，市政府召集各报记者，从舆论上打压“水阀”投机，并为整顿水业造势。具体计划有四：“（一）解决水阀；（二）旧英租界碱水问题；（三）水卫生问题；（四）天津市水建计划。”③然而，市政府更倾向于统筹水源，杜建时即勒令张锡羊“应先行（水厂合并）计划，未雨绸缪，以免发生断水之虞”④。市府认为，产水关系健康、卫生，是“开源”之策，应筹备将公营自来水厂与济安自来水厂归并为一。

不同于市府态度，此时张锡羊倾向于“统筹施策”。需要指出的是，虽然这种政策包含了工商政民的参与，但仍然是强化法定水价效力的延续。比如，在其看来，实施水价的定、调并举，非整顿水业不可。其做法在于：一是增加供应。新增十处供水站，由公用局经营管理。⑤ 二是统一衡器。推行标准水桶，将每担统一为十加仑，加盖“度量衡检定所”及“公用局核定”火印，以便监督。具体步骤是，从 5 月 7 日至 5 月 10 日，按日分区检定。具体安排：5 月 7 日，检定二、四、五区；5 月 8 日，检定三、九

① 《为整订本市零售水价一案办理经过情形及记录通告说明备文请鉴核备案致杜市长的呈（附会议记录）》（1947 年 4 月 30 日），天津市档案馆藏，市政府档案 401206800－J0002－3－002893－019。

② 《水阀其醒》，天津《大公报》，1947 年 4 月 29 日，第 5 版。

③ 《津筹备划一用水》，《益世报》，1947 年 4 月 30 日，第 4 版。

④ 《为具报计划市自来水及改善第十区水质办法致公用局的训令》（1947 年 5 月 13 日），天津市档案馆藏，市政府档案 401206800－J0002－3－002868－012。

⑤ 《津筹备划一用水》，《益世报》，1947 年 4 月 30 日，第 4 版。

区;5 月 9 日,检定七、八区;5 月 10 日,检定一、六、十区。① 在此期间,水商申请检定有 65 家,水夫有 238 人。共检定合格 205 个,不合格 125 个。②

在此新政推行进程中,尽管公用局屡次推动水业团体配合实施,实际上水业、水车职业工会并未响应。社会局胡梦华为消除障碍,以界限混淆、职权不分、屡肇纠纷为由,勒令解散水业职业工会,依法筹组合法团体。③ 上项会商决议并没有得到切实遵办。第一次检定水桶后,水业职业工会理事长傅文生即提出:本会"(水夫)会员体力强弱各别、老幼不等,难负标准重量"④,"他们卖苦力气天天不断的供给市民用水,功劳也不算小呀!一旦有什么影响了他们的利益,(工会)当然是要出头说话的"⑤。由此看来,水业职业工会对社会局施政不满,还是因为政府定价过低,影响送水利益。对此张锡羊即言:水铺借"工会"之名作梗,水夫"亦不无观望心理"⑥。

更为棘手的是,水商同业公会也与全市商业摆出一致姿态,虽然其意并非与工会相同,但在无形中阻碍了水业整顿。1947 年 5 月 24 日,该会理事长刘仁甫表示:本业"生活程度骤增,开支浩繁,对于前定水价殊感不能维持,纷请设法调整"⑦。值得说明的是,5 月 27 日社会局得知后,表示"体恤",但水政决策不容动摇,只准许"添验五加仑一担之水桶,标明半

---

①《为实施零售水价制定标准水桶按期派员协助办理并检发检定水桶事给三区公所训令(附有关表)》(1947 年 5 月 6 日),天津市档案馆藏,第三区公所档案 401206800-J0032-1-000309-061。

②《为整订零售水价一案执行检定核备案致杜市长的呈(附统计表一纸)》(1947 年 5 月 17 日),天津市档案馆藏,市政府档案 401206800-J0002-3-002893-027。

③《水职工会奉令解散,社会局决定善后办法》,《中南报》,1947 年 5 月 7 日,第 4 版。

④《为水车工人职业工会收回检定水桶公定水价成命事致杜市长的呈(附会议记录一件办法说明书一件成本计算单一件计算公式一件原呈文一件)》(1947 年 9 月 16 日),天津市档案馆藏,市政府档案 401206800-J0002-3-002893-047。

⑤《是谁垄断本市的水业》,《天津市周刊》第 2 卷第 8 期,1947 年 4 月 19 日,第 8 页。

⑥《为整订零售水价一案执行检定核备案致杜市长的呈(附统计表一纸)》(1947 年 5 月 17 日)。

⑦《为物价波动如何调整水价事致天津市政府社会局呈》(1947 年 5 月 24 日),天津市档案馆藏,社会局档案 401206800-J0025-3-001122-022。

桶字样，计价仍以十加仑为准”。直至 6 月，政府开始分区检定，“结果寥寥无几”①。6 月 30 日，傅文生直指社会局不顾水业实际，向社会部提出诉愿以求公道。②

工商团体与政府各不相让，反映了双方势均力敌，然而这也是政府不能接受的事实。7 月 11 日，官民矛盾白热化后，社会局局长胡梦华只得“请警察局取缔”③。7 月 22 日，刘仁甫也致函卫生局呈称：水铺之外，“各街口道旁，有浮设锅炉不下二十余处之多，擅行煮水，大施竞卖”，由于此种流动锅炉售水，既“无捐税”，又“少开销”，请政府干涉，“以维商艰”。卫生局局长陆涤寰知悉后认为，各摊贩售卖“仅限开水，于卫生似无妨碍，所请取缔一节，似未便照准”④。水业整顿进展迟缓，水商水夫固守其利，成为天津市政的最大民生难题。⑤ 之后，天津市府再次召集各方会商。1947 年 8 月 23 日，张锡羊主持召集水商业同业公会，水业、水车、水夫职业工会，警察局，社会局以及各区区长，参加零售水价及标准水桶实施办法讨论会议。张锡羊强调水业整理要点：第一为统筹产水机构，“使其经营方式与产水成本合理而具效率”；第二为规范零售业，“使容器有标准，价格无偏执”；第三为建设新市政，“配合市政一般发展，改善并扩充水政设施”⑥。

---

① 《为水车工人职业工会收回检定水桶公定水价成命事致杜市长的呈(附会议记录一件办法说明书一件成本计算单一件计算公式一件原呈文一件)》(1947 年 9 月 16 日)，天津市档案馆藏，市政府档案 401206800 - J0002 - 3 - 002893 - 047。

② 《为解散水业纸业工会事与社会局往来函(附诉愿函件)》(1947 年 6 月 30 日)。

③ 《为处理水业职业工会破坏会务事致天津市商会指令(附原呈)》(1947 年 7 月 16 日)，天津市档案馆藏，社会局档案 401206800 - J00025 - 3 - 005696 - 004。

④ 《为取缔各商浮设锅炉售水事致天津市水商业同业公会的呈(附水商业同业公会的呈等)》(1947 年 7 月 31 日)，天津市档案馆藏，卫生局档案 401206800 - J0116 - 1 - 000921 - 015。

⑤ 据公用局统计显示，在挑送水区域，“每日用水量总计约为二百万加仑，以市府平价办法计算，每加仑平均超出原价五十余万元，此项额外消耗每日在一亿元以上，均由一般市民负担，殊为痛苦”。参见《为筹设公共售水站及自费售水站等情形致杜市长呈(附提案)》(1947 年 11 月 11 日)，天津市档案馆藏，市政府档案 401206800 - J0002 - 3 - 002972 - 036。

⑥ 《为发讨论零售水价及施行标准水桶会议记录事给天津市十一区公所的函(附会议记录)》(1947 年 9 月 17 日)，天津市档案馆藏，第十一区公所档案 401206800 - J0039 - 1 - 000074 - 007。

此次会商中，工商团体代表行业利益，而并非单一替政府办事。这种“表利”大于“辅政”的政府与团体关系，致使官民交涉遇到阻碍，水业整理迟滞，从根本上进一步推动公用局从依赖水业团体向打破水业壁垒转变。水车业工会理事长李凤舞主张：“本业（会员）从事售水跋楼梯、涉泥潭，倍极艰苦，所获仅足一饱。所备水桶率为七八加仑，若将现有水桶废置不用，殊不经济，一律另作新桶，亦（经济）实力所未逮。”另外，本业售水价格，“向以水铺水价及粮价计算”，水涨船高。如政府水铺售给水夫价格过低，本业将无利可图，反之，“用户势将尽量自取，本业甚难维持营业”。如此，李凤舞向公用局建议：整顿水业营业秩序关键是，“政府与其提高本业，不如提高民户向水铺自取水价”。如此，李凤舞建议，鉴于划一水桶，“本业所受影响远较水商为大”，其根源在于“本业即随水价以为涨落，标准水桶之检验关系甚微”。为水夫利益计，法定水价及标准水桶应“缓予施行”①。

对于水业工会提出的问题，各方反应不一。水商同业公会理事长刘仁甫发言：遵守政令固然无疑，但请政府体恤，高购低售，“实难维持”。第二区区长梁叔达居中立立场，考虑各方论调，认为应补验全市之“不合格”水桶。第六区区长赵子彬陈述：各保“已有三分之二申诉民户饮用水之困难，请速设公立水站售水”。公用局第二科李长劭认为：“事关全体市民，不能以不了了之”，新水价既然确定，市民若“不能买到所值之水量，恐行致纠纷”。此次会议后，天津市长杜建时认为应厉行法令，一方面要切实完成水桶检验，另一方面不合格水桶不得以每担九百元售卖。②同时布告市民，务必“使市民得以合理之代价，得到（卫生）饮水”③，安抚秩序。

工商团体的抵制在意料之中，关键是如何经由上下联动，获得有效

① 《为发讨论零售水价及施行标准水桶会议记录事给天津市十一区公所的函（附会议记录）》（1947年9月17日）。

② 《为零售水水价办法准予备案事给公用局的指令》（1947年8月25日），天津市档案馆藏，市政府档案 401206800－J0002－3－002893－044。

③ 《设置公共售水站》，《天津市周刊》第4卷第3期，1947年9月，第3页。

的变革之道。天津市政府力求“分而治之”推进水业整理，这就要先整合各方实情，消减底层利益集团的反弹，再对社会变动加以适当的管制。一是扩建售水站。在短期内，划分区域，准许“市民自由申请”[①]，“设立公共售水站，(以)平价供水，以限制水铺之垄断，计划全市三百余保，平均每保有一售水站”，在此之后，再“设流动售水站，以特制之水车，供给市民住户用水”。二是加强对水商的监管。9 月 1 日至 9 月 10 日期间，对于水商“投机取巧”[②]，再次检定标准水桶，“自十一日起，全市水桶，即须完全划一”[③]，这项水业整顿举措，应由公用局办理。

水车业职业工会李凤舞的表态最终没有得到重视，从一个侧面表明水价会商本质上仍然是政府主导的法定机制。究其根源，这种机制的形成更多是“水阀”独占零售业造成的。事实上，李凤舞曾一再上呈市政府：“水商系设铺租管雇佣人工，每月担负除工资福食各费外，尚有房租、电费及损失在内”，水夫则不同，“除水车、水担之临时修补及牲畜饲料外，别无担负”，纯属“受雇者”。“自有津市以来，闻有节限衣、食、住，未闻有限于售水，公用局之检定，殊欠妥当”[④]，却于事无补。为能够消减来自水业的反弹，张锡羊指令基层各区、保，为克期完成，“非由市民检举及警局协助不为功”[⑤]，进一步强化政府推行水价的力度。直到 9 月 10 日，水车工人职业工会会员“无一人受检”。总起来看，天津市零售水业整理无法得到有效推动，可以看作是工商团体已经成为私商护符所致，公用自来水价波动背后代表的商业利益无疑需要市政体系转型与变革。

---

① 《三十七年度上半年度工作报告(工作述要)》，《天津市政统计月报》第 3 卷第 6 期，1948 年，第 9 页。

② 《标准水桶，市府决照原议实行》，天津《大公报》，1947 年 9 月 3 日，第 5 版。

③ 《设置公共售水站》，《天津市周刊》第 4 卷第 3 期，1947 年 9 月，第 3 页。

④ 《为水车工人职业工会收回检定水桶公定水价成命事致杜市长的呈(附会议记录一件办法说明书一件成本计算单一件计算公式一件原呈文一件)》(1947 年 9 月 16 日)。

⑤ 《为划一零售水价事给第二区公所令》(1947 年 9 月 9 日)，天津市档案馆藏，第二区公所档案 401206800-J0031-1-00 026-010。

五、水价纠纷的变奏与赓续

由上可知，从“法定”到“调控”水价，再从水业整顿到“统筹施策”，反映了天津自来水上下联动、市场与政府合轨定价机制的近代化转型。在此路径中公用事业的公私双轨运营固然可以减轻政府独占运营之繁，但也陷入了增价维运的窠臼，尤其在公营运行力所不逮时，也会因私营成分而丢失其最初的公用本意，政府平价政策已成为大势所趋。天津市政府其实并不担心自来水供应区域的饮水问题，而是十分忧虑挑送水区域潜在的种种不可控状况。从一开始，天津市民生活就深受影响，一方面“贫苦市民紧缩用水”，另一方面“水价愈高，纠纷愈多”①。换言之，综合统筹破除垄断、平抑水价、消弭纠纷、扩充市政四大目标，从根本上革新市政体系，才是调控水价与整理水业的根本之策。

基于长治久安的考量，张锡羊力谋改弦更张，正式抛出公共售水站提议，具体可行办法有二：新建公共售水站；重订水价估算方法。依照此种方案既从根本上打击“水阀”，也可以避免新的垄断滋生，进而可以高效实施政府法定水价。为了调动政府与民间资源，共建市政设施，达到既供给民需也动员民力之效，公用局抛出计划，以行业外“市民”自由申请设立公共售水站，筹措十分之五建筑费，由区公所全权运营。日后收回成本后，再收为“公产”，须由公用局分别指派员工监理。水站设管理员 1 人，长工 1 人或数人。公共售水站售水价格依据法订水价标准，全天对外售水，即“每日晨七时起至下午十时止”②，“遵照公定水价售卖，并使用标准水桶”③。正如张锡羊上呈市府所言：兴建公营售水站，“以扩充水源，而期增强供应，该项措施不但水价取得合理，而于饮料卫生及劳力

① 《为拟订公营售水站增设书事致市社会局的函(附计划书及意见等)》(1948 年 8 月 1 日)，天津市档案馆藏，社会局档案 401206800－J00025－2－002831－009。

② 《关于议决公共售水站管理办法案的送达通知单(附提案)》(1947 年 9 月 1 日)，天津市档案馆藏，市政府档案 401206800－J0002－3－002904－020。

③ 《防止水商垄断，津市筹设公营水站》，天津《大公报》，1948 年 5 月 6 日，第 5 版。

方面均有裨益”[①]。

在中心城区之外，兴办的“边远地区”市政工程，最为紧要的是筹措经费。据初步统计，“接引支水管设站”，“每站需用工料费用数千万元乃至亿元以上”。经费、物资奇缺之时，筹集这笔庞大的费用建设基础水站是一个棘手问题。为收协同共济之效，张锡羊提出“取之于地方，图利于地方”原则，不仅“利用民有私管接装”，而且大力倡导“(私营)水铺改建(公共)售水站”。考虑到建设公营售水站难免在现有水道之上，叠床架屋，公用局首先查明，新建售水站，“不致影响自来水流量”[②]。经过一系列安排，基本上扫清了兴建公共售水站的障碍。

从 1947 年 9 月起始，公用局开始会同各区公所，选定水站地点，着令各区公所详细呈报各区“人口分布情形及需设水站地点，勘查拟议，并备图表”[③]。9 月 16 日，公用局基本确立了“每保设立一处售水站”的布局，“以期早日完成”[④]。在第七区，水站选址“以距现有(私营)水铺较远为最适宜”[⑤]。在第八区，尚存日伪时期“机械水井”及相应管道，公用局认为应具报水管起讫地点及管径，“以便利用已有材料，改善饮水事业”[⑥]。天津市府确定 10 月份，依照粮价走向，实施新水价。为确保水价为各方所诚服，兼顾水业生计与市民饮水，新水价以 1947 年 8 月 25 日为基期，按照统计方法计算，以每十加仑的价格公布实施，计算公式为：

水商售与水车及水夫：300/2×300/2×2 867/2 000＝445.8 元(以

---

① 《为筹设公共售水站及自费售水站等情形致杜市长呈(附提案)》(1947 年 8 月 31 日)，天津市档案馆藏，市政府档案 401206800－J0002－3－002972－036。

② 《关于议决公共售水站管理办法案的送达通知单(附提案)》(1947 年 9 月 1 日)，天津市档案馆藏，市政府档案 401206800－J0002－3－002904－020。

③ 《为勘查设立售水站址事给第五区公所训令》(1947 年 9 月 2 日)，天津市档案馆藏，第五区公所档案 401206800－J0034－1－000382－038。

④ 《为设立售水站事给第一保的训令(附略图)》(1947 年 9 月 16 日)，天津市档案馆藏，第八区公所档案 401206800－J0037－1－000651－109。

⑤ 《为设立售水站选妥地点事给各保训令》(1947 年 8 月 30 日)，天津市档案馆藏，第七区公所档案 401206800－J0036－1－000388－004。

⑥ 《为设立售水站事给第一保的训令(附略图)》(1947 年 9 月 16 日)。

450 元实施)；水商售与自取用户：445.8×(1+0.5)=668.7 元(以 700 元实施)；水车水夫售与用户：(900－500)×2 867/2 000+445.8=1 305.9 元(以 1 300 元实施)。[①]

以上基期数据中，每斤玉米面价 2 000 元，每百加仑厂水价 1 095 元；9 月份数据中，每斤玉米面价 2 867 元，每百加仑厂水价 1 685 元。从基层反映看，新水价引发纠纷不断，各水商“认为此项办法推行，必致断绝其生路”，结果水业仍杌陧不安，纠纷不断。每月改定新水价，向全市公布。在百姓负担与公用事业运营之间，张锡羊认为：如若平价政策“不偏不倚”，必须兼顾多种市场要素。在此背景下，1947 年末，全国经济委员会颁布通行各地的公用事业计价公式，天津市水价遂改为“以煤、电、柴油、外汇价格及工人生活费指数作为因数”[②]，最终确定法定价格。

水价平抑亟须政府与民间步调一致，才不致功亏一篑。由于行业积习已深，多数水铺仍在工会组织范畴，水商同业公会无法囊括全市。经过历次推动整理，水业职业工会渐渐不利于政府管控工商秩序。社会局局长胡梦华也直言：该会“不顾多数市民福利，一味阻挠，殊非所宜”[③]。所以，天津社会局认为，应切实依法改组，严加取缔。为免除纠纷，既规范从业者又“便于管理”，社会局致力于重新登记从业人员。到 1948 年 6 月底，“水商登记 61 家，水夫登记 492 人，自来水承装商登记 47 人，考验水管技工 386 人”[④]。

1948 年 5 月，煤、粮、外汇价格上涨，自来水价格涨至每百加仑 24 000

---

① 《为零售水价重行订正检同价目表请鉴核备查事致杜市长的呈(附计价表一份)》(1947 年 11 月 25 日)，天津市档案馆藏，市政府档案 401206800-J0002-3-002893-057。

② 张锡羊：《公用事业价格》，《益世报》，1948 年 5 月 21 日，第 5 版。

③ 《为水车工人职业工会收回检定水桶公定水价成命事致杜市长的呈(附会议记录一件办法说明书一件成本计算单一件计算公式一件原呈文一件)》(1947 年 9 月 16 日)，天津市档案馆藏，市政府档案 401206800-J0002-3-002893-047。

④ 《三十七年度上半年度工作报告(报告表)》，《天津市政统计月报》第 3 卷第 6 期，1948 年，第 37 页。

元[①],6 月,已涨至 31 000 元[②]。7 月,天津市召开各区长联席会议,各区情形不一而同,各方意见纷至沓来。第一区二十一保保民大会上,即有人陈述:"本保零售水商任意增加水价,毫无标准",应设立公共售水站多处,以"保民而轻负担"[③]。第一区、第十一区也上呈公用局:"水源缺乏,每年屡有水荒之虞",应设法安装公共售水站,"以解除以往痛苦"[④]。十一区十三保保长王子清也上呈:"应赶速装设,以应需要。"[⑤]

至 1948 年 8 月,天津市市长杜建时综合考虑社会民生之艰、水政大局与华北前途,再次提出,公共售水办法"尚属可行,应准照办"[⑥],应由公用、民政两局会商推进,长期谋划。数月后,华北战局急转直下,国民党政权摇摇欲坠,天津公用局局长张锡羊递交辞呈,市府暂以地政局局长吴惠和兼理公用局。吴接任后,公用局第四科李维新提议:"大局紧张之时,为免生纠纷,拟将公共售水站计划,暂行缓办,俟大局平静,再行继续办理。"[⑦]至此,民国天津水政变革草草收场。

结　论

近代水业变迁蕴含着经济、政治与社会变迁的多层关系。不同于古代官府的税政体制建构,现代政府治理也延伸至市场领域。生活必需品作为影响市场价格的基础环节,如何有效地管控水价的波动愈来愈成为

① 《自来水涨价,市府核准每百加仑二万四千元》,天津《大公报》,1948 年 5 月 23 日,第 5 版。

② 《自来水本月调整价格,百加仑三万一千元》,天津《大公报》,1948 年 6 月 23 日,第 5 版。

③ 《为设售水站致市公用局的呈》(1948 年 7 月 20 日),天津市档案馆藏,社会局档案 401206800-J0025-3-004966-031。

④ 《为呈报辖区第十一至十三保保请求安装公共售水站事给市第十一区公所的指令(附该公所呈)》(1948 年 7 月 15 日),天津市档案馆藏,第十一区公所档案 401206800-J0039-1-000074-023。

⑤ 《为安装售水站事致王区长的呈》(1948 年 11 月 16 日),天津市档案馆藏,第十一区公所档案 401206800-J0039-1-000074-039。

⑥ 《为准设公用售水站事给民政局冯局长指令(附民政局公用局的会呈)》(1948 年 8 月 3 日),天津市档案馆藏,民政局档案 401206800-J0026-2-000075-059。

⑦ 《关于暂缓设置公营售水站致杜市长的呈》(1948 年 12 月 23 日),天津市档案馆藏,市政府档案 401206800-J00002-3-002904-073。

城市治理的根本问题。从自来水价格机制的演进看，政府管辖除了监管产水、售水与送水与饮水多个层面外，逐步确立了对自来水资源市场的成本价格管制，形成频繁的水价交涉与官民互动。明清时期就已形成的水业垄断与独占，是天津城市自来水事业亟须打破的壁垒。由于这种封闭性，对水价影响巨大的零售行业，凭借团体之力拓展了更大的活动空间，水业具备了更多与城市社会沟通与表达的方式。在民生行业的监管基本形成后，自来水公司、水业公会与职业工会，形成了根植于老城区且与底层生活紧密相连的同业社会样态，这与自来水起源的西方自治社会完全不同。由于近代市政建立的节奏缓慢，在一定程度上天津市对水价波动仍然保持着对传统零售水业的依赖，这使得稳定自来水员工待遇及水业秩序的努力举步维艰。

出于稳定战后民生秩序的目的，政府对传统水业壁垒的强力打击愈演愈烈，这些举措的进度甚至影响着地方政府对城市公用事业公私运营关系的抉择。自近代自来水出现以后，水价成为牵动着普通民生的关键因素，自来水作为华北匮乏的资源在城市空间的影响日益巨大，自来水施政的近代转型已经演变成城市管理的基石。不断渗入传统水业社会的法定水价标准，其实是城市市政近代化驱动下供水体系的重新布局。因此，自来水不仅仅是牵涉各方的生活用品，也成为城市公共事务博弈的资源。只有在水价调控演变为平衡供给民需与动员民力关系后，自来水市政系统才成为塑造城市新式生活的关键，城市工商秩序管理也由此走向正轨。由于地上地下的自来水工程浩大，无异于再造“新城”，根本无力筹理，天津没能建立起以新市政为中心的城市水业秩序，但传统水业向近代市政转型的趋势日益形成，私营成分不断消减，公营成分的比重增加，特别是由私人向公共经营的转化表现得尤其明显，这不仅是地方政府公用事业安置的唯一途径，也是市场利益无序博弈的必然结果。这种特有的演变过程成为定价机制始终离不开国家政治主导的根源。随着中共占领天津，人民政府政权在华北建立，才迈入了自来水政统一的新时期，自来水业的公私运营关系也走上了新的道路。

路矿模式：20世纪前期焦作城镇化之路探析*

葛风涛

近代以来，随着能源开发的加速和工业化进程的持续推进，许多资源丰富的乡村地区开始崛起，并发展形成资源型城市，成为我国城市体系的重要组成部分，在中国城市化进程中留下了独特的印记。焦作便是其中之一。焦作现为河南省辖地级市，也是豫西北地区中心城市。焦作素以煤城著称，近代煤矿的建立是其城镇化的契机。20世纪以前，该地一直都是修武县境内的普通乡间村落。由于周边富藏煤炭资源，清末开始引起外商的觊觎。英商福公司于1902年在此地开矿建厂，同时修筑铁路设站运煤。焦作村处在车站和矿厂之间，在铁路和煤矿的共同作用下开启城镇化进程。近代煤矿的建立使煤炭资源逐渐转化为当地经济发展的财源。铁路这种新式运输方式拓展了市场网络，为煤炭资源打开销路，催化了本地资源的价值实现，拉动了焦作工商业的发展。正是铁路与煤矿相结合，推进了焦作的城镇化。关于近代焦作的城镇化，已有

[作者简介] 葛风涛，复旦大学历史地理研究中心博士后。

* 本文为国家社会科学基金一般项目“近代中国城市化进程中的群体性事件研究”阶段性成果。

研究从资源禀赋、交通条件、资本、技术等方面进行分析①，揭示出焦作由村向城镇转变的多重面相。只是因为集中一点，尚有未窥全豹之憾。笔者不揣谫陋，拟借助前贤之肩，以城镇化模式为视角略作分析。

一、近代煤矿与本地产业升级

焦作市的前身是西焦作村，古称涧西邨。在 20 世纪以前的明清时期，西焦作村是怀庆府修武县辖内一个普通乡间村落，处于怀庆府北部山区，背靠太行山，坐落于山区与平原过渡带的岗地上，靠近修武与河内交界处，位置较为偏僻。

在怀庆府的城镇格局中，西焦作村东距修武县城 20 余公里，西南距怀庆府治河内约 30 公里，东南距武陟县城 20 余公里。从小的圈层来看，焦作离东部最近的修武县待王镇 10 公里，离南部最近的武陟县宁郭驿 10 公里，离西部最近的怀庆商业重镇清化镇约 15 公里。可以看出，西焦作村处在周边各座城镇的边缘，并没有近水楼台的便利。

不过，焦作周边地区富藏煤炭，小煤窑星罗密布。焦作村北两里许的下白作，村西部的王封、李封村等，都因地下富藏煤炭，采煤业兴旺。清朝光绪年间，当地的富户豪绅争相开凿煤窑，开小煤窑的有 100 多家，土窑 800 多个②。不过焦作村地下并没有煤，"以焦作为中心，自焦作南通过焦作到焦作北为非矿区（无炭区）"③。因为这个原因，在漫长的手工

① 相关论著有齐新民《焦作煤矿与焦作近代城市化》（西南交通大学 1999 年硕士学位论文），王敬平《英商福公司与焦作近代煤炭工业城市的形成》（《焦作工学院学报（社会科学版）》2000 年第 2 期），韩长松等《英福公司与焦作早期的城市化进程》（《焦作大学学报》2008 年第 3 期），衡芳珍《焦作近代工矿业与焦作的早期现代化》（《焦作师范高等专科学校学报》2010 年第 4 期），陈康《道清铁路对焦作近代社会经济影响初探》（《河南理工大学学报（社会科学版）》2010 年第 1 期），等等。

② 河南省总工会工运史研究室编：《焦作煤矿工人运动史资料选编》，郑州：河南人民出版社，1984 年，第 384 页。

③ ［日］"北支那开发株式会社调查局"：《河南省焦作煤矿现况调查（1942 年 5 月 21 日）》，中共焦作市委党史研究室、焦作市档案局编：《焦作百年文献》（第一卷），2005 年，第 249 页。

采煤岁月里,挖煤打井的喧闹并没有影响焦作保有普通村落的安宁。直到清末新式煤矿出现后,这份宁静被打破,带来焦作城镇化的契机。

焦作地区煤炭产业的近代化转变是从英商福公司的进入开始的。福公司原为罗沙第在英国伦敦成立的英意联合公司,该公司驻北京办事处中文名称为“福记公司”,俗称“福公司”。[①]该公司在天津设立福公司办公处,任命熟悉中国情况的英国驻上海总领事哲美森担任福公司驻华办事处总董。1898 年,福公司通过签订《河南开矿制铁以及转运各色矿产章程》,取得了“专办怀庆左右、黄河以北诸山各矿”[②]的特权。1902 年福公司在修武县西焦作村附近的下白作村购买民地,修造房屋,运置机器,招募工人,钻探打井,建厂开矿。[③] 建厂之后,开凿出一、二、三号矿井,成为福公司在该地最早的矿井,焦作村随之热闹起来。这片采煤基地用福公司总董哲美森之名称为哲美森厂,中方多译为泽煤盛厂。

开矿活动从“哲美森厂”不断向外伸展。福公司在当地雇用工人 3 000 多名,此外还有 25 名欧洲技师,并在矿区修筑了一条宽阔的街道。这条街道被“英人呼之为‘詹美生’街,盖以北京福公司总经理之名冠之也”。[④] 街道两旁是“苦力的茅屋和销售中国人通常使用的奢侈品的商店,包括澡堂、理发店和按摩院。福公司修建按摩院,专门为焦作的英国人治病。此外还有福公司医院办公楼、洋务院等。福公司矿区周边街道和建筑的兴修,使之形成一座矿区小镇。

福公司依托强大的经济实力,把机械采煤设备用于焦作煤矿,改变了煤炭业的格局。资本投入和技术引进,开启了煤炭产业的新阶段。福公司在勘探和钻井时便引入了较为先进的设备。为了更快发现煤层,福公司使用沙利文公司制造的金刚石汽力探矿钻机进行大规模的地质钻

---

① 王守谦:《煤炭与政治——晚清民国福公司矿案研究》,北京:社会科学文献出版社,2009 年,第 32 页。

② 蕉封桐修,萧国祯纂:民国《修武县志》,(台北)成文出版社,1976 年,第 815 页。

③ 黄藻编:《河南福公司矿案纪实》,民国印本,第 50 页。

④《河南省福公司采煤状况报告书》,《河南省福公司采煤状况报告书》第 30 期,1909 年。

探。不论是钻井深度、钻井数量还是见煤层次，都是土法所无法企及的。1904年扩展矿区后，福公司在三座矿井基础上，又陆续开凿出四、五、六、七、八号井。在短短几年时间里，福公司以泽煤盛厂为基地，在周边开凿了十余个矿井。福公司大规模使用机械采煤，改变了当地没有机器设备、没有电力照明、没有铁路运输的传统采煤方式，开启了焦作煤矿转变的新时期。民国初期本地煤矿企业历经蜕变，逐渐在煤炭生产中成长。焦作煤炭产业的升级，提高了煤炭产量。1906年福公司一、二、三号矿井建成投产开始出煤，最初煤炭日产量约500吨。其后四、五、六、七、八号井相继出煤后，各井口日产煤500至800吨不等。至1913年，福公司在矿界内已建立七个矿井，盛期日产煤炭达2 000余吨。从年产量上看，1906年福公司煤炭产量超过12万吨，1912年逾54万吨，是1906年的4.5倍。

福公司的扩张影响到民间土窑的生存。为了更好地争取矿利，当地土窑开始仿照福公司的矿业经营模式进行调整。较大的煤窑主靳法蕙、王明贤、马汉卿、靳登朝、郜明瑞等人从1906年开始先后成立了凭心公司、豫泰公司和明德公司等煤矿企业，使焦作地区的矿业经营出现了一些新的动向。[①] 1914年，三家公司签署《中州豫泰明德三公司合并组织中原公司合同》，正式成立中原煤矿公司。中原公司设事务所于焦作，管理上百对井口，煤炭产量日增，1914年中原公司全年出煤20万吨，逼近福公司同年25万余吨的生产水平，在国内声名大振，生产上形成与福公司并驾齐驱之势，推进焦作煤矿向前迈进了一大步。1919年煤炭产量超过83万吨，1924年产量达到94万吨，超过福公司的水平，创造了焦作煤矿有史以来的极盛时期。在煤炭产业升级过程中，中外企业之间的关系也发生了转换。到1924年，福公司和中原公司共产煤162万多吨，仅次于抚顺和开滦煤矿，居全国第三位，焦作煤矿年产量达到新中国成立前的最高值。

---

① 苏全有、李长印、王守谦:《近代河南经济史》(上)，郑州:河南大学出版社，2012年，第204页。

煤炭资源是当地重要的税源,煤炭产量的提升直接带来税收的增长。1915 年中原公司与福公司组成福中总公司,在合营期间,每年报效中国政府国币 10 万元,按所得净利提 5%报效河南行政官署。从 1915 年至 1923 年期间,报效国家财政部的为 70 万元,报效河南地方官署的为 27 080.7 元。① 福中总公司时期矿税分矿区税和矿产税两种,焦作煤矿每年纳矿区税 22 700 多元,矿产税每吨 0.25 元,每年约 15 万元。② 焦作煤炭产业的升级,一定程度上使当地的税收结构也发生了变化,工业产值的比重逐渐提高。煤炭产业带动了近代工业和交通运输业的兴起。为运煤方便,福公司修筑了从道口镇至清化镇的铁路。道清铁路在焦作矿区设置有李河、焦作、王封、常口等车站,以焦作车站为最大,成为煤炭和各种商品的转运点,开创了当地交通运输业的新局面。而且,围绕煤矿和铁路又兴起一些近代工业,如焦作电厂、机械厂等,路矿模式成为推进焦作工业化的重要动力。

另外,以煤矿为中心兴起的新产业,吸纳了大量人口,影响到当地的人口结构和生活方式。1902 年福公司在焦作北部建立哲美森厂以后,雇了 3 000 名中国工人和 25 名欧洲技师。后来随着矿区的扩大,招纳的煤矿工人不断增加,1911 年福公司煤矿工人已超过 8 000 人。除福公司几千名工人外,1914 年中原公司成立时雇佣工人 4 000 名。到 1915 年福中总公司成立后,焦作的煤矿工人不下万名。在煤炭生产平稳时期,焦作煤矿工人常年保持在万人左右。煤矿的发展聚集起大量的工人和技术人员,形成了一个庞大的煤矿从业者群体。所谓有人的地方就有商机,煤矿生活区又吸引了大批商贩的到来。1925 年 6 月,为声援“五卅运动”,焦作的福中矿务大学等大中学生成立焦作学生联合会,举行了声势浩大的游行,游行者约六七千人之多,而市民夹道观者,不下两三万人。而在 19 世纪末,西焦作村不足百户,村内人口不过千人。随着煤炭产业

---

① 张天云编:《焦作市税务志 1898—1986》,郑州:中州古籍出版社,1992 年,第 28—29 页。

② 焦作矿务局史志编纂委员会编:《焦作煤矿志(1898—1985)》,郑州:河南人民出版社,1989 年,第 374—375 页。

的迅速发展，焦作的人口总量急剧增加，远远超过了原有人口规模。人口结构也因之发生变化，由原来以农民为主，转变为工人和商人为主，学生等知识阶层和管理人员有所增长。煤矿产业的升级为城镇的兴起奠定了基础。

二、道清铁路与市场网络扩展

福公司在勘测矿地之时，便已考察设计煤炭外运的铁路，并使修路与煤炭开采同时进行。1902 年福公司在焦作开办煤矿后，以“开矿不可不建铁路”为由，“禀准本省巡抚，由矿地起建筑铁路至卫河之水口（即道口码头）”①，期与水运联络，成为运煤专线，以满足运煤需要。铁路的起止点为道口镇至清化镇，总长 150 多公里，横贯豫北地区。

道清铁路修通后，在西焦作村南部设焦作车站，并修建了焦作车站到哲美森厂的运煤线路，车辆机修厂、道清铁路管理局等相继在焦作设立，焦作车站因是煤炭运输的中枢，成为道清铁路线的大站。1907 年管理铁路业务的监督局便设在焦作。焦作站设有电信室，当时铁路方面专门设有一条电话专线，只有焦作电信室至新乡车站之间可以用专线直接通话，新乡以东和焦作以西都需要新乡站和焦作站转接。为了方便沟通，焦作车站电信室与福公司和中原公司等煤矿公司的办公室及焦作市公安局等机构的电话相连通。除了管理和指挥系统之外，道清铁路总机修厂也设在焦作，与福公司煤矿并称为“南厂”“北厂”，由此可知焦作站在全路中的中枢地位。

道清铁路通车之初以货运为主。在货物运输方面，煤炭一直是货运大宗，“每年运输数量，约占全部货运总量的 80%以上”②。1907 年每日开运煤列车焦作至新乡两对，焦作至道口两对，当时货物列车规定每小

① 道清铁路管理局编：《道清铁路卅周年纪念刊》，1933 年，第 1 页。
② 道清铁路管理局编：《道清铁路卅周年纪念刊》，第 186 页。

时 26 公里。① 焦作煤矿所产煤炭除自用以外,绝大部分依赖道清铁路运输。道清铁路通车初期,福公司通过道清铁路外运的煤炭,经常占产量的 90%以上。焦作煤矿与道清铁路的关系从中可见一斑。中原大战以后,中原公司产量上升,道清铁路运力也逐渐恢复,中原公司通过道清铁路运输煤炭占产量的 80%以上。1933 年中福公司成立后,实行路矿合作,产销两旺。1935 年顺利完成 100 万吨运量计划,道清铁路也获利不小。加之道清铁路所耗煤炭均来自中福公司,二者相互给予特惠待遇,实际上铁路与煤矿形成了一荣俱荣、一损俱损的关系。

除煤炭以外,通过道清铁路运输的货物还包括杂粮、铁货、竹器、石灰、食盐、煤油、水缸、豆饼、木料等,约占货物总运量的 20%左右,平均每月运输多则二三百吨,少则七八十吨。② 货物运输是双向进行的,去程从豫北地区运出,返程从外地运回。自豫北向外运输的货物主要有煤炭、竹器、铁货、水缸、麦、豆、杂粮、菜油等;从外地输入豫北的货物主要是食盐、煤油、木料等。比如,煤炭、竹器、石灰等,货物在焦作、李封、李河、常口、清化等站装载运往沿途各站以及平汉、陇海沿线各站后,回程则通过道口、白露或新乡站装载煤油、木料等货物运往李河、焦作、李封以至清化等站。当时所运货物种类是十分丰富的,除了以上所列农矿产品,布匹、糖、纸、棉纱、面粉等手工业和轻工业产品也是常见的货物。“民国时期,在历年货物运输结构方面,煤炭始终是道清铁路货运中的强项,占有相当大的比重;工艺品在货运中的比重稳步上升,并占据次席;农产品也异军突起,以 170%的增幅在所运物品中遥遥领先。”③通过统计 1905 年至 1924 年这 20 年间道清铁路货运量,可以进一步发现其变化趋势以及与煤炭量之间的关系。

① 张玉会等:《焦作北车站志(1904—1986)》,郑州铁路分局焦作北车站,1988 年,第 6 页。

② 道清铁路管理局编:《道清铁路卅周年纪念刊》,第 187 页。

③ 马义平:《道清铁路与豫北社会变动(1898—1937)》,南开大学博士学位论文,2010 年,第 60 页。

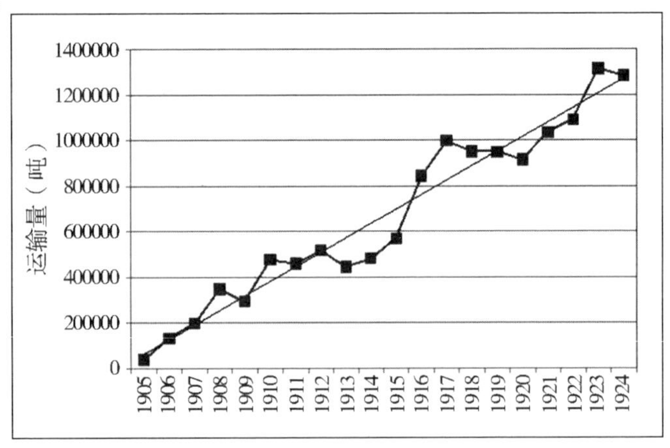

图 1　1905—1924 年道清铁路货运量趋势

资料来源:交通部铁道部交通史编纂委员会编:《交通史路政编》(第十三册),1935 年印行,第 4943—4944 页。

图中可见道清铁路货运量总体呈不断增长的趋势。货运量的变化趋势与焦作煤炭产量的变化趋势有极高的相似度,说明煤炭产量对铁路货运量有很大的影响。不过深入比较可以发现,在 1913 年煤炭产量下降、1914 年降至 25 万吨的情况下,道清铁路货运量一直保持在 40 万吨以上。1921 和 1922 年煤炭产量都只有 89 万吨时,道清铁路货运量也一直保持在 100 万吨以上。从趋势上说,煤炭产量在 1912 至 1914 年不断下降时,铁路货运量 1913 年开始不断上升,一直持续到 1917 年。这一特点说明,虽然煤炭是道清铁路的主要运输品,但铁路货运量变化趋势并非完全取决于煤炭产量,煤炭以外的农产品以至手工业产品是货运的重要补充,其运量的增长不应忽略。

除了货运,道清铁路还有客运业务。起初每日开行两次客货混挂列车,后来随着“沿线商务渐趋发达”①,开行车次逐渐增多,并将客车与货车分开行驶,专门开行旅客运输。随着民国初年工商业的发展,铁路沿

① 道清铁路管理局编:《道清铁路卅周年纪念刊》,第 28 页。

线城镇人口流动更加频繁,且铁路的修通使长途出行更加便利,也刺激了人口的流动。

西焦作村处在焦作车站和泽煤盛矿厂之间,北靠矿区,南临道清铁路,位置独一无二,是矿区通往火车站的交通要道,成为人员往来的核心区域。加之西焦作村是无煤区,在矿区中具有发展城镇的先天条件,清末煤矿公司办事机构和路矿学堂等教育机构在西焦作村的建立,更加强化了其发展为城镇的优势。煤矿公司的总办事处、职工住宅、新设的医院、大批新兴的学校以及众多的商业用房不断在焦作建立起来。随着矿区与焦作车站之间人口流动增多,清末便在焦作形成了两条连接矿区与铁路线的街道,分别为西马市街、东马市街。这两条南北街道在福公司矿厂哲美森街与道清铁路线之间延伸铺展,逐渐成为中心街区。清末这段时间,铁路线与福公司矿区之间形成一定的人口聚集空间,焦作城区便在下白作村的福公司矿区与道清铁路线上的焦作车站之间的这片非矿区发展起来。焦作既分享矿区发展之利,又承托铁路交通之便,1910 年清政府在此设置焦作镇,矿区小镇逐渐兴起。

道清铁路拓展了本地资源的外部市场,提升了本地的商品化程度。道清铁路通车后,凡行销河北省东部及天津一带的煤炭,都先从焦作运到道口镇码头,然后装驳船沿卫河而下直达天津①。1906 年道清铁路与京汉路实行车辆互通,道清路运货至京汉路由新乡接入,南至郑州、北至彰德均用道清车辆,由京汉付给道清车租。运货过彰德以北或郑州以南则由京汉路放空车至道清路各站装运,由道清付给京汉车租。1920 年,第八次国内联运会议议决办理国内货路联运,规定互通车辆办法,道清路与京汉、京奉、京绥、津浦、沪宁、沪杭甬等路一起加入。后来,正太路和陇海路相继加入联运。② 1921 年道清路与京汉、津浦、京奉、京绥、沪宁等各路开始联运。③ 办理以来,商民称便。此后,焦作煤炭经过道清铁

① 胡荣铨:《中国煤矿》,上海:商务印书馆,1935 年,第 330 页。

② 道清铁路管理局编:《道清铁路卅周年纪念刊》,第 197 页。

③ 交通部铁道部交通史编纂委员会编:《交通史路政编》(第十三册),1935 年,第 4955 页。

路，不仅可以东至道口码头由水路过山东达天津，也可以转新乡火车站与京汉铁路相连，向北可达北京再转东北，向南过郑州可达信阳、武汉。同时亦可在郑州沿陇海线向东经徐州站转津浦路达南京、上海等长江下游地区。在实际销售中，焦作煤炭主要沿着道清铁路、平汉铁路、津浦铁路和陇海铁路展开。① 福中总公司时期，沿京汉、陇海铁路和卫河水路交通线，于汉口、上海等处设立经理处 6 处，分销处 20 余家。② 可见，以铁路为主导的交通网扩展了本地的外部市场，本地工农业产品能更好实现经济价值。“焦作镇原为豫北荒僻之区，交通极为不便，自清光绪二十八年英商福公司开采煤矿建设铁路后，地利开发，交通便利，工商发达，与时俱进，俨然为豫省西北之重镇。”③

三、路矿模式下工商城镇的形成

煤矿的开建和铁路的修筑，催生了焦作的近代工业。这些区别于传统手工场的近代工业主要围绕煤矿和铁路展开。煤矿是焦作近代电力工业的孵化器。1902 年英商福公司在焦作北部的下白作村购地建矿之时，便引入了电力，当时配备安装了发电机进行简易发电，福公司办公处已安装有几百盏电灯，每晚电灯亮起，成为焦作附近一处特别的风景。英商甚至引以为傲地炫耀说，是他们给焦作带来了光明。④ 1904 年，福公司在一、二号煤井下安装了 3 台英制 40 千瓦直流发电机，供矿井上下照明使用。1905 年又在原有发电机的基础上安装 3 台 125 千瓦英制立式蒸汽发电机，并建造洋铁瓦盖顶的简易厂房。此时总装机容量达到 495 千瓦，正式创立发电厂，命名为“福公司焦作煤矿附设电厂”，成为河

① 焦作矿务局史志编纂委员会编：《焦作煤矿志（1898—1985）》，1989 年，第 353 页。
② 焦作矿务局史志编纂委员会编：《焦作煤矿志（1898—1985）》，1989 年，第 297 页。
③ 道清铁路管理局总务处文书课编：《道清铁路旅行指南》（第 3 期），1933 年，第 160 页。
④ 廉捷、史纪善等纂：《焦作电厂志（1902—1984）》，1985 年，第 6 页。

南省最早的电力工业企业。[1] 电力不再限于福公司焦作煤矿,供应范围从矿区扩大到焦作镇,居民照明迎来电力时代。焦作镇的几条主要街道,如中原大街、东马市街、西马市街和大同路等都亮起了电灯。城区照明的供电方式为电灯公司向福公司电厂趸电,再转售给居民。正是依托了煤矿的附设电厂,焦作镇在民国初期用上了电力照明,开始闪耀出近代光芒。

煤矿不仅催生了电力工业,而且孕育了焦作的近代机械工业。1902 年福公司在焦作北部购地建矿之初,便开始使用卷扬机、抽水机、风扇、锅炉等西方的机器设备,实行机械化方式采煤。随着煤炭开发的扩大,矿厂投入了更多的机器设备,在机器使用过程中,机器维护和维修的工作量越来越大。为了更好开发煤炭,提高机械使用效率,福公司建立了专门为矿厂机械服务的工厂。1910 年,福公司以煤矿上的技术工人为主,成立了机械修理厂,成为焦作地区较早的先进机械工业企业。[2] 这座煤矿附属机修厂负责维修锅炉、大卷扬机、发电机和水泵等煤矿机器设备,当时厂内有大小机械设备 14 台,里工和外工超过 200 人,并随着煤矿的发展而扩大。中原煤矿公司成立后,同样附设机器修理厂。1922 年初,中原公司为扩大生产能力,相继在盘龙河附近开挖四座大井。同年,为了维持机器的运转,中原公司开始建设为大井生产服务的中原煤矿机器厂。到 1931 年,机器厂主要机器设备有各类车床十余部,镟床、牛头刨床、钻床、螺丝床等数十部,另有锯机、蒸汽锯炉、水泵、风扇、吊车、滑跑轮、马力机、小高车等。中原公司机器厂是焦作近代民族机械工业的代表,虽然是仿照福公司煤矿机修厂的模式建立起来的,属“嫁接”而非“自生”,但本地机械工业毕竟在中外煤矿企业竞争与合作中迅速起步并发展起来。

---

① 焦作市地方史志编纂委员会编:《焦作市志》(第二卷),北京:红旗出版社,1993 年,第 549 页。

② 河南省焦作市机械工业局编:《焦作机械工业志(1904—1983)》,北京:机械工业出版社,1986 年,第 13 页。

焦作近代机械工业的另一翼由道清铁路衍生出来，清末成立的为铁路、火车提供维护修理服务的道清铁路总机修厂开了焦作近代机械工业的先河。道清铁路全线有蒸汽机车 9 辆、客车 14 辆、货车 104 辆。几百辆客货车在此运转，有着繁重的维护任务。为维持道清铁路的运转，机修厂便应运而生。道清铁路机修厂占地面积 100 多亩，有员工百余人，是为焦作近代机械工业的开端，堪称河南省最早的机械工业①。1905 年道清铁路收归国有，在焦作设道清铁路监督局，所属机修厂由中国人任厂长，厂内工程技术人员全是英国人。② 道清铁路衍生出一座座规模较大的工厂，奠定了焦作近代工业的基础。1917 年道清铁路所属新乡木匠厂、铁匠厂、修配厂纷纷迁至焦作，使焦作工业规模得以扩大。③

清末福公司煤矿机修厂、附设电厂以及道清铁路机修厂等工厂的建立，标志着焦作近代工业的兴起。从工业发展进程来说，采矿业催生了铁路运输，同时引发了电力和机械工业，而铁路运输则带动了交通工业的发展。焦作机修厂坐落在焦作火车站西部，靠近道清铁路线，与道清铁路管理局等铁路机构集中在一起。因为位于焦作南部，这些设施和管理局一起被统称为“南厂”。而福公司煤矿与附属机修厂以及发电厂等均位于焦作北部，被称为“北厂”。煤矿和铁路一北一南，焦作位于二者之间，成为煤矿与铁路联系的中心之地。焦作的近代工业和同时代许多煤矿城市一样，因路矿模式而兴盛。

焦作的商业亦伴随矿区人口的增加而兴盛起来。煤炭开采规模扩大带来的产业结构变革、矿区扩展中的人口增加以及新式交通网的构建特别是铁路的开通，为商业快速发展提供了基础。道清铁路打开了焦作地区的商业网络，不仅成为焦作煤炭外运的加速器，而且把焦作与豫北两大商业重镇联系起来。道口镇地濒卫河，北达京津，南通汴洛，交通便利，堪称中原咽喉之地，东西商货多汇于此，商贾云集，贸易繁盛，有“小

① 胡悌云主编:《河南经济事典》,北京:人民出版社,1989 年,第 457 页。

② 河南省焦作市机械工业局编:《焦作机械工业志 1904—1983》,第 13 页。

③ 韩效芳:《道清铁路的历史与工人斗争》,《工运史研究资料》1984 年第 4 期。

天津”之称。[1] 道口码头有卫河水运之优势,从此处可直达天津,方便商品流通。清化镇地处河南、山西二省交界,是豫北地区的重要商镇,由山西南下的商品经此转销至河南各府以及山东、直隶,兼及江南、湖北。从清化北运的商品以南方杂货为主,本地的粮食、药材、花炮、竹器也是清化输出的重要商品。[2] 焦作通过铁路与两大商业重镇相连,不仅能更加便利地输出土产,而且也能更好地引入外界商品。更重要的是,道清铁路与京汉铁路交会于新乡,焦作通过道清铁路与京汉铁路线上的新乡连接起来,融入了全国铁路网络,促进了焦作与外界的联系和交流。晋冀商人陆续通过此路来到焦作,并将京津杂货、苏杭丝绸运销焦作,英、美、日的大批洋货亦大量拥进焦作市场,英孚、美孚和俄国的大华三大石油集团相继在焦作开店设点,招聘代办,组建商号,把洋油、煤油输入焦作,在当地大量倾销。道清铁路有利于人员流动,特别是与京汉、津浦等路联运之后,“商旅颇为便利”[3]。正是在不断增加的物流与人流中,焦作成为新式交通网络中的一个重要节点,加速了本地的城市化进程。

商业的不断发展,促进了商业区主要繁华街道的形成。当时除了北部的哲美森街,还建有连接南北的西马市街、东马市街等。西马市街北起哲美森街,南至道清铁路机修厂,长 1 000 余米,有“同庆楼饭庄”“二台楼银匠店”等。东马市街北起包工院南端丁字路口,南至道清铁路机修厂,全长 1 500 余米,为清末焦作早期最长街道。东、西马市街两旁商店密布,中外商人前来营生,大小店铺达 150 家之多,其中有明德电灯房、同兴德、协成合、豫立丰等较大商店 10 多家,逐渐取代了哲美森街的中心地位。[4] 1911 年至 1921 年,焦作的福中大街、中原大街、中山西街、中山东街等主要街道两侧都建造起外观多为洋式门面的商业店铺,各房门窗顶部及店房上沿砌成凸形圈拱与各种造型的装饰门面,形成整体样式

---

① 浚县地方史志编纂委员会编:《浚县志》,郑州:中州古籍出版社,1990 年,第 134 页。
② 许檀、吴志远:《明清时期豫北的商业重镇清化》,《史学月刊》2014 年第 6 期,第 105 页。
③ 交通部铁道部交通史编纂委员会编:《交通史路政编》(第十三册),第 4955 页。
④ 焦作市地方史志编纂委员会:《焦作市志》(第一卷),第 208 页。

为外洋内中的店面建筑。[①] “有些商店，门面虽然华丽，生意亦颇畅旺，但所售的大半是外货，听说每日销售化妆品很多。”[②]随着城区的扩展，许多新修的街道发展为商业中心。“焦作繁盛街市集于中山东街，所有银行、绸缎、洋行、布庄、饭馆、浴堂、妓寮、旅馆均集于是。办理实业者有官商合办之中原公司煤矿及英商福公司煤矿。其著名之商号如钱业之同和裕，煤油业之聚源栈、中裕存，杂货业之德兴厚、德源恒，洋货业之义盛永、豫立丰，南货茶业之稻香村、紫岩春等。其菜市则在中山西街。”[③]饭店、旅馆、澡堂、照相馆等陆续出现，摊贩、作坊、修理业等则穿插其间，构成商业街区的基础。

1930年代焦作镇迎来商业繁盛时期，当时有德茂成、德顺祥、协成合、同兴德、同和兴、三瑞和等20余家较大商业店铺陆续建成开业，加上商业摊贩百余户以及修理业、手工业作坊等数十家，焦作市场呈现出一片繁荣的景象。著名的饭店有同庆楼、公记饭庄、光裕楼、宴林春、增福轩、清真中西楼饭庄等，均坐落在中山东街，只有一家吉隆西餐庄位于新房街。[④] 饭店营业时间比较长，平时自不必说，一般的节庆日也是生意火爆的时机，但过年是除外的。“新年中无论大小商店，都休息几日。可是小贩们仍须担着他们的担子，在街上游行叫卖，他们因为生活的逼迫，不得不照旧做他们的生意。”“十四、十五、十六三天，是‘元宵节’，也可以说是‘提灯节’。本市的北头搭戏台，演戏三天。火神会还有‘背阁’‘花船’‘猕猴偷桃’等各种玩艺，非常的有趣，非常的热闹；街上的人，非常的多，非常的拥挤。晚上各店铺点放各类烟火，喷出来的火花，很高很好看。”[⑤]节日的热闹与华丽，是商业繁荣的一种反映。

---

① 赵尚兴主编：《焦作市建筑工程志》，郑州：河南人民出版社，1988年，第77页。

② 艾新斋：《小小焦作的社会现象(河南通讯)》，《新人周刊》(第1卷)第13期，1934年，第254页。

③ 道清铁路管理局总务处文书课编：《道清铁路旅行指南》(第3期)，第178页。

④ 道清铁路管理局总务处文书课编：《道清铁路旅行指南》(第3期)，第179页。

⑤ 王定昌：《焦作新年的种种》，《铁工阵线》(第1卷)第7期，1937年，第13页。

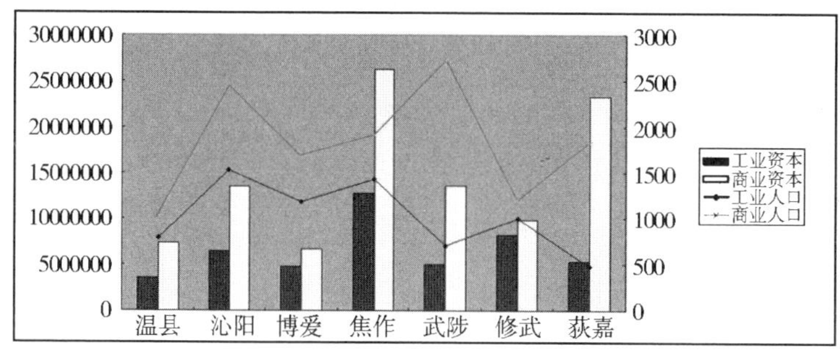

图 2　1948 年四专区各县工商业规模对比图

资料来源:《太行四专区各县工商业统计表》,焦作市档案馆藏,1-40-4。

路矿模式下工商业的发展不仅为焦作城镇化注入了动力,而且奠定了焦作成为区域中心城市的基础。由于焦作具有较好的工商业基础,抗战后恢复很快。据 1948 年 11 月统计,焦作市原有坐商 109 户,发展至 316 户,增加 207 户。原有摊贩 85 户,发展至 408 户。[①] 到 1948 年 12 月,焦作市工商户坐商和摊贩共计 1 002 户,工商业人口 7 850 人。[②] 从当时对焦作及其周边各县所进行的工商业调查来看,此时焦作的商业人口和商业资本超过工业人口和工业资本。与周边比较,焦作的工商业在人口和资本额等方面都居于优势地位,工商业规模远远超过周边各县,包括沁阳这座原本是怀庆府的中心城市。

四、比较审视:焦作、六河沟与唐山

焦作城镇化以煤矿和铁路为基础,路矿模式成为焦作城镇发展的必要条件。城镇化水平受到煤矿的规模和铁路辐射范围的综合影响。这一点,从同途殊归的焦作、六河沟与唐山的发展历程中可以更加清晰地

① 太行第四专员公署:《关于初步恢复新区城市工商业工作报告》(1948 年 12 月 11 日),焦作市档案馆藏,1-40-1。

② 中共太行四地委:《焦作城市工作初步总结》(1949 年 1 月 22 日),焦作市档案馆藏,1-202-7。

显现出来。

六河沟煤矿属于河南彰德府安阳县，东距安阳65里[①]，与焦作煤矿的地理位置极为相似。焦作东距新乡60公里，而新乡与安阳一南一北，同在京汉铁路线上，且城镇规模和等级均相当。六河沟煤矿的开办时间和发展过程与焦作也有相似之处。1903年安阳人马吉森和山东商人谭士祯集资白银2万两，在观台镇开办六河沟煤矿，次年扩股70万元，开凿和顺井，并经政府农工商部立案，定名为“安阳六河沟机器官煤矿”。1907年扩充资本，改名六河沟煤矿股份有限公司。由于采煤多日，运输不便，乃招股扩充，铺设六河沟至丰乐镇轻便铁路，并购置车辆及机器。1913年，开凿全盛、全东新井，煤矿实现提升，运输、通风、排水等实现机械化，同时修建观台镇至丰乐镇轻便铁路，购德国造小火车运煤，专为运煤之用。民国时期，六河沟煤矿产量持续增长，1922年，六河沟至丰乐镇的轻便铁路改为标准轨，并与京汉铁路接通。1932年煤炭年产量超过75万吨，职工3 000余人，成为全国十大煤矿之一。[②] 民国时期六河沟煤矿建有多处矿井，有运煤铁路和火车站，并以路矿为基础兴起了发电厂、煤矿机修厂、火车修理厂等近代工业，这些都与焦作很相似。不过，在20世纪前期，六河沟煤矿一直处于矿区状态，并没有形成较大的商业城镇。当焦作发展成为有2万人左右的重要城镇时，六河沟依旧是矿区状态。

相比焦作和六河沟，同时期的唐山有所不同。唐山也因煤炭开发由小村落发展而来。唐山的前身乔家屯原是一个荒僻冷落的小村庄。1878年，开平煤矿在唐山地区创办，用西方先进技术开采煤炭，为唐山城镇化提供了契机。[③] 1908年周学熙在袁世凯支持下创办滦州煤矿，开发唐山地区的煤炭资源，以与开平煤矿相抗衡。后来两公司合组为开滦矿

---

① 顾琅：《中国十大矿厂调查记·第四篇六河沟煤矿》，商务印书馆，1916年，第1页。

② 顾琅：《中国十大矿厂调查记·总论》，第4页。

③ 闫永增：《以矿兴市：近代唐山城市发展研究（1878—1948）》，北京：中国社会科学出版社，2009年，第35页。

务总局,增加了唐山煤炭工业的规模。1922 年前,开滦煤矿年产量居全国第一,1913 年产量便超过了 200 万吨,1920 年产量跃增到 440 万吨,1930 年上升到 500 万吨以上。唐山随之发展,1910 年成为拥有 5 万人口的工矿业城镇。1925 年唐山成自治市,1938 年唐山正式成独立建制市,后来进一步发展成为冀东中心城市。

唐山的城镇化除煤矿的作用外,也受益于铁路。① 1881 年当地修建唐胥铁路,1888 年展筑至天津,全长 130 公里,命名为"津唐铁路"。1894 年天津至山海关铁路通车,称津榆铁路。1897 年津榆铁路由天津经津卢铁路延伸至北京城外马家堡,后经津卢铁路展筑至北京正阳门,改称京津铁路。之后津卢铁路、津榆铁路合并,改称关内外铁路,1907 年关内外铁路延伸修建至奉天省府附近的皇姑屯,改称京奉铁路,1912 年又通车至沈阳新站。1929 年奉天省改称辽宁省后称北宁铁路,后改称京沈铁路,为华北通往东北的大动脉。此时,由唐胥铁路延展而成的铁路线形成连接北京、天津、沈阳等诸多中心城市的交通要道,唐山得以融入广阔的交通网络和市场网络。

煤矿和铁路的发展带动一大批近代厂矿企业相继在唐山地区发展起来。除煤矿和铁路附属机修厂外,1889 年还兴建了国内第一家机械化水泥生产企业——唐山细绵土厂。② 20 世纪初,华记唐山电力厂、德盛窑业厂、马家沟砖厂、华新纺织厂、启新洋灰公司、启新陶瓷厂等较大企业相继在唐山建立,煤炭、电力、机械、水泥、冶金、纺织、陶瓷等工业类型竞相问世。到 20 世纪 20 年代,随着华新纺织有限公司唐山工厂的建成投产,唐山工业化改变了以往单一的重工业投资结构,初步建立起以煤炭电力等能源工业为骨干,以水泥纺织、陶瓷机械制造等为主体的近代

① 《中国近代煤矿史》编写组:《中国近代煤炭史》,北京:煤炭工业出版社,1990 年,第 94 页。
② 靳宝峰、孟祥林主编:《唐山市志》(第二卷),北京:方志出版社,1999 年,第 815 页。

工业体系。[①] 唐山地区陶瓷、机械、制革、铸铁、造纸、酿酒等工业企业已达 160 多家，工业规模的扩大和工业化水平的提升为城市化进程的加速提供了持续的动力。商业发展更为明显。京沈铁路两端连接关内外，拓展了唐山与外地的交通联系，开辟了北京、天津、塘沽、秦皇岛、上海、广州、香港等地市场。对唐山来说，北京既是一个巨大的消费市场，又是商品的集散地和中转站，对工业产品销售网络的拓展有促进作用。天津为北方重要的工商业中心，唐山地区作为天津的重要腹地，货物可以通过天津这个水运码头转输。唐山还处在中原联系东北的枢纽地带，与北方常年不冻港秦皇岛港口相距较近，为本地产品的外销提供了便利条件。唐山连接京津、通往东北，在资金、技术、设备、人才等方面得到京津的支持，形成重要的商业市场。

比较来看，焦作、六河沟和唐山虽都有煤矿和铁路，但城镇化进程和水平却有巨大差别。从煤矿规模来看，六河沟小于焦作，焦作小于唐山。从所靠铁路而言，亦是如此。尤其是六河沟煤矿，所修铁路附属于煤矿，里程短，功能单一，只是运煤专线，没有客运服务，难以与道清铁路相提并论。以此，三地城镇形态的不同，一方面与其以铁路为代表的交通线路辐射范围有关，另一方面也与当地以煤矿为龙头的产业群及其规模有关，即受路矿模式所凝结的合力之影响。路矿模式负载的交通网络和产业规模影响着城镇发展的速度和层次。

结　语

综上可见，焦作、六河沟与唐山的比较可以铸成一把双刃剑，既能刺向资源决定论，也可以刺向交通决定论，明显指向多因素合力论，其中最主要的是“铁路”和“煤矿”，即路矿模式。焦作城镇化的路矿模式，本质

① 冯云琴：《工业化与城市化：唐山城市近代化进程研究》，天津：天津古籍出版社，2010 年，第 220 页。

是“交通”加“产业”。铁路拓展本地交通网络和市场网络,煤矿带动本地产业升级和人口聚集,进而推进城镇化水平的提升。

跳出工矿城镇之外,路矿模式所代表的交通网和产业群亦可以解释交通枢纽城镇的发展。近代工矿城镇和交通枢纽城镇初兴阶段,交通扩展和产业发展总是相伴而生、同向而行。近代石家庄作为火车拉来的城市,其城市化与物流业、炼焦业和纺织业的发展密切相连。铁路枢纽推动运输优势向资源优势转换,拉动城市经济的发展,使石家庄迅速迈入近代新兴工商城市的行列。① 近代郑州的城镇化除了交通枢纽的作用,还在物流业和区域棉纺织业的整合和发展中获得了动力。“在外部流通需求和铁路运输的保障下,郑州作为区域植棉中心的地位进一步得以强化,同时也使得郑州与周边地区的经济互动关系更加密切。”②对于此类城市而言,交通拉动十分关键,产业发育同样重要。从城镇化的过程上看,铁路交通带动产业发展,产业发展推进城镇化提升,产业规模和形态密切关联城镇化水平。也就是说,在铁路交通与城镇化之间,产业的聚合作用是不容忽视和无法跨越的。

无论是考察工矿城镇还是交通枢纽城镇的发展,如果从城镇化的起点来看,很容易留下因矿而兴或因路而兴的直观印象。而如果从城镇化的过程以及交通和产业的相互作用来看,实际上是交通与产业互动共进的结果。当然,如果我们从单个城镇的发展来看,同样也容易得出“以矿兴市”或“以路兴市”的观感。但如果把有“城”矿区与发展起点类似的无“城”矿区放在同一平台上进行比较,重新审视煤矿城镇的发展之路,就会发现“煤矿”并非天然兴市。与此相类,铁路亦然。同在铁路沿线,同是火车穿行,发展快慢,城镇有无,俱有特例。笔者以“路矿模式”为主题,并不是说铁路和煤矿是焦作城镇化的全部因素,而是强调交通和产业的相互作用,避免把产业作用单一化或把交通作用定向化。概而言

① 李惠民:《火车拉来的城市——近代石家庄城市史论丛》,北京:商务印书馆,2018 年,第 164 页。
② 刘晖:《铁路与郑州城市化进程研究(1905—1954)》,北京:商务印书馆,2018 年,第 282 页。

之，有比较才有鉴别，比较既可以发现事物之间的共同点，也可以找寻事物之间的不同点。拨开迷雾或跳出陷阱，多重比较应该是我们探求真知的基本路径。

从中心到边塞：国都南迁与北平城市发展路径的新规划（1928—1935）

王建伟

1928 年 6 月，南京国民政府辖下的国民革命军攻入北京，北洋政府统治终结，南京被确立为新的首都，北京改名北平，成为与天津、上海一样的中央直辖“特别市”，后来再降为普通市，甚至一段时期曾隶属于河北省，“不但不是国都，而且成了边塞”。① 持续数百年的国都身份遽然失落，触动北平城市命运的起伏，“从前的声势，从前的繁华，都逐渐消失了”。② 非常熟悉北平掌故风物的瞿宣颖后来记述当时人的观感：“大家认北平为倒霉的地方，几乎更无一顾的价值。”③

［作者简介］王建伟，中国人民大学历史学院教授。

① 周作人：《北平的好坏》，姜德明编：《北京乎：现代作家笔下的北京（1919—1949）》（上），北京：生活·读书·新知三联书店，1992 年，第 17 页。“边城”是当时人对北平的一个代表性“定位”，诗人林庚就感叹：“九一八以来，市面经济的不景气，使得北平故都的身份全然失去！渐来的是边疆之感了。”参见林庚《四大城市》，《论语》第 49 期，1934 年 9 月 16 日。

② 林颂河：《统计数字下的北平》，《社会科学杂志》第 2 卷第 3 期，1931 年 9 月。

③ 铢庵：《北平的运命（北游录话之十）》，《宇宙风》第 31 期，1936 年 12 月 16 日。关于这一问题的研究可参见参见许慧琦：《故都新貌——迁都后到抗战前的北平城市消费（1928—1937）》，台北：学生书局，2008 年；陈鹏：《试论 1928 年迁都对北京的影响》，《北京社会科学》2010 年第 4 期；季剑青：《20 世纪 30 年代北平“文化城”的历史建构》，《文化研究》第 14 辑，北京：社会科学文献出版社，2013 年；王煦：《旧都新造：民国时期北平市政建设研究（1928—1937）》，北京：人民出版社，2014 年。

一、凋落的旧京：潮流更易，景象全非

北京作为一个主要依靠政治因素兴起的城市，政治角色的变动、政治地位的升降在很大程度上影响城市的各个方面。观诸当时舆论，纷纷将北平衰落与国都南迁联系起来，“本来北平之繁盛，乃政治使然。今首都既废，则冷落衰败，势所必至”[①]。北平市政研究会的专业刊物《市政评论》后来也指出：“北平为辽金元明清五代国都，居民多依政治为生活，千数百年来，遂演成政治支配生活之状态，自国都南迁，市民生活遽失依据，凡百营业，莫不凋敝，市况日趋萧条。”[②]1928 年 9 月，作为国民政府特派负责接收北平府院办公处的杨熙绩报告了北平当时的情形：(1)“国都南迁，而失业之人十余万，凡此啼饥号寒之民众，不可不速谋救济也”；(2)“旗民居住北平市，几占全市人口总数之半，溯满洲自入关而后，瘦汉人以自肥，二百余年，养成愚惰，近已穷而无告，卖儿鬻女者有之”；(3)“北平久定，而九校尚无开学之期，卒至弦歌尽辍”。[③]

北平市面商业受国都南迁的影响最为直观，《大公报》记者看到的景况是：“路上只有几个稀少行人和车辆，昔日正阳门前门的繁华，今日几将消减……马路两旁有很多的铺子都是紧闭大门，贴着‘门面出租’的条子。东安市场行人稀少，很多摆摊的都袖着手幽幽不振的坐着。”[④]一位外地人在北平也有类似的所见所感：“所有买卖，似乎是非常萧条的，来往的行人，也似在寻求着饭具。愁眉苦眼的灾官，处处都可以见到，无书可读的大学生，溜马路逛市场，甚而捧戏子住下处，也都成了日常功课！”原本一派繁荣的前门东西两车站，“还不如从前有秩序”，“军阀固然是打倒了，不过北平社会也要从此堕落了！”[⑤]曾经的国都被形容“为西风落叶

---

① 《北平地面之兴废》，《大公报》，1928 年 8 月 23 日。

② 黄子先：《繁荣平市之我见》，《市政评论》第 1 卷合订本，1934 年 6 月。

③ 《杨熙绩报告北平近况》，《大公报》，1928 年 9 月 26 日。

④ 《最近北京的萧条》，《大公报》，1928 年 11 月 17 日。

⑤ 崇一：《旅平杂感》，《大公报》，1928 年 11 月 21 日。

所吹遍”,“无处不萧瑟”,[①]媒体的描述展示了沦为故都之后北平荒凉与停滞的时代气息:

> 失去了首都资格改名换姓的北平,虽然实际上还有若干的绿底黄底琉璃瓦保持自己的庄严,然而从去年到现在八个多月中有人提到北平,只有一个符号可以代表……他真是个败子,穷得连精神也渐渐的灰色了……阔人在北平和日历一样,越过越少,住房的招租出卖的红纸帖子,自然也就像生疮疾的乞丐贴膏药一样,是越贴越多。[②]

对于具体人群而言,北平公务员群体在迁都前后的境遇反差可能最为强烈,一批中央机关或裁撤,或南迁,或降级为地方机构。加之北平市政府机关因经费紧张,只能裁撤机关,精简人员,公务员失业严重,从人声鼎沸到人去楼空,“各部院及附属机关,相率徙京,职员中百分之七八,悉被裁换”,“薪微职小者,在当日每月所入,仅敷所出,已属强自支持,今一旦经济来源全绝,实感生活不易之苦。且此类职员,又大都携有眷属,担负颇重,谋生既感不易,转动尤觉艰难”。有的失业公务员只得以代人“写信”为生,孩子无钱读书,母亲忧劳患病。有的失业后无力支付房租,暂借亲戚家住。有的拉车又拉不了,谋事则无人介绍,在家赋闲。[③] 当时流行一个词就是“灾官”,梁启超在致女儿家信中对此描述道:“京津间气象极不佳”,“北京一万多灾官,连着家眷不下十万人,饭碗一齐打破,神号鬼哭,惨不忍闻”,“所谓新政府者,不名一钱,不知他们何以善其后。党人只有纷纷抢机关、抢饭碗”。[④]《申报》此时也连续报道:“自国都奠定后,北平之倚官为活者,失所凭借,欠薪累年。日食早不继,更有欲归不得之苦。平沪各慈善机关,遂实行遣送大批之灾官。”[⑤]上海自 1928 年入

---

① 《西风落叶下的古都》,《大公报》,1929 年 11 月 15 日。

② 《穷北平》,《大公报》,1929 年 3 月 24 日。

③ 牛鼐鄂:《北平一千二百贫户之研究》,《社会学界》第 7 卷,1933 年。

④ 丁文江、赵丰田编:《梁启超年谱长编》,上海:上海人民出版社,2009 年,第 762—763 页。

⑤ 太玄:《灾官访问记》,《申报》,1928 年 10 月 20 日。

秋之后，先后涌入北平失业灾官约 2 400 人。①

不管是那些南下谋求出路的官僚政客还是留在本地的失业公务员，虽在北平总人口中所占比重不高，但普遍处于社会中上层，消费能力较强，是支撑国都时期北京商业消费的重要来源，这一群体的流失是导致北平商业迅速萎缩的主要原因之一。“北平原来是政治的中心，市街之所以繁荣的原因，完全是因为有多少个大小政客官僚的眷属在；虽说是灾官，但花钱的大半还是他们，社会上流通的钱，多半也还是灾官的钱。现在灾官们自从西风紧了，也就多数南飞了，北平更越发的萧条了”②。

更重要的是，官僚群体消费能力的下降引发了一系列连锁反应，“各部院司员人役，皆无形取消。他们平素都有固定收入，赁屋而居，包车代步，一旦失业，包车可以不坐，首先裁去，车夫因而失业，房租不得不欠，自三月以后，以迄于今，多未曾付”。北平租房市场价格跳水，受此影响最大的就是那些依此赚取费用的所谓“吃瓦片”者，“无不竭蹶困难，愁眉不展”。③《世界日报》对此也有报道：“自去年以来，北京城里的市民，就成了冷水打的鸡毛，越过越少……少一家人家，就要多空出一所房子。所以慢慢的过着到了现在，空房子到处都是。这可急煞了一班吃瓦片的，望上成万上千银子的血本，在那里要成废物。人有钱，最稳当的莫如置不动产。现在看起来，觉得就是不动产，也未必就靠得住能当现钱。”④

对于“吃瓦片”者而言，“一旦收入骤形减少，或竟全无，当然不能不厉行刻苦主义，于是因而酒肆，饭庄，戏馆，娼寮，皆减少若干生意矣”⑤。而警察群体也受此牵连，房捐收入是北平警员薪饷的重要来源，因房捐收入下降，引发警饷不敷开支，北平市公安局不得不将“以前储存之盈余提出补充，始得发讫”。⑥ 雪上加霜的是，由于市井萧条，房屋闲置，各区

① 《不尽灾官滚滚来》，《申报》，1928 年 11 月 8 日。

② 《北平的车夫》，《大公报》，1928 年 10 月 27 日。

③ 《青白旗下的北平（二）》，《大公报》，1928 年 8 月 7 日。

④ 《瓦片也靠不住》，《世界日报》，1928 年 8 月 18 日。

⑤ 《青白旗下的北平（二）》，《大公报》，1928 年 8 月 7 日。

⑥ 《旧都市况益形凋敝》，《大公报》，1930 年 4 月 14 日。

自治公所因不能忍受“苛重之捐率”,纷纷提出取消房捐的议案。①

国都南迁不仅大量抽取了北平原有的政治资源,也连带引发其他资源的转移,金融业首当其冲。中国银行和交通银行都将总部由北京迁往上海,在北平仅剩下分行、支行。据统计,从 1927 年至 1929 年,北京完全商办之银号“受战事及迁都影响,关闭甚多,市面所受损失甚巨”。至 1931 年,北平银号或兑换所仅剩 83 家,“其市面交易,亦甚平淡”,“有盈余者,不过十分之五,不敷开支者,亦达百分之二十。各号职员,均以年终分红为大宗收入,然新年失望者,实具多数”。② “政府南迁,市面萧条,加以发行公债集中沪市,各银行及资本相率徙去,以致本市现金多数外输,金融停滞,各种债券不能流通,华北各经纪人歇业大半。”③

北平作为一个标准意义上的消费城市,消费规模的大幅度下降对城市的打击是致命的。由于商铺都必须按照铺捐章程,分等纳捐。所以,北平商业盛衰情形,也可以由历年纳捐商铺的增减看出来,1928 至 1931 三年时间内,这一数目减少了 1 839 家。据北平公安局行政科统计,国都南迁之后的 8、9 月间,仅仅 10 天之内,北平内城停业商店 310 家,外城停业商店 506 家,四郊停业商店 155 家,其中饭馆及旅店业占 3/10,其余还有未经允许停闭的饭店、歇业而未准者百余家。④ 另据北平市社会局 1931 年 6 月的数据,纳捐铺数共计 28 410 家,每月营业流水达到 20 万者只有 1 家,80 至 150 元间有 7 398 家,如果平均计算,每家每月营业流水数目仅有 191 元。有一些商户每日营业流水数目只有六七元,“许多大规模商店门可罗雀,奈被市府强为撑支市面,不许关闭。这种大小商铺分配的情形和每月营业流水平均数已足表明,平市商业之日趋微弱矣”⑤。1930 年 11 月,曾为南城香厂地区地标性建筑、赫赫有名之城南

① 《北平房捐重拟请市府酌减》,《大公报》,1930 年 12 月 31 日。

② 《平市银号最近调查》,《大公报》,1931 年 1 月 30 日。

③ 吴廷燮:《北京市志稿》(卷三),北京:北京燕山出版社,1998 年,第 636 页。

④ 《全市萧条百货滞销北平市之最近情形》,《顺天时报》,1928 年 9 月 19 日。

⑤ 魏树东:《北平市之地价地租房租与税收》,(台北)成文出版社有限公司、美国中文资料中心 1977 年印行,第 73 页。

游艺园因“游人稀少，赔累不堪”而歇业。[①]

北平作为传统的政治中心，在工商业方面“仅为消费，而非生产，非仅少有大规模之新式工厂，即论商业，也只以零星售卖为主”，机械工业发展滞后，近代化程度不高。轻工业、手工业相对发达，但一般资本额度小，抗风险能力弱，主要依赖经济发展态势及外部市场环境。国都南迁之后，北平“各类工厂中，机械、化学、饮食品工厂的工人数减少，凋敝固不必说，就是纺织和杂项工厂，也未见得兴盛”。据河北省工商厅视察员调查报告，地毯行业工人从前在 3 000 人以上，1929 年只有 800 人，不抵从前大工厂一处的人数，“织布工厂也因为工料昂贵，不是倒闭停办，就是减少工人”。[②]

再统计北平市各业行会失业人数，1928 年 6 月至 1929 年 6 月间，北平总商会各商号职工有 91 476 人，其中有 29 902 人失业，占总数的 32.69%。在各行业中，失业人数的百分比以饮食与服装两个行业最高，“这两业本是北平市民主要的消费，紧缩如此，全市的凋敝，也就可想而知”[③]。而电灯公司相关数据的变化最能直观反映北平在迁都前后市面的萎缩程度：

> 第一、各官署解散者解散，收束者收束，官署之用电自少。第二、服务于官署之职员，及与政界有关连之人士，因谋事南下者有之，因失业离平者有之，留者百无一二。北平居户，本以政界关系人士为中心，官吏一空，中级以上居户，几为之全空。近且与教育界有关之教习学生，亦复旧者纷去。新者不来，居户用电，当然锐减。第三、各商家各铺户，歇业者日多，未歇者亦均以顾客寥寥，极力收缩，重则撤灯，轻亦少用。此外用电之工业，北平本自无多，以后更难推广。查该公司自迁都定议后，本年五月份电费收入，较上年该月份，

① 《平市萧条下之牺牲者：城南游艺园停闭》，《大公报》，1930 年 11 月 4 日。
② 林颂河：《统计数字下的北平》，《社会科学杂志》第 2 卷第 3 期，1931 年 9 月。
③ 林颂河：《统计数字下的北平》，《社会科学杂志》第 2 卷第 3 期，1931 年 9 月。

约少三分之一。六、七两月,几少至约五分之二。八、九两月,竟将少至约七分之三。其比较降落程度,实至可惊。而北平居户之减少情形,亦可藉知大概矣。①

在某种程度上而言,娼妓业也是反映城市经济情形的一项重要特征指标,“至民国十七年,北伐成功,国都南迁,平市日渐凋敝。更以‘九一八’事件,东三省沦亡,外患日亟,人心咸感不安,市况江河日下,益趋萎靡,尤以八埠营业,迥不如前,七零八落,门可罗雀,较民国初年,不胜今昔之感”②。昔日车水马龙的八大胡同,“区域内只有月冷灯昏”,《大公报》描述了北平娼业的盛衰曲线:

北平八大花埠在旧都时代,每当夕阳斜坠,车水马龙,游人如鲫,灯红酒绿,声歌盈耳,通宵达旦,其热闹尽人悉知。讵于近二年来,八大埠妓业之萧条冷落,何止一落千丈!及至最近市面金融益形凋蔽,各界失业者愈觉增多,大多数人谋食不遑,于是影响娼寮,亦陷于穷困之境。致操娼业者,因游客稀少,收入极微,而种种繁杂之捐多,及日常之费用,绝对不能减少,故此关门宣告停业,及降低等级者,自本年来三个月之间,已有二十余家之多。③

另一方面,国都南迁之后,北平物价低迷,居住其间的生活成本亦相对更低,也给本地居民带来了“便利”,据从南方来的倪锡瑛观察:“北平因为政治的变革,生活程度便立刻低落下来了。往日各种物质设备是依然存在,可是因为市面上骤然失去了政治和经济的重心,一切的代价便全都低廉,于是一般人的生活,也随着由紧张而松缓了,不再像以前那样的挣扎着……那里有着各式最新最摩登的物质设备,可以用最低廉的代价去享受。”④这种消费水平也可以从当时的人口结构中得到验证。20

① 《旧都益冷落,电灯公司大赔累》,《大公报》,1928年10月16日。

② 马芷庠编著,张恨水审定:《北平旅行指南》,北平:北平经济新闻社,1937年,第9—10页。

③ 《北平乐户纷纷停业》,《大公报》,1930年4月11日。

④ 倪锡瑛:《北平》,民国史料工程都市地理小丛书,南京:南京出版社,2011年,第151—152页。

世纪20至30年代期间，北平城市人口总数虽然持续增加，但富裕阶层所占比重逐渐降低，呈现出穷户多、客民多、单身青壮年男性多、富户少的“三多一少”现象。由于底层群体占总人口比例过高，以致北平几乎成为“贫民的逋逃薮”。[①] 尤其是1928年国都南迁，不少原来居住在北京的政府军政人员及家眷随中央机构移往南方，其中多属社会中上层。1929年5月，西北一带有许多难民因旱灾涌入北平。[②] 1931年九一八事变前后，北平在涌入一批关外避难人口的同时，也出现了一波富裕人口外迁的风潮，城市经济的衰败与底层人群占比过高形成了恶性循环。[③]

北平作为一座主要依靠政治力量驱动的特殊城市，从国家权力中心退居边缘，在短时间内无法改变“生产者少、消费者多”的畸形经济结构，同时缺乏建立现代工业体系的良好基础，加之外部环境不稳，财政收入减少，经济形势恶化，市民生活萎缩，从各个方面看，20世纪20年代末的北平都是一段非常灰暗的时期。

二、故都初期关于“繁荣北平”的讨论

国都南迁之初，中央与地方对于北平的经济前景已有基本预判。北平发展模式单一，城市兴衰高度依赖官僚政治集团的各种活动，一旦失去国都身份，城市发展动力丧失大半，无异于釜底抽薪。此时，作为北平实际掌控者的阎锡山，一度曾有国都回迁的尝试。[④] 北平总商会也为此专门做出努力。[⑤] 北平舆论始终有借助政治资源振兴经济的固有思维，一旦有风吹草动，即伺机而动。1929年7月8日，时值蒋介石在平期间，北平总商会组织87个分会代表共约800余人赴总部行营向蒋介石请愿

① 旭实：《故都之将来》，《清华周刊》第40卷第10期，1933年12月25日。

② 《大批难民到平》，《新晨报》，1929年5月9日。

③ 参见王建伟：《清末民初北京城市形态演变进程中的人口问题》，《福建论坛》2017年第4期。

④ 许小青：《南京国民政府初期两次迁都之争》，《暨南大学学报》2012年第6期。

⑤ 《建都北平运动》，《新晨报》，1928年8月14日；《平商会议请国府国都设平》，《大公报》，1928年8月21日；《北平总商会繁荣北平之建议》，《华北日报》，1930年11月27日。

国都回迁北平事宜,整个过程秩序整齐,“毫无紊乱”。[①]

但是,定都南京已不可更改,因此,竭力争取其他政治资源成为北平政商人士的共识。一些意见主张退而求其次,建北平为陪都。1928 年 6 月,《京报》刊发北京学界呼声,指出因北京在文化外交军事国防等方面具有重要地位,建议仿照旧时陪都制度,“暂立一比较其他省区较大之规模,以为过渡”。[②] 第二年,曾担任北平政治分会主席的张继也表达了相同的主张:“历代定都北平,取北平已成文化商业中心。现首都南迁,致文化商业受损甚巨,惟迁都万不可能,只有设法谋补救。个人意见,最好仿宋时之东西京,明时之南北京,将北平建为陪都,屯兵十万,以兴市面。北平附近煤矿甚多,亦可开发以兴工业,工商业兴,则文化不致衰落。”[③]不过,陪都之说一直未能得到南京中央的实质性回应。

另一方面,当 1928 年 7 月 4 日河北省政府在天津成立之后,北平总商会等社会团体就积极活动,争取其移驻北平。[④] 第四集团军前敌总指挥、北平政治分会委员白崇禧也提交议案,建议河北省政府应移设北平,其中一个重要理由就是“首都既经南迁,工商业必渐衰微,一般劳动者职生计,益形困难。省会果能置此,注重工商业之发展,并改善劳动者之生计,如是则首都南迁,不特未见其害,且蒙其利”[⑤]。《申报》甚至提出假设,河北省政府如果不移水平,北平再过半年“将成废区”。[⑥]

不过,这一主张遭到河北方面的反对。河北省商会联合会与河北省农会以“省政府迁往北平,天津商业将受影响”为由,主张暂缓迁移。同时,两团体还指出:“北平为历代旧都,积数百年之经营,及全国人文之辐

---

① 《北平商界代表请愿》,《大公报》,1929 年 7 月 9 日。

② 《迁都声中之北平学界》,《京报》,1928 年 6 月 24 日。

③ 《张继抵京谈话主张,建北平为陪都》,天津《益世报》,1929 年 7 月 8 日。

④ 《河北省政府委员明日在津开正式会议》,《大公报》,1928 年 7 月 17 日。

⑤ 《向北平政治分会提议案》(1928 年 7 月 12 日),黄嘉谟编:《白崇禧将军北伐史料》,“中央研究院”近代史研究所史料丛刊(25),1994 年,第 340 页。

⑥ 《各社电讯·北平将成废区》,《申报》,1928 年 8 月 23 日。

辏，始有今日之繁盛，决非一省府左右之力，所能补救于万一！”[①]但是，这些反对意见并未能改变事实。1928 年 10 月 12 日，河北省政府正式移驻北平，此举虽有多方面因素的考虑，但通过集聚政治资源拉动提升北平经济，确为题中应有之义。

国都南迁之后的发展困境导致各方人士忧心忡忡，“居住北平之百数十万市民，深恐隳其固有之繁荣，而影响其生活”。[②] 从上至下，从官方到民间，兴起了一股关于北平发展模式与路径的大讨论，“一部分人民叹息北平市面的萧条，另一部份人民提出种种繁荣北平的计划”。[③] 各方比较普遍的意见是当北平的政治属性淡化之后，应将文化作为重要的筹码，凸显文化优势，建设“文化之城”。

文化因素被中央政府与北平地方人士共同强调，确实是因为文化价值作为北平的特质最为明显，落实在具体层面，首推独一无二的优质学术与教育资源。迁都之初，《顺天时报》即建议将北平建成全国文化的中心区域，“北京除国立九校之外，其他的公私立大中小学，亦不在少数，现若能一面将原有的各校，加以整顿扩张，并作完全的设备，聘良好的教授，一面另设各种职业学校，利用固有的官舍，充当校址，以资培养普通实业人才，并酌予成绩优良的私立大学，以相当的补助费，藉示奖励游学之意，则庶几使北京成为全国学生荟萃之地”，“而北京市面自可望依此大批学子的存在，以维持其从来之繁荣，不至因迁都受重大的影响”。[④]

这种认识也得到了官方的认同。北平市长何其巩表态，北平“原有学校，多属最高学府，讲艺之风，逾于邹鲁，加之故宫之文物，焕然杂陈，各图书馆之册籍，庋藏丰富，其足以裨益文化考证学术之资材，几于取之不尽，用之不竭，而文人学士之侨寓是邦者，亦于斯为盛。市府要当整理

① 《两法团请省政府暂缓迁移》，《大公报》，1928 年 9 月 20 日。

② 《北平特别市公用局宣言》，《大公报》，1928 年 9 月 21 日。

③ 林颂河：《统计数字下的北平》，《社会科学杂志》第 2 卷第 3 期，1931 年 9 月。比较有代表性的意见包括朱辉：《建设北平意见书》，《北京档案史料》1989 年第 3—4 期；《有关北平市政建设意见史料一组》，《北京档案史料》1997 年第 2 期。

④ 《迁都后之北京繁荣策》，《顺天时报》，1928 年 7 月 9 日。

社会,修废起顿,以期革除旧染,溶发新机,使秩序宁静,环境改观,以为国家振兴文化之辅助,此职责尤不可容缓者也"①。何的表态并未停留在口头,他专门要求市公安局对北平市内郊外有关历史古迹,一一调查,详细记载,"留昔日文化之痕迹,以备历史学者之研究"②。

教育不仅是重要的文化资源,也是重要的经济资源,数量可观的大中学生群体对于民国初年北京的城市消费做出了重要贡献,"负笈旧都之学生,即不啻为平市存在之中流砥柱。姑以每人每年平均花费二百元计之,合十数所官私大学专门诸校学生,其消费力殆极可观"③。国都南迁之初,北平对学生吸引力下降,"今都城既易,观感不同,故南京中央大学此次招生,报名者达两千之数,而北平学生则来者寥寥。向来各城公寓,暑假中间满住投考之新生,今则阒然无人,莫不叫苦连天"④。同时,政权鼎革之际,北京各高校内部各种风潮频发,因此,整顿教育不仅是维护政治稳定的重要举措,对于提升北平的商业消费也具有积极意义。

其次,帝都时代留下的各种物质遗存,包括古建筑、古物等,是故都人民引以为傲的文化资本,更是无可取代的优势资源,成为北平地方政府构建文化之城的重要依托。1928 年 10 月,曾经担任京兆尹的南京国民政府内政部部长薛笃弼就提出要将北平建设成为"东方文化游览区","北平建筑,雄伟古朴,最能代表中国,而数百年首都名称,外人尤耳熟能详。且附近西山明陵长城等处,又尽有引人流连之真价值。若能以文字图版,广事宣传,设招待机关,善为照料,则欧美日本人士之远道来游者,行将踵趾相接"⑤。

故都初期,北平地方政府围绕"繁荣北平"问题做了一定的实践,如通过将河北省政府设置在北平等方式努力维系政治地位,还曾短暂设立北平繁荣设计委员会等。同时,充分利用北平的文化优势,包括教育、古

---

① 何其巩:《今后北平之建设》,天津《益世报》,1928 年 10 月 12 日。
② 《北平市有关历史古物调查》,《大公报》,1929 年 1 月 28 日。
③ 《整顿北平教育之进行》,《大公报》,1931 年 3 月 7 日。
④ 《北平地面之兴废》,《大公报》,1928 年 8 月 23 日。
⑤ 《维持北平繁荣之快捷方式》,《大公报》,1928 年 8 月 18 日。

物等资源，建设“文化之城”。虽然各方意见能取得基本共识，但多能认识到这些举措仍为治标之法，而治本之策，则必须抛却北平往日的传统路径，另在其他方面寻求“新生命”，这种“新生命”就是振兴工商业，培育稳定的消费力量，谋求城市发展的长久动力。

早在国都南迁之初，《顺天时报》社论就指出：“北京虽非出产之地，然实四通八达交通便利之区，且地势平坦辽阔，颇有设置多数工厂之余地，国民政府若果有维持北京市面，使之渐趋繁盛的决心，则应设法奖励工业家。”具体办法包括税收减免、政府补助等方式。① 针对当时流行的建设文化中心的主张，市民白陈群在《发展北平之根本政策》中认为，发展文教、招徕旅行者均为枝节办法，根本解决还在于城市转型，即由政治中心城市转向工商业都市，由消费中心转向生产中心。②

市长何其巩也持此种观点。他认为，建设北平的第一步，就是联络各业热心商人，“使其协力保持市面之现状，并赞助农工业之发达，务使从前消费地一变而为生利地”③。北平市总商会一直是繁荣北平活动的积极参与者。1930 年 11 月，总商会向国民政府行政院上陈情书，建议中央将北平设定为“工业区域”，特别是发展北平地区比较兴盛的工艺品制造、纺织、陶瓷、文玩等“贵工业”。④ 北平自治委员会在起草的繁荣北平具体计划中也提出要把北平建成为重贵工业区。⑤ 后来，《市政评论》也发表文章论证：“城市之成立，不特基于工商业之关系，亦有基于宗教、政治，或文化、教育者，而城市之发达，则惟工商业之关系，最为密切，宗教、政治、文化、教育能成立城市，而难于发达，其原因即工商业为生产事业，能使人民生利，其吸引力及集中力甚大，至宗教、政治、文化、教育，则多

---

① 《迁都后之北京繁荣策》，《顺天时报》，1928 年 7 月 9 日。

② 相关研究参见陈鹏：《认知城市与城市认同：白陈群〈发展北平之根本政策〉的史料价值解析》，《北京史学论丛(2013)》，北京：北京燕山出版社，2013 年。

③ 《使消费地变为生利场》，《京报》，1928 年 8 月 11 日。

④ 《北平总商会繁荣北平之建议》，《华北日报》，1930 年 11 月 27 日。

⑤ 《北平自治委员会拟具繁荣北平具体计划》，《大公报》，1931 年 3 月 26 日。

属分利事业,其收集各种能力之能力,至有限制,此其大较也。”①

三、中原大战之后北平经济渐有起色

1930 年春,蒋介石与阎锡山的矛盾逐渐升级,3 月 18 日,阎锡山派兵接收中华民国陆海空军总司令部北平行营,国民党中央在北平的宣传机关被查封,南京政府控制的铁路、邮电、报刊等也大多被晋方接管。次日,国民党北平市党部遭到查封。北平地方政府宣布自立税则,独立征税。② 北平脱离南京中央政府的管辖,成为事实上的独立王国。4 月,中原大战爆发。7 月 13 日,阎锡山、冯玉祥联合国民党内的改组派汪精卫、陈公博和西山会议派邹鲁、谢持等人在北平召开中国国民党中央党部扩大会议,另立中央,与南京国民政府分庭抗礼。③

一般而言,战争意味着生灵涂炭,但对北平而言,则孕育了新的“生机”。中原大战爆发后,一批反蒋势力齐聚北平,他们的集团性活动成为一种“牵引”,促发了北平一度缺失的发展动力,“近来商界方面,见阎冯讨蒋意志坚决,且有在北平成立政府之讯,故于颓丧状况下,顿然现出兴奋精神来。从前打算关门之店铺,近忽决定暂行勉强支持三数个月,以俟市面活动。其资本宽厚之各大商店,近已纷纷联络,议商请求阎冯,早速成立政府,恢复北京名称等事……以期北京繁荣早复原态,俾救垂毙之商业,即现在失业之市民,亦可求得生活云”④。北平市面因此出现了短暂的复苏势头:

> 自扩大会议成功后,平市方面组设新政府之声浪,弥满空际,一般商民,闻此音讯,莫不欣然色喜。盖自国都南迁后,市面萧条,商业停顿,商民人等饱受此中影响,故一闻有建设新政府之讯,多以为

① 壮克:《北平市的特殊性》,《市政评论》第 1 卷第 1 期,1934 年 6 月。
② 《国内一周大事日记》(三月十四日至二十日),《国闻周报》第 7 卷第 11 期,1930 年 3 月 24 日。
③ 陈进金:《另一个中央:1930 年的扩大会议》,《近代史研究》2001 年第 2 期。
④ 《北平商人因营业冷落,拟请阎冯恢复旧称呼》,《大公报》,1930 年 5 月 6 日。

> 凋敝之旧都，将从此恢复昔日繁荣之盛况也。兹向各方面调查，近日市面上确日渐繁盛，即以电话而论，国都南迁后，撤线停话者，日必数十起之多，在最近月余中，西局电话突然增加五百余新用户，而东南各局电话，亦日有添装者，其撤线停话者，则反为减少。盖近日各方面新贵来平寄居者甚众，此项新贵觅房租屋，非仅昔日空房日见减少，而电话电灯自来水之装设者，亦渐众多。其次则为各客栈饭店公寓等之房间，昔日皆空闲大半。今则亦渐热闹，盖近日来平谋校之学生等，异常众多，纷投住于各公寓饭店中，以故旅馆营业，颇见兴盛。而同时饭馆娱乐场所以及其他一切商店，均见活动，较之数月前之景象，迥不相同。以故商民人等，对于近日市面之活动，咸认为将来“新北京”繁荣之先声云。①

北平扩大会议虽一度声势浩大，但基础并不稳固。9 月 18 日，张学良宣布支持南京中央，出兵华北。扩大会议代表纷纷外逃，阎、冯一方军事上节节败退。9 月 23 日，东北军从晋军手中和平接管北平防务，北平脱离南京国民政府的状态实际上只持续了半年。此后，张学良领导下的东北边防军司令长官公署和东北政务委员会取代阎锡山的中华民国陆海空军总司令部，掌控平、津地区的政权、军权与财权。

张学良进驻北平之后，北平各方对张寄予厚望，张亦对北平前途表达关切与决心。但是，1930 年 10 月 15 日，河北省政府移回天津，北平市政府甚至在一段时间内改隶河北省，②城市前景再次蒙上一层阴影。此时，社会上关于“繁荣北平”的呼声再次响起。1930 年 11 月，国民党三届四中全会召开，北平行营主任何成濬提交“繁荣北平以固国防案”。他从南北均衡的角度阐释了重振北平的重要意义，“新中国之建设，必须留意于南北平均发展……夫发达华北，仅赖地方人民之力，不可胜任，必须政府以大力导之，其方法即于北方都会，先树立新旧事业之中心，其第一步

---

① 《旧都渐有活意，新贵云集繁荣有望》，《大公报》，1930 年 7 月 17 日。

② 潘鸣：《1930 年北平市隶属变动考》，《民国档案》2011 年第 3 期。

应先规划者自为北平,盖有已成之规模,且居交通之枢纽,苟加规划,定可有成”。为此,何氏提出了北平的三个城市定位:工业中心,文化中心,练兵区域,“其目的在集中一大部分人才与经济力于其间,既维系地方繁荣,且联带发展北方其他事业”①。

相对于许多民间人士的看法,何成濬的定位更高、视野更广。与此同时,吴敬恒、张学良、叶楚伧、张继、李石曾等人在1930年11月向中央政治会议提议设立“整理北平市文化指导委员会”,拟定简章主要包括:“直隶于国民政府,除平市政府行政事项外,其保存古迹,布置风景,发展工艺,招致游宾等之组织,皆由本会指导,积极整理”;“北平市长为当然委员,并为总干事”;“会中所决议,呈请于国民政府批准执行”;“机关经费,由国府市府酌量补助,不足则由会筹募”。②

“整理北平市文化指导委员会”虽以“指导文化”为名,但并非只为单一发展文化事业,同时更与振兴经济以及时局演变有密切关系,兼顾文化与民生,具有多重功能。1930年12月22日,李石曾在北平研究院介绍该机构设立的缘起及其意义时就指出,此处的“文化”是广义的文化,不仅包括教育学术,还包括实业工艺等,“换言之,即用经济方法,来维持发展,而成为文化中心”。③ 另一方面,在刚刚经历中原大战的时代背景下,淡化北平的政治意味,强化其文化象征意义,也符合南京方面的意愿与利益。中央政府希望强化北平作为文化城的定位,可以使其远离政治中心,遏制地方势力借助北平丰厚政治资源挑战中央权威的合法性与可能性,也算是吸取了北平扩大会议的前车之鉴。该组织简章有一条规定:“北平市除法定政治机关外,不准有任何政治之集会及行动或设立机

① 《何成濬之繁荣北平案》,《国闻周报》第7卷第46期,1930年11月24日。

② 吴稚晖:《整理北平文化市指导委员会》,罗家伦、黄季陆主编:《吴稚晖先生全集》卷十“国是与党务”,中国国民党中央委员会党史史料编纂委员会,1969年,第1632—1633页。

③ 李石曾:《以最经济方法充分发展北平文化》(1930年12月22日在北平研究院讲),中国国民党中央委员会党史委员会编:《李石曾先生文集》(下册),(台北)“中央文物供应社”,1980年,第257页。

关，遇有前项情形，本会得知会市政府制止之。”①地理学家白敦庸也提出，北平不做国都，“则可超出政治漩涡而免于政争政变之苦，生活可获比较之安定，藉可从事整顿教育阐扬文化，吸收四方学子来平就学，中外人士来平游览，作日本东京之第二”。② 1931 年 7 月，在周大文就任北平市长的仪式上，李石曾作为中央委员致辞再次强调：“昔日北平为一政治中心，常有种种纠纷及不安现象。现已非政治中心，而成为文化中心。”③

在“整理北平市文化指导委员会”筹备过程中，李石曾态度最为积极，奔走于北平、沈阳之间，与张学良几次磋商委员会的人员构成与具体内容。人选原定会长为蒋介石，张学良、李石曾为副会长，北平市长为总干事。至于关键的经费来源问题，张、李二人商议的基本结果是，整个计划约分十期，以一年为一期，每年需款五百万元，共需五千万元，“大部分向中央商请，由庚子赔款项下指拨”，其他部分待北平财政收入回升之时再由地方筹集。第一期经费主要用于补助北平中小学校教育经费以及建设卫生设备等项目，此外还包括故宫博物院维修、文化展览会经费、坛庙古迹修理费等。④

对于“整理北平市文化指导委员会”的设立，舆论多寄予厚望，《大公报》称其为“空谷足音，令人惊喜不已”，并以“故都兴废在此一举”为此定调。之所以有如此期望，主要因此计划由张学良、吴敬恒、李石曾、张继、叶楚伧诸氏发起，“皆直接间接最有力之当局，坐而言者必可起而行”。同时，该文还提出几项具体“治标之策”辅助此计划的实施，包括河北省政府回迁北平，裁撤崇文门税关，从速整顿教育机关，等等。⑤

不过，也有观点对此机构的效用表示质疑，指出人选不当，艺术家、建筑家缺乏，官员过多，委员多属兼职，做事迟缓，等等。⑥《北平晨报》则

---

①《指导整理北平市文化委员会组织章程已经中政会通过》，《华北日报》，1930 年 12 月 15 日。
② 白敦庸：《北平市生存大计》，《大公报》，1930 年 11 月 3 日。
③《周大文昨宣誓就职》，《大公报》，1931 年 7 月 7 日。
④《繁荣旧都需款五千万元》，《大公报》，1931 年 2 月 19 日。
⑤《故都兴废在此一举》，《大公报》，1930 年 11 月 29 日。
⑥ 是惕：《对于整理北平文化指导委员会的一点意见》，《大公报》，1931 年 4 月 9 日。

表示了谨慎的乐观:“北平处今日枯竭状态之下,徒恃固有区区收入,沿袭旧来因循敷衍之故套,纵加以如何倡导文化之美名,结局断不易收良好之效果。[①]”实际情况是,整理北平文化指导委员会因政局变动并未有效开展实质性工作,一场声势浩大的行动随着后来张学良的去职无疾而终。

尽管如此,张学良驻守北平期间还是采取了一些“繁荣北平”的举措,如在平建立陆海空军副司令部,以及阻止平汉铁路局移汉。因该局当时有职员千余人,日开支近40万元,“关系旧都繁荣甚巨……如移汉则影响平市殊非浅鲜”。[②] 此外,张学良还担任国民党军事委员会北平分会代委员长,并被推举为中央政治会议委员,东北军的政治中枢也由沈阳迁至北平。[③] 此举对北平商业具有一定的维持作用,“据说北平日薄西山的市面,竟靠这来了个回光返照”。北平商人常常说起:“这年头幸亏营业税并未实行,加上副司令终年留守着,给我们剩了口苦饭。”[④]《大公报》报道:“自副司令部行营开始组织后,各方要人来平者极多,沉寂已久之北平市,忽又冠盖如云。各要人连日在平市寻觅房屋,不惜以重价租赁……最近六七日中,北平市房价腾贵,尤以西城一带地方房屋最甚。此外各大饭店,昔日门可罗雀,今亦生意兴隆,如中央、长安、春瀛、寰华等饭店,门前车马拥塞,各大饭庄,各戏园电影院等,营业较前均盛。”[⑤]

北平各校学生也相继返回,“学生寄宿舍公寓饭店,大有人满之患。各书店如商务印书馆、世界书局、中华书局,以及东安市场、琉璃厂等处书铺,亦莫不利市三倍”[⑥]。《北平晨报》记者描述,北平已经“苦尽甘来”。[⑦]《益世报》则称此时的北平为“乐土”。[⑧] 房租价格亦有提升,“北

① 《所期望于文化指导者》,《北平晨报》,1930年12月22日。

② 《副司令部决设北平》,《大公报》,1930年12月9日。

③ 《张对新闻记者谈话》,《国闻周报》第8卷第16期,1931年4月27日。

④ 欣欣:《从“北京”说到“北平”》(北游琐记之二),《民力》第1卷第5期,1931年11月21日。

⑤ 《旧都新气象:房租骤涨》,《大公报》,1931年4月24日。

⑥ 《学期开始,学生挥金如土》,《大公报》,1931年9月6日。

⑦ 《苦尽甘来之北平市》,《北平晨报》,1931年2月22日。

⑧ 《北平乃一乐土:迁入者多,搬家者少》,《益世报》,1931年9月4日。

平市自民国元年至民国十三年，房租极高，为黄金时代。十四年至十六年，即渐趋衰落。十七年，政府迁南京，乃急转直下。二十一年后，复稍升高”。[①] 据《申报》1931 年 12 月的报道，“平市稍繁荣，上月报营业者一八八家，歇业者百二十四家”[②]。北平市公安局调查，1932 年北平市征收的娱乐捐比之前好转不少。[③] 也是在这一年，北平市社会局对全市工商业进行的调查表明，虽然经历国都南迁所导致的百业低迷，但凭借雄厚的积累，北平城的经济体量仍维持了一定规模。[④]

如果说在故都初期，北平地方人士一时无法从失去国都地位的低落情绪中摆脱出来，一直存有国都回迁的心理幻想，那么经过几次失败的尝试之后，对此已经不抱奢望，能够接受并正视现实。时间到了 1931 年，“北平人士所怀恢复首都之梦想，似已渐渐觉醒，完全断念”，而建设“文化之城”基本已成各界共识，“查北平一般心理，举凡主席总司令之光临与否，院长部长与夫一切文武百官之来与不来，似皆不甚注意……现在北平人眼光中，外国游历客之价值，殆在总司令之上……是以有人谓今日北平最讨厌者讲政治，最时髦者谈文化。一切社会的新设施，大率以招徕游历客为目的，尤以外国游历客为最上之目标……即如平市寓公旧日好谈政治者近来十九已不谈旧调，善诗者吟诗，喜字者作字，爱字画者谈字画，爱金石者谈金石，好为各种学问者，各为专门之研究”，相率在“文化”一路竞进，“自兹以往，人人果以建造‘文化之都’为目的，锲而不舍，则文化的北平之运命，视政治的北平为悠久而灿烂，可断言矣”。[⑤]

正当北平经济慢慢恢复元气，各项事业逐渐步入正轨之际，战争阴云再次在北平城市上空隐隐浮现。1933 年 1 月 1 日，日军进攻山海关，开启进攻华北的序幕。3 月初，热河陷落，引发北平民众恐慌。1931 年的九一八事变虽也牵动北平神经，但毕竟属于“关外”，地理空间上尚有

① 魏树东：《北平市之地价地租房租与税收》，第 45 页。
② 《北平市面近稍繁荣》，《申报》，1931 年 12 月 17 日。
③ 《北平市日渐繁荣，娱乐捐大行增加》，《益世报》，1932 年 5 月 12 日。
④ 娄学熙：《北平市工商业概况》，北平市社会局印行，1932 年，第 1 页。
⑤ 《北平新气象》，《国闻周报》第 8 卷 14 期，1931 年 4 月 13 日。

距离。而1933年这次华北战事的爆发使北平失却防守屏障,与日军形成短兵相接之势,北平受到的冲击更加直接。3月14日,北平开始实施戒严。据当时一位作家的描述:“东西车站又拥挤不堪了,市民似敲窗的苍蝇,不知何处有隙可钻。北平的逃至天津,天津的又逃至北平。东城的搬至西城,北城的又迁到南城。”①各方谴责南京国民政府的军事外交政策,张学良成为众矢之的,于是向政府请辞,获蒋批准。12日,南京国民政府任命军政部部长何应钦取代张学良,暂时代理军事委员会北平分会委员长职权,同时抽调中央军三个师北上,这是蒋介石嫡系中央部队第一次深入华北,具有重要的标志意义。②

5月3日,中央政治会议决议,设置行政院驻北平政务整理委员会,于学忠、徐永昌、宋哲元、傅作义等为委员,黄郛担任委员长,何其巩为秘书长。黄郛与蒋介石关系密切,并与日方渊源颇深。通过谈判,5月31日,中日双方签署《塘沽协定》,中日两军停战,在长城以南的冀东和平北的平原地带划出一个“缓冲地域”,一度危急的华北形势得到缓解,“久经惶恐的人心,无形之中,竟安定了许多”,“总而言之,现在的北平,因为停战协定成功,一切又渐渐的趋于安稳享乐的生活中去了!”③

华北局势稳定之后,北平社会经济进入了一段短暂而难得的平稳时期。以1933年度北平市商业数据为例,开业家数(2 243)明显高于歇业家数(1 397),但开业资本总额仅为154 307元,而歇业资本总额则为192 628元。④ 数据表明,北平整体社会需求仍在增长,但新开业商家资本规模的萎缩也反映出北平消费结构发生变化,“旧都市面萧条,不自今始,以贵族为对象之大商业为最甚。其小规模的生意,与多数民众接近,

① 老向:《危城琐忆》,姜德明编:《北京乎:现代作家笔下的北京(1919—1949)》(上),第287页。

② 与此同时,华北战事也引发一波该不该保卫华北的讨论热潮,参见胡适:《保全华北的重要》,《独立评论》第52、53合期,1933年6月4日;另见《复杂变动中之现局》,《世界日报》,1933年5月21日。

③《平市人心渐趋安定,将重觅享乐生活》,《世界日报》,1933年6月2日。

④ 北平市政府秘书处第一科统计股主编:《北平市政府二十二年度行政统计》,(台北)文海出版社,1993年,第1页。

售品为日常生活所需者尚可维持”①。学者贺昌群形容这种现象为“资产阶级没落，而小资产阶级增多；小资产阶级没落，而贫民增多”②。有研究者概括这种趋势：“国都阶段政商高度结合的经济发展特色，以及权贵奢华的消费风格，到故都时期无从延续，转而发展出由广大中下阶层市民分摊，以量取胜的小额平价消费模式。”③

1933年6月，袁良出任市长。其早年毕业于日本早稻田大学，曾任奉天警察厅厅长、黄郛内阁秘书长、上海市政府秘书长等职。他认为北平当时的市政问题非常严重，其基本思路是将市政改良与文物整理工作结合，借此凸显北平的文化资源优势以吸引更多的旅游观光者，最终的目标是将北平从原有的政治包围中解放出来，着重城市的内生动力，谋求城市的长久发展。④

1934年9月，北平市政府向行政院驻平政务整理委员会呈上市政建设三年计划，将1934年至1936年定为北平市市政建设计划初期，针对社会、工程、卫生、财政等多个方面的实际情况，逐步进行建设和改造，目标是将北平建成“东方一最大之文化都市”，而当务之急为“河道沟渠之整理及游览区之创设”。⑤ 同年11月，北平市政当局在三年规划的基础上制订了更为具体的《北平游览区建设计划》《北平市沟渠建设计划》《北平市河道整理计划》，三项内容合称“旧都文物整理计划”。

“旧都文物整理计划”涵盖内容很广，不仅包括文物古建的修复，还有与之配套的市政建设，如道路、交通、商业设施等。1935年1月11日，旧都文物整理委员会成立，附设于行政院驻平政务整理委员会，职责主

---

① 《旧都百话》，《大公报》，1933年3月23日。

② 贺昌群：《旧京速写》(1932年10月24日)，《贺昌群文集》第三卷，北京：商务印书馆，2003年，第557页。

③ 许慧琦：《故都新貌——迁都后到抗战前的北平城市消费(1928—1937)》，第107页。

④ 袁良：《叙言》，北平市政府秘书处编：《北平市政府二十二年下半年行政纪要》，1934年，第1页。

⑤ 参见《北平市政府为建设北平市政拟定筹款办法致行政院驻平政务整理委员会呈(1934年9月26日)》，《北京档案史料》1999年第3期；《1933年北平市扩充市政事业计划史料》，《北京档案史料》2016年第4期。

要包括指挥监督关于执行整理旧都文物之各项事宜,如文物保护、修复等。这一机构不再是一简单的咨询机构,主席由行政院驻平政务整理委员会委员长兼任,成员还包括驻平政务委员会内政、财政、教育、交通、铁道各部门及中央古物保管委员会代表,河北、察哈尔省政府主席,北平市市长等实权人物。

旧都文物整理计划取得了短期成效,从 1935 年 5 月陆续开工的天坛、香山碧云寺、西直门箭楼、妙应寺、正阳门五牌楼、东西长安牌楼、东西四牌楼、东交民巷牌楼、西安门、地安门、明长陵等项目先后完工。曾经作为帝制遗物的宫殿、城门、牌楼等经过修缮之后,呈现出新的时代面貌:"记得七年前的北平,除东交民巷和长安街的大路以外,到处扬尘,现在各大街都铺做柏油路,道路宽阔,市容整齐。从前深红色的城墙上,油漆着的许多蓝地白字的标语,觉得色调紊乱,极不调和,现在又恢复昔日的深红色了。各地的牌楼,如紫禁城四角的守望楼,现在都整刷一新,衬着蔚蓝天色,壮丽宏伟。"①袁良任期内的市政建设成绩,被认为是"朱启钤办市政以后的第二人"②。

进入 1935 年之后,华北地区战云密布,危机再起,国民党中央军开始逐渐撤出。此时,原本有限的资源也逐渐向军事方面倾斜。1935 年 11 月,黄郛退出,袁良卸任北平市长,一度颇有声色的旧都文物整理计划遂告中止。

余　论

自元代以来,北京依托其独一无二的政治地位,通过长期享有的地缘优势,汇集皇亲国戚与政商精英的众多物质与文化需求,最终发展成为典型的消费性城市。从 19 世纪中后期开始,北京在中国传统政治体系中的地位呈下降趋势。民国初年,北京国都身份得以保留,中央政府

① 汪亚尘:《北游杂忆》,《玫瑰画报》第 35 期,1936 年 6 月 26 日。

② 铢庵:《北平的运命(北游录话之十)》,《宇宙风》第 31 期,1936 年 12 月 16 日。

驻扎在此，虽在事实上已不能号令全国，但各派政治集团仍需在此竞逐，控制中枢以便获取政治资本。随着大批军政新贵的涌入，与盘根错节的旧派势力相互呼应，北京仍是国家权力的中心舞台，频繁的政治活动仍能带动商业的活跃程度。

1928年之后，北平不再负载“国都”的政治象征意味，逐渐回归百姓的日常生活。尤其是国都南迁所导致的经济低迷促使官方与民间开始探索城市发展的新路径。当浓重的政治意涵淡化之后，“文化”成为北平为数不多的可以凭借的资源，各项规划也都是建立在文化优势这一基础之上。此外，发掘北平的文化价值，不仅是一项重要的经济策略，而且也兼有将北平从作为“政治之城”的传统属性中解放出来的作用。南京国民政府可以借此强化自身的正统性，进一步消解华北地方政治势力借助北平的政治地位挑战中央权威的合法性与可能性。在这一点上，北平与南京中央达成了共识。

从当时情况分析，各方对于繁荣北平的计划与蓝图分歧不多，主要集中在建成文化教育中心、旅游城市与发展工商业方面。仔细分析这些主张，虽言之成理，持之有故，但并不具备充分的实施条件。国都南迁之初，北平百废待兴，欠账过多。市政府主政者变动频繁，相关政策虽有所制定，但无法保证连贯性。更重要的是，各种规划多需大额资金推动，而此时北平财政十分支绌，自身造血能力严重不足，中央拨款非常有限，很多计划无法有效落地。加之北平市政府刚处起始阶段，运转效率仍有待检验。限于各种因素的窒碍，20年代末期很多人参与的“繁荣北平”计划多停留在纸面理论设计层面，“只是空言，未见实行”。①

1930年9月中原大战结束，北平周边局势逐渐平稳。尤其是1933年6月袁良出任市长之后，借助与南京中央的良好关系，利用短暂的和平间隙，大力推进综合性的旧都文物整理计划，涵盖社会生活多个方面。直到此时，国都南迁之初有关“繁荣北平”的规划才有了部分实施，北平

① 林颂河:《统计数字下的北平》,《社会科学杂志》第2卷第3期,1931年9月。

城市建设有所起色。但从根本上说,北平始终缺乏稳定的外部环境,自九一八事变至七七事变近六年的时间中,几次被日军“骚扰”,兵临城下。北平虽能虎口脱险,转危为安,但战争乌云始终在城市上空密布盘旋,挥之不去。每一次战争阴影的来临都对北平的市面商业以及民众心理产生冲击,对城市长远发展产生潜在不利影响。另一方面,北平近代工业发展滞后,经济结构以消费性服务业为主,受外部政治环境影响,波动较大,内生动力不足。北平市政府虽极力扭转原有的发展模式,试图利用文化基础提振北平经济。但文化属于“软性”资源,并不具备驱动城市经济发展的持久动力,仅凭文化优势承担不了繁荣北平的重任。

1935 年之后,日本策动华北危机,强敌压境,北平成为军事前线,各项事业无暇顾及。至 1935 年底南京中央军事力量撤出华北,北平彻底沦落为一座“危城”,城市发展彻底让位于政治危机,刚刚开启的重振之路被战争截断。